LA TRÈS JOYEUSE, PLAISANTE ET RÉCRÉATIVE

HISTOIRE

DU

GENTIL SEIGNEUR DE BAYART

IMPRIMERIE GOUVERNEUR, G. DAUPELEY

A NOGENT-LE-ROTROU.

LA
TRÈS JOYEUSE, PLAISANTE ET RÉCRÉATIVE

HISTOIRE

DU

GENTIL SEIGNEUR

DE BAYART

COMPOSÉE PAR LE LOYAL SERVITEUR,

PUBLIÉE POUR LA SOCIÉTÉ DE L'HISTOIRE DE FRANCE

PAR M. J. ROMAN

A PARIS
LIBRAIRIE RENOUARD
HENRI LOONES, SUCCESSEUR
LIBRAIRE DE LA SOCIÉTÉ DE L'HISTOIRE DE FRANCE
RUE DE TOURNON, N° 6
—
M DCCC LXXVIII

EXTRAIT DU RÈGLEMENT.

Art. 14. — Le Conseil désigne les ouvrages à publier, et choisit les personnes les plus capables d'en préparer et d'en suivre la publication.

Il nomme, pour chaque ouvrage à publier, un Commissaire responsable, chargé d'en surveiller l'exécution.

Le nom de l'éditeur sera placé à la tête de chaque volume.

Aucun volume ne pourra paraître sous le nom de la Société sans l'autorisation du Conseil, et s'il n'est accompagné d'une déclaration du Commissaire responsable, portant que le travail lui a paru mériter d'être publié.

Le Commissaire responsable soussigné déclare que l'édition de LA TRÈS JOYEUSE, PLAISANTE ET RÉCRÉATIVE HISTOIRE DU GENTIL SEIGNEUR DE BAYART, *préparée par* M. ROMAN, *lui a paru digne d'être publiée par la* SOCIÉTÉ DE L'HISTOIRE DE FRANCE.

Fait à Paris, le 15 octobre 1878.

Signé LUDOVIC LALANNE.

Certifié,

Le Secrétaire de la Société de l'Histoire de France,

J. DESNOYERS.

PRÉFACE

Pierre Terrail [1], seigneur de Bayart [2], surnommé le chevalier sans peur et sans reproche, naquit au château de Bayart, dans la vallée du Graisivaudan, entre les années 1473 et 1475 [3], d'une famille assez ancienne, mais qui doit à lui seul sa véritable illustration. Entré comme page à la cour du duc de Savoie, grâce à la recommandation de son oncle Laurent Alleman, évêque de Grenoble, il passa ensuite à celle de Charles VIII. D'un courage à toute épreuve, d'une surprenante habileté à manœuvrer le cheval et à manier les armes, il ne tarda pas à figurer au premier rang parmi les

---

1. Et non du Terrail comme on l'a souvent écrit à tort.

2. La vraie orthographe de ce nom devrait être *Bayard*; c'est ainsi qu'il se trouve écrit dans les titres les plus anciens (*locus dictus de Bayardo* 1404 *et* 1413) qui font mention du château d'où la branche ainée de la famille Terrail tirait son nom; et depuis lors jusqu'à nos jours cette orthographe n'a pas varié. Les contemporains du bon chevalier l'écrivaient tantôt *Bayard* comme *Symphorien Champier,* tantôt *Bayart* comme le *Loyal Serviteur.* Si nous avons adopté l'orthographe de *Bayart* c'est pour nous conformer à celle que notre héros a consacrée lui-même en signant toujours ainsi.

3. Le *Loyal Serviteur* dit en termes exprès que Bayart était *sur la dix-huitième année de son aage* lorsqu'il accompagna Charles VIII à Lyon et prit part au pas d'armes du sire de Vauldray. Cet événement eut lieu en 1490. Champier écrit de son côté : « Annos quadraginta octo natus hoc flebili indignoque vulnere diem obiit » (*Compendiosa illustrissimi Bayardi vita,* fol. 2). Ces renseignements rendent la date de sa naissance à peu près certaine à un an ou deux près.

chevaliers de l'entourage du roi, où l'on comptait cependant tant d'illustre noblesse et de vaillants capitaines. Il prit part à toutes les guerres d'Italie, combattit tour à tour les Espagnols, les Allemands, les Italiens, les Anglais, et préserva la France d'une invasion germanique par son illustre défense de Mézières. Il servit sous trois rois, et fut distingué de chacun d'eux ; mais, comme il était trop fier pour s'abaisser au métier de courtisan, il vit ses plus belles actions rester sans récompense et c'est à peine si, après trente ans d'une vie héroïque, il put devenir lieutenant du gouverneur de la province de Dauphiné, chevalier de Saint-Michel et capitaine de cent hommes d'armes[1], bien faibles honneurs si on les compare aux services rendus. Enfin il fut mortellement frappé dans la retraite de Biagrassa (30 avril 1524), en cherchant à sauver les débris de l'armée de Bonnivet ; il était âgé de cinquante ans environ. Sa mort est une page d'histoire admirable qu'on ne peut relire sans être attendri.

L'héroïque simplicité de cette belle vie ne suffirait pas à expliquer seule l'immense renommée dont le nom de Bayart est entouré depuis trois cents ans ; elle est due aux qualités mêmes de l'homme, bien plus qu'aux événements auxquels il se trouva mêlé.

Le courage, la libéralité, le désintéressement, l'indépendance, la loyauté sont des vertus estimées en tout pays, mais peut-être plus particulièrement dans le nôtre, et c'est parce que Bayart les possédait à un degré éminent, qu'il a dû d'être bien vite connu et apprécié et de devenir, à juste titre, le type le plus populaire de l'honneur et de la chevalerie.

1. Bayart fut promu à la lieutenance du Dauphiné le 20 janvier 1515, il fut fait chevalier de Saint-Michel en 1521 et reçut en 1522 le commandement de cent lances fournies.

Brantôme, qui, sans être son contemporain, avait connu plusieurs de ses compagnons d'armes, nous a laissé de lui un portrait pris sur le vif; il nous le fera connaître en quelques lignes aussi bien et mieux peut-être que ne pourrait le faire une longue étude. Après avoir constaté que Bayart n'exerça jamais de grandes charges et eut peu de part aux largesses royales, il ajoute : « Aucuns ont dict qu'il n'avoit esté jamais ambitieux de telles charges et que de son naturel il aimoit mieux estre capitaine et soldat d'adventure et aller à toutes hurtes et adventures de la guerre ou il lui plairoit et s'enfoncer aux dangers, que d'estre contrainct par une si grande charge et gêné en sa liberté à ne combatre et mener les mains quand il vouloit..... Bien avoit-il cet heur qu'oncques général d'armée de son temps ne fit voyages, entreprinses ou conquestes qu'il ne fallust toujours avoir Mr de Bayard avec lui, car sans lui la partie estoit manquée, et tousjours ses advis et conseils en guerre estoient suivis plus tost que les autres ; par ainsy l'honneur lui estoit très-grand, voire plus, si on le veut quasi bien prendre, pour ne commander pas une armée, mais pour commander au général, c'est à dire que le général se gouvernoit totalement par son advis... A ceux qui l'ont veu j'ay ouy dire que c'estoit l'homme du monde qui disoit et rencontroit le mieux, toujours joyeux à la guerre, causoit avec ses compaignons de si bonne grâce qu'ils en oublioient toute fatigue, tout mal et tout danger. Il estoit de moyenne taille, mais très belle et fort droicte et fort dispote, bon homme de cheval, bon homme de pied. Que luy restoit-il? Il estoit un peu bizarre et haut à la main quand il falloit et alloit du sien [1]. »

Brantôme effleure à peine le portrait physique de Bayart,

---

[1]. Brantôme. Edition de la Soc. de l'hist. de France. Vol. II, p. 382.

mais Symphorien Champier, son historien et son allié, nous le représente ainsi : « Bayardus statura erat excelsa, colore candido, corpore macileto, oculis nigris vegetisque..... Blandus, hilaris, non elatus sed modestus[1]. » La plupart des portraits de Bayart sont apocryphes; trois seulement paraissent contemporains de leur modèle et présentent un caractère suffisant d'authenticité ; ce sont : 1° le buste en marbre qui orne son cénotaphe dans l'église de Saint-André à Grenoble, œuvre d'un rare mérite due au ciseau d'un sculpteur habile de l'école française ; 2° un dessin au crayon acquis il y a peu d'années à Paris par M. H. Gariel, bibliothécaire de Grenoble, et placé aujourd'hui dans la galerie de portraits dauphinois créée par ses soins dans le musée de cette ville ; 3° une peinture sur bois d'une exécution médiocre, mais paraissant ancienne, conservée au château d'Uriage, aujourd'hui propriété de M. le comte de Saint-Ferréol, jadis possédé par la famille Alleman, étroitement alliée à celle de Terrail. Dans tous ces portraits, Bayart a le visage doux, imberbe et allongé ; ses cheveux, coupés carrément sur le front, retombent de chaque côté jusqu'au-dessous des oreilles ; il porte au cou le collier de l'ordre de Saint-Michel. Le portrait du château d'Uriage est signé des initiales J. D. M.

La vie de Bayart a été écrite par trois de ses contemporains dont l'un était son serviteur, l'autre son allié ; le troisième, conseiller au parlement de Grenoble, l'avait intimement connu. Ces trois ouvrages, qui se complètent et se contrôlent mutuellement, sont également dignes de créance. Parlons d'abord des deux derniers. Celui de Sym-

---

1. S. Champier. *Compendiosa illustrissimi Bayardi vita*, fol. 2. Cet opuscule de quatre feuillets se trouve en général joint à l'ouvrage de Champier : *les Gestes de Bayard*, dont nous parlerons ci-après, et sur le titre on voit Bayart représenté à cheval.

phorien Champier, que l'on a cru jusqu'ici le premier en date, est intitulé : *Les gestes, ensemble la vie du preulx chevalier Bayard, avec sa généalogie, comparaisons aulx anciens preulx chevaliers,* etc.[1]. Champier avait épousé Marguerite Terrail de Bernin, cousine de Bayart, et cette alliance lui avait permis de voir de près à plusieurs reprises le bon chevalier et de le recevoir même à sa table, comme il ne manque pas d'en tirer vanité. Mais il n'était pas homme de guerre; il était médecin érudit et écrivain disert, c'est dire que son histoire pèche par la pauvreté des renseignements en ce qui concerne les exploits militaires de Bayart; aussi, pour allonger son mince volume, n'a-t-il pas manqué, en exagérant encore les défauts de son époque, d'y joindre des comparaisons avec les héros de l'antiquité et les preux du moyen âge, la biographie des compagnons d'armes de son héros, des pièces de vers latins et français, autant de hors-d'œuvre inutiles, qui ne nous apprennent rien de nouveau. Là même où il raconte les hauts faits de Bayart, on sent qu'il parle seulement par ouï-dire et sa phrase emphatique et de mauvais goût est très-éloignée de la simplicité du vrai style historique.

Aymar du Rivail (ou plutôt Aymar Rival), conseiller au parlement de Grenoble, a introduit dans son histoire des Allobroges un résumé très-exact et très-circonstancié de la vie de Bayart[2]. L'auteur, né vers 1490, mort en 1557, avait habité l'Italie pendant plusieurs années, précisément au moment où Bayart y acquit le plus de gloire; sans doute il l'y avait connu et avait été admis dans son intimité en

1. A Lyon, par Gilbert de Villiers. 1525, pet. in-4°, 88 ff. Cet ouvrage a eu plusieurs éditions au xvi° siècle.
2. Son ouvrage intitulé : *Aymari Rivallii, Delphinatis, De Allobrogibus, libri novem,* conservé en manuscrit à la Biblioth. nation., a été imprimé seulement en 1844 par les soins de M. A. de Terrebasse (Vienne, in-8°).

qualité de compatriote, car nous le voyons, après son retour en Dauphiné, lorsqu'il eut été nommé conseiller au parlement de Grenoble (1er septembre 1521), paraître comme témoin dans l'acte de l'acquisition faite par Bayart des terres de Grignon et de Saint-Maximin[1] et dans le contrat de mariage de sa fille naturelle[2]. Bien placé par ses relations et sa haute position dans la magistrature pour connaître l'histoire de son temps, il doit faire autorité en ce qui concerne les faits contemporains, de plusieurs desquels il avait été témoin oculaire. C'est ainsi qu'il nous donne sur le séjour de Bayart en Dauphiné (1521-1523); sur la destruction qu'il y fit d'une troupe de bandits qui, sous les ordres d'un chef nommé Mocton, désolait la province; sur ses relations avec le connétable de Bourbon et sur la disgrâce qui en fut la conséquence, des détails très-circonstanciés, évidemment véridiques, et que l'on chercherait vainement ailleurs. Aussi avons-nous souvent cité cet ouvrage qui s'arrête à l'année 1535.

L'histoire de Bayart par le Loyal serviteur, que nous rééditons aujourd'hui[3], est une lecture des plus attrayantes;

---

1. 1521, 31 octobre.

2. 1525, 24 août. Bayart avait eu cette fille nommée Jeanne, d'une Italienne de noble race, Barbe de Tresca : on ignore quelles circonstances l'empêchèrent d'épouser cette femme. Il la fit élever en Dauphiné, la dota, et ce furent les frères du bon chevalier qui la marièrent après la mort de son père.

3. L'édition originale est d'une extrême rareté; elle contient 102 ff. in-4°, est intitulée : *La très-joyeuse, plaisante et récréative histoire composée par le Loyal Serviteur, des faiz, gestes, triumphes et prouesses du bon chevalier sans paour et sans reprouche le gentil seigneur de Bayart, dont humaines louenges sont espandues par toute la chrestienté : de plusieurs autres bons, vaillans et vertueux capitaines qui ont esté de son temps. Ensemble les guerres, batailles, rencontres et assaulx qui de son vivant sont survenues tant en France, Espaigne que Ytalie,* et porte à la dernière page la mention

elle joint tout l'intérêt d'un roman de cape et d'épée à l'exactitude de l'histoire : il se dégage de ces pages pleines à la fois de finesse et de naïveté, comme des meilleures œuvres littéraires du xvi⁰ siècle, un charme exquis ; on croit y sentir palpiter le cœur lui-même du bon chevalier. Le style est simple, le récit attachant ; on n'y sent nulle part la recherche ni le travail, et l'historien a atteint sans peine, et pour ainsi dire en se jouant, le comble de l'art qui consiste à nous faire vivre dans l'intimité de son héros, à nous le faire connaître et aimer, plutôt qu'à suivre avec une précision académique le rigoureux enchaînement des faits. On ne trouve dans ce livre ni parallèles ambitieux, ni remplissage inutile, et l'auteur ne s'assujettit même pas à tout raconter [1]. On a depuis tenté bien des fois d'écrire la vie de Bayart, mais les modernes sont toujours restés bien au-dessous du vieux chroniqueur qu'ils prétendaient remplacer [2].

suivante : *Nouvellement imprimé à Paris par Nicolas Couteau pour Galliot du Pré, marchant libraire juré de l'Université dudit lieu. Et fut achevé d'imprimer le XVIII⁰ jour de septembre l'an mil cinq cens vingt et sept.* Brunet signale l'existence d'un splendide exemplaire sur vélin de cette édition, exemplaire décoré de peintures, parmi lesquelles devait se trouver probablement le portrait de Bayart. Ce précieux volume était en 1820 dans la bibliothèque d'un amateur allemand.

1. Le mérite de l'histoire de Bayart avait été reconnu dès le xvi⁰ siècle : voici ce qu'en dit Brantôme : « Qui en voudra plus scavoir lise son roman qui est un aussi beau livre qu'on scauroit voir et que la noblesse et jeunesse devroient autant lire... Qui en voudra voir la preuve lise le vieux roman, mais tout roman qu'il est ne parle point mal et en aussi bons mots et termes qu'il est possible. Il y en a deux, ajoute-t-il en faisant allusion au livre de Champier dont nous avons parlé plus haut, mais le plus grand est le plus beau. » (Vol. II, p. 385-386.)

2. On peut voir dans le tome IX (p. 285-287) du Catalogue des imprimés de la Bibliothèque nationale, et dans la *Biographie du Dauphiné*, par A. Rochas (Paris, 1856. T. II, p. 448), la liste des ouvrages consacrés à la vie de Bayart.

L'auteur compatriote de Bayart, son compagnon d'armes dans ses guerres delà les monts, peut-être son secrétaire, et certainement attaché à sa famille, l'avait intimement connu. Sa bonne foi est entière, et si on le voit s'étendre parfois avec trop de complaisance sur les événements dont il fut témoin oculaire, il passe souvent sous silence ceux auxquels il n'assistait pas, ou du moins il les raconte brièvement et sans insister[1]. Il tenait certainement de Bayart lui-même le récit de ses premières années et les a résumées en quelques chapitres charmants. Dans la longue série des guerres qui suivent, il passe rapidement d'un sujet à un autre, racontant ce qu'il trouve de plus digne de remarque et ce qu'il croit de plus capable d'intéresser son lecteur ; une anecdote, le récit d'une aventure lui fournissent souvent la matière d'un chapitre, tandis qu'il omet des sièges, des batailles et consacre à peine quelques pages à l'histoire générale. L'intérêt du récit est tel que le lecteur n'est pas choqué de ce manque de proportions entre les diverses parties de l'ouvrage. J'ai eu l'occasion de constater plus d'une fois, au cours des recherches que j'ai dû faire pour préparer cette nouvelle édition, combien on doit peu suspec-

---

1. On ne saurait douter que le Loyal Serviteur ait été acteur dans la plupart des événements qu'il raconte ; il suffit de lire les descriptions très-exactes des environs de Padoue et de Vérone (chap. XXX et suiv.), du bizarre habillement des cavaliers croates (ch. XL), etc., pour être convaincu que l'auteur a vu ce dont il parle. A la page 144, après avoir raconté le supplice infligé à deux nobles Vénitiens, il ajoute : « Cela me sembla une grande cruauté », réflexion qui ne peut venir que d'un témoin oculaire. Pendant la dernière année de la vie de son maître, il dut au contraire rester en Dauphiné ; le récit de la dernière campagne de Bayart est écourté et celui de sa mort n'est pas digne de la plume qui traça les belles pages qui précèdent ; c'est peut-être le seul passage où le style du Loyal Serviteur devienne emphatique et déclamatoire. C'est dans les Décades de G. du Bellay qu'il faut lire le récit de la mort du chevalier sans peur et sans reproche.

ter la véracité du Loyal Serviteur : certains faits qui me paraissaient douteux se sont trouvés confirmés par la découverte de documents nouveaux [1]; les personnages mis en scène par l'historien ne sont pas destinés à servir d'ornement à son récit et à le rendre plus dramatique; tous, même les plus obscurs, ont existé et étaient bien en effet là où il les place au moment où il nous les présente [2]; enfin, on ne s'aperçoit pas qu'il ait cherché à altérer la vérité pour complaire à quelque puissant personnage, comme l'ont fait tant de chroniqueurs de son temps.

Nous devons maintenant aborder un problème qui a été plusieurs fois posé et n'est pas encore résolu ; quel est l'écrivain qui se cache sous le pseudonyme de Loyal Serviteur?

Le P. Lelong a certainement recueilli une tradition ancienne lorsqu'il écrit : « L'auteur contemporain qui s'appelle le Loyal Serviteur, était son secrétaire. Il aurait pu se nommer, si l'on ne considère que son histoire qui est assez agréable et bien narrée, mais il paraît qu'il n'a pas osé le faire à cause qu'il parle avec liberté des grands de son temps [3]. » L'abbé Ladvocat, auteur d'un *Dictionnaire historique* qui a joui d'une grande vogue au siècle dernier, est plus explicite : « Symphorien Champier, dit-il, en a écrit la vie aussi bien que Jacques de Mailles, mais cette dernière est plus curieuse et plus intéressante [4]. » M. A. de Terre-

---

1. Entre autres, je citerai le récit du siège de Mézières qui concorde parfaitement avec les lettres inédites et contemporaines que l'on trouvera à l'appendice.
2. C'est en compulsant les volumes de quittances originales conservés à la Bibl. nation. que j'ai retrouvé la plupart des personnages cités par le Loyal Serviteur : ces documents m'ont été d'un grand secours pour rédiger les notes biographiques dont j'ai accompagné le texte.
3. *Bibliothèque historique de la France,* tome III, n° 31864.
4. 2° édition, Paris, 1760, au mot *Bayard.* La phrase que nous avons citée ne figure pas dans la première édition de ce diction-

basse, auteur d'une estimable vie de Bayart qui a eu plusieurs éditions [1], se contente d'écrire dans son introduction : « Si l'on s'en rapporte à une note d'une vieille écriture apposée sur le titre d'un exemplaire de l'édition originale de l'histoire de Bayart, le Loyal Serviteur serait un gentilhomme du Graisivaudan nommé Jacques de Mailles, qui aurait exercé plus tard la profession de notaire et reçu en cette qualité le contrat de mariage de la fille de Bayart avec le sire de Bocsozel le 24 août 1525, un an après la mort de Bayart. » Où se trouvait cet exemplaire si précieux? M. de Terrebasse néglige de nous l'apprendre, et malgré mes recherches en France et à l'étranger, je n'ai pu le retrouver.

Au reste j'ai tout lieu de penser que M. de Terrebasse n'avait pas eu entre les mains le volume dont il parle, mais qu'il en avait pris l'indication dans le catalogue alphabétique de l'ancien fonds de la Bibliothèque Mazarine. Il avait signalé en effet, il y a bien des années, à M. Ludovic Lalanne, duquel je tiens ce renseignement, l'existence de la mention suivante répétée deux fois dans ce catalogue aux articles *Bayard* et *Mailles* : « *Histoire du chevalier Bayard, par Jacques de Mailles. Paris, in-4°, parchemin.* » Cette indication, déjà fort précieuse, est confirmée et complétée dans le catalogue méthodique, demeuré inconnu

---

naire (1752); et dans la troisième, qui est de 1777, on a remplacé le nom de Jacques de Mailles par la vague appellation de *un de ses secrétaires*. Corrozet (d'après un dire de M. de Terrebasse dans la première édition de son *Histoire de Bayart*), aurait nommé l'auteur Jacques de Meun; comme cette note de M. de Terrebasse n'est pas suivie de l'indication du volume de Corrozet d'où il a extrait cette citation, j'ai dû renoncer à feuilleter, inutilement peut-être, les 35 ouvrages de cet auteur pour rechercher ce passage où évidemment *Meun* n'est qu'une faute d'impression, pour Mailles.

1. La première est de Ladvocat. Paris, 1828. La dernière de Savigné. Vienne, 1870, in-8°.

à M. de Terrebasse ; on y lit sous le numéro 17515 A :
« *L'Histoire récréative du chevalier Bayard, par
Jacques de Mailles, gentilhomme. Paris,* 1514, *in*-4°,
parchemin. » La date de 1514 est certainement une faute
de copie ; Bayart mourut en 1524 seulement, et il est improbable qu'on ait songé de son vivant à écrire son histoire,
surtout en 1514, où il n'avait pas accompli ses hauts faits
les plus éclatants. Le volume ayant disparu de la bibliothèque, il subsistera toujours une grande incertitude relativement à sa date véritable, toutefois je pense qu'au lieu de
1514 c'est 1524 qu'il faut lire.

S'agit-il d'une histoire de Bayart demeurée jusqu'à
présent inconnue aux bibliographes et différente de celle
qui porte le nom du Loyal Serviteur ? Je ne le crois pas :
le rédacteur du catalogue n'a certainement pas reproduit
intégralement le titre du livre qu'il avait sous les yeux,
et suivant son habitude il s'est contenté d'en donner un
extrait sommaire : mais, on le remarquera, les mots saillants : *Histoire récréative* se retrouvent à la fois sur le
catalogue et sur le titre de l'édition de 1527.

Cette édition de 1527 est-elle la première et la seule
ancienne ? La date de 1524 donnée par le catalogue de la
Mazarine est-elle une erreur ? Le nom de Jacques de
Mailles qui se lit dans ce catalogue est-il dû à quelque
annotation manuscrite ? Doit-on penser au contraire qu'il a
existé de l'*Histoire de Bayart* une première édition de
1524 aujourd'hui perdue, sur le titre de laquelle se trouvait
le nom de l'auteur ? Autant que l'on peut se prononcer sur
une question aussi délicate, je crois qu'il a dû y avoir en
1524 une première édition de l'*Histoire de Bayart* portant
le nom de l'auteur retranché dans l'édition suivante.

En effet le rédacteur du catalogue de la Bibliothèque
Mazarine n'eût pas fait deux articles distincts aux noms

Bayard et *Mailles* si ce dernier lui eût été fourni seulement par une annotation manuscrite, et il n'aurait pas fait suivre le nom de Jacques de Mailles de la mention de *gentilhomme* (mention incomplète, il devait y avoir *gentilhomme dauphinois*), s'il ne l'avait pas lue imprimée sur le titre de l'ouvrage.

Il est évident du reste pour qui a lu les *Gestes de Bayard* par Champier et l'*Histoire de Bayart* par le Loyal Serviteur, que l'un de ces deux ouvrages a servi de modèle à l'autre. Or il me paraît infiniment plus probable que l'imitateur soit celui qui raconte des événements auxquels il n'assista pas, et non le témoin oculaire narrant simplement ce qu'il a vu : s'il y a eu un plagiat, c'est Champier que je n'hésiterais pas à en croire l'auteur. La première édition des *Gestes de Bayard* par Champier étant de 1525, il y a donc eu une édition de l'Histoire du Loyal Serviteur imprimée antérieurement, c'est-à-dire en 1524, année même de la mort de Bayart. Nous sommes ainsi nécessairement ramenés à cette date de 1524 que nous proposons de lire au lieu de celle de 1514 sur le catalogue de la Bibliothèque Mazarine.

Tous les bibliophiles savent du reste que la disparition totale et sans cause apparente d'une édition dont l'existence est absolument certaine, n'est pas un fait aussi rare qu'on pourrait le croire. Plusieurs livres bien connus ont été ainsi détruits sans laisser d'autre trace qu'une simple mention dans un bibliographe ou dans un catalogue ; d'autres existent seulement à l'état d'exemplaires uniques[1].

---

1. C'est ainsi par exemple que les premières éditions des *OEuvres de Mellin de Saint-Gellais* (Lyon, 1547), et du *Cymbalum mundi*, de Bonaventure Desperiers (Paris, 1537), ne sont plus connues que par un seul exemplaire. C'est ainsi encore que la traduction de la *Thébaïde*, par Pierre Corneille, imprimée en 1672, a totalement disparu. Saint-Gellais, Desperiers et Corneille étaient cependant des personnages autrement considérables que

PRÉFACE. xiij

Nous pouvons donc affirmer qu'une ancienne tradition désigne Jacques de Mailles comme l'auteur anonyme de l'*Histoire de Bayart* : il est en outre permis de conjecturer que l'édition de 1527, considérée jusqu'ici comme la première, a été précédée trois ans auparavant par une édition portant le nom de l'auteur, de ce même Jacques de Mailles.

Mais il n'est pas suffisant de connaître le nom de Jacques de Mailles, il importe de retrouver des traces certaines de ce personnage et de sa famille, de savoir s'il a été contemporain de Bayart, attaché à sa personne, en un mot s'il a pu écrire l'ouvrage qui lui est attribué.

Dans cette recherche j'ai été plus heureux que je ne l'espérais tout d'abord ; j'ai rencontré en effet le nom de Jacques de Mailles dans la montre de la compagnie de Bayart faite à Cassano en 1523. Deux ans plus tard, c'est-à-dire un an environ après la mort de Bayart, le même Jacques de Mailles, qui avait quitté les champs de bataille pour le cabinet de tabellion, nous apparaît rédigeant le contrat de mariage de Jeanne Terrail, fille naturelle du bon chevalier, avec François de Bocsozel, s^r du Châtelart, en présence et avec l'assentiment des frères du capitaine défunt[1]. Il est donc acquis désormais que Jacques de Mailles a existé, a été attaché à la personne de Bayart et, après sa mort, a été l'homme d'affaires de sa famille. Dès lors, les affirmations

---

Jacques de Mailles, et leurs ouvrages, bien plus répandus que le sien, devaient être plus difficilement détruits. On pourrait multiplier ces exemples.

1. On trouvera ces deux documents dans l'appendice. M. de Terrebasse, qui a publié un extrait de la montre de compagnie de Bayart, ne s'est point aperçu de l'existence du nom de Jacques de Mailles au milieu de ceux des archers de cette compagnie et ne l'a pas signalé. De même M. Morin-Pons, en publiant le contrat de mariage de Jeanne Terrail, ne paraît pas avoir entrevu l'intérêt que présentait le nom du notaire qui l'a rédigé.

du P. Lelong et de l'abbé Ladvocat, aussi bien que les mentions des catalogues de la Bibliothèque Mazarine, paraissent non-seulement possibles, mais vraisemblables. Personne n'ignore en effet que jusqu'au siècle dernier les capitaines ne se faisaient aucun scrupule de faire inscrire à l'effectif de leur compagnie leurs secrétaires et même leurs valets pour les faire participer à la distribution de la solde. Il est permis de supposer que Jacques de Mailles resta attaché à la famille de Bayart et que ce fut à l'instigation des frères et de la fille du chevalier sans peur et sans reproche qu'il entreprit de composer l'histoire de leur illustre parent[1].

J'ai pu me procurer des renseignements assez nombreux sur la famille de Mailles et retrouver le nom de plusieurs de ses membres. Cette famille avait donné son nom à une maison forte située dans le mandement de Morestel; elle était ancienne, puisque nous trouvons un Richard de Mailles (*de Malles* et *de Malliis*) dès 1219. Plusieurs de ses membres versèrent leur sang sur les champs de bataille, d'autres furent châtelains et baillis delphinaux. Au XVe siècle, ils étaient tombés dans l'indigence et cherchaient néanmoins à se faire maintenir dans leur noblesse. Au XVIe siècle ils embrassèrent le protestantisme et la famille s'éteignit en la personne de Claude de Mailles, maintenu dans la noblesse en 1581[2].

---

1. J'ai dit plus haut que le portrait de Bayart conservé au château d'Uriage portait les initiales J. D. M. : ce sont précisément celles de Jacques de Mailles. Le Loyal Serviteur était-il à la fois écrivain, soldat, peintre et notaire? Ce portrait de Bayart est-il, soit de sa main, soit de celle d'un des membres de sa famille, ou bien n'y a-t-il dans ces initiales qu'une simple coïncidence?

2. Voici la liste des membres de la famille de Mailles que j'ai pu retrouver; elle est tirée des archives de l'Isère, de celles de la Drôme, de Guy Allard et de l'*Inventaire des archives des dauphins*, publié par l'abbé Chevalier.

Richard fait hommage au dauphin, 1219.

L'édition de 1527 de l'Histoire de Bayart est, ainsi que je l'ai dit, d'une extrême rareté et elle n'a jamais été exactement reproduite. Théodore Godefroy en a donné au commencement du XVIIe siècle[1] une réimpression, expurgée et habillée à la moderne, dans laquelle il a supprimé de nombreux passages, et ajouté quelques notes d'un médiocre intérêt. Elle a servi de guide et de modèle à toutes celles qui l'ont suivie; la première en date est due à Louis Videl, qui l'a augmentée des commentaires du président Expilly et de quelques notes de sa façon[2]. Les commentaires ont une certaine valeur : on y trouve imprimée pour la première fois la belle lettre de Bayart à l'évêque de Grenoble, dans laquelle il raconte la bataille de Ravenne et la mort de Gaston de Foix[3]. Les annotations de Videl paraissent avoir eu pour but principal de publier quelques pièces fabriquées à plaisir par le président Salvaing de Boissieu pour rehausser la douteuse illustration de sa maison.

Hugues, châtelain de Briançon, puis d'Avalon (1230-1259), fait hom., 1266.

Guillaume fait hom., 1286.

Oberjon, tué à la bataille de Varey, 1325.

Richard, mari d'Ambroisine de Morestel, fait hom., 1345.

Guigonne Barral, veuve de Henri de Mailles, fait hom. au nom de ses fils, 1365.

Jean habite Allevard vers 1400.

Berjon, Jean, Richard et Pierre, ses fils, se livraient à des actes mercenaires et rustiques en 1458.

Aymon, habitant Eybens, était dans le même cas en 1448.

Jacques, archer et secrétaire de Bayart, puis notaire, 1523-1527.

Jean, en son nom et en celui de 200 habitants de l'Albenc, signe entre les mains d'un notaire de Grenoble une profession de foi protestante, 1561.

Claude est maintenu dans sa noblesse, 1581.

1. Paris, 1616 et 1619, in-4°.
2. Grenoble, Jean Nicolas, 1650, in-8°. Autre édition de 1659.
3. On trouvera cette lettre à l'appendice.

Depuis un siècle l'*Histoire de Bayart* a été réimprimée dans les grandes collections de mémoires, d'abord dans la *Collection universelle des Mémoires particuliers relatifs à l'histoire de France* (Londres et Paris, 1786 et suiv., in-8º), où elle figure au tome XIV, puis dans les collections Petitot-Montmerqué et Michaud-Poujoulat, dans la *Bibliothèque choisie* de M. Laurentie (1829, in-12), et enfin dans le *Panthéon littéraire*. Mais là, pas plus que dans les éditions du xviie siècle, le texte primitif n'a été fidèlement reproduit, et il y est peu ou point accompagné de notes.

J'ai essayé de faire mieux que mes devanciers : tout en m'attachant à reproduire avec une scrupuleuse exactitude le texte original, j'ai cherché à éclaircir les passages qui demandaient une explication et à compléter le récit du Loyal Serviteur par des extraits de divers auteurs français et étrangers du xvie siècle qui ont parlé de Bayart. De plus, j'ai réuni dans un appendice tout ce que l'on connaît de la correspondance de Bayart, un certain nombre de lettres, la plupart inédites, de ses contemporains, dans lesquelles il est question de sa personne, et enfin quelques documents relatifs à lui ou à sa famille. On trouvera également à la fin du volume un index et un glossaire. Je terminerai en disant que ma tâche m'a été rendue facile par la bienveillance que j'ai rencontrée partout autour de moi et par les conseils de M. Ludovic Lalanne, que la Société m'avait donné pour mon commissaire responsable.

J. Roman.

LA TRÈS JOYEUSE ET TRÈS PLAISANTE

HISTOIRE

DU

GENTIL SEIGNEUR DE BAYART

PROLOGUE DE L'ACTEUR.

Pour ce qu'il est moult difficille, sans la grâce de Dieu, en ce mortel estre, complaire à tout le monde, et que les hommes coustumiers d'escripre hystoires et cronicques font voulentiers leur adresse à aucun notable personnage, je, qui, sans autrement me nommer, ay empris de mettre en avant les faicts et gestes du bon chevalier sans paour et sans reprouche le seigneur de Bayart, et parmy ses excellentes œuvres y comprendre plusieurs autres vertueux personnages, me suis advisé, à ce qu'il ne feust murmuré cy-après contre moy n'avoir bien et justement fait mon devoir particulier en laissant l'ung pour prendre l'autre, attribuer ceste mienne rudde hystoire aux trois estatz du très excellent, très puissant et très renommé royaulme de France; car, pour au vray amplifier les perfections d'ung homme, ne l'ay peu faire autrement, considéré que sans grâce infuse du Sainct-Esperit, depuis l'incarnation de nostre sauveur et rédempteur Jésuchrist, ne s'est trouvé en cronicque ou hystoire, prince, gentilhomme ne autre, de quelque condition qu'il ait esté, qui plus furieusement entre les cruelz, plus doulcement entre les humbles, ne plus humainement entre les petis ait vescu, que le bon chevalier dont la présente hystoire est commencée. Et combien que de tout temps en ceste douce contrée de France la grâce de Nostre Seigneur s'est si grandement espandue que peu de deffault y survient quant aux nécessitez du corps, qui est une manne quant à ceste vie mondaine, ung autre inconvénient à ceste occasion y survient, c'est que la grande ayse que grans, moyens et petis y soustiennent, les mect en telle oysiveté qu'ilz ne se peuvent contenir du péché d'envye, en blasmant aucunes fois à tort et sans cause les innocens, et en détenant caché les mérites, prouesses et honneurs des vertueux. Si s'en trouverra-il peu qui sceussent ou ayent voulu dire chose contre l'honneur d'icelluy bon chevalier, s'ilz ne l'ont dit à l'emblée; car en iceulx trois estatz s'est si vertueusement gouverné qu'il en aura, quant à Dieu, sa grâce, et quant au monde, verdoyante et immortelle couronne de laurier, pour ce que touchant l'église ne s'en est jamais trouvé ung plus obéissant, quant à l'estat de noblesse ung plus deffensible, et à l'estat de labour ung plus piteux ne secourable.

CHAPITRE PREMIER.

Comment le seigneur de Bayart, père du bon chevalier sans paour et sans reproche, eut vouloir de sçavoir de ses enfans de quel estat ilz vouloient estre.

Au pays de Daulphiné que possède présentement le roy de France, et ont fait ses prédécesseurs, depuis sept ou huyt vingtz ans que ung Daulphin Ymbert[1], qui fut le derrenier, leur en fist don, y a plusieurs bonnes et grosses maisons de gentilzhommes, et dont il est sorty tant de vertueux et nobles chevaliers que le bruyt en court par toute la chrestienté ; en sorte que tout ainsi que l'escarlate passe en couleur toutes autres tainctures de draps, sans blasmer la noblesse d'autre région, les Daulphinois sont appellez par tous ceulx qui en ont congnoissance, l'escarlate des gentilzhommes de France[2]. Entre lesquelles maisons est celle de Bayart, de ancienne et noble extraction, et bien

---

1. Humbert II, dernier dauphin de la famille de la Tour du Pin, céda la province de Dauphiné au roi de France le 16 juillet 1349 ; il fut nommé peu après par le pape patriarche d'Alexandrie, puis archevêque de Paris. Son sceau comme patriarche d'Alexandrie porte la légende s. secretvm. hymberti. patriarche. alexandrini. dalfini. vienensis. antiqvioris. Ses sceaux antérieurs portent tous son nom écrit hvmberti.

2. Notre auteur est le premier qui, à notre connaissance, se soit servi de cette comparaison entre l'écarlate et les autres couleurs pour qualifier la noblesse du Dauphiné. Depuis lors elle a été souvent employée.

l'ont, ceulx qui en sont saillis, monstré; car à la journée de Poictiers, le terayeul du bon chevalier sans paour et sans reprouche mourut aux piedz du roy de France Jehan; à la journée de Crécy, son bysayeul; à la journée de Montlehery demoura sur le champ son ayeul avecques six plaies mortelles, sans les autres; et à la journée de Guignegaste fut son père si fort blessé que oncques puis ne peut guères partir sa maison, où il mourut aagé de bien quatre vingts ans[1]. Et peu de jours avant son trespas, considérant, par nature qui ja luy deffailloit, ne pouvoir pas faire grant séjour en ce mortel estre, appella quatre enfans qu'il avoit, en la présence de sa femme, dame très dévote et toute à Dieu, laquelle estoit seur de l'évesque de Grenoble, de la maison des Alemans. Ainsi, ses enfans venuz devant luy, à l'aisné demanda, qui estoit en l'aage de dix huyt à vingt ans, qu'il vouloit devenir; lequel respondit qu'il ne vouloit jamais partir de la maison, et qu'il le vouloit servir sur la fin de ses jours. « Et bien! dist le père, Georges, puisque tu aymes la maison, tu demoureras icy à combatre les ours. » Au second, qui a esté le bon chevalier sans paour et sans reproche, fut demandé de quel estat il vouloit estre; lequel, en l'aage de treize ans ou peu plus, esveillé comme ung esmérillon, d'ung visage riant respondit

---

[1]. L'énumération du *Loyal Serviteur,* en ce qui concerne les membres de la famille Terrail morts sur les champs de bataille, n'est ni exacte ni complète. Philippe Terrail, trisaïeul de Bayart, fut tué à la bataille de Poitiers en 1356; ses deux fils, Jean et Pierre, périrent, le premier à Verneuil en 1424, le second à Azincourt en 1415; Pierre, aïeul de Bayart, mourut à la bataille de Montlhéry en 1465; enfin Aymon, son père, fut dangereusement blessé à Guinegate en 1479.

comme s'il eust eu cinquante ans : « Monseigneur mon père, combien que amour paternelle me tiengne si grandement obligé que je deusse oublier toutes choses pour vous servir sur la fin de vostre vie, ce néantmoins, ayant enraciné dedans mon cueur les bons propos que chascun jour vous récitez des nobles hommes du temps passé, mesmement de ceulx de nostre maison, je seray, s'il vous plaist, de l'estat dont vous et voz prédécesseurs ont esté, qui est de suyvre les armes, car c'est la chose en ce monde dont j'ay le plus grant désir, et j'espère, aydant la grâce de Dieu, ne vous faire point de déshonneur. » Alors respondit le bon vieillart en larmoyant : « Mon enfant, Dieu t'en doint la grâce ! jà ressembles-tu de visage et corsage à ton grant père, qui fut en son temps ung des acomplis chevaliers qui fust en chrestienté : si mettray peine de te bailler le train pour parvenir à ton désir. » Au tiers demanda quel moyen il vouloit tenir; il respondit qu'il vouloit estre de l'estat de son oncle, monseigneur d'Esnay[1], ung abbaye près Lyon. Son père le luy accorda, et l'envoya par ung sien parent à son dit oncle qui le feit moyne; et depuis a esté, par le moyen du bon chevalier son frère, abbé de Jozaphat, aux faulxbourgz de Chartres. Le dernier respondit de mesme sorte, et dist qu'il vouloit estre comme son oncle monseigneur de Grenoble, à qui il fut pareillement donné, et peu après le fist chanoyne de l'église

---

1. *Ainay*, abbaye de l'ordre de Saint-Benoît, fondée à Lyon sur les bords de la Saône : elle existait déjà au vi[e] siècle. L'abbé d'Ainay était Théodore Terrail, fils de Pierre Terrail, s[r] de Bernin; il gouverna cette abbaye de 1457 à 1505. Il n'était pas oncle de Bayart, mais son cousin assez éloigné.

Nostre-Dame ; et depuis, par le mesme moyen que son frère le moyne fut abbé, il fut évesque de Glandesves en Provence[1]. Or, laissons les autres trois frères là, et revenons à l'histoire du bon chevalier sans paour et sans reprouche, et comment son père entendit à son affaire.

CHAPITRE II.

Comment le père du bon chevalier sans paour et sans reprouche envoya quérir son beau-frère l'évesque de Grenoble pour parler à luy, parce qu'il ne pouvoit plus partir de la maison.

Après le propos tenu par le père du bon chevalier à ses quatre enfans, et parce qu'il ne pouvoit plus chevaucher, envoya ung de ses serviteurs le lendemain à Grenoble, devers l'évesque son beau-frère[2], à ce que son plaisir feust, pour aucunes choses qu'il avoit à luy dire, se vouloir transporter jusques à sa maison de

---

1. Les deux frères de Bayart qui embrassèrent l'état ecclésiastique furent successivement évêques de Glandèves : Philippe, de 152... à 1532, et Jacques, de 1532 à 1535.
2. Laurent I Alleman, fils d'Henri Alleman, sr de Laval, frère d'Hélène Alleman, mère de Bayart. Il fut élu évêque de Grenoble en 1478, transféré au siége d'Orange, puis revint à Grenoble en 1484 et y mourut en 1518. « Ledict noble Pierre Terrail, dit « Champier (*Les gestes du preux chevalier Bayard*, 1525, fol. xiii), « dès son enfance fut nourri par son père en toutes vertus et « tenu aux escolles à Grenoble par sondit oncle, seigneur et évêque « dudit lieu. » Cette affirmation de Champier est sujette à caution ; il est douteux en effet que Bayart sût autre chose que signer son nom, car il n'existe de lui aucun autographe authentique.

Bayart[1], distant dudit Grenoble cinq ou six lieues ; à quoy le bon évesque, qui oncques en sa vie ne fut las de faire plaisir à ung chascun, obtempéra de très bon cueur. Si partit, incontinent la lettre receue, et s'en vint au giste en la maison de Bayart, où il trouva son beau-frère en une chaire auprès du feu, comme gens de son aage font voulentiers. Si se saluèrent l'ung l'autre et firent le soir la meilleur chère qu'ilz peurent ensemble, et en leur compaignie plusieurs autres gentilzhommes du Daulphiné qui estoient là assemblez ; puis, quant il fut heure, chascun se retira en sa chambre, où ilz reposèrent à leur aise jusques à lendemain matin qu'ilz se levèrent, ouyrent la messe que ledit évesque de Grenoble chanta ; car voulentiers disoit tous les jours messe, s'il n'estoit mal de sa personne, et pleust à Nostre Seigneur que les prélatz de présent feussent aussi bons serviteurs de Dieu et aussi charitables aux povres qu'il a esté en son temps ! La messe ouye, convint laver les mains et se mettre à table, où de rechief chascun fist très bonne chière, et y servoit le bon chevalier tant sagement et honnestement que tout homme en disoit bien. Sur la fin du disner, et après grâces dictes, le bon vieillart seigneur de Bayart commencea ainsi ces parolles à toute la compaignie : « Monseigneur et messeigneurs, l'occasion pourquoy vous ay mandez est temps d'estre déclairée, car tous estes mes parens et amys ; et jà

---

[1]. Les ruines du château de Bayart se voient encore aujourd'hui au sommet d'une colline aux environs du village de Pontcharra, dans le Graisivaudan. Il avait été construit par le bisaïeul du bon chevalier auquel le gouverneur du Dauphiné en avait donné l'autorisation en 1404 (Arch. de l'Isère).

voyez-vous que je suis par vieillesse si oppressé qu'il est quasi impossible que sceusse[1] vivre deux ans. Dieu m'a donné quatre filz, desquelz de chascun ay bien voulu enquérir quel train ilz veulent tenir; et entre autres m'a dit mon fils Pierre qu'il veult suyvre les armes, dont il m'a fait ung singulier plaisir, car il ressemble entièrement de toutes façons à mon feu seigneur de père, vostre parent, et si de conditions il luy veult aussi bien ressembler, il est impossible qu'il ne soit en son vivant ung grant homme de bien, dont je croy que ung chascun de vous, comme mes bons parens et amys, seriez bien aises. Il m'est besoing, pour son commencement, le mettre en la maison de quelque prince ou seigneur, afin qu'il appreigne à se contenir honnestement, et quant il sera ung peu plus grant, apprendra le train des armes. Si vous prie, tant que je puis, que chascun me conseille en son endroit le lieu où je le pourray mieulx loger. » Alors dist l'ung des plus anciens gentilzhommes : « Il fault qu'il soit envoyé au roy de France. » Ung autre dist qu'il seroit fort bien en la maison de Bourbon; et ainsi d'ung en autre n'y eut celluy qui n'en dist son advis. Mais l'évesque de Grenoble parla et dist : « Mon frère, vous sçavez que nous sommes en grosse amytié avecques le duc Charles de Savoye, et nous tient du nombre de ses bons serviteurs; je croy qu'il le prendra voulentiers pour ung de ses paiges. Il est à Chambéry, c'est près d'icy : si bon vous semble, et à la compaignie, je le luy mèneray demain au matin, après l'avoir très bien mis en ordre et garny d'ung bas et

---

1. Il y a par erreur *scensse* dans le texte.

bon petit roussin que j'ay depuis trois ou quatre jours
en çà recouvert du seigneur d'Uriage[1]. » Si fut le
propos de l'évesque de Grenoble tenu à bon de toute
la compaignie, et mesmement du dit seigneur de
Bayart, qui luy livra son filz en luy disant : « Tenez,
monseigneur, je prie à Nostre Seigneur, que si bon
présent en puissez faire, qu'il vous face honneur en
sa vie. » Alors tout incontinent envoya le dit évesque
à la ville quérir son tailleur, auquel il manda apporter
veloux, satin, et autres choses nécessaires pour habiller le bon chevalier. Il vint et besongna toute la nuyt,
de sorte que le lendemain matin fut tout prest, et
après avoir desjeuné, monta sur son roussin, et se présenta à toute la compaignie, qui estoit en la basse
court du chasteau, tout ainsi que si on l'eust voulu
présenter dès l'heure au duc de Savoye. Quant le cheval sentit si petit fès[2] sur luy, joinct aussi que le jeune
enfant avoit ses esperons dont il le picquoit, commencea à faire trois ou quatre saulx, de quoy la compaignie eut paour qu'il affollast le garson ; mais en lieu de
ce qu'on cuydoit qu'il deust crier à l'ayde, quant il
sentit le cheval si fort remuer soubz luy, d'ung gentil
cueur asseuré, comme ung lyon, luy donna trois ou
quatre coups d'esperon et une carrière dedans ladicte
basse court, en sorte qu'il mena le cheval à la raison
comme s'il eust eu trente ans. Il ne fault pas demander
si le bon vieillart fut ayse ; et soubzriant de joie,
demanda à son filz s'il avoit point de paour, car pas

---

1. L'édition originale porte par erreur *du Riage* : il s'agit ici de
Guigue Alleman, sr d'Uriage, époux de Marie Grinde, père du
capitaine Molart, dont il sera si souvent question dans ce volume.
2. *Fès,* faix, fardeau.

n'avoit quinze jours qu'il estoit sorty de l'escolle : lequel respondit d'ung visage assuré : « Monseigneur, j'espère, à l'ayde de Dieu, devant qu'il soit six ans, le remuer, luy ou autre, en plus dangereux lieu ; car je suis icy parmy mes amys, et je pourray estre parmy les ennemys du maistre que je serviray. — Or sus ! sus ! dist le bon évesque de Grenoble qui estoit prest à partir ; mon nepveu, mon amy, ne descendez point, et de toute la compaignie prenez congé. » Lors le jeune enfant, d'une joyeuse contenance, s'adressa à son père, auquel il dist : « Monseigneur mon père, je prie à Nostre Seigneur qu'il vous doint bonne et longue vie, et à moy, grâce, avant qu'il vous oste de ce monde, que puissiez avoir bonnes nouvelles de moy. — Mon amy, dist le père, je l'en supplie. » Et puis luy donna sa bénédiction. Et après alla prendre congé de tous les gentilzhommes qui estoient là, l'ung après l'autre, qui avoient à grant plaisir sa bonne contenance. La povre dame de mère estoit en une tour du chasteau, qui tendrement ploroit ; car combien qu'elle feust joyeuse dont son filz estoit en voye de parvenir, amour de mère l'admonnestoit de larmoyer. Toutesfois, après qu'on luy fust venu dire : « Madame, si voulez venir veoir vostre filz, il est tout à cheval prest à partir », la bonne gentil femme sortit par le derrière de la tour et fist venir son fils vers elle, auquel elle dist ces parolles : « Pierre, mon amy, vous allez au service d'ung gentil prince. D'autant que mère peult commander à son enfant, je vous commande trois choses tant que je puis, et si vous les faictes, soyez asseuré que vous vivrez triumphamment en ce monde. La première, c'est que, devant toutes choses, vous aymez, craignez et servez Dieu, sans aucunement l'offenser, s'il vous est possible, car c'est celluy qui tous nous a créez, c'est luy qui nous fait vivre, c'est celluy qui nous saulvera, et sans luy et sa grâce ne scaurions faire une seulle bonne œuvre en ce monde ; tous les matins et tous les soirs, recommandez-vous à luy, et il vous aydera. La seconde, c'est que vous soyez doulx et courtois à tous gentilzhommes, en ostant de vous tout orgueil. Soyez humble et serviable à toutes gens ; ne soyez maldisant ne menteur; maintenez-vous sobrement quant au boire et au manger; fuyez envye, car c'est ung vilain vice. Ne soyez flateur ne raporteur, car telles manières de gens ne vienent pas voulentiers à grande perfection. Soyez loyal en faictz et dictz, tenez vostre parolle. Soyez secourable à povres veufves et aux orphelins, et Dieu vous le guerdonnera. La tierce, que des biens que Dieu vous donnera vous soyez charitable aux povres nécessiteux, car donner pour l'honneur de luy n'apovrit oncques homme; et tenez tant de moy, mon enfant, que telle aulmosne pourrez-vous faire qui grandement vous prouffitera au corps et à l'âme. Velà tout ce que je vous encharge. Je crois bien que vostre père et moy ne vivrons plus guères; Dieu nous face la grâce, à tout le moins tant que serons en vie, que tousjours puissions avoir bon rapport de vous. »

Alors le bon chevalier, quelque jeune aage qu'il eust, luy respondit : « Madame ma mère, de vostre bon enseignement, tant humblement qu'il m'est possible, vous remercie, et espère si bien l'ensuyvre que, moyennant la grâce de celluy en la garde duquel me recommandez, en aurez contentement. Et au demourant, après m'estre très humblement recommandé à vostre bonne grâce, je voys prendre congé de vous. »

Alors la bonne dame tira hors de sa manche une petite bourcette, en laquelle avoit seulement six escus en or et ung en monnoye qu'elle donna à son filz; et appella ung des serviteurs de l'évesque de Grenoble, son frère, auquel elle bailla une petite malette en laquelle avoit quelque linge pour la nécessité de son filz, le priant que, quant il seroit présenté à monseigneur de Savoye, il voulsist prier le serviteur de l'escuyer, soubz la charge duquel il seroit, qu'il s'en voulsist ung peu donner de garde jusques à ce qu'il feust en plus grant aage, et luy bailla deux escus pour luy donner. Sur ce propos print l'évesque de Grenoble congé de la compaignie, et appella son nepveu, qui pour se trouver dessus son gentil roussin, pensoit estre en ung paradis. Si commencèrent à marcher le chemin droit à Chambéry, où pour lors estoit le duc Charles de Savoye[1].

CHAPITRE III.

Comment l'évesque de Grenoble présenta son nepveu, le bon chevalier sans paour et sans reprouche, au duc Charles de Savoye, qui le reçut joyeusement.

Au départir du chasteau de Bayart, qui fut par ung samedy après le desjeuner, chevaucha ledit évesque de

---

1. Charles I, duc de Savoie (1482-1490), fils d'Amé IX et de Iolande de France, mari de Blanche Paléologue, duchesse de Montferrat.

Grenoble de sorte qu'il arriva au soir dans la ville de Chambéry, où le clergié alla au devant de luy ; car ladicte ville est de toute ancienneté de l'évesché de Grenoble, et y a son official et sa court[1]. Il se logea sur ung notable bourgeois. Le duc estoit logé en sa maison avecques bon nombre de seigneurs et gentilzhommes, tant de Savoye que de Pyémont. Le soir demoura ledit évesque de Grenoble à son logis, sans se monstrer à la court, combien que le duc fust assez informé qu'il estoit à la ville, dont il fust très joyeux, parce que icelluy évesque estoit (si ainsi on les peult appeller en ce monde) ung des plus sainctz et dévotz personnages que l'on sceust. Le lendemain, qui fut dimenche, bien matin se leva et s'en alla pour faire la révérence au duc de Savoye, qui le receut d'ung riant visage, luy donnant bien à congnoistre que sa venue luy plaisoit très fort. Si devisa avecques luy tout au long du chemin, depuis son logis jusques à l'église où il alla ouyr messe, à laquelle il servit ledit duc, comme à telz princes appartient, à luy bailler à baiser l'évangille et la paix. Après la messe dicte, le duc le mena par la main disner avecques luy, où, durant icelluy, estoit son nepveu le bon chevalier, qui le servoit de boire très bien en ordre, et très mignonnement se contenoit ; ce que regarda le duc, pour la jeunesse qu'il voyoit en l'enfant, de sorte qu'il demanda à l'évesque : « Monseigneur de Grenoble, qui est ce jeune enfant qui vous donne à boire ? — Monseigneur, respondit-il, c'est ung homme d'armes que je vous suis

---

1. L'évêché de Chambéry fut créé par une bulle du 18 août 1779. Jusqu'à cette époque cette ville faisait partie du diocèse de Grenoble.

venu présenter pour vous servir se il vous plaist, mais il n'est pas en l'estat que je le vous veulx donner. Après disner, si c'est vostre plaisir, le verrez. — Vrayement, ce dist le duc qui desjà l'eut pris en amour, il seroit bien estrange qui tel présent refuseroit. » Or le bon chevalier, qui desjà avoit l'ordonnance de son oncle en l'entendement, ne s'amusa guères aulx morceaulx après le disner, ains s'en va au logis faire seeller son roussin, sur lequel, après l'avoir bien mis en ordre, monta, et s'en vint le beau petit pas en la court de la maison dudit duc de Savoye, qui desjà estoit sorty de sa salle, appuyé sur une gallerie. Si veit entrer le jeune enfant qui faisoit bondir son cheval, de sorte qu'il sembloit homme de trente ans, et qui toute sa vie eust veu de la guerre. Lors s'adressa à l'évesque de Grenoble, auquel il dist : « Monseigneur de Grenoble, je croy que c'est vostre petit mignon qui si bien chevauche se cheval? — Qui respondit : Monseigneur, c'est mon[1], il est mon nepveu, et de bonne rasse où il y a eu de gentilz chevaliers. Son père, qui, par les coups qu'il a receuz ès gueres et batailles où il s'est trouvé, est tant myné de foiblesse et de vieillesse qu'il n'est peu venir devers vous, se recommande très humblement à vostre bonne grâce, et vous en fait ung présent. — En bonne foy, respondit le duc, je l'accepte voulentiers ; le présent est beau et honneste. Dieu le face preudhomme ! » Lors commanda à ung sien escuyer d'escuyrie, en qui plus se fioit, qu'il print en sa garde le jeune Bayart et que à son oppinion, seroit une fois homme de bien.

---

1. *C'est mon*, vraiment.

Ne tarda guères après ce propos que l'évesque de Grenoble, qui remercié eut très humblement le duc de Savoye, ne prist congé de luy pour s'en retourner à sa maison ; et ledit duc demoura à Chambéry jusques à quelque temps après qui se délibéra d'aller veoir le roy de France, Charles huytiesme, qui estoit en la ville de Lyon, où il se donnoit du bon temps à faire joustes, tournois et tous autres passe temps.

CHAPITRE IV.

Comment le duc de Savoye se partit de Chambéry pour aller veoir le roy de France Charles huytiesme, en sa ville de Lyon, et mena avecques luy le bon chevalier sans paour et sans reprouche, lors son paige.

Le bon chevalier demoura page avecques le duc Charles de Savoye bien l'espace de demy an, où il se fist tant aymer de grans, moyens et petis qu'oncques jeune enfant ne le fut plus. Il estoit serviable aux seigneurs et dames tant que c'estoit merveilles. En toutes choses n'y avoit jeune page ne seigneur qui feust à comparer à luy ; car il saultoit, luytoit, gectoit la barre selon sa grandeur et entre autres choses chevauchoit ung cheval le possible, de sorte que son bon maistre le print en aussi grande amour que s'il eust esté son filz. Ung jour, estant le duc de Savoye à Chambéry, faisant grosse chère, se délibéra d'aller veoir le roy de France à Lyon, où pour lors estoit parmy ses princes et gentilzhommes, menant joyeuse vie à faire joustes et tournoys chascun jour, et au soir dancer et baller avecques les dames du lieu, qui sont voulentiers belles et de bonne grâce. Et à vérité dire, ce jeune roy Charles estoit ung des bons princes, des courtois, libéraulx et charitables qu'on ait jamais veu ne leu. Il aymoit et craignoit Dieu, ne ne juroit jamais que par la foy de mon corps ! ou autre petit serment. Et fut grant dommage dont mort le print si tost comme en l'aage de XXVIII ans ; car, si longuement eust vescu, achevé eust de grans choses. Ledit roy Charles sceut comment le duc de Savoye le venoit veoir, et que jà estoit à la Verpillière [1], et s'en venoit coucher à Lyon. Si envoya au devant de luy ung gentil prince de la maison de Luxembourg, qu'on appelloit le seigneur de Ligny [2], avecques plusieurs autres gentilzhommes et archiers de sa garde, qui le trouvèrent à deux lieues ou environ dudit Lyon. Si se firent grant chère lesditz duc et seigneur de Ligny, car tous deux estoient assez remplis d'honneur. Ilz vindrent longuement parlans ensemble, et tellement que le seigneur de Ligny gecta son œil sur le jeune Bayart, lequel estoit sur son roussin qui trotoit fort mignonement, et le faisoit merveilleusement bon veoir. Si dist le seigneur de Ligny au duc de Savoye : « Monseigneur, vous avez là ung page qui chevauche ung gaillart cheval, et davantage il le scet manyer gentement. — Sur ma foy, dist le duc, il n'y a pas demy an que l'évesque de Grenoble m'en fist ung présent, et ne faisoit que sortir

---

1. *La Verpillère,* chef-lieu de canton, département de l'Isère.
2. Louis de Luxembourg, comte de Ligny, prince d'Altamura, grand chambellan de Louis XII, cousin germain du duc de Savoie par Marie de Savoie sa mère. Il était fils de Louis de Luxembourg, comte de Saint-Pol, connétable de France. Il mourut en 1505.

de l'escolle; mais je ne veiz jamais jeune garson qui plus hardiement de son aage se maintint, ny à cheval ny à pied, et y a fort bonne grâce. Bien vous advise, monseigneur mon cousin, qu'il est d'une rasse où il y a de gaillars et hardiz gentilzhommes; je croy qu'il les ensuyvra. » Si dist au bon chevalier : « Bayart, picquez! donnez une carrière à vostre cheval! » Ce que le jeune enfant, qui pas mieulx ne demandoit, fist incontinent, et très bien le sceut faire; et si, au bout de la course, fist bondir le cheval, qui estoit fort gaillard, trois ou quatre merveilleux saulx, dont il résjouyt toute la compaignie. « Sur ma foy, Monseigneur, dist le seigneur de Ligny, velà ung jeune gentilhomme qui sera à mon oppinion gentil galant, s'il veit, et m'est advis que ferez bien du page et du cheval faire présent au roy, car il en sera bien aise, pour ce que le cheval est fort bel et bon, et le page, à mon advis, encores meilleur. — Sur mon âme, dist le duc, puisque le me conseillez, je le feray. Le jeune enfant pour parvenir ne sçauroit apprendre en meilleur escolle que la maison de France, où de tout temps honneur fait son séjour plus longuement qu'en toutes autres maisons de prince. »

Ainsi en propos cheminèrent si avant qu'ilz entrèrent dedans Lyon, où les rues estoient pleines de gens, et force dames aux fenestres pour les veoir passer; car, sans mentir, ce duc de Savoye estoit fort beau et bon prince, très bien acompaigné; et à veoir sa contenance, sentoit bien son prince de grosse maison. Si s'en alla pour le soir, qui fut ung mercredy descendre à son logis où il retint le seigneur de

Ligny et ung autre appelé monseigneur d'Avenes[1] filz du sire d'Albret, et frère du roy de Navarre, qui estoit alors ung fort honneste et acomply seigneur, à souper avecques luy, et plusieurs autres seigneurs et gentilzhommes, ou, durant icelluy, y eut force ménestriers et chantres du roy qui vindrent resjouyr la compaignie. Le soir ne partit point le duc de Savoye de son logis, ains il fut joué à plusieurs jeux et passe-temps, et tant qu'on apporta vin et espices; lesquelles prises, chascun se retira à son logis jusques à lendemain au matin.

CHAPITRE V.

Comment le duc de Savoye alla faire la révérence au roy de France à son logis, et du grant et honneste recueil qui luy fut faict.

Le jeudy matin se leva le duc de Savoye, et, après soy estre mis en ordre, voulut aller trouver le roy; mais ainçois[2] son partement arrivèrent à son logis lesditz seigneurs de Ligny et d'Avesnes avecques le mareschal de Gié[3], qui pour lors avoit gros crédit en

---

1. Gabriel d'Albret, sr d'Avennes, frère de Jean d'Albret, roi de Navarre : ils étaient fils d'Alain d'Albret, comte de Dreux, sr d'Avennes, surnommé le Grand, et de Françoise de Bretagne.
2. *Ainçois,* avant.
3. Pierre de Rohan, maréchal de Gié, comte de Marle, mort en 1513. Il était fils de Louis de Rohan, sr de Guéméné, et de Marie de Montauban. Il épousa Françoise de Penhoët, puis Marie d'Armagnac.

France, ausquelz il donna le bon jour ; et après marchèrent jusques au logis du roy, qui desjà estoit prest pour aller à la messe en ung couvent de cordeliers qu'il avoit fait construire à la requeste d'ung dévôt religieux appelé frère Jehan Bourgeois, au bout d'ung faulxbourg de Lyon appellé Veize. Et y avoit ledit seigneur beaucoup donné du sien, aussi avoit fait sa bonne et loyalle espouse Anne, duchesse de Bretaigne. Si trouva le duc de Savoye le roy, ainsi qu'il vouloit, sortir de sa chambre, auquel il fist la révérence, telle et si haulte que à si grant et noble prince appartenoit. Mais le bon roy, qui filz estoit d'humilité, le print et l'embrassa en luy disant : « Mon cousin, mon amy, vous soyez le très bien venu ! Je suis joyeulx de vous veoir, et sur mon âme, vous avez bien fait, car si ne feussiez venu, j'estois délibéré vous aller veoir en voz pays, où je vous eusse porté beaucoup plus de dommage. » A quoy respondit le bon duc : « Monseigneur, il est difficile que à ma voulenté sceussiez porter dommage. Tout le regret que j'auroye à vostre arrivée en voz pays et miens seroit seulement que ne pourriez estre receu comme appartient à si hault ne magnanime prince que vous estes ; mais bien vous advise que le cueur, le corps, l'avoir et le sçavoir, si Dieu y en a aucun mis, sont en vostre disposition autant que le moindre de voz subjects. » Dont le roy, en rougissant ung peu, le remercia. Si montèrent sur leurs mulles, et allèrent ensemble devisans le long de la ville jusques audit couvent des cordeliers, où ilz ouyrent dévotement la messe; et quant vint à l'offrande, fut baillé par le duc de Savoye au roy l'escu pour offrir à Nostre

Seigneur, ainsi que chascun jour ont acoustumé faire les roys de France, comme au prince à qui on vouloit plus faire d'honneur. Après la messe ouye, remontèrent sur leurs mulles pour retourner au logis, où le roy retint le duc de Savoye à disner avecques luy, et pareillement lesditz seigneurs de Ligny et d'Avesnes. Durant le disner y eut plusieurs propos tenuz, tant de chiens, d'oyseaulx, d'armes que d'amours. Et entre autres, le seigneur de Ligny dist au roy : « Sire, je vous jure ma foy que monseigneur de Savoye a vouloir de vous donner ung paige qui chevauche ung bas roussin fort gaillard aussi bien que jeune garson que je veiz jamais; et si ne pense point qu'il ait plus de quatorze ans, mais il mène son cheval à la raison comme ung homme de trente. S'il vous plaist aller ouyr vespres à Esnay, en aurez votre passe-temps. — Par la foy de mon corps! dist le roy, je le vueil. » Et puis regarda le duc de Savoye en luy disant : « Mon cousin, qui vous a donné ce gentil paige que dit le cousin de Ligny? » A quoy respondit ledit duc : « Monseigneur, il est de voz subjectz et d'une maison en vostre pays du Daulphiné, dont il est sorty de gaillars gentilzhommes; son oncle, l'évesque de Grenoble, puis demy an m'en a fait ung présent; monseigneur mon cousin l'a veu, il en dit du bien tant qu'il luy plaist, vous verrez à vostre plaisir le paige et le cheval en la prayrie d'Esnay. » Alors n'estoit pas le bon chevalier en présence; mais tantost luy fut racompté, et comment le roy le vouloit veoir sur son cheval, et croy que, s'il eust gaigné la ville de Lyon, n'eust pas esté si aise. Il s'en alla incontinent au

maistre palefrenier du duc de Savoye, nommé Pizou
de Chenas, auquel il dist : « Maistre, mon amy, j'entendz que le roy a dit à monseigneur qu'il veult veoir
mon roussin après disner, et moy dessus. Je vous
prie tant que je puis que le vueillez faire mettre en
ordre, et je vous donneray ma courte dacgue de bon
cueur. » Le maistre palefrenier, qui veit la bonne voulenté du jeune garson, luy dist : « Bayart, mon amy,
gardez vostre baston, je n'en veulx point, et vous
mercye; allez vous seulement peigner et nectoyer, car
vostre cheval sera bien en ordre, et Dieu vous face
cest heur, mon amy, que le roy de France vous
preingne en grâce, car il vous en peult advenir beaucoup de biens, et quelquefois, avec l'ayde de Dieu,
pourrez estre si grant seigneur que je m'en sentiray.
— Sur ma foy! maistre, dist le bon chevalier, jamais
je n'oublieray les courtoysies que m'avez faictes
depuis que je suis en la maison de monseigneur, et si
Dieu me donne jamais des biens, vous en appercevrez. » Incontinent monta en la chambre de son
escuyer, où il nectoya ses habillemens, se peigna et
acoustra au plus joliement qu'il peut, en attendant
qu'il eust quelques nouvelles, qui ne tardèrent guères ;
car, sur les deux ou trois heures, vint l'escuyer d'escuyrie de monseigneur de Savoye, lequel gouvernoit
Bayart, qui le vint demander, et tout prest le trouva.
Si luy dist tout fasché : « Bayart, mon amy, je voy
bien que je ne vous garderay guères, car j'entendz
que monseigneur a desjà fait ung present de vous au
roy, qui vous veult veoir sur vostre roussin en la
prairie d'Esnay. Je ne suis pas marry de vostre avan-

cement, mais, sur ma foy! j'ay grant regret de vous laisser. » A quoy respondit le jeune Bayart : « Monseigneur l'escuyer, Dieu me doint grâce de continuer ès vertus que m'avez monstrées depuis l'heure que monseigneur vous bailla charge de moy! si je puis, moyennant son ayde, n'aurez jamais reprouche de chose que je face; et si je parviens en lieu pour vous faire service, cognoistrez par effect de combien je me sens vostre obligé. » Après ces parolles dictes, n'y eut plus de dilation[1], car l'heure s'approchoit. Si monta l'escuyer sur ung cheval et fist monter le bon chevalier sur son roussin, lequel estoit si bien peigné et acoustré que riens n'y deffailloit, et s'en allèrent attendre le roy et sa compaignie en la prairie d'Esnay; car le prince s'estoit mis par eaue sur la Sosne. Incontinent qu'il fut hors du bateau, va veoir sur la prée le jeune Bayart sur son roussin avecques son escuyer. Si luy commencea à crier : « Page mon amy, donnez de l'esperon à vostre cheval! » ce qu'il fist incontinent. Et sembloit, à le veoir departir, que toute la vie eust fait ce mestier. Au bout de la course, le fist bondir deux ou trois saulx, puis sans riens dire s'en retourna à bride abatue pareillement devers le roy, et s'arresta tout court devant luy en faisant remuer son cheval, de sorte que non-seulement le roy, mais toute la compagnie, y print ung singulier plaisir. Si commencea le roy à dire à monseigneur de Savoye : « Mon cousin, il est impossible de mieulx picquer ung cheval. » Et puis s'adressant au page, lui dist : « Picque,

---

1. *Dilation,* retard.

picque encores ung coup. » Après les parolles du roy, les pages lui crièrent : « Picquez ! picquez ! » de façon que depuis par quelque temps fut surnommé *Picquet*. « Vrayement, dist encores le roy au duc, je voy devant mes yeulx ce que le cousin de Ligny m'a dit à disner ; je ne veulx pas attendre que me donniez vostre page ne vostre cheval, mais je le vous demande. — Monseigneur, respondit le duc de Savoye, le maistre est vostre, le reste y peult bien estre. Dieu luy doint grâce de vous faire quelque service agréable ! — Par la foy de mon corps ! dist le roy, il est impossible qu'il ne soit homme de bien. Cousin de Ligny, je vous baille le page en garde ; mais je ne veulx pas qu'il perde son cheval, il demourera tousjours dans vostre escuyrie. » Dont ledit seigneur de Ligny remercia très humblement le roy, se sentant très bien satisfait d'avoir ce présent ; car il estimoit bien qu'il en feroit ung homme dont il auroit une fois gros honneur, ce qui fut acomply depuis en maintz lieux. Trois ans seulement fut page le bon chevalier en la maison du seigneur de Ligny, lequel l'en mit hors sur l'aage de dix sept ans, et l'appoincta en sa compaignie ; toutesfois tousjours fut-il retenu des gentilzhommes de sa maison.

CHAPITRE VI.

Comment ung gentilhomme de Bourgongne, nommé messire Claude de Vauldray, vint à Lyon par le vouloir du roy de France faire faictz d'armes tant à cheval comme à pied, et pendit ses escuz pour par ceulx qui y toucheroient estre par lui receuz au combat ; et comment le bon chevalier, trois jours après qu'il fut mis hors de page, toucha à tous les escus.

Quelque temps demoura le duc de Savoye à Lyon, où il fist fort bonne chère, tant avecques le roy que les princes et seigneurs de France. Si advisa qu'il estoit saison de retourner en ses pays, parquoy il demanda congé, qui luy fut donné bien envis[1]; toutesfois il n'est si bonne compaignie qu'il ne conviengne départir. Le roy lui fist de beaulx et honorables présens, car de libéralité estoit assez remply. Ainsi s'en retourna le bon duc Charles de Savoye en ses pays. Le roy de France alla visitant son royaulme; et deux ou trois ans après se retrouva audit Lyon[2], où il arriva ung gentilhomme de Bourgongne, qu'on nommoit messire Claude de Vauldray[3], appert homme d'armes, et qui désiroit à merveilles de les suyvre. Si fist supplier au roy que, pour garder d'oisiveté tous jeunes gentilzhommes, luy voulsist permettre de dresser ung pas, tant à cheval comme à pied, à course de lance et coups de hache, ce qui luy fut accordé, car le bon roy ne demandoit, après le service de Dieu dont il estoit assez songneux, que joyeulx passe-temps. Si dressa son affaire icelluy messire Claude de Vauldray le mieulx

---

1. *Envis*, à regret; *invitè*.
2. Le deuxième séjour de Charles VIII à Lyon et le pas d'armes de Vaudray eurent lieu au mois d'avril 1491.
3. Claude de Vaudray, s^r de l'Aigle et Chilli, chambellan du duc de Bourgogne, bailli de Mortagne, fils d'Antoine de Vaudray et de Marguerite de Chauffourg, épousa Marie de Challant et mourut sans enfants en 1515.

qu'il peut, et fist pendre ses escuz, où tous gentilzhommes qui avoient désir d'eulx monstrer venoient
toucher, et se faisoient inscripre au roy d'armes qui en
avoit la charge. Ung jour, passoit par devant les escuz
le bon chevalier, qui desjà, par le nom que le roy luy
donna à Esnay, estoit de chascun appellé Picquet, si
va penser en soy mesme : « Hélas, mon Dieu ! si je
sçavoye comment me mettre en ordre, tant voulentiers je toucheroye à ses escuz, pour sçavoir et apprendre des armes ! » Et sur cela s'arresta tout coy et
demoura pensif. Avecques luy estoit ung sien compaignon, de la nourriture du seigneur de Ligny,
appellé Bellabre[1], qui luy dist : « En quoy songez-
vous, compaignon, vous me semblez tout estonné ? —
Sur ma foy ! respondit-il, mon amy, aussi suis-je, et
je vous en diray présentement la raison. Il a pleu à
monseigneur me mettre hors de paige, et de sa grâce
m'a accoustré et mis en ordre de gentilhomme. Vouloir me semond de toucher aux escuz de messire
Claude, mais je ne say, quant je l'auroye fait, qui me
fourniroit après de harnoys et de chevaulx. » Alors
respondit Bellabre, qui plus estoit aagé que luy et fort
hardy gentilhomme (car d'une chose veulx advertir
tous lysans ceste hystoire, que de la nourriture de ce
gentil seigneur de Ligny sont sortiz cinquante gentilzhommes, dont trente ont esté tous vaillans et vertueux
cappitaines en leur vie) : « Mon compaignon, mon
amy, vous souciez-vous de cela ? N'avez-vous pas

---

1. Pierre de Pocquières, s^r de Bellabre et de la Marche, un des plus chers compagnons de Bayart, qu'il accompagna dans la plupart de ses expéditions.

vostre oncle, ce gros abbé d'Esnay? Je faiz veu à Dieu que nous yrons à luy, et s'il ne veult fournir deniers, nous prendrons crosse et mictre; mais je croy que, quant il cognoistra vostre bon vouloir, il le fera voulentiers. » Et sur ces paroles il va toucher aux escuz. Montjoye, roy d'armes, qui estoit là pour escripre les noms, luy commencea à dire : « Comment, Picquet, mon amy, vous n'aurez barbe de trois ans, et entreprenez-vous à combatre contre messire Claude, qui est ung des plus rudes chevaliers qu'on sache? » Lequel luy respondit : « Montjoye, mon amy, ce que j'en faiz n'est pas orgueil ne oultrecuydance, mais seullement désir d'aprendre les armes peu à peu avecques ceulx qui me les peuvent monstrer, et Dieu, si luy plaist, me fera la grâce que je pourray faire quelque chose qui plaira aux dames. » De quoy Montjoye se prist à rire et s'en contenta très fort.

Si courut incontinent par tout Lyon le bruit que Picquet avoit touché aux escuz de messire Claude, et vint jusques aux oreilles dudit seigneur de Ligny, qui n'en eust pas voulu tenir dix mille escuz. Si s'en alla le dire au roy incontinent, qui en fut très joyeulx, et luy dist : « Par la foy de mon corps! cousin de Ligny, votre nourriture vous fera une fois de l'honneur, car le cueur le me juge. — Nous verrons que ce sera, respondit le seigneur de Ligny, il est encores bien jeune pour endurer les coups de messire Claude. » Or ne fut-ce pas le plus fort pour le bon chevalier d'avoir touché aux escuz, mais de trouver argent pour avoir chevaulx et acoustremens. Si vint à son compaignon Bellabre auquel il dist : « Mon compaignon, mon amy, je vous prie estre mon moyen envers monseigneur d'Esnay,

mon oncle, qu'il me donne de l'argent; je scay bien
que si mon don[1] oncle monseigneur de Grenoble estoit
icy, il ne me laisseroit pour riens, mais il est en son
abbaye de Sainct-Surnyn à Thoulouze[2]. C'est bien
loing ; jamais ung homme n'y seroit allé et venu à
temps. — Ne vous chaille[3], dist Bellabre, nous yrons
vous et moy demain matin parler à luy, et j'espère
que nous ferons bien nostre cas. » Cela resjouyt quelque
peu le bon chevalier, toutesfois il ne reposa guères la
nuyt. Bellabre et luy couchoient ensemble, levèrent
matin, et puis se misrent en ung de ses petis bateaux
de Lyon, et se firent mener à Esnay. Eulx descenduz,
le premier homme qu'ilz trouvèrent dedans le pré, ce
fut l'abbé qui disoit ses heures avecques ung de ses
religieux. Si l'allèrent saluer les deux gentilzhommes,
mais luy, qui desjà avoit ouy parler comment son
nepveu avoit touché aux escuz de messire Claude, et
se doubtoit bien qu'il fauldroit foncer[4], ne leur fist pas
grand recueil[5], mais s'adressa à son nepveu et luy
dist : « Hé! maistre breneux, qui vous a donné
ceste hardiesse de toucher aux escuz de messire
Claude de Vauldray? Il n'y a que trois jours
qu'estiez paige, et n'avez pas dix-sept ou dix-huit ans.
On vous deust encores donner des verges, qui montez

---

1. *Don,* seigneur.

2. Laurent Alleman, évêque de Grenoble, était également abbé de Saint-Sernin. On trouvera à l'appendice une lettre de Bayart où il est question de lui en cette qualité.

3. *Ne vous chaille,* qu'il ne vous importe.

4. *Foncer,* financer.

5. *Recueil,* accueil.

en si grant orgueil. » A quoy respondit le bon chevalier : « Monseigneur, je vous asseure ma foy qu'oncques orgueil ne me le fist faire, mais désir et vouloir de parvenir par faictz vertueux à l'honneur que voz prédécesseurs et les myens ont fait, m'en ont donné la hardiesse. Si vous supplie, monseigneur, tant que je puis, veu que je n'ay parent ny amy à qui je peusse présentement avoir recours, sinon à vous, que vostre bon plaisir soit m'ayder de quelques deniers pour recouvrer ce qu'il m'est nécessaire. — Sur ma foy, respondit l'abbé, vous yrez chercher ailleurs qui vous prestera argent ; les biens donnez par les fondateurs de ceste abbaye a esté pour y servir Dieu et non pas pour dépendre en joustes et tournoiz. » Laquelle parolle dicte par l'abbé, le seigneur de Bellabre reprint et luy dist : « Monseigneur, n'eust esté les vertuz et les prouesses de voz prédécesseurs, vous ne feussiez pas abbé d'Esnay, car par leur moyen et non par autre y estes parvenu. Il fault avoir congnoissance des biens qu'on a receuz par le passé, et espérance d'avoir quelque rémunération de ceulx qu'on fait. Vostre nepveu, mon compaignon, est de bonne rasse, bien aymé du roy et de monseigneur nostre maistre, il a vouloir de parvenir, dont deussiez estre bien joyeulx. Si est besoing que luy aydez, car il ne vous sçauroit couster deux cens escus pour le mettre en bon ordre, et il vous pourra faire de l'honneur pour plus de dix mille. » Si y eut réplicque par l'abbé et plusieurs autres propos tenuz, mais enfin condescendit qu'il ayderoit audit bon chevalier.

CHAPITRE VII.

Comment l'abbé d'Esnay bailla cent escus au bon chevalier pour avoir deux chevaulx, et escripvit unes lettre à ung marchant de Lyon pour luy délivrer ce qui luy seroit nécessaire.

Il y eut plusieurs propos entre l'abbé et les deux gentilzhommes, mais à la fin il les mena à son logis, et fist ouvrir une petite fenestre, où d'une bourse qui dedans estoit, tira cent escuz, lesquelz il bailla à Bellabre, et lui dist : « Mon gentilhomme, velà cent escus que je vous baille pour achapter deux chevaulx à ce vaillant gendarme, car il a encores la barbe trop jeune pour manyer deniers. Je m'en vois escripre ung mot à Laurencin[1] pour luy bailler les habillemens qui luy seront nécessaires. — C'est très bien fait, monseigneur, dist Bellabre; et je vous asseure que, quant chascun le sçaura, vous n'y aurez sinon honneur. » Si fut demandé incontinent ancre et papier pour escripre à Laurencin, auquel il manda bailler à son nepveu ce qui luy seroit nécessaire pour s'acoustrer à ce tournoy, ymaginant en soy-mesmes qu'il ne sçauroit avoir à besongner pour cent francs de marchandise, mais il

---

1. La famille Laurencin comptait au commencement du xvie siècle parmi les plus considérables du commerce lyonnais : ce fut par son intermédiaire que Fabrice Carette, grand maître de Rhodes, se procura en 1513 les canons qui servirent si utilement dans le siége soutenu par son successeur contre Soliman. (Vertot, *Histoire des chevaliers de Malte.* 1722, vol. II, p. 1412.)

alla bien autrement, comme vous orrez cy-après. Incontinent que les gentilzhommes eurent leur lettre, après avoir pris congé de l'abbé, et par le bon chevalier l'avoir très humblement remercié de la courtoysie qu'il luy faisoit, s'en retournèrent dedans leur petit bateau, pour revenir à Lyon, fort joyeulx de ce qu'ilz avoient si bien besongné. Si commença à parler Bellabre et à dire : « Sçavez-vous qu'il y a, compaignon ? Quant Dieu envoye de bonnes fortunes aux gens, il les fault bien et sagement conduyre. Ce qu'on desrobe à moynes est pain beneist. Nous avons une lettre à Laurencin pour prendre ce qu'il vous fauldra, allons vistement à son logis avant que vostre abbé ait pensé à ce qu'il a fait, car il n'a point limité en sadicte lettre jusques à combien d'argent il vous baille d'acoustremens. Par la foy de mon corps ! vous serez acoustré pour le tournoy, et pour d'icy à ung an, car aussi bien n'en aurez-vous jamais autre chose. » Le bon chevalier, qui ne demandoit pas mieulx, se print à rire et luy dist : « Par ma foy ! mon compaignon, la chose va bien ainsy, mais je vous prie, hastons-nous, car j'ai grant paour que, s'il s'apperçoit de ce qu'il a fait, incontinent n'envoye ung de ses gens déclairer pour combien d'argent il entend qu'on me baille d'habillemens. » Très bonne fut leur conception, comme vous entendrez. Si firent diligenter la pontonnière qui les rendit jusques auprès des Changes où ilz se misrent à bort, et incontinent marchèrent droit au logis de Laurencin, qui estoit en sa boutique, lequel saluèrent, et il, qui estoit fort honneste et bon marchant, leur rendit le semblable. Bellabre commenca la parolle et dist : « Par mon âme ! sire Laurencin, mon compaignon et moy venons de veoir ung honneste abbé ; c'est monseigneur d'Esnay. — Je vous prometz, c'est mon, dist Laurencin ; c'est ung grant homme de bien, et me tiens du nombre de ses bons serviteurs. J'ai eu en ma vie afaire à luy de vingt mille francs, mais jamais ne trouvay ung plus rond homme. — Mais ne savez-vous l'honnesteté qu'il a faicte à son nepveu, mon compaignon que vecy, dit Bellabre ? Il a sceu qu'il avoit touché aux escus de messire Claude de Vauldray, et qu'il se vouloit esprouver, pour honneur acquérir, comme ont fait ses ancestres, et sachant que nous couchions ensemble, tous deux nous a envoyez quérir ce matin, et estre arrivez, après nous avoir fait très bien desjeuner, a donné trois cens beaulx escuz à son nepveu pour avoir des chevaulx, et davantage pour s'acoustrer, de sorte qu'il n'y ait homme en la compaignie mieulx en ordre que luy, nous a baillé une lettre à vous adressant, pour lui bailler ce qu'il luy sera nécessaire. » Si luy monstra la lettre : il congneut incontinent le seing de monseigneur l'abbé. « Je vous assure, messeigneurs, dist Laurencin, qu'il n'y a riens céans qui ne soit à vostre commandement et de monseigneur qui m'escript. Regardez seulement qu'il vous fault. » Si firent incontinent desployer draps d'or, d'argent, satins brochez, veloux et autres soyes, dont ilz prindrent pour le bon chevalier jusques à la valleur de sept ou huyt cens francs, et puis prindrent congié de luy pour s'en aller à leur logis, et incontinent envoyèrent quérir tailleurs pour faire leur cas.

Or retournons ung petit à l'abbé, qui fut bien aise quant il se veit despesché[1] de son nepveu. Si com-

---

1. *Despesché*, débarrassé.

manda qu'on apportast à disner où il eut de la compaignie; et entre autres propos commencea à dire tout hault : « J'ay eu une terrible estrayne à ce matin : ce garson mon nepveu de Bayart a esté si fol que d'aller toucher aux escuz de messire Claude, et pour s'acoustrer est venu à ce matin demander de l'argent : j'en ai esté pour cent escus. Et encores n'esse pas tout, car j'ay escript à Laurencin luy bailler ce qu'il luy demandera pour s'acoustrer sur le harnois. » A quoy respondit le secretain de léans[1] : « Sur ma foy ! monseigneur, vous avez bien fait. Il veult suyvre les prouesses de monseigneur vostre grant père, qui fut si vaillant homme, et tous ses parens. Je ne voy mal en cecy que ung : il est jeune et voluntaire, vous avez escript à Laurencin qu'il luy baille ce qu'il luy demandera, je suis seur qu'il le fera quant il seroit question de deux mil escus. J'ay peur qu'il n'en preigne plus que vous n'entendez. » L'abbé va incontinent penser là dessus et respondit : « Par saint Jacques ! secretain, vous dictes vray, car je n'ay point escript jusques à combien. » Si dist : « Qu'on m'appelle le maistre d'hostel, » qui vint sur l'heure.

« A coup[2], Nicolas, dist l'abbé, ung autre servira bien pour vous. Allez à la ville chez Laurencin, et luy dictes que je luy ay escript à ce matin bailler quelques habillemens à mon nepveu de Bayart pour le tournoy de messire Claude, qu'il luy en baille pour cent ou six vingtz francz, et non pour plus ; et ne faictes que aller et venir. » Ledit maistre d'hostel alla bientost, mais il partit bien tard. Quant il fut chez Laurencin, il estoit

---

1. *Secretain de léans*, sacristain de céans.
2. *A coup*, à coup sûr, pour cette fois.

à table, mais pour ce qu'il estoit assez privé de léans, monta en hault et salua la compaignie qui luy rendit le semblable. « Monseigneur le maistre, dist Laurencin, vous venez à bonne heure ; lavez la main et venez faire comme nous. — Je vous mercye, respondit-il, ce n'est pas ce qui me meine. Monseigneur m'envoie icy parce qu'il vous a escript aujourd'huy bailler à son nepveu de Bayart quelques acoustremens. » Laurencin n'attendit pas qu'il eust achevé, et dist : « Monseigneur le maistre, j'ay desjà fait tout cela, je vous asseure que je l'ay bien mis en ordre. C'est ung très honneste jeune gentilhomme ; monseigneur fait bien de luy ayder. — Et pour combien luy en avez-vous baillé? dist le maistre d'hostel. — Je ne scay, sur ma foy! luy dist-il, si je ne veoye mon papier et son récépissé au dos de la lettre de monseigneur, mais il m'est advis qu'il en y a pour environ huyt cens francz. — Hà, par Nostre-Dame! vous avez tout gasté! — Pourquoy? dist Laurencin. — Pour ce, respondit le maistre d'hostel, que monseigneur vous mandoit par moy ne luy en bailler que pour cent ou six vingtz francz. — Sa lettre ne dit pas cela, dist Laurencin, et quant il en eust demandé plus largement, plus en eust eu, car ainsi me le mandoit monseigneur. — Or, il n'y a remède, fist le maistre d'hostel. A Dieu vous command. »

Si s'en retourna à Esnay, et trouva encores la compaignie où il l'avoit laissée. Quant l'abbé veit son maistre d'hostel, luy dist : « Et puis, Nicolas, avez-vous dit cela à Laurencin? — Ouy bien, monseigneur, mais je suis allé trop tard, vostre nepveu avoit desjà fait sa foyre, et en a seulement pris pour huyt cens francz. — Pour huyt cens francz ! saincte Marie ! dist l'abbé, velà ung mauvais paillardeau. A coup vous sçavez bien son logis, allez le trouver, et luy dictes que, s'il ne va vistement rendre sur Laurencin ce qu'il a pris, que jamais de moy n'amendera d'ung denier. » Le maistre d'hostel fist le commandement de monseigneur, et s'en vint à Lyon, cuydant trouver son homme, qui paravant c'estoit bien doubté de l'encloueure et avoit dit à ses serviteurs : « Si personne des gens de monseigneur d'Esnay me viennent demander, qu'on face force excuses, en sorte que je ne parle point à eulx. » Et pareillement en fit advertir tous ceulx du logis.

Quant le maistre d'hostel le vint demander, on luy fist response qu'il estoit chez monseigneur de Ligny ; il y va et ne le trouva pas. Si retourna au logis, on luy dist qu'il estoit allé essayer des chevaulx delà le Rosne. Bref, il y fut plus de dix fois, mais jamais ne le peut trouver. Si s'en retourna, car il veit bien que c'estoit une mocquerie. Quant il fut à Esnay, il dist à monseigneur que c'estoit temps perdu de chercher son nepveu, car plus de dix fois avoit esté à son logis ; mais possible n'estoit de le trouver, car il se faisoit celer. Si dist l'abbé : « Par mon serment ! c'est ung mauvais garson, mais il s'en repentira. » Son courroux se passa quant il voulut, mais il n'en eut autre chose. Si laisserons à parler de luy, et retournerons au bon chevalier et à son compaignon, et comment ilz exploictèrent en leurs affaires.

CHAPITRE VIII.

Comment le bon chevalier sans paour et sans reprouche et son compaignon se montèrent de chevaulx et garnirent d'acoustremens ; et comment ledit bon chevalier se porta gentement, selon sa puissance, contre messire Claude de Vaudray.

Vous pouvez assez entendre que, incontinent que le bon chevalier et son compaignon eurent de Laurencin ce qu'ilz demandoient, ne firent pas grant séjour en sa maison, doubtant ce qui advint depuis, ains si bonne diligence mirent en leur affaire qu'ilz furent pourveuz de ce qu'il leur falloit. Ilz se retirèrent en leur logis, où soubdainement envoyèrent quérir tailleurs, pour faire à chascun trois acoustremens sur le harnoys, car le bon chevalier vouloit que son compaignon feust de sa livrée; aussi n'avoient-ilz riens party[1] ensemble. Après ce qu'ilz eurent donné ordre quant aux habillemens, Bellabre dist : « Compaignon, il fault que nous allions veoir des chevaulx. Je say ung gentilhomme de Pyémont logé en la Grenète[2], qui a ung bas roussin bien relevé et bien remuant, ce sera bien vostre cas; et il me semble aussi qu'il a ung petit courserot[3] bay qui est fort adroit. L'on m'a dit qu'il les veult vendre, parce que, puis huyt jours, en les chevauchant s'est rompu une

---

1. *Parti*, divisé.
2. *Grenète*, marché aux grains.
3. *Courserot*, jeune cheval de bataille.

jambe. Allons veoir que c'est. — C'est bien advisé, » respondit le bon chevalier. Si s'en allèrent passer l'eaue vers Nostre-Dame de Confort, puis se tirèrent au logis de ce gentilhomme piémontoys qu'ilz trouvèrent en sa chambre fort mal acoustré de sa jambe. Ilz le saluèrent, et il leur rendit le semblable, comme courtois chevalier. Bellabre prist la parolle et dist : « Mon gentilhomme, vecy mon compaignon qui a désir de recouvrer une couple de chevaulx que vous avez, parce qu'on nous a rapporté que les voulez vendre, au moyen de l'inconvénient qui vous est advenu, dont il nous déplaist. — Sur ma foy! messeigneurs, respondit le gentilhomme, il est vray, et m'en fait grand mal, car les chevaulx sont beaulx et bons. Mais, puisqu'il plaist à Dieu, je voy bien que de trois moys ne sçaurois partir ceste ville. Les vivres y sont chers, mes chevaulx se mangeroient en l'estable. Vous me semblez honnestes et gaillars gentilzhommes, j'aime beaucoup mieulx que mes chevaulx tumbent entre voz mains que ailleurs; montez dessus et les allez veoir hors la ville avecques ung de mes gens, et au retour, s'ilz vous plaisent, nous en ferons marché. » Ilz trouvèrent le propos honneste, et incontinent furent les chevaulx seelez, sur lesquelz le bon chevalier et son compaignon montèrent, et les menèrent jusques à la prairie près la Guillotière[1], où ilz les coururent et trotèrent de sorte qu'ilz s'en tindrent pour contens. Si retournèrent au logis du gentilhomme pour faire le marché et luy demandèrent le

---

1. Situé sur la rive gauche du Rhône, ce faubourg de Lyon faisait partie de la province de Dauphiné.

pris qu'il les vouldroit vendre. « Par ma foy ! dist-il, si j'estois sain, il n'y a homme sur la terre, si je ne luy en vouloye faire présent, qui les eust pour deux cens escus, mais, pour l'amour de vous, je suis content de les vous laisser, le roussin pour soixante escus, et le courserot pour cinquante ; ce sont cent dix escus, et n'en auray pas moins. » Ilz virent bien qu'il estoit raisonnable, et ne dirent autre parolle sinon : « Mon gentilhomme, vous les aurez, et toute nostre vie deux gentilzhommes à vostre commandement, » dont il les remercia. Ilz mirent la main à la bourse et luy baillèrent ses cent dix escus, et deux pour le vin des serviteurs. Les chevaulx furent menez par leurs gens à leur logis, lesquelz firent très-bien penser et acoustrer, car plus n'y avoit que trois jours à commencer l'emprise qu'avoit faicte messire Claude de Vaudray, parquoy tout homme s'appareilloit selon sa puissance. Si ouvrit icelluy messire Claude son pas, selon l'ordonnance qu'il avoit, par le congé du roi de France, fait publier, et par ung lundy se mist sur les rencs, où contre luy s'essayèrent plusieurs bons et gaillards gentilzhommes de la maison du bon roy Charles, telz que le séneschal Galyot[1], pour lors fort gaillart et appert homme d'armes, le jeune Bonneval, Saudricourt, Chastillon, Bourdillon[2], qui estoient des plus privez de la per-

---

1. Jacques de Genouillac de Galiot, sr d'Acier, sénéchal d'Armagnac et de Quercy, depuis grand écuyer, maître de l'artillerie de France et chambellan du roi.
2. Germain de Bonneval, sr dudit lieu.
Louis de Hedouville, seigneur de Sandricourt, célèbre par le tournoi qu'il donna en 1493, qui garda le nom de *Pas de Sandricourt* et le ruina. Voy. Bibl. nation. ms. Brienne, vol. 272.

sonne du roy, et plusieurs autres, où chascun, comme povez penser, fist le mieulx qu'il peut. Or, estoit telle l'ordonnance que, quant chascun avoit fait ce en quoy il estoit tenu, convenoit que le long de la lice feust mené veue découverte, affin que l'on congneust lequel c'estoit qui avoit bien ou mal fait. Parquoy à ceste raison povez penser qu'il n'y avoit celluy qui ne se mist en son effort de bien faire. Le bon chevalier, sur le dix-huitiesme an de son âge (qui estoit fort grande jeunesse, car il commenceoit encores à croistre, et de sa nature estoit meigre et blesme), se mist sur les rencs pour essayer à faire comme les autres; et là faisoit son jeu d'essay, qui estoit assez rudement commencé, car il avoit afaire à ung des plus appers et duytz[1] chevaliers de guerre qui feust au monde. Toutesfois, je ne scay comment ce fut ou si Dieu luy en vouloit donner louenge, ou si messire Claude de Vaudray prist plaisir avecques luy, mais il ne se trouva homme en tout le combat, tant à cheval comme à pied, qui fist mieulx ne si bien que luy; et de ce, les dames de Lyon luy en donnèrent le los; car, comme desjà a esté dit dessus, il falloit, après avoir fait son debvoir, aller le long de la lice veue descouverte; parquoy, quant il convint que le bon chevalier le fist, assez honteux, les dames en leur

---

Jacques de Coligny, s^r de Châtillon, chambellan du roi, prévôt de Paris, fils de Jean de Coligny et d'Éléonore de Courcelles; il épousa Anne de Chabannes et Blanche de Bourbon, et mourut en 1512 d'une blessure reçue à Ravenne.

Philibert de la Platière, s^r de Bordes et Bourdillon, fils d'Imbert de la Platière, épousa Marie de Fontenay.

1. *Duyt*, habile, instruit.

langaige lyonnois luy donnèrent l'honneur en disant :
« Vey-vo cestou malotru ! il a mieulx fay que tous los
autres. » Et de tout le reste de la compaignie acquist
si bonne grâce que le bon roy Charles dist à son
soupper, pour plus l'honnorer : « Par la foy de mon
corps ! Picquet a ung commencement dont à mon
oppinion fera saillie à bonne fin. » Et dist alors au
seigneur de Ligny : « Mon cousin, je ne vous feiz de
ma vie si bon présent que quant je le vous donnay. »
A quoy respondit ledit seigneur : « Sire, s'il est
homme de bien, y aurez plus grant honneur que moy,
car le bon los que luy avez donné l'a fait entreprendre tout cecy. Dieu vueille qu'il puisse continuer ! mais son oncle, l'abbé d'Esnay, n'y prent pas
grant plaisir, car il a eu ses escus et ses acoustremens à son crédit ; » dont desjà estoit le roy assez
informé. Si se prent à rire, et toute la compaignie.

CHAPITRE IX.

*Comment le seigneur de Ligny envoya le bon chevalier
en garnison en Picardie où estoit sa compaignie, et
fut logé en une jolye petite ville appellée Ayre, et
comment, à son arrivée, ses compaignons allèrent au
devant de luy.*

Après le tournoy finy, le seigneur de Ligny ung
matin appella le bon chevalier sans paour et sans
reprouche, auquel il dist : « Picquet, mon amy, pour
vostre commencement avez assez eu belle et bonne
fortune ; les armes se veulent continuer, et encores

que je vous retiengne de ma maison à trois cens francs par an et trois chevaulx à livrée, je vous ay mis de ma compaignie. Si vueil que vous aillez à la garnison veoir voz compaignons, vous advisant que vous y trouverrez d'aussi gaillards hommes d'armes qu'il y en ait point en la chrestienté, et qui souvent exercent les armes en faisant joustes et tournoys pour l'amour des dames et pour honneur acquerre. Si me semble, attendant quelque bruyt de guerre, que ne pourriez mieulx estre. » Le bon chevalier, qui autre chose ne demandoit, respondit : « Monseigneur, de tous les biens et honneurs que m'avez faitz et faictes chascun jour, ne sçauriez pour le présent tirer de moy que très humbles remerciemens, et prier Nostre Seigneur qu'il le vous vueille rendre ; mais c'est aujourd'huy le plus grant désir que j'aye d'aller veoir la compaignie que dictes, car je ne sçauroye si peu demourer, aux biens que j'en ay ouy dire, que je n'en vaille mieulx toute ma vie ; et si c'est vostre bon plaisir, je partiray demain. » Le seigneur de Ligny dist : « Je le vueil bien, mais premier veulx que preniez congé du roy, et je vous y mèneray après disner. » Ce qui fut fait, et trouvèrent le roy comme il se vouloit lever de table ; auquel le seigneur de Ligny dist en telle manière : « Sire, vecy vostre Picquet qui s'en va veoir ses compaignons en Picardie, il vient prendre congé de vous. » Si se mist d'ung asseuré visaige le bon chevalier à genoulx, que le roy voulentiers regarda, et en soubzriant luy dist : « Picquet, mon amy, Dieu vueille continuer en vous ce que je y ay veu de commencement, et vous serez preudhomme ; vous allez en ung pays où il y a de belles dames, faictes tant que vous acquérez leur grâce. Et adieu, mon amy. — Grant mercy, Sire, » dist le bon chevalier. Si fut incontinent embrassé de tous les princes et seigneurs au dire adieu, avecques plusieurs gentilzhommes qui avoient grant regret de quoy il laissoit la court; mais non avoit pas luy, ains luy tardoit trop à son advis qu'il n'estoit desjà au lieu où il devoit aller. Le roy fist appeller ung de ses varletz de chambre qui avoit quelques deniers en ses coffres, auquel commanda bailler au bon chevalier trois cens escuz, et pareillement luy fist délivrer ung des beaulx coursiers qui fust en son escuyrie. Il donna au varlet de chambre trente escuz, et dix à celluy qui luy mena le coursier, dont tous ceulx qui le sceurent louèrent sa libéralité à merveilles. Le seigneur de Ligny le ramena à son logis, et le soir le prescha comme s'il eust esté son enfant, lui recommandant sur toutes choses avoir toujours l'honneur devant les yeulx; mais il a toujours bien gardé ce commandement jusques à la mort. Enfin, quand il fut temps d'aller coucher, ledit seigneur de Ligny luy dist : « Picquet, mon amy, je croy que vous partirez demain plus matin que ne seray levé. A Dieu vous command. » Si l'embrassa les larmes aux yeulx, et le bon chevalier, le genoil en terre, prist congé de luy et s'en alla à son logis, où il fut convoyé[1] de tous ses compagnons, desquelz le congé ne fut pas pris sans grans embrassemens. Il monta en sa chambre où il trouva le tailleur dudit seigneur de Ligny, qui avoit

---

1. *Convoyé*, accompagné.

deux habillemens completz que son bon maistre luy envoyoit; si luy dist : « Mon frère, mon amy, si j'eusse sceu ce beau présent, j'en eusse remercié monseigneur qui m'a tant fait d'autres biens que jamais vers luy ne le sçauroye mériter. Vous ferez s'il vous plaist cela pour moy. » Si tira à sa bourse et luy donna vingt escus. Ung des serviteurs d'icelluy bon chevalier luy dist : « Monseigneur, Guillaume le palefrenier a amené en vostre estable le bon roussin de monseigneur, et m'a dit que mondit seigneur le vous donnoit, mais il s'en retourne parce qu'on le demandoit et dit qu'il viendra demain matin parler à vous. — Il ne me trouverra pas, dist-il, car je veulx estre à cheval à la pointe du jour. » Si regarda le tailleur, auquel il bailla dix escus et luy dist : « Mon amy, je vous prie, baillez cela à Guillaume le palefrenier, et au demourant, s'il vous plaist, me saluerez toute la belle et noble compaignie de la maison de monseigneur de par moy; » ce que promist faire le tailleur. Lequel party de sa chambre, le bon chevalier fist faire ses coffres et acoustrer son cas pour partir de bon matin, et puis se mist dedans le lict où peu reposa, car il estoit près de minuyt quand il s'i mist. Levé qu'il fut, premier fist partir ses grants chevaulx, dont il avoit six par excellence, avecques son cariage[1]. Luy, avecques cinq ou six beaux et triumphans courtaulx, se mect après, quant il eut prins congé de son hoste et de son hostesse, et très bien contentez de ce qu'il avoit esté en leur maison.

---

1. *Cariage*, bagage.

Son compaignon Bellabre fut aussitost prest que luy, lequel le fut acompaigner jusques à la Breesle[1] où fut leur disnée, et là prindrent congé l'ung de l'autre; mais il n'y eut pas grant mistère, car dedans trois ou quatre jours après faisoit son compte ledit Bellabre de suyvre son compaignon, et n'attendoit seullement que une couple de grans chevaulx qui luy venoient d'Espaigne. Le bon chevalier s'en alla tousjours à petites journées, parce qu'il faisoit mener grans chevaulx[2], toutesfois il fit tant qu'il arriva à trois petites lieues de la ville d'Ayre[3], où de là envoya ung de ses gens pour avoir logis. Quant les gentilzhommes de la compaignie sceurent que Picquet estoit si près, montèrent tous ou la pluspart à cheval pour luy aller au devant, tant grant désir avoient de le veoir, car chascun estoit desjà abreuvé de ses vertus. Si estoient plus de six vingtz, tous jeunes gentilzhommes, qui trouvèrent leur compaignon à demye lieue de la ville. Il ne fault pas demander s'ilz se firent grant chère, et le menèrent, joyeusement devisans de plusieurs choses, jusques dedans la ville, où aux fenestres estoient les dames, lesquelles avoient desjà entendu la noblesse du cueur du bon chevalier Picquet; chascune désiroit à le congnoistre. Ilz le virent, mais non pas si à leur ayse qu'elles firent depuis. Icelluy bon chevalier fut mené par ses compaignons à son logis, où le soupper estoit desjà prest, car ainsi l'avoit

---

1. *L'Arbresle,* chef-lieu de canton du département du Rhône.
2. Les voyages se faisaient généralement sur des courtauds ou chevaux de moindre valeur, tandis que les grands chevaux ou chevaux de bataille étaient conduits en main.
3. *Aire-sur-la-Lys* (Pas-de-Calais).

ordonné à son homme qu'il avoit envoyé devant. Si demourèrent une partie de sesditz compaignons avecques luy, qui menèrent joyeuse vie, luy demandant de son estat et comment il estoit bien heureux à son commencement d'avoir si bien fait contre messire Claude de Vaudray, et le louoient à merveilles. Mais oncques le bon chevalier ne monstra semblant d'en avoir joye, ains respondoit courtoysement à leurs parolles, et disoit : « Messeigneurs mes compaignons, le los qu'on me donne est à grant tort, il n'y a pas encores tant de bien en moy que je sceusse monter à grant pris; mais s'il plaist à Nostre Seigneur, moyennant vostre bonne ayde, je parviendray à estre ou nombre des gens de bien. » Or fut ce propos laissé, et parla on d'autres matières. Si commencea à dire l'ung des gentilzhommes de la compaignie, appellé Tardieu[1], homme joyeulx et facécieux, adressant ses parolles au bon chevalier : « Compaignon, mon amy, je vous advise qu'en toute la Picardie n'y a point de plus belles dames qu'en ceste ville, dont vostre hostesse, que n'avez encores veue, en est l'une. Elle est allée aux nopces d'une sienne niepce, demain retournera, si la verrez à vostre ayse. Il est impossible que soyez venu tenir garnison sans escuz, il fault, à vostre arrivée, faire parler de vous, et par bien faire puissez aquérir la grâce des dames de ceste contrée. Il y a longtemps qu'il n'y eut pris donné en ceste ville; je vous prie tant que je puis qu'en vueillez

---

1. Jean Tardieu, gentilhomme du Rouergue, qui suivit Bayart dans les guerres d'Italie. Le lieutenant criminel Tardieu dont a parlé Boileau dans sa X[e] satire, et qui fut assassiné ainsi que sa femme par des voleurs en 1666, était un de ses descendants.

donner ung entre cy et huyt jours, et ne me reffusez
pas, s'il vous plaist, pour la première requeste que je
vous ay jamais faicte. » A quoy respondit le bon chevalier : « Sur ma foy ! monseigneur de Tardieu, quant
me demanderiez une beaucoup plus grosse chose,
croyez que n'en seriez pas esconduyt; comment le
seriez-vous de ceste cy, qui me plaist autant ou plus
que à vous? et s'il vous vient à plaisir de m'envoyer
demain matin la trompette, et que nous ayons congé
de nostre cappitaine, je feray en sorte que serez content. » Tardieu lui dist : « Ne vous souciez de congé,
le cappitaine Loys d'Ars[1] le nous a donné pour tousjours, car ce n'est point pour mal faire. Il n'est pas à
présent icy, mais il y sera dedans quatre jours ; si
mal y a, j'en prens la charge sur moi. — Et bien !
doncques, respondit le bon chevalier, demain sera
exécuté vostre vouloir. » Longuement demoura en
propos la compaignie tant qu'ilz ouyrent sonner
mynuyt. Si prindrent congé les ungs des autres
jusques à lendemain matin, que ledit Tardieu n'oublia
pas à venir au logis du bon chevalier, son nouveau
compaignon, et luy amena une trompette de la compaignie, et le premier bonjour qu'il lui donna ce fut :
« Compaignon, ne vous excusez plus, vecy vostre
homme. »

1. Louis d'Ars, seigneur d'Ars, de Vouves et de Plaisance,
capitaine de cent dix lances, d'une vieille famille du Berry. Une
quittance de lui datée d'octobre 1520 et conservée dans le vol.
26117 des mss. fr. de la Bibl. Nat. (n° 498), est munie de son
grand sceau, sur lequel on lit : LOYS. D'ARS. D. DERE. SEGR. DE.
VVOVES. D'ARS. autour de son écusson. Plusieurs autres quittances,
également avec sceaux, se trouvent au vol. 106 des pièces originales du cabinet des titres.

CHAPITRE X.

Comment le bon chevalier fist crier dedans Ayre ung tournoy pour l'amour des dames, où il y avoit pour le mieulx faisant ung bracelet d'or et ung bel dyament pour donner à sa dame.

Combien que grant besoing eust de repos le bon chevalier sans paour et sans reprouche à cause du long travail, pour le propos que luy avoit tenu son compaignon Tardieu ne dormit pas trop la nuyt, ains pensa comment seroit fondé son tournoy, ce qu'il mist en son entendement et délibéra en soy-mesme de l'exécuter comme vous orrez. Car, quant Tardieu le vint veoir le matin et luy amena la trompette, trouva desjà par escript l'ordonnance comment debvoit estre ledit tournoy qui estoit telle : c'est que Pierre de Bayart, jeune gentilhomme et apprentif des armes, natif du Daulphiné, des ordonnances du roy de France, soubz la charge et conduicte de hault et puissant seigneur monseigneur de Ligny, faisoit crier et publier ung tournoy au dehors de la ville d'Ayre, et joignant les murailles, à tous venans, au vingtiesme jour de juillet, de trois coups de lance sans lice, à fer esmolu et en harnoys de guerre, et douze coups d'espée, le tout à cheval ; et au mieulx faisant donnoit ung brasselet d'or esmaillé de sa livrée et du poix de trente escuz. Le lendemain seroit combatu à pied à poux[1] de lance, à une barrière de la hauteur du

---

1. Je n'ai trouvé ce mot dans aucun glossaire. D'après le

nombril, et après la lance rompue, à coups de hache
jusques à la discrétion des juges et de ceulx qui garderoient le camp ; et au mieulx faisant donnoit ung
dyament du pris de quarante escus. Quant Tardieu
eut veu l'ordonnance, il dist : « Pardieu! compaignon,
jamais Lancelot, Tristan ne Gauvain[1] ne firent mieulx.
Trompette, allez crier cela en ceste ville, et puis yrez
de garnison en garnison d'icy à trois jours pour en
advertir tous noz amys. » Il fault entendre qu'en la
Picardie y avoit pour lors sept ou huyt cens hommes
d'armes, comme la compaignie du mareschal des
Cordes[2], celles des Escossoys, du seigneur de la
Palisse[3], vertueux et triumphant cappitaine, et de
plusieurs autres, qui par ladicte trompette furent
informez du tournoy. Si se misrent en ordre ceulx qui
s'i voulurent trouver, car le terme n'estoit que de
huyt ou dix jours ; toutesfois il ne s'en trouva pas si
peu qu'ilz ne feussent quarante ou cinquante hommes
d'armes sur les rencs. En ces entrefaictes et en attendant le désiré jour, arriva ce gentil chevalier, le cappitaine Loys d'Ars, lequel fut très joyeulx d'estre
venu d'heure pour en avoir son passe-temps. Sa

sens de cette phrase et d'autres encore où il est employé, il doit
signifier à longueur ou à portée de lance.

1. Lancelot du Lac, Tristan et Gauvain, chevaliers de la Table-
Ronde.

2. Philippe de Crèvecœur, sr de Querdes, maréchal de France,
mort en 1494. Il était fils de Jacques de Crèvecœur et de Jeanne
de Créqui.

3. Jacques de Chabannes, sr de la Palisse, grand-maître de
l'artillerie, maréchal de France, fils de Geoffroy de Chabannes,
sénéchal du Rouergue, et de Charlotte de Prie. Il fut tué en
1525 à la bataille de Pavie. Il avait épousé en premières noces
Jeanne de Montberon et en secondes Marie de Melun.

venue sceue par le bon chevalier, luy alla faire la révérence, et se firent grant chère l'ung à l'autre. Encores pour mieulx renforcer la feste, le lendemain arriva son compaignon Bellabre, qui donna grant esjouyssement à toute la compaignie. Si se délectoient tous les jours à essayer leurs chevaulx et faire bancquetz aux dames, où entre autres le bon chevalier fist très bien son debvoir; de sorte que les dames de la ville et plusieurs autres de alentour, qui estoient venues pour estre au tournoy, luy donnoient le los sur tous les autres, dont toutesfois ne se mettoit en orgueil. Or, vint le jour ordonné pour commencer ledit tournoy que chascun se mist sur les rencs. L'ung des juges estoit le bon cappitaine Loys d'Ars, et le seigneur de Sainct-Quentin, Escossoys, l'autre. Si se trouvèrent les gentilzhommes sur les rencs qui furent nombrez à quarante-six, et par sort, sans tromperie, furent partis vingt et trois d'un costé et vingt et trois d'ung autre. Et eulx estans pretz pour commencer à bien faire, la trompette va sonner, et après déclaira de point en point l'ordre du tournoy. Si convint au bon chevalier se présenter le premier sur les rencz, et contre luy vint ung sien voisin du Daulphiné, nommé Tartarin[1], qui estoit fort rude homme d'armes. Si laissèrent courre l'ung à l'autre, de sorte que ledit Tartarin rompit sa lance à demy pied du fer, et le bon chevalier l'asséna au hault du grand garde-bras et mist sa lance en cinq ou six pièces;

---

1. Thierry d'Eurre, s^r de Portes, surnommé Tartarin, gentilhomme du Valentinois. Il fut un des compagnons de Bayart dans les guerres d'Italie.

dont trompettes sonnèrent impétueusement, car la jouste fut belle à merveilles. Et après avoir parfourny leur poindre¹, retournèrent pour la seconde, et fut telle l'adventure de Tartarin que de sa lance faulsa le garde-bras du bon chevalier à l'endroit du canon ; et cuydoient tous ceulx de la compaignie qu'il eust le bras percé. Ledit bon chevalier luy donna au dessus de la veue² et lui emporta ung petit chapelet plein de plumes³. La tierce lance fut aussi bien ou mieulx rompue que les deux autres. Leurs courses faictes, vint Bellabre, et contre luy se prépara ung homme d'armes escossoys, qu'on nommoit le cappitaine David de Fougas, qui pareillement firent de leurs trois lances ce qu'il estoit possible à gentilzhommes de faire. Et ainsi deux contre deux joustèrent jusques à ce que chascun eust parfourny ses courses. Après convint combatre à l'espée. Et commencea selon la première ordonnance le bon chevalier, qui du troisiesme coup qu'il donna, rompit son espée en deux pièces ; et du reste fist si bien son debvoir, jusques au nombre des coups ordonnez, que mieulx n'eust sceu faire. Après vindrent les autres selon leur ordre ; et pour ung jour, au rapport de tous les voyans, mesmes ainsi que dirent les deux juges, ne fut jamais mieulx couru de lance ne combatu à l'espée. Et combien que chascun le fist fort bien, les mieulx faisans furent le bon chevalier, Bellabre, Tartarin, le cappitaine David,

---

1. *Parfourny leur poindre,* fourni leur course.
2. *Vue,* visière treillissée du casque.
3. *Chapelet,* petit chapeau orné de plumes : c'était probablement un chaperon emplumé servant de cimier au heaume de Tartarin.

ung de la compaignie de monseigneur des Cordes, nommé le bastard de Chimay[1], et Tardieu. Quant vint sur le soir, que chascun eut fait son debvoir, se retirèrent tous au logis du bon chevalier qui avoit fait dresser le soupper triumphamment, où il y eut force dames; car de dix lieues à l'entour, toutes celles de Picardie, ou la pluspart, estoient venuz veoir ce beau tournoy; et y fut fait grande et triumphante chère. Après le soupper y eut dances et plusieurs autres esbatemens, tant qu'il fut si tard, avant que personne se voulsist ennuyer, que une heure après minuyt sonna. Alors s'en allèrent les ungs après les autres à leurs logis, menans les dames jusques au lieu où ilz devoient reposer. Si fust assez tard le lendemain avant qu'elles feussent bien esveillées. Et croyez qu'il n'y en avoit nulles qui se lassassent de donner merveilleuse louenge audit bon chevalier, tant des armes que de l'honnesteté qui estoit en luy; car nul plus gracieux ne courtois gentilhomme n'eust-on sceu trouver en ce monde. Or, pour parfaire ce qui estoit commencé, le lendemain, les souldars tous ensemble se trouvèrent au logis de leur cappitaine Loys d'Ars, où estoit desjà le bon chevalier, qui l'estoit venu prier de disner en son logis avecques le seigneur de Sainct-Quentin, en la compaignie des dames du soir précédent, qui luy fut accordé. Il convint aller ouyr messe, laquelle chantée, eussiez veu les jeunes gentilzhommes prendre les dames par dessoubz les bras, et icelles mener, parlans d'amours et autres joyeulx

---

[1]. Probablement fils naturel de Charles de Croy, fait prince de Chimay par l'empereur Maximilien en 1486.

devis, jusques au logis dudit bon chevalier, où, s'ilz avoient fait bonne chère le soir devant, à disner la firent encores meilleur. Guères ne demourèrent seigneurs ne dames au logis depuis le disner, car environ les deux heures, chascun qui estoit du tournoy se tira sur les rencs pour achever l'ordonnance du second jour, où celluy qui, à son penser, n'estoit pas pour avoir le pris de la première journée, espéroit avoir la seconde. Les juges, seigneurs et dames arrivez sur le lieu, commencea le bon chevalier sans paour et sans reprouche le pas[1] en la manière acoustumée; et contre luy vint ung gentilhomme de Haynault, fort estimé, qui s'appelloit Hanotin de Sucre[2], qui par-dessus la barrière, à poux de lances, se ruèrent de grans coups, et jusques à ce qu'ilz feussent par pièces; après prindrent leurs haches qu'ilz avoient chascun de leur costé et se ruèrent de grans et rudes horions, tellement qu'il sembloit la bataille estre mortelle; toutesfois enfin le bon chevalier donna ung coup sur son adversaire à l'endroit de l'oreille, de sorte qu'il le fist tout chanceler, et qui pis est, agenouiller des deux genoulx, et en rechargeant[3] par-dessus la barrière, luy fist baiser la terre, voulsist ou non. Quoy voyant par les juges cryèrent : « Holà ! holà ! c'est assez; qu'on se retire. » Après ses[4] deux vindrent Bellabre et Arnaulton de Pierre-Forade, ung gentilhomme de Gascongne, lesquelz firent merveilles

1. *Pas*, joute, tournois.
2. Hannotin de Sucker, capitaine de lansquenets, qui fit avec Bayart la plupart des campagnes d'Italie.
3. *Rechargeant*, revenant à la charge.
4. *Ses*, ces.

aux lances, qui furent incontinent rompues ; puis vindrent aux haches et se donnèrent de grans coups ; mais Bellabre rompit la sienne, par quoy les juges les départirent[1]. Après ces deux vindrent sur les rencs Tardieu et David l'Escossoys, qui firent très-bien leur devoir. Si fist chascun en son endroit, de sorte qu'il estoit sept heures devant que chascun eust achevé, et, pour ung petit tournoy, ceulx qui y estoient veirent aussi bien faire qu'ilz avoient veu de leur vie. Quant tout fut achevé, chascun se retira à son logis pour soy désarmer ; puis après vindrent tous à celluy du bon chevalier, où estoit le bancquet appresté, et jà y estoient les deux juges, les seigneurs d'Ars et de Sainct-Quentin, et toutes les dames. S'il y eut devise[2] des deux journées ne fault pas demander ; chascun en disoit ce qu'il luy sembloit. Toutesfois, après le soupper convint en donner résolution[3], et par les juges déclairer qui devoit avoir les pris. Si en demandèrent à plusieurs gentilzhommes expérimentez aux armes en leur foy, et puis après aux dames en leur conscience et sans favoriser l'ung plus que l'autre. Enfin, tant par les gentilzhommes que par les dames fut dit que, combien que chascun eust fait si bien son devoir que mieulx ne pourroit, ce néantmoins, à leur jugement, de toutes les deux journées le bon chevalier avoit esté le mieulx faisant ; par quoy remectoient à luy-mesme, comme celluy qui avoit gaigné les pris, de donner ses présens où bon luy sembloit. Si y eut grande altercation entre les deux juges à qui prononceroit la sen-

---

1. *Départirent*, séparèrent.
2. *Devise*, devis, entretien.
3. *Résolution*, solution.

tence; mais le bon cappitaine Loys d'Ars pria tant le seigneur de Sainct-Quentin qu'enfin promist de le faire. Si sonna la trompette pour faire silence, qui fut faicte. Si dist ledit seigneur de Saint-Quentin : « Messeigneurs qui estes icy tous assemblez, et mesmement ceulx qui ont esté du tournoy dont messire Pierre de Bayart a donné le pris par deux journées, Monseigneur d'Ars et moy, juges déléguez par vous tous à donner sentence raisonnable où seront lesditz pris mieulx employez, vous faisons assavoir : que après nous estre bien et deuement enquis à tous les vertueux et honnestes gentilzhommes qui ont esté présens à veoir faire voz armes, et semblablement aux nobles dames que voyez cy en présence, avons trouvé que chascun a très bien et très honnestement fait son devoir; mais sur tous la commune voix est que le seigneur de Bayart, sans blasmer les autres, a esté de toutes les deux journées le mieulx faisant; parquoy les seigneurs et dames luy remettent l'honneur à donner le pris où bon luy semblera. » Et, s'adressant au bon chevalier, luy dist : « Seigneur de Bayart, advisez où vous les délivrerez. » Il en fut tout honteux, et demoura ung peu pensif; puis après dist : « Monseigneur, je ne sçay par quelle faveur cest honneur m'est fait. Il me semble qu'il en y a qui l'ont trop mieulx mérité que moy; mais puisqu'il plaist aux seigneurs et dames que j'en soyes juge, suppliant à tous messeigneurs mes compaignons, et qui ont mieulx fait que moy, n'en estre desplaisans, je donne le pris de la première journée à monseigneur de Bellabre, et de la seconde au cappitaine David l'Escossoys. » Si leur fist incontinent délivrer les présens, ny depuis homme ne femme n'en murmura, ains commencèrent les dances et passetemps. Et ne se pouvoient saouller les dames de bien dire du bon chevalier, qui tant fut aymé en la Picardie qu'oncques hommes ne le fut plus. Il y fut deux ans, durant lequel temps se fist plusieurs tournois et esbatemens où en la pluspart emporta tousjours le bruyt. Et la plus grande occasion pourquoy tout le monde l'aymoit, c'estoit pour ce que de plus libéral ne gracieuse personne n'eust-on sceu trouver sur la terre; car jamais nul de ses compaignons n'estoit desmonté qu'il ne remontast; s'il avoit ung escu, chascun y partissoit[1]. Quelque jeunesse qu'il eust, la première chose qu'il faisoit quand il estoit levé, c'estoit de servir Dieu. Il estoit grant aulmosnier, et ne se trouva durant sa vie homme qui sceust dire avoir esté reffusé de lui en chose dont il ait esté requis, s'il a esté en son possible. Au bout des deux ans, le jeune roy de France Charles entreprint son voyage de Naples, où le seigneur de Ligny alla : parquoy envoya de bonne heure quérir le bon chevalier, car congnoissant ses vertus et les honnestes propos qu'on tenoit de luy, ne le vouloit pas laisser derrière.

CHAPITRE XI.

Comment le roy de France Charles huytiesme fist son appareil pour aller à la conqueste du royaulme de

---

1. *Partissoit*, avait sa part.

Naples, lequel il gaigna par sa prouesse et vaillance, sans grande effusion de sang.

Deux ans après[1] ou environ, délibéra le bon roy Charles d'aller conquester le royaulme de Naples. Les occasions et moyens pourquoy il entreprint le voyage sont assez contenuz en autres histoires et cronicques, parquoy d'en faire icy long récit ne seroit que ennuyer les escoutans et gaster papier. Ce néantmoins, comme chascun peult avoir clèrement leu et entendu, ledit bon roy Charles fist sondit voyage tant honnorablement que impossible seroit de plus; planta ses justices dedans Rome, fist venir le pape à raison, et entièrement gaigna le royaulme de Naples, et y laissa pour son lieutenant général et vis-roy le seigneur de Monpensier[2], puis se mist au retour pour venir en France et n'eut nul empeschement jusques en ung lieu appellé Fournoue[3], où il trouva bien soixante mille combatans tous Italiens, et de plusieurs potentatz, comme du pape, des Vénitiens, du duc de Milan et

1. A la fin de 1494.
2. Gilbert de Bourbon, comte de Montpensier, surnommé le comte Dauphin, vice-roi de Naples, duc de Sessa, fils de Louis de Bourbon, comte de Montpensier, et de Gabrielle de la Tour, épousa Claire de Gonzague et mourut à Pouzzoles le 5 octobre 1496.
3. La bataille de Fornoue eut lieu le 6 juillet 1495. Jean-François de Gonzague, marquis de Mantoue, qui commandait à quarante mille Italiens, y fut battu par quinze mille Français et dut à la vitesse de son cheval de n'être pas pris ou tué. Il n'en persista pas moins à se proclamer victorieux et commanda à Mantegna, en mémoire de son prétendu triomphe, le célèbre tableau connu sous le nom de *Vierge de la Victoire*, qui fait actuellement partie de la galerie du Louvre (n° 251. École italienne).

plusieurs autres seigneurs, lesquelz estoient délibérez
deffaire le bon roy à son retour et le prendre prisonnier, parce qu'ilz estoient asseurez qu'il avoit laissé
une partie de sa puissance au royaulme qu'il venoit de
conquérir, et n'avoit avecques luy point plus de dix
mille hommes. Ce néantmoins le bon et gentil prince
qui avoit cueur de lyon, comme certain d'estre bien
servy de sy peu qu'il avoit de gens, se délibéra les
attendre et les combatre, ce qu'il fist avecques l'ayde
de Nostre-Seigneur. Et y eurent sesditz ennemys
lourde honte et grosse perte, et luy gloire inestimable, car il ne perdit point sept cens de ses gens.
Les ennemys en perdirent huyt ou dix mille et des
plus apparens; mesmement les plus grans cappitaines
de la seigneurie de Venise y demourèrent et plusieurs
de la maison de Gonzague, dont est chief le marquis
de Mantoue, qui pareillement y estoit ; mais ses esperons luy aidèrent bien, et le bon cheval sur quoy il
estoit monté, et n'eust esté que une petite rivière creut
merveilleusement, il y eust eu plus gros eschec. A la
première charge le bon chevalier sans paour et sans
reprouche se porta triumphamment par dessus tous
en la compaignie du gentil seigneur de Ligny, son bon
maistre, et luy fut tué deux chevaulx soubz luy le
jour. Le roy en fut adverty qui luy fist donner cinq
cens escuz, mais en récompense le bon chevalier luy
présenta une enseigne de gens de cheval qu'il avoit
gaignée à la chasse. De là le roy s'en vint par ses
journées jusques à Verseil, où il trouva une belle
troppe de Suysses qui estoient descenduz pour le
secourir s'il en avoit besoing. Il demoura là quelques
jours avecques son camp, car il vouloit secourir le

duc d'Orléans[1], son beau-frère, que le duc de Milan, Ludovic Sforce[2], et les Véniciens tenoient assiégé dedans Novarre. Il y eut plusieurs allées et venues par gens qui se mesloient de faire la paix, de façon qu'enfin se traicta quelque appoinctement, par quoy le roy s'en retourna par ses journées à Lyon, où il trouva la bonne royne sa loyalle espouse, et en sa compaignie la duchesse de Bourbon[3] sa seur. Il y eut plusieurs gentilzhommes qui n'apportèrent pas de grans biens de ce voyage de Naples. Aucuns aussi en apportèrent quelque chose dont ilz se sentirent toute leur vie, ce fut une manière de maladie qui eut plusieurs noms ; d'aucuns fut nommée le mal de Naples, la grosse vérolle, les autres l'ont appellée le mal François et plusieurs autres noms a eu ladite maladie, mais de moy je l'appelle le mal de celluy qui l'a. Le bon roy de France partit de Lyon pour s'en aller à Sainct-Denys en France visiter le bon patron où ses prédécesseurs sont ensépulturez, et fut deux ans ou trois visitant son royaulme de çà et de là, menant très bonne et saincte vie, et maintenant justice tant que tous ses subjectz en avoient contentement ; car luy-mesmes séoit en chaire de justice deux

---

1. Plus tard Louis XII. Assiégé après la bataille de Fornoue dans Novare par Ludovic le More, il en sortit en octobre de la même année, grâce à un traité conclu entre Charles VIII et le duc de Milan.

2. Ludovic Sforce surnommé le More : d'abord tuteur de Jean Galeas, duc de Milan, son neveu, il finit par s'emparer du duché après en avoir fait empoisonner le légitime possesseur (1494).

3. Anne de France, duchesse de Bourbon, dame de Beaujeu, fille de Louis XI, femme de Pierre II duc de Bourbon : elle mourut le 14 novembre 1522.

fois la sepmaine pour ouyr les plainctes et doléances d'ung chascun, et les plus povres expédioit. Il eut nouvelles comment les Néapolitains c'estoient révoltez pour Ferrand, filz du roy Alphonse[1], et aussi de la mort de son lieutenant général le conte de Monpensier, et que tous ses cappitaines s'en retournoient en France. Si proposa y retourner luy-mesmes en personne, mais[2] qu'il veist le temps oportun. Cependant vesquit en son royaulme très vertueusement, et de sa femme eut trois enfans, mais ilz moururent. Ou mois de septembre mil quatre cens quatre-vingtz dix-sept, le bon prince partit de Tours pour tirer à Lyon, cuydant faire son voyage de Naples, mais il se rompit, ne scay à quelle occasion. Il s'en retourna à Amboise, et le septiesme jour d'avril oudit an, en une gallerie où il regardoit jouer à la paulme, lui print une foiblesse dont il mourut tantost après, qui fut ung dommage irréparable pour le royaulme de France; car depuis qu'il y a eu roy, ne s'en est point trouvé de meilleur nature, plus doulx, plus gracieux, plus clément, ne plus pitoyable. Je croy que Dieu l'a retiré avec les bienheureuz, car le bon prince n'estoit taché d'ung tout seul villain vice. Je n'ay pas fait grant discours de sa vie, car elle est assez escripte ailleurs.

1. Alphonse d'Aragon, roi de Naples, qui avait succédé en 1494 à Ferdinand Ier. A l'approche des Français il se réfugia en Sicile et abdiqua (27 janvier 1495) en faveur de son fils Ferdinand II. Après la bataille de Fornoue celui-ci se présenta devant Naples avec dix-huit vaisseaux et força les Français de capituler. Il mourut peu après, en 1496, ayant reconquis sur les Français la plus grande partie de son royaume.

2. *Mais que*, pourvu que.

CHAPITRE XII.

Comment Loys, duc d'Orléans, vint à la couronne comme le plus prochain hoir, et fut appelé Loys douziesme.

Par le trespas du bon roy Charles et au moyen de ce qu'il n'avoit point d'hoir masle, Loys, duc d'Orléans, plus prochain de la couronne, succéda au royaulme, et fut sacré à Reims le XXVIIe jour de mai mil CCCC IIII^{xx} XVIII, et print sa couronne à Sainct-Denys en France, le premier jour de juillet ensuyvant. Il avoit espousé madame Jehanne de France, seur de son prédécesseur; mais au moyen de ce qu'on tenoit que d'elle ne pourroit sortir lignée, et que par force l'avoit espousée, craignant la fureur du roy Loys unziesme son père, la fist appeller en justice, et à ceste occasion le pape délégua juges qui firent et parfirent le procès, et enfin adjugèrent qu'elle n'estoit point sa femme. Parquoy, après luy avoir laissé le duché de Berry pour son estat, espousa la royne duchesse de Bretaigne, veufve du feu roy Charles. Si ce fut bien ou mal fait, Dieu est tout seul qui le congnoist. La bonne duchesse de Berry, Jehanne de France, a toute sa vie vescu en saincteté ; et a l'on voulu dire depuis son trespas que Dieu fait des miracles pour l'amour d'elle[1].

---

1. Louis, encore duc d'Orléans, contraint d'épouser Jeanne, fille de Louis XI, eut soin de faire une protestation secrète devant deux prélats et deux notaires. Arrivé au trône, il obtint son divorce

A l'advénement du roy Loys XIIe, voulut vendre tous les offices royaulx qui n'estoient point de judicature, et en retira plusieurs deniers, car il craignoit à merveilles de fouller son peuple par tailles ne autres subsides. Il avoit tousjours son vouloir, sur toutes choses, de recouvrer sa duché de Milan, qui luy appartenoit à cause de madame Valentine, sa grantmère[1], que pour lors luy détenoit Ludovic Sforce et paravant son père ; mais ceulx de la maison d'Orléans, au moyen des guerres qui si longuement ont duré en France contre les Anglois, et aussi la querelle de la mort tant du duc d'Orléans que du duc de Bourgongne, n'y avoient jamais peu entendre. Or à présent se voyoit-il en estat d'avoir la raison de son ennemy. Il alla faire entrée à Lyon le dixiesme jour de juillet mil CCCC IIII[xx] XIX, puis fist passer son armée en l'Astizanne[2], soubz la conduite du seigneur Jehan Jacques de Trevolz et du seigneur d'Aubigny[3], qui

---

du pape. Jeanne se retira en Berry, y fonda l'ordre de l'Annonciade et y mourut six ans après sa répudiation (4 février 1505), dans la pratique de toutes les vertus. Son corps, enseveli à Bourges, fut brûlé en 1562 par les protestants.

1. Valentine Visconti, femme de Louis duc d'Orléans, fille de Jean Galeas Visconti, duc de Milan, morte en 1408.

2. *Astesan,* province d'Asti.

3. Jean-Jacques Trivulce, seigneur de Vigevano, maréchal de France, gouverneur du Milanais, mort le 5 décembre 1518 à 74 ans. Il était fils de Jean Trivulce et de Françoise Visconti. En récompense de sa fidélité à la cause de la France, il reçut de Louis XII le droit de battre monnaie dans son marquisat de Vigevano, où il frappa des écus d'or.

Robert Stuart, dit Beraut, seigneur d'Aubigny, capitaine de cent lances écossaises, conseiller et chambellan du roi. Dans le manuscrit français de la Bibliothèque nationale n° 26116, sous le n° 348, et 26117, n°s 481 et 499, on trouve des quittances de

estoient deux sages et vaillans chevaliers, lesquelz d'entrée prindrent et misrent à sac deux petites places appelées Non et la Rocque[1]. De là tirèrent à Alexandrie et assiégèrent ceulx qui estoient dedans pour le seigneur Ludovic, qui fort bien se deffendirent; mais enfin elle fut prinse[2]. Ceulx de Pavye de ce advertis se misrent en l'obéyssance du roy de France. Ledit seigneur Ludovic, se voyant en ce party ainsi délaissé de ses subjectz, habandonna Milan et se retira en Almaigne devers le roy des Romains Maximilian, qui le receut joyeusement, car de tout temps avoient eu grandes aliances ensemble. Incontinent après son partement, ceulx de Milan se rendirent aux François, dont nouvelles allèrent au roy de France, qui à diligence y alla faire son entrée. Et peu de jours après fut trouvé expédient par force de deniers et autres promesses d'avoir le chasteau, de celluy qui l'avoit en garde du seigneur Ludovic, qui fist ung lasche et meschant tour à son maistre, car par là espéroit tousjours ledit seigneur recouvrer la duché[3]. Quant les

lui encore munies de son sceau avec la légende SCEEL DE ROBERT STVART CHEVALIER, entourant son écu.

1. *Annona*, petite ville sur la route d'Asti, et *Rocca d'Arrezo*, place forte sur les rives du Tanaro, furent prises en deux jours.

2. Galeas de San-Severino, gendre de Ludovic le More, avait une garnison de six mille hommes pour défendre Alexandrie : au bout de quelques jours de siége il s'enfuit, lui trentième, à Milan, en descendant des remparts par le moyen d'une corde. Le lendemain la ville se rendit et fut pillée. Galeas entra au service du roi de France.

3. Bernard Corte vendit le château de Milan aux Français pour mille écus d'or; quelques jours après il se tua, voyant que sa trahison avait encouru le mépris de ceux-là mêmes auxquels elle profitait.

autres places entendirent le chasteau de Milan estre rendu, n'eurent plus d'espoir et se misrent toutes en l'obéyssance du roy de France, mesmement ceulx de Gennes, ausquelz il bailla pour gouverneur le seigneur de Ravastain[1], son prochain parent du costé maternel. En l'année mesme et le quatorziesme jour d'octobre acoucha la royne de France d'une belle fille qui fut nommée Claude[2]. Guères ne séjourna le roy en la duché de Milan, mais après y avoir laissé gouverneur le seigneur Jehan Jacques, la garde du chasteau au seigneur d'Espy[3], et la Rocquete à ung gentilhomme escossoys, prochain parent du seigneur d'Aubigny, s'en retourna à Lyon. Si bien fist-il en la duché avant son partement qu'il amoindrit les daxes[4] et impositions de la tierce partie, dont tout le peuple le loua merveilleusement et en attira beaucoup le cueur d'aucuns. Guères ne séjourna ledit seigneur à Lyon, mais marcha plus avant en son royaulme, vint jusques à Orléans, où il appoincta certain différend entre les ducz de Gueldres et de Julliers pour le blason de leurs armes et les fist amys.

1. Philippe de Clèves, seigneur de Ravenstein, fils d'Adolphe de Clèves, neveu de Jean I duc de Clèves.

2. La reine accoucha à Romorantin le 14 octobre 1499 de Claude qui devint femme de François d'Angoulême, plus tard François Ier, et qui mourut le 20 juillet 1524.

3. Paul de Beusserade, seigneur d'Espy, fils de Jean de Beusserade et de Jeanne de Ligny. Il était Flamand : créé grand maître de l'artillerie de France en 1495, il mourut à la bataille de Ravenne (1512).

4. *Daxes,* taxes.

CHAPITRE XIII.

Comment, après la conqueste de la duché de Milan, le bon chevalier demoura en Ytalie, et comment il dressa ung tournoy en la ville de Carignan en Pyémont, dont il emporta le pris.

Au retour d'Ytalie, que fist le roy de France, Loys XIIe, en joye et lyesse, pour avoir conquesté sa duché de Milan et rendu son ennemy, Ludovic Sforce, fuytif[1] dedans les Almaignes, cherchans secours vers le roy des Romains, demourèrent les garnisons des François en la Lombardie en tout plaisir, à faire joustes, tournoys et tous autres passetemps. Le bon chevalier qui, en son jeune aage, avoit esté nourry en la maison de Savoye, alla visiter une vaillant dame qui avoit espousé son premier maistre, le duc Charles de Savoye. Blanche[2] s'appelloit la dame, et se tenoit ou Piémont en une ville de son douaire, dicte Carignan. Elle, qui de toute courtoysie estoit remplie, le receut joyeusement et le fist traicter comme s'il eust esté parent de la maison. Or, fault-il entendre que pour lors n'y avoit maison de prince ne princesse en France, Ytalie ny ailleurs, où tous gentilzhommes feussent mieulx receuz ne où il y eust plus de passetemps. Léans avoit une fort honneste dame qui l'avoit gouvernée de jeu-

---

1. *Fuytif,* fugitif.
2. Blanche Paléologue, fille de Guillaume VI Paléologue, marquis de Montferrat, et d'Elisabeth Sforce, femme de Charles Ier duc de Savoie.

nesse, et faisoit encores, laquelle se nommoit madame de Fluxas[1] ; elle y avoit aussi son mary, honneste gentilhomme, soubz lequel se manyoit toute la maison. Il fault sçavoir que quant le bon chevalier fut donné paige au duc Charles de Savoye, ceste dame de Fluxas estoit jeune damoyselle en la maison avecques sa femme ; et ainsi comme jeunes gens fréquentent voulentiers ensemble, se prisrent en amour l'ung l'autre, voire si grande, gardant toute honnesteté, que s'ilz eussent esté en leur simple vouloir, ayant peu de regard à ce qui s'en fust peu ensuyvre, se feussent pris par nom de mariage. Mais vous avez entendu par cy-devant comment le duc Charles alla à Lyon veoir le roy de France Charles VIIIe, et luy donna icelluy bon chevalier pour son paige, qui fut occasion dont les deux jeunes amans se perdirent de veue pour long-temps, car cependant le voyage de Naples se fist et plusieurs autres choses se desmeslèrent, qui durèrent trois ou quatre ans sans eulx veoir sinon par lettre. Durant ce temps fut mariée ceste damoyselle à ce seigneur de Fluxas qui avoit beaucoup de biens, et il la prist pour sa bonne grâce, car des biens de fortune n'en eut pas grandement ; mais comme femme vertueuse, voulant donner à congnoistre au bon chevalier que l'amour honneste qu'elle luy avoit porté de jeunesse duroit encores, à son arrivée à Carignan luy fist toutes les graciousetez et courtoysies que possible eust esté faire à gentilhomme, et devisèrent longuement de leur jeu-

1. De Frussasco. Bayart se chargea d'initier au métier des armes le fils de son amie. Dans la montre de sa compagnie (voy. l'*Appendice*), on trouvera parmi les noms de ses hommes d'armes celui de Gaspard de Frussas.

nesse et plusieurs autres choses. Ceste gente dame de
Fluxas estoit autant acomplie en beaulté, doulx et gracieux parler, que femme qu'on eust sceu trouver. En
son langaige louoit si très fort le bon chevalier que
possible n'eust esté de plus. Elle luy ramentevoit son
bien faire, quand il s'essaya à messire Claude de
Vaudray, le tournoy qu'il gaigna à Ayre en Picardie,
et l'honneur qu'il receut à la journée de Fournoue,
dont de tout ce estoit si grant bruyt en France et Ytalie,
et tellement le louoit et blasonnoit[1], que le povre gentilhomme en rougissoit de honte ; puis en après luy
disoit : « Monseigneur de Bayart, mon amy, vecy la
première maison où vous avez esté nourry, ce vous
seroit grant honte si ne vous y faisiez congnoistre aussi
bien qu'avez fait ailleurs. » Le bon chevalier respondit :
« Madame, vous sçavez bien que dès ma jeunesse vous
ay aymée, prisée et honnorée, et si vous tiens à si sage
et bien enseignée que ne voulez mal à personne, et
encores à moy moins que à ung autre : dictes-moy,
s'il vous plaist, que voulez que je face pour donner
plaisir à madame ma bonne maistresse, à vous sur
toutes, et au reste de la bonne et belle compaignie qui
est céans. » La dame de Fluxas luy dist alors : « Il
me semble, monseigneur de Bayart, mais que je ne
vous ennuye point, que ferez fort bien de faire quelque
tournoy en ceste ville pour l'honneur de madame, qui
vous en sçaura très bon gré ; vous avez icy à l'entour
force de voz compaignons gentilzhommes françois, et
autres gentilzhommes de ce pays, lesquelz s'i trou-
verront de bon cueur, et j'en suis asseurée. — Vray-

---

1. *Blasonnoit*, louait.

ment, dist le bon chevalier, puisque vous le voulez, il sera fait. Vous estes la dame en ce monde qui a premièrement conquis mon cueur à son service par le moyen de vostre bonne grâce, je suis tout asseuré que je n'en auray jamais que la bouche et les mains, car de vous requérir d'autre chose, je perdrois ma peine; aussi, sur mon ame, j'aymerois mieulx mourir que vous presser de déshonneur. Bien vous prie que vous me veuillez donner ung de voz manchons[1], car j'en ay à besongner. » La dame, qui ne sçavoit qu'il en vouloit faire, le luy bailla, et il le mist en la manche de son pourpoint sans en faire autre bruit. Le soupper fut prest, où chascun fist bonne chère, puis après commencèrent les dances, où tout homme s'acquita le mieulx qu'il peut. Madame Blanche devisa longuement avecques sa nourriture[2] le bon chevalier, tant que la minuyt sonna qui fut temps de se retirer. Mais il fault penser qu'il ne dormit pas toute la nuyt; car il songea à ce qu'il avoit à faire, et fut résolu du tout en son entendement, car le matin envoya une trompette, à toutes les villes de là à l'entour où il y avoit garnisons, signifier aux gentilzhommes que, s'ilz se vouloient trouver dedans quatre jours après, qui estoit ung dimenche, en la ville de Carignan, et en habillement d'homme d'armes, il donnoit ung pris, qui estoit ung menchon de sa dame où il pendoit ung ruby de l'estimation de cent ducatz, à celluy qui seroit trouvé le mieulx faisant à trois courses de lance sans lice[3] et à douze coups d'espée. La trompette fist son devoir, et

1. *Manchon,* manchette.
2. *Sa nourriture,* celui qui avait été élevé dans sa maison.
3. *Lice,* barrière.

rapporta par escript quinze gentilzhommes qui avoient promis eulx y trouver. Cela vint à la congnoissance de madame Blanche, qui en fut très joyeuse, et fist acoustrer son eschauffault sur la place où se devoient faire les courses et le combat. Le jour assigné, environ une heure après midy, se trouva sur les rencs le bon chevalier armé de toutes armes, et trois ou quatre de ses compaignons, comme le seigneur de Bonvent, le seigneur de Mondragon[1] et autres, où guères ne furent que tous ceulx qui devoient courir ne se présentassent. Premier commença le bon chevalier, et contre luy vint le seigneur de Rovastre, ung gaillart gentilhomme qui portoit l'enseigne du duc Philbert de Savoye[2], fort hardy et adroit chevalier, qui donna ung beau coup de lance, car il en fist trois ou quatre pièces; mais le bon chevalier luy bailla si grant coup sur le hault de sa grant buffe[3] qu'il l'en désarma, la perça à jour, et fist voller sa lance en cinq ou six pièces. Ledit seigneur de Rovastre reprist sa grant buffe et courut la seconde lance dont il fist très bien son devoir, car il la rompit aussi bien ou mieulx que la première ; mais le bon chevalier luy donna dedans la veue, et luy emporta de ce coup son panache et le fist tout chanceler ; toutesfois il demoura à cheval. A la tierce lance croysa[4] le seigneur de Rovastre, et le bon chevalier rompist la

1. Janus de Bouvans, seigneur de Ciriés. Jacques de Montdragon, co-seigneur des Eycottières, d'une famille de Savoie.
2. Philibert le Beau, duc de Savoie, fils de Philippe, comte de Baugé, puis duc de Savoie, et de Marguerite de Bourbon, épousa Yolande de Savoie et mourut sans postérité en 1504, âgé de 24 ans.
3. Grande buffleterie servant à garantir le bras qui tenait la lance.
4. *Croysa*, manqua son but.

sienne, qui s'en alla par esclatz. Après eux vindrent Mondragon et le seigneur de Chevron, qui tant bien firent leurs courses que tout le monde les loua. Deux autres les suyvirent; et finablement tous se portèrent si bien que la compaignie s'en contenta. Les lances rompues, convint venir aux espées; mais le bon chevalier ne frappa que deux coups qu'il ne rompist la sienne, et qu'il ne fist voller hors des poings celle que tenoit celluy qui combatoit contre luy. Puis les ungs après les autres vindrent sur les rencs, et si bien firent tous que possible n'eust esté de l'amender; et fut fort tard quant chascun eut achevé. Madame fist, par le seigneur de Fluxas, convoyer[1] tous les gentilzhommes pour aller soupper au chasteau, qui ne reffusèrent pas la prière; et croyez qu'ilz furent bien traictez, car léans en savoit-on bien la manière. Après soupper commencèrent à sonner les haulxboys et ménestriers, où avant que l'en se mist en train de dancer, convint donner le pris à celluy qui par raison l'avoit gaigné. Les seigneurs de Grantmont[2] et de Fluxas, qui juges en estoient, demandèrent à tous les assistans, tant gentilzhommes, dames, que aux combatans mesmes, mais tous furent d'oppinion que le bon chevalier avoit, par le droit des armes, gaigné le pris; parquoy lesditz juges le luy vindrent présenter; mais, tout rougissant de honte le reffusa, en disant que à tort et sans cause luy estoit attribué cest honneur, mais que s'il avoit aucune chose bien faicte, madame de Fluxas en estoit cause, qui luy avoit presté son menchon, et que à elle, pour

1. *Convoyer,* convier.
2. Pierre Barthélemy, seigneur de Grammont en Rouergue, bailli de Carladès.

luy, remectoit de donner le pris où bon luy sembleroit. Le seigneur de Fluxas, qui congnoissoit la grande honnesteté du bon chevalier, n'en entra aucunement en jalousie, et vint droit à sa femme avecques le seigneur de Grantmont, qui luy dist : « Madame, présent votre mary que vecy, monseigneur de Bayart, à qui on donne le pris du tournoy, a dit que c'est vous qui l'avez gaigné au moyen de vostre menchon que luy donnastes; parquoy il le vous envoye pour en faire ce qu'il vous plaira. » Elle qui tant sçavoit d'honneur que merveilles, ne s'en effraya aucunement, ains très humblement remercia le bon chevalier de l'honneur qu'il luy faisoit, et dist ces motz : « Puis qu'ainsi est que monseigneur de Bayart me fait ce bien, de dire que mon menchon luy a fait gaigner le pris, je le garderai toute ma vie pour l'amour de luy; mais du ruby, puisque pour le mieulx faisant ne le veult accepter, je suis d'advis qu'il soit donné à monseigneur de Mondragon; car on tient que c'est celluy qui a mieulx fait après luy. » Ainsi qu'elle ordonna fut acomply, sans ce qu'on en ouyst aucun murmurer. Si fut madame Blanche bien joyeuse d'avoir fait telle nourriture que du bon chevalier, dont tout le monde disoit bien. Le pris donné, les dances commencèrent et durèrent jusques après mynuyt que chascun se retira. Les gentilzhommes françois furent encores cinq ou six jours à Carignan en joye et desduyt[1], faisans grant chère, puis s'en retournèrent en leurs garnisons. Le bon chevalier print aussi congé de madame sa bonne maistresse, à laquelle il dist qu'il n'y avoit prince ne princesse en ce monde, après son souverain

---

1. *Desduyt*, passe-temps.

seigneur, qui eust plus de commandement sur luy qu'elle y en avoit, dont il fut remercié grandement. Ce fait, convint aller prendre congé de ses premières amours, la dame de Fluxas, qui ne fut pas sans tumber larmes de la part d'elle, et de son costé estoit le cueur bien serré. L'amour honneste a duré entre eulx deux jusques à la mort, et n'estoit année qu'ilz ne s'envoyassent présens l'ung à l'autre. En la ville de Carignan ne au chasteau durant ung mois ne fut autre propos tenuz que de la prouesse, honneur, doulceur et courtoisie du bon chevalier, et estoit autant prisé et aymé léans que s'il en eust deu estre héritier[1]. Il y trouva, luy y estant, servant en quelque office, Pizou de Chenas[2], qui avoit esté maistre palefrenier du duc Charles de Savoye son maistre, et duquel il avoit eu autresfois du plaisir, ce qu'il vouloit alors recongnoistre ; car après l'avoir mené à son logis et fait bien traicter, luy donna ung cheval qui valloit bien cinquante escus, dont le bonhomme de bon cueur le remercia. Il luy demanda qu'estoit devenu son escuyer du temps qu'il estoit en la maison de monseigneur de Savoye. Pizou de Chenas luy dist qu'il se tenoit à Moncallier[3], où il estoit maryé et retiré, et qu'il estoit devenu fort gouteux. Le bon chevalier, non ingrat de gracieusetez que par le passé lui avoit faictes, par ledit

---

1. Etienne Pasquier dans ses *Recherches de la France* (l. VI, ch. 19) a reproduit cet épisode de la vie de Bayart sous le titre de : *L'honneste amour du capitaine Bayar envers une dame.*

2. On a vu au chapitre V des détails sur le service que ce maitre palefrenier avait rendu à Bayart quand il était encore à la cour de Savoie.

3. *Moncalieri*, à deux lieues au S. de Turin.

Pizou mesmes luy envoya une fort bonne et belle mulle ; et monstroit bien en ce faisant, qu'il n'avoit pas mis en oubly les biens qu'on luy avoit faits en jeunesse.

CHAPITRE XIV.

Comment le seigneur Ludovic Sforce retourna d'Almaigne avecques bon nombre de lansquenetz, et reprint la ville de Milan sur les François.

Vous avez entendu comment le seigneur Ludovic se retira en Almaigne devers le roy des Romains. Et fault entendre qu'il n'y alla pas sans porter deniers, car au faict qu'il vouloit entreprendre en avoit bien à besongner, et le monstra par effect ; car, peu de temps après son chassement, retourna en Lombardie avecques bon nombre de lansquenetz et quelques Suysses, aucuns hommes d'armes Bourgongnons, et force chevaulx d'Almaigne. Et, le troisiesme jour de janvier, par quelque intelligence, reprint la ville de Milan, dont furent les François chassez, combien que le chasteau demoura tousjours entre les mains du roy[1]. A l'exemple de Milan, se révoltèrent plusieurs villes en la duché, entre les autres toutes celles du chemin de Gennes, comme Tortonne, Vaugayre[2] et plusieurs chasteaulx.

---

1. Ludovic le More rentra dans Milan deux mois après en avoir été chassé par les Français (février 1500).
2. *Tortona*, à neuf lieues S.-O. de Pavie. — *Voghera*, à quatre lieues N.-E. de Tortona.

Quant le roy de France eut entendu le trouble de sa duché, comme prince magnanime et vertueux, dressa une grosse armée pour y envoyer, dont il fist chiefz le seigneur de Ligny et le seigneur Jehan-Jacques, qui assemblèrent leur armée en l'Astizanne, et commencèrent à marcher[1].

Or, durant que le seigneur Ludovic fut dedans Milan, et peu après qu'il l'eut repris, fault que je vous face ung compte du bon chevalier sans paour et sans reprouche. Il estoit demouré, par le congé de son maistre, en Ytalie quant le roy de France s'en retourna pour ce qu'il desiroit sur toutes choses les armes et ymaginoit bien qu'il ne pouvoit demourer longuement que le seigneur Ludovic qui estoit allé chercher secours en Allemaigne ne retournast avecques puissance, et par ce moyen y auroit combatu, car à la première conqueste de la duché ne s'estoit pas fait grans armes. Il estoit en garnison à vingt mille de Milan avecques d'autres jeunes gentilzhommes, et faisoient chascun jour courses les ungs sur les autres, belles à merveilles. Ung jour fut ledit bon chevalier adverty que dedans Binaz[2] y avoit trois cens chevaulx qui seroient bien aysez à deffaire, si pria ses compaignons que leur plaisir feust luy tenir compaignie à les aller visiter. Il estoit tant aymé de tous que facilement luy fut sa requeste accordée. Si s'apprestèrent de bon ma-

1. Louis XII envoya au duché de Milan Louis de la Trémouille, avec 6000 hommes de pied et 600 lances ; il fit en outre revenir de Romagne Yves d'Alègre qui y avait mené quelques troupes à César Borgia.
2. *Binasco*, à quatre lieues S.-O. de Milan.

tin, et s'en allèrent jusques au nombre de quarante ou cinquante hommes d'armes pour essayer s'ilz feroient quelque bonne chose. Le cappitaine qui estoit dedans Binaz estoit très gentil chevalier, sage et advisé à la guerre, et s'appelloit messire Jehan Bernardin Cazache. Il avoit bonnes espies par lesquelz il entendit comment les François chevauchoient pour le venir trouver. Il ne voulut pas attendre d'estre pris au nyt, si se mist de sa part en ordre, et se tira hors des barrières, la portée de deux ou trois getz d'arc. Si va adviser ses ennemys, qui luy donnèrent grant joye, car, selon son jugement, au peu de nombre qu'ilz estoient, pensoit bien qu'ilz ne luy feroient point de déshonneur. Ilz commencèrent à approcher les ungs contre les autres crians : *France! France! More! More!* et à l'aborder y eut grosse et périlleuse charge, car de tous les deux costez en fut porté par terre qui remontèrent à grant peine. Qui eust veu le bon chevalier faire faictz d'armes, entamer testes, coupper bras et jambes, eust plustost esté pris pour lyon furieux que pour damoisel amoureux. Brief, ce combat dura une heure qu'on n'eust sceu dire qui avoit du meilleur, qui faschoit fort à icelluy bon chevalier, lequel parla à ses compaignons, disant : « Hé! messeigneurs, nous tiendrons tout aujourd'huy ce petit nombre de gens! Si ceulx qui sont dedans Milan en estoient advertiz, jamais nul de nous ne se sauveroit; à coup, prenons courage, je vous supplie, et poussons cecy par terre. » Aux parolles du bon chevalier s'esvertuèrent ses compaignons; et, en cryant tous d'une voix : *France! France!* livrèrent ung aspre et merveilleux assault aux Lombars, lesquelz commencèrent à perdre place et à eulx reculler tousjours eulx deffendans très bien ; mais en ce recullement firent plus de quatre ou cinq mille, tirant vers Milan, où quant ilz se veirent si près, tournèrent bride, et à course de cheval, à qui mieulx mieulx, prindrent la fuyte vers la ville. Les François chassèrent tant qu'ilz en furent bien près. Alors fut cryé par quelc'un des plus anciens, et qui fort bien entendoit la guerre : « Tourne, homme d'armes, tourne ! » à quoy chascun entendit, excepté le bon chevalier qui, tout eschauffé, tousjours chassoit et poursuyvit ses ennemys, de sorte que pesle-mesle parmy eulx entra dedans Milan, et les suyvit jusques devant le palais où estoit logé le seigneur Ludovic, et pour ce qu'il avoit les croix blanches, tout le monde cryoit après luy : *Pille, pille.* Il fut environné de toutes pars et prins prisonnier du seigneur Jehan-Bernardin Cazache, qui le mena à son logis et le fist désarmer. Si le trouva fort jeune gentilhomme, comme de l'aage de vingt et deux à vingt et trois ans, dont il s'esmerveilla, et mesmement comment en tel aage pouvoit avoir en luy tant de prouesse qu'il en avoit congneue. Le seigneur Ludovic, qui avoit ouy le bruyt, demanda que c'estoit. Aucuns qui avoient entendu l'affaire le luy comptèrent, et comment le seigneur Jehan Bernardin, estant à Bynas, avoit esté chargé des François, qui enfin l'avoient repoussé jusques dedans Milan ; et parmy eulx, à la chasse, estoit entré pesle-mesle ung desditz François, qu'on tenoit à merveilles vaillant et hardy gentilhomme, et n'estoit riens si jeune. Alors commanda qu'on l'allast quérir et qu'il luy feust amené, ce qui fut fait incontinent.

CHAPITRE XV.

Comment le seigneur Ludovic voulut veoir le bon chevalier sans paour et sans reprouche, et comment, après avoir devisé avecques luy, le renvoya, et luy fist rendre son cheval et ses armes.

On alla incontinent au logis du seigneur Jehan Bernardin chercher son prisonnier pour l'amener au seigneur Ludovic qui le demandoit. Il eut paour que en la fureur icelluy seigneur Ludovic luy fist faire quelque desplaisir. Il estoit courtois et gracieulx gentilhomme, si le voulut mener luy-mesmes après l'avoir vestu d'une de ses robes et mis en estat de gentilhomme. Si le vint présenter au seigneur, qui s'esmerveilla quant il le veit si jeune, et on luy donnoit si grant los : toutesfois lui adressa son parler en disant : « Venez ça, mon gentilhomme, qui vous a amené en ceste ville? » Le bon chevalier, qui ne fut de riens esbahy, luy respondit : « Par ma foy! monseigneur, je n'y pensois pas entrer tout seul, et cuydois bien estre suyvy de mes compaignons, lesquelz ont mieulx entendu la guerre que moy; car s'ilz eussent fait ainsi que j'ay, ilz feussent comme moy prisonniers. Toutesfois, après mon inconvénient, je me loue de fortune de m'avoir fait tumber entre les mains d'ung si bon maistre que celluy qui me tient, car c'est ung très vaillant et advisé chevalier. » Après luy demanda le seigneur Ludovic, par sa foy, de combien estoit l'armée du roy de France. « Sur mon âme! monseigneur, à ce que je puis entendre, il y a quatorze ou quinze cens hommes d'armes et seize ou dix-huyt mille hommes de pied ; mais ce sont tous gens d'eslite qui sont délibérez si bien besongner à ceste fois qu'ilz asseureront l'estat de Milan au roy nostre maistre. Et me semble, monseigneur, que seriez bien en aussi grande seureté en Almaigne que vous estes icy, car voz gens ne sont pas pour nous combatre. » Tant assuréement parloit le bon chevalier que le seigneur Ludovic y prenoit grant plaisir, ce néantmoins que son dire feust assez pour l'estonner ; mais pour monstrer qu'il ne se soucioit pas grandement du retour des François, luy dist comme par risée : « Sur ma foy! mon gentilhomme, j'ai belle envie que l'armée du roy de France et la mienne se trouvent ensemble, à celle fin que par la bataille se puisse congnoistre à qui de droit appartient cest héritage, car je n'y voy point d'autre moyen. — Par mon serment! monseigneur, dist le bon chevalier, je vouldrois que ce feust dès demain, pourveu que je feusse hors de prison. — Vrayment à cela ne tiendra pas, respondit le seigneur, car je vous en metz dehors présentement et feray à vostre maistre [1]; mais davantage demandez-moy ce que vous vouldrez et je le vous donneray. » Le bon chevalier, qui le genoil en terre remercia le seigneur des offres qu'il luy faisoit, comme estoit bien raison, luy dist : « Monseigneur, je ne vous

---

1. *Je feray*, il faut probablement lire : « Je feray *recompense* à vostre maistre. » C'est-à-dire : Je dédommagerai celui qui vous a pris.

demande autre chose sinon que, si vostre courtoisie
se vouloit tant estendre que de me faire rendre mon
cheval et mes armes que j'ay apportées dedans ceste
ville, et m'en envoyer ainsi devers ma garnison, qui
est à vingt mille d'icy, me feriez ung très grant bien,
dont toute ma vie me sentiroys obligé à vous, et hors
le service du roy mon maistre, et mon honneur saufve,
le vouldroys recongnoistre en ce qu'il vous plairoit me
commander. — En bonne foy! dist le seigneur Ludovic, vous aurez présentement ce que demandez. » Si
dist au seigneur Jehan Bernardin : « A coup, cappitaine, qu'on luy trouve cheval, armes et tout son cas.
— Monseigneur, dist le cappitaine, il est bien aisé à
trouver, tout est à mon logis. » Si y envoya incontinent deux ou trois serviteurs, qui apportèrent ses
armes et amenèrent son cheval, et le fist armer le
seigneur Ludovic devant luy. Quant il fut acoustré
monta sur son cheval sans mettre pied à l'estrief; puis
demanda une lance qui luy fut baillée, et levant sa
veue, dist au seigneur : « Monseigneur, je vous remercie de la courtoysie que m'avez faicte; Dieu le vous
vueille rendre ! » Il estoit en une belle grande court.
Si commença à donner de l'esperon au cheval, lequel
fist quatre ou cinq saulx tant gaillardement que impossible seroit de mieulx, et puis luy donna une petite
course en laquelle contre terre rompit sa lance en cinq
ou six pièces, dont le seigneur Ludovic ne s'esjouyt
pas trop, et dist tout hault ses parolles : « Si tous les
hommes d'armes de France estoient pareilz à cestuy-cy,
j'aurois mauvais party. » Ce néantmoins luy fist bailler
une trompette pour le conduyre jusques à sa garnison,

mais il ne fut pas si avant, car jà estoit l'armée des François à dix ou douze mille de Milan, qui estoit toute abreuvée[1] de ce que le bon chevalier estoit pris par sa hardiesse, toutesfois il y avoit eu de la jeunesse meslée parmy[2]. Quant il fut arrivé au camp, s'en alla incontinent devers son bon maistre le seigneur de Ligny, qui en riant luy dist : « Hé ! comment, Picquet, qui vous a mis hors de prison ? Avez-vous payé votre rançon ? Vrayement je voulois envoyer ung de mes trompettes pour vous chercher et la payer. — Monseigneur, dist le bon chevalier, je vous remercie très humblement de vostre bon vouloir ; le seigneur Ludovic m'a délivré par sa grande courtoysie. » Si leur compta de point en point comme tout estoit allé de sa prinse et de sa délivrance. Tous ses compaignons le vindrent veoir, qui luy firent grant chère. Le seigneur Jehan-Jacques luy demanda s'il espéroit, à veoir la contenance du seigneur Ludovic et à l'ouyr parler, s'il donneroit la bataille ; à quoy il respondit : « Monseigneur, il ne m'a pas tant déclairé de ses affaires ne si avant ; toutesfois, à le veoir, il est homme qui pour peu de chose n'est pas aysé à estonner : vous verrez que ce pourra estre en peu de jours. De luy ne me scauroye plaindre, car il m'a fait très bon et honneste party ; la pluspart de ses gens sont dedans Novarre, il a délibéré les faire venir à Milan ou aller à eulx. »

1. *Abreuvée*, triste, désolée.
2. Le *Loyal serviteur* veut dire qu'il y eut de la hardiesse, il est vrai, mais aussi de l'inexpérience et de la jeunesse dans la conduite de Bayart en cette occasion.

CHAPITRE XVI.

Comment le seigneur Ludovic se retira dedans Novarre, doubtant que les François entrassent dedans Milan par le chasteau, et comment il fut prins.

Quant le seigneur Ludovic congneut l'armée du roy de France si près de Milan, et que le chasteau estoit hors de ses mains, il se doubta d'estre surpris dedans la ville, si se desroba de nuyt avecques ce qu'il avoit de gens dedans Milan; au moins peu y en laissa avecques son frère le cardinal d'Escaigne, et s'en alla veoir son armée qui estoit dedans Novarre. Où quant il fut sceu au camp du roy de France, ses lieux-tenans, où peu de jours avoit que le seigneur de la Trimoille[1] y estoit arrivé, délibérèrent l'aller assaillir audit lieu de Novarre. Le seigneur Ludovic avoit beaucoup de gens, mais ilz estoient de nations fort différentes, comme Bourgongnons[2], lansquenetz et Suysses, et par ce, trop plus mal aysez à gouverner; car en quelque sorte que les choses allassent, peu de jours après fut rendue la ville de Novarre ès mains des lieux-tenans dudit roy de France. Et pour ce qu'on faisoit courir

---

1. Louis de la Trémouille, amiral de Guienne et Bretagne, chambellan de Charles VIII et de Louis XII, gouverneur de Bourgogne et du Milanais, dit le Chevalier sans reproche, mari de Gabrielle de Bourbon-Montpensier. Tué en 1525 à la bataille de Pavie.
2. La cavalerie bourguignonne était commandée par le même Claude de Vaudrey, qui fut l'occasion du premier fait d'armes du bon chevalier (voir plus haut chap. VI, VII et VIII).

le bruyt que le seigneur Ludovic n'estoit pas dedans la ville et qu'il s'estoit retiré en Almaigne pour la seconde fois, fut ordonné que les gens de pied passeroient par dessoubz la picque, ce qu'ilz firent ; et parmy eulx fut congneu le povre seigneur Ludovic, qui se rendit, quant il veit que force lui estoit, au seigneur de Ligny. Je ne say qui fist l'affaire, mais il fut plus que mal servy ; ce fut le vendredy devant Pasques flories, oudit an mil cinq cens[1]. Le reste de son armée s'en alla bagues[2] saufves. Je croy bien qu'ilz eurent quelque payement, car on disoit que les Suysses que le seigneur Ludovic avoit avecques luy s'estoient mutinez à faulte de payement ; mais depuis j'ay entendu du contraire, et que le bailly de Dyjon[3], qui avoit gros crédit avecques eulx, les avoit gaignez, joinct aussi qu'en l'armée du roy y en avoit beaucoup plus gros nombre qu'ilz n'estoient dedans Novarre et s'excusoient de ne combatre point les ungs contre les autres. J'ay veu advenir plusieurs fois cela, qui a porté beaucoup de dommage en France. Or, quoyque ce feust, le seigneur Ludovic demoura prisonnier, fut mené en France droit à Lyon, depuis au Liz Sainct-George, et enfin au chasteau de Loches ouquel il a finé ses jours[4]. Ce fut une

1. Ludovic le More avait obtenu à force de prières de pouvoir se glisser au milieu des Suisses, habillé comme eux; mais un de ces mercenaires ayant trahi sa présence, le duc fut saisi par les soldats français (10 avril 1500). Voy. Jean d'Anton, *Chronique de Louis XII*.

2. *Bagues*, bagages.

3. Antoine de Bessey, baron de Trichote, bailli de Dijon, fils de Jean de Bessey et de Jeanne de Saulx : il épousa Jeanne de Lenoncourt.

4. Ludovic le More fut d'abord enfermé au château du Lys-Saint-Georges (Indre), puis à la tour de Bourges et enfin au château de

grosse pitié, car il avoit esté triomphant prince en sa vie, mais fortune luy monstra au derrenier son rigoureux visage. Le cardinal d'Escaigne, son frère, lequel estoit demouré dedans Milan, quand il sceut l'inconvénient, feist saulver en Almaigne ses deux nepveux, enfans dudit seigneur Ludovic, devers le roy des Romains, et de luy se mist en fuyte bien et grossement acompaigné, comme de quatre à cinq cens chevaulx vers Boulongne; mais en chemin par ung cappitaine vénicien, nommé Soussin de Gonzago[1], fut pris prisonnier, et depuis le mist entre les mains des François; mais il ne rendit pas les meubles et son cariage qu'on estimoit valloir deux cens mille ducatz. Ne demoura guères de temps après quant ceulx de la duché de Milan sceurent la prinse de leur seigneur, j'entendz ceulx lesquelz à son retour s'estoient révoltez, ne se retournassent François, en grant crainte d'estre pillez et sacayez; mais ilz y trouvèrent toute doulceur et amytié, car ilz avoient affaire à bon prince et à vertueulx cappitaines.

CHAPITRE XVII.

Comment le seigneur de Ligny alla visiter Vaugayre, Tortonne, et autres places en la duché de Milan,

Loches où il vécut dix ans très-étroitement resserré. Il y mourut en 1510, âgé de 57 ans.

1. Ce personnage, parent des Sforce, s'empara de leur personne sur le territoire de Rivolta (duché de Plaisance), dont il était seigneur. Le cardinal Ascanio, plus heureux que son frère, obtint la liberté peu après la mort du pape Alexandre VI. Il mourut de la peste à Rome en 1505.

que le roy luy avoit données; et d'ung gentil tour que fist le bon chevalier.

Il fault entendre que quant le roy de France eut fait sa première conqueste de la duché de Milan, il voulut récompenser ses bons serviteurs en leur donnant terres et seigneuries oudit duché, mesmement au seigneur de Ligny, Tortone, Vaugayre et quelques autres places où ilz s'estoient révoltez quant le seigneur Ludovic revint d'Almaigne, qui avoit fort fasché audit seigneur de Ligny. Si se délibéra de les aller veoir, et mena en sa compagnie le vertueux cappitaine Loys d'Ars, son lieutenant, le bon chevalier sans paour et sans reprouche qui portoit son guydon alors, et plusieurs autres gentilzhommes. Si vint jusques à Alexandrie, et faisoit courir le bruyt qu'il mettroit Tortonne et Vaugayre au sac, combien qu'il n'en avoit nulle voulenté, car il estoit de trop bonne nature. Quant ses subgectz sceurent sa venue et le bruyt qui couroit de leur destruction, furent, et non sans cause, bien estonnez. Si eurent conseil ensemble qu'ilz envoyeroient au devant de leur seigneur le plus humblement qu'ilz pourroient, pour impétrer miséricorde, ce qu'ilz firent, et jusques au nombre de vingt des plus apparens le vindrent trouver à deux mille de Vaugayre, pour luy cuyder faire la révérence et eulx excuser; mais combien qu'on les monstrast audit seigneur de Ligny et qu'il les congneust assez, ne fist pas semblant de les veoir, et tira oultre jusques dedans la ville au logis qui estoit pris pour luy. Les povres gens qui estoient allez au devant furent bien estonnez de si

estrange recueil. Si se retirèrent en leur ville le plus
doulcement qu'ilz peurent et cherchèrent moyen de
parler au cappitaine Loys d'Ars, pour faire leur
appoinctement[1] envers le seigneur ; ce qu'il promist
à son possible faire, car jamais ne fut gentilhomme de
meilleur nature. Si leur assigna jour à lendemain ; cependant alla faire ses remonstrances au seigneur de Ligny,
luy suppliant qu'en sa faveur il les voulsist escouter,
qui luy fut accordé. Et le lendemain, après le disner,
cinquante des plus apparens de la ville vindrent à son
logis, et testes nues se gectèrent à genoulx devant luy
en criant miséricorde. Puis commencea à parler l'ung
d'entre eulx, homme fort éloquent, et en langage ytalien proféra telles ou semblables parolles : « Monseigneur, voz très humbles et très obéyssans subjectz et
serviteurs de ceste povre ville vostre, de tout leur
cueur se recommandent très humblement à vostre
bonne grace, vous suppliant par vostre gentillesse leur
vouloir pardonner l'offense qu'ilz ont faicte, tant envers
le roy de France leur souverain que vous, pour eulx
estre révoltez. Et ayez à considérer en vostre cueur
que la ville n'est pas pour tenir contre une puissance,
et que quelque chose qu'ilz ayent faicte, leur cueur
n'est jamais mué qu'il ne soit demouré bon françois ;
et si par leur povreté d'esperit ilz ont fait une lourde
faulte, par vostre grant bonté leur vueille estre appaisée, vous asseurant, monseigneur, que jamais plus ne
les y trouverrez, et ou, comme de Dieu habandonnez,
une autre fois ilz retourneroient, se mectent eulx,
leurs enfans et femmes avecques tous leurs biens, pour

---

1. *Appoinctement*, accommodement.

en disposer ainsi qu'il vous plaira. Et en signe qu'ilz veullent demourer envers vous telz que je vous dis, vous font en toute humilité ung petit présent selon leur puissance, qui est de trois cens marcs de vaisselle d'argent, lequel il vous plaira prendre, en démonstrant que vostre yre est cessée sur eulx. » Alors se teut et fist apparoistre sur deux tables, bassins, tasses, gobeletz et autre manière de vaisselle d'argent que ledit seigneur de Ligny ne daigna regarder, mais en homme courroucé fièrement respondit : « Comment, meschans, lasches et infâmes, estes-vous si hardis d'entrer en ma présence, qui comme failliz de cueur, sans cause ny moyen, vous estes révoltez! Quelle foy désormais pourray-je avoir en vous? Si on feust venu mettre le siége devant vostre ville, icelle canonner et assaillir, sc'eust esté autre chose; mais ennemy ne s'est jamais monstré, qui fait assez apparoistre que de vostre propre voulenté estes retournez à l'usurpateur de ceste duché. Si je faisois mon devoir, ne vous ferois-je pendre et estrangler comme traystres et desloyaulx aux croysées de voz fenestres? Allez, fuyez de devant moy, que jamais ne vous voye. » En disant lesquelles parolles, les povres citoyens estoient tousjours à genoulx. Alors le vaillant et prudent cappitaine Loys d'Ars mist le bonnet hors de la teste, et ung genoil en terre dist : « Monseigneur, pour l'honneur de Dieu et de sa Passion, faictes-moy ceste grace que à ma requeste leur vueillez pardonner vostre maltalent[1], car je leur ay promis, et jamais n'auroient

---

1. *Pardonner vostre maltalent,* leur pardonner d'avoir excité votre colère.

fiance en moy si m'aviez reffusé. J'espère, monseigneur, que toute vostre vie vous les trouverrez bons et vrais subjectz. » Et les povres gens, sans attendre qu'on replicquast, commencèrent tous d'une voix à crier : « Monseigneur, il sera ainsi que le dit le cappitaine, au plaisir de monseigneur. » Le bon seigneur de Ligny, ouye leur clameur, meu de pitié et quasi larmoyant, les fist lever et leur déclaira deux propos, l'ung d'amytié, et l'autre de rudesse, pour monstrer qu'ilz avoient grandement failly. Quant à l'ung dist : « Allez ! pour l'amour du cappitaine Loys d'Ars, qui tant m'a fait de services que pour beaucoup plus grosse chose ne le vouldrois reffuser, je vous pardonne, et n'y retournez plus ; mais au regard de vostre présent, je ne le daignerois prendre, car vous ne le vallez[1] pas. » Si regarda autour de luy et advisa le bon chevalier auquel il dist : « Picquet, prenez toute ceste vaisselle, je la vous donne pour vostre cuysine. » A quoy soubdainement respondist : « Monseigneur, du bien que me faictes très humblement vous remercie, mais à Dieu ne plaise que biens qui viennent de si meschans gens que ceulx-cy entrent en ma maison ; ilz me porteroient malheur. » Si prent pièce à pièce toute ceste vaisselle, et à chascun qui estoit là en fist présent sans que pour luy en retiensist la valleur d'ung denier, qui fist esbahir toute la compaignie, car alors il n'eust sceu finer[2] de dix escus. Quant il eut tout donné, partit hors de la chambre ; aussi firent les habitans. Si commença à dire le seigneur de Ligny à ceulx qui estoient

1. *Vallez*, méritez.
2. *Finer*, financer.

demourez : « Que voulez-vous dire, messeigneurs; avez-vous veu le cueur de Picquet et sa libéralité? Ne luy fist pas Dieu grant tort qu'il ne le fist roy de quelque puissant royaulme? Il eust acquis tout le monde à luy par sa grâce. Croyez-moy que ce sera une fois ung des plus parfaictz hommes du monde. » Brief toute la compaignie donna grande louenge au bon chevalier. Quant le seigneur de Ligny eut ung peu pensé pour ce jour et considéré que ne luy estoit riens demouré du présent qu'il luy avoit fait, le lendemain, à son lever, luy envoya une belle robbe de veloux cramoisy doublée de satin broché, ung fort excellent coursier, et trois cens escus en une bourse qui ne luy durèrent guères, car ses compaignons y eurent part comme luy. Peu de jours demoura le seigneur de Ligny qu'il ne retournast à Milan, où estoit venu le cardinal d'Amboyse[1], lieutenant général pour le roy, et de là s'en vint en France.

CHAPITRE XVIII.

Comment le roy de France envoya grosse armée à Naples, où il fist son lieutenant général le seigneur d'Aubigny.

Vous avez entendu par cy-devant comment, après la mort de monseigneur de Montpensier[2], les Néapo-

---

1. Georges d'Amboise, cardinal, légat du pape, archevêque de Rouen, principal ministre de Louis XII, mort à Lyon en 1510 à l'âge de 50 ans. Il était fils de Pierre d'Amboise et d'Anne de Bueil.
2. Gilbert de Montpensier mourut, comme nous l'avons dit plus

litains se révoltèrent, et s'en vindrent tous les François en France, dont le roy Charles huytiesme fut fort desplaisant, et s'en feust vengé s'il eust vescu, mais mort le prévint. Incontinent que le roy Loys XIIe vint au règne, il voulut entendre à la conqueste de sa duché de Milan, parquoy les affaires dudit royaulme de Naples demourèrent longtemps en suspens, et estoit desjà mort Ferrand, filz d'Alphonce, et régnoit oudit royaulme son oncle Fédéric[1]. Entendre devez une chose : c'est que quant le feu roy Charles conquesta le royaulme, il maria son cousin, le seigneur de Ligny, à une grant dame du pays, appellée la princesse d'Altemore[2]; mais guères ne vesquit, car quant ledit roy voulut retourner en France, amena avecques luy ledit seigneur de Ligny, dont bientost après, ainsi que le bruit fut, ladicte dame mourut de dueil. Par le trespas d'elle, et aussi par don que icelluy roy Charles en avoit fait, estoient demourées oudit royaulme plusieurs terres audit seigneur de Ligny, mesmement en la Pouille, comme Venoze, Canoze, Monervyne, Bezeille[3], et plusieurs autres. Si print voulenté au roy

haut, en 1496, à Pouzzoles, après avoir conclu avec le roi de Naples le désastreux traité d'Atella. Quelques années plus tard (1501), Louis, son fils ainé, mourut en trois jours dans la même ville d'une fièvre maligne qu'il avait contractée en assistant à l'exhumation du cadavre de son père.

1. Frédéric d'Aragon, fils de Ferdinand, succéda en 1496 à son neveu Ferdinand II; il fut créé duc d'Anjou par Louis XII en 1501 et mourut à Tours en 1504.

2. Aliénor de Baux, de l'illustre famille provençale de ce nom, établie à Naples avec les princes de la maison d'Anjou; elle était duchesse d'Altamura, et fit son mari héritier des nombreuses terres qu'elle possédait en Pouille.

3. *Venosa*, ville de la Basilicate. *Canosa de Puglia*, *Minervino*

Loys XII⁰ d'envoyer reconquester sondit royaulme de Naples, et y cuydoit bien aller ledit seigneur de Ligny, mais par deux fois luy fut le voyage rompu, dont aucuns voulurent dire que de dueil il en mourut. Si y fut envoyé pour lieutenant général le seigneur d'Aubigny, ung très gentil et vertueux cappitaine, très bien accompaigné de gens de cheval et de pied, entre lesquelles[1] estoit celle du seigneur de Ligny, que mena et conduyt son bon lieutenant, le cappitaine Loys d'Ars. Or n'avoit garde de demourer le bon chevalier derrière, ains demanda congé à son bon seigneur de maistre, qui à grant regret le luy donna, car desjà l'avoit pris en grant amour, et depuis ne se veirent l'ung l'autre. Ainsi marcha ce vaillant cappitaine le seigneur d'Aubigny droit audit royaulme, où il fist si bonne diligence, et trouva domp Fédéric si peu de secours et d'amytié parmy ses hommes, qu'il fut contrainct habandonner le royaulme, et fist quelque composition avecques icelluy seigneur d'Aubigny, qui l'envoya, avecques sa femme et enfans, en France, où il fut receu très bien du roy, et luy fut baillé la duché d'Anjou et d'autres terres, suyvant la composition faicte, et dont il a jouy jusques à sa mort. Depuis sa femme ne fut pas trop bien traictée, dont il me semble que ce fut mal fait, et pour une femme de roy a esté depuis veue en grande nécessité[2]. Le royaulme de

---

Murge, villes de la Terre de Bari. *Bisegna*, ville de l'Abruzze Ultérieure.

1. Entre lesquelles compagnies.
2. Isabelle-Éléonore de Baux, femme de Frédéric, était fille de Pierre de Baux, prince d'Altamura, et de Marie de Baux. Après la mort de son mari elle se retira à la cour de Ferrare.

Naples pris par ce seigneur d'Aubigny, assist ses garnisons par compaignies, et fut celle du seigneur de Ligny mise sur ses terres, dont le cappitaine Loys d'Ars bailla le gouvernement d'aucunes au bon chevalier, qui en fist très bien son devoir. Et furent quelque temps en paix le roy d'Arragon qui y prétendoit quelque droit et le roy de France qui luy en avoit laissé quelque porcion, et fut icelle paix criée l'année mesmes à Lyon entre France, Espaigne et le roy des Romains, par le moyen de l'archeduc d'Autriche, qui avoit à femme l'aisnée fille d'Espaigne[1], et avecques elle en retournoit; passa par Lyon et alla veoir sa seur, alors duchesse de Savoye. Mais ce fut une paix fourrée, car en ce mesme instant le roy d'Aragon envoya grosse puissance à Gonssalle Ferrande[2], estant audit royaulme, par l'intelligence du pape Alexandre, qui reprist la ville de Naples; et la pluspart dudit royaulme fut révolté. Ledit seigneur d'Aubigny y fist ce qu'il peut, mais enfin fut contrainct de se retirer en la Pouille. Je ne suis pas délibéré de traicter autrement de ce qui advint oudit royaulme de Naples durant deux ou trois ans, ne des batailles de la Sezignolle[3], de Joye,

---

1. Philippe, archiduc d'Autriche, fils de l'empereur Maximilien, mari de Jeanne la Folle, reine de Castille, père de Charles-Quint. Marguerite d'Autriche sa sœur avait épousé Philibert II le Beau, duc de Savoie.

2. Fernandes Gonsales de Cordova, duc de Terra-Nova, prince de Vernosa, surnommé le Grand Capitaine, mort à Grenade en 1515, à l'âge de 74 ans; il était fils de Pierre Fernandez de Cordova, seigneur d'Aguilar, et d'Elvire de Herrera.

3. Le premier combat de Cerignole eut lieu au mois de juillet 1502, et précéda le siége et la prise de Canosa. Une seconde bataille, dont l'issue fut fatale aux Français, s'y livra encore le 28 avril 1503.

du Garillan¹, et plusieurs autres, dont en aucunes gaignèrent les François et en autres perdirent, car il est assez escript ailleurs; combien que au derrenier², ne sçay si ce fut par faulte d'ordre ou de bien combatre, les François en furent chassez de tous pointz l'an mil cinq cens et quatre³, et depuis n'y retournèrent. Je ne sçay si tel estoit le vouloir de Dieu, mais sans difficulté celluy qui les en chassa ne celluy qui le tient à présent n'y ont aucun droit sinon par la force, qui est le poinct où tous princes taschent enfin de venir. Je veulx seullement parler des fortunes qui advindrent au bon chevalier sans paour et sans reprouche durant la guerre guerroyable⁴ que eurent ensemble François et Espaignolz. Et premier vous diray d'une fortune qui luy advint.

CHAPITRE XIX.

Comment le bon chevalier sans paour et sans reprouche sortit de sa garnison de Monervyne ; comment il trouva Espaignolz sur les champs, et ce qu'il en advint.

Estant le bon chevalier en une garnison où le vail-

---

1. *Gioi,* ville de la Terre de Bari ; un combat y eut lieu le 21 avril 1503. La bataille de *Garigliano,* si désastreuse pour les Français, fut livrée le 27 décembre 1503.

2. *Au derrenier,* enfin, à la fin.

3. Il y a dans l'édition originale : 1524 ; c'est évidemment une erreur, car ce fut en 1504 que les Français perdirent définitivement le royaume de Naples.

4. *Guerre guerroyable,* grande guerre.

lant cappitaine Loys d'Ars l'avoit logé, qui s'appelloit Monervyne, avecques aucuns de ses compaignons, ennuyé d'estre si longuement en caige sans aller veoir les champs, leur dist ung soir : « Messeigneurs, il me semble que nous cropissons trop en ce lieu sans aller veoir noz ennemys ; il en pourroit, de trop demourer, advenir deux inconvéniens ; l'ung que, par faulte d'exercer les armes souvent, deviendrions tous efféminez, l'autre que à noz ennemys le cueur pourroit croistre, pensant entre eulx que pour la crainte qu'en avons n'osons partir de nostre fort. Parquoy je suis délibéré d'aller demain faire une course entre cy et Andre ou Barlete[1]. Peult-estre aussi que nous trouverrons de leur costé coureurs, ce que je désireroys à merveilles, car nous nous pourrons mesler ensemble, et à qui Dieu en donnera l'honneur si l'emporte. » A ces parolles n'y eut celluy qui respondit autrement que à sa voulenté. Si firent le soir ceulx qui devoient estre de la course regarder si riens ne failloit à leurs chevaulx, et se misrent en ordre comme pour achever ce qu'ilz avoient entrepris. Si se levèrent assez matin, et se misrent aux champs environ trente chevaulx, tous jeunes gentilzhommes, et bien délibérez chevauchèrent vers les garnisons de leurs ennemys, espérans d'avoir quelque bonne rencontre.

Le jour mesmes, estoit sorty de la ville d'Andre, pour pareillement courir sur les François, ung gentilhomme espaignol, parent prochain du grant cappitaine Gonssalle Ferrande, qui s'appelloit domp Alonce de Soto-

---

1. *Andria* et *Barletta*, villes de la Terre de Bari.

Maiore[1], ung fort gentil chevalier et expert aux armes, qui en sa compaignie avoit quarante ou cinquante chevaulx d'Espaigne, sur lesquelz estoient gentilzhommes tous esleuz[2] aux armes. Et telle fut la fortune des deux cappitaines, que au descendre d'ung tertre se vont veoir les ungs les autres environ la portée d'ung canon. Je ne vous scauroye dire lequel fut le plus joyeux, mesmement quant ilz apperceurent que leur puissance estoit pareille. Si commenca le bon chevalier, après ce qu'il eut au vray apperceu les croix rouges, parler à ses gens, ausquelz il dist : « Mes amys, au combat sommes venuz ; je vous prie que chascun ait son honneur pour recommandé, et si vous ne me voyez faire aujourd'huy mon debvoir, réputez-moy lasche et meschant toute ma vie. » Tous respondirent : « Allons, cappitaine, donnons dedans, n'attendons pas qu'ilz ayent l'honneur de commencer[3]. » Alors

---

1. La renommée de Bayart date véritablement de l'aventure qui va suivre et de son duel avec Soto-Mayor, qui en fut la conséquence. La plupart des historiens du xvie siècle ont parlé de ce duel célèbre, nous citerons parmi eux Aymar du Rivail (*Histoire des Allobroges,* p. 543), Paul Jove (*Vie de Gonzales de Cordoue,* t. II, p. 215), Arnaud Ferron (*De rebus gestis Francorum,* l. III, p. 46), S. Champier (*Les gestes du preux chevalier Bayard,* fol. xv à xx), etc. Alonzo de Soto-Mayor, Sr de Soto-Mayor, était fils de Pedro Alvarez de Soto-Mayor et de Thérèse de Tabora.

2. *Esleuz,* gens d'élite.

3. « Or advint une foys que le noble seigneur de Bayard, qui estoit alors capitaine d'une forte place, en faisant la guerre guerroyable sortit du chasteau bien accompaigné de ses gens, si rancontra une moult belle compaignie d'Espaignolz bien armés et acoustrés et en plus grant nombre beaucopt que ledict seigneur de Bayard, dont les Francoys furent moult esbahys. Mays le seigneur de Bayard qui estoit jeune et grant en cœur, en couraige, eslevé en l'honneur et qui eust mieulx aymé mourir que de faire

baissèrent la veue, et en criant : *France ! France !* se mettent au grant galop pour charger leurs ennemys, lesquelz d'une asseurée et fière contenance, à course de cheval, criant : *Espaigne ! Sant-Yago !* à la pointe de leur lances gaillardement les receurent. Et en cette première rencontre en furent portez par terre de tous les deux costez, qui furent relevez par leurs compaignons à bien grant peine. Le combat dura une bonne demye heure qu'on n'eust sceu juger qui avoit du meilleur, et comme chascun en désiroit l'yssue à sa gloire, se livrèrent les ungs aux autres, comme s'ilz feussent tous fraiz, un très périlleux assault. Mais, comme chascun peult assez entendre, en telles choses est de nécessité que l'ung ou l'autre demoure vaincqueur ; si advint si bien au bon chevalier, avecques la grant peine qu'il y mist et le courage qu'il donnoit à ces gens, qu'en ce derrenier assault rompit les Espaignolz, et y demoura sur le champ, de mors, jusque au nombre de sept et bien autant de prisonniers ; le reste se mist à la fuyte, desquelz estoit ledit cappitaine domp Alonce, mais de près poursuivy par le bon chevalier, qui souvent luy escrioit : « Tourne, homme d'armes ! grant honte te sera mourir en fuyant. » Voulut plustost eslire honneste

aulcune chose dont déshonneur luy fust advenu ny de fouyr, accompaigné seulement de ses gens, fist tant qu'il s'aproucha des Espaignolz et au premier qu'il rancontre demanda qui estoit le capitaine qui les menoit. Alors respondit ung : « Nostre capitaine c'est le seigneur don Alonce de Soto-Maiore, seigneur moult extimé en Espaigne et d'une noble maison après les princes plus extimé, homme de grant cueur et faconde, hardy et preulx aulx armes qui ne treuve guières hommes à qui il ne combate, s'ilz sont nobles et de maison à luy semblable. » Alors respondit le seigneur de Bayard : « Certes j'ay trouvé ce que je queroye. » (Champier, f. xv.)

mort que honteuse fuyte et comme ung lyon eschauffé, se retourna contre le dit bon chevalier auquel il livra aspre assault, car, sans eulx reposer, se donnèrent cinquante coups d'espée. Cependant fuyoient tousjours les autres Espaignolz, qui avoient habandonné leur cappitaine et laissé seul; ce néantmoins gaillardement se combattoit, et si tous les siens eussent fait comme lui, je ne sçay qui enfin eust eu du meilleur. Bref, après avoir longuement combatu par les deux cappitaines, le cheval de domp Alonce se recreut[1] et ne vouloit tirer avant. Quoy voyant par icelluy bon chevalier, dist ces parolles : « Rendz-toy, homme d'armes, ou tu es mort. — A qui, respondit-il, me rendray-je ? — Au cappitaine Bayart, dist le bon chevalier[2]. » Alors domp Alonce, qui desjà avoit ouy parler de ses faictz vertueux, aussi qu'il cognoissoit bien ne pouvoir eschapper, pour estre de toutes pars enclos, se rendit et luy bailla son espée qui fut receue à grant joye. Puis ce misrent les compaignons au retour vers leur garnison, joyeulx de la bonne fortune que Dieu leur avoit ce jour donnée, car ilz n'y perdirent ung seul

1. *Se recreut*, fut fourbu, harassé.
2. « A l'heure que le soleil retiroit ses raiz et tournoit en son occident Bayard voulut expédier le combat. Les gens de tous coustez (fors les capitaines qui estoient tous deux hardis et chevalereulx) ce lassèrent de férir, car longuement ilz avoient combatu. Alors le noble Bayart s'esvertua en telle façon que en frappant sur l'ung et sur l'aultre il effundra aulx ungs les haulmes et la teste aux aultres, et il donna mainctz grans couptz sur leurs corps; finablement il les abatist et fouldroya tous reservé don Alonce le capitaine, qui voyant la desconfiture de ses gens, car si ses gens eussent combatu comme luy le combat eust esté merveilleux d'ung cousté et d'aultre, commençast à cryer : « Capitaine Bayart, je veulx parlementer. » (Champier, f. xvj.)

homme. Bien y en fut blessé cinq ou six et deux chevaulx tuez, mais ilz avoient des prisonniers pour les récompenser[1]. Eulx arrivez à la garnison, le bon chevalier, filz adoptif de dame Courtoisie, qui desjà par le chemin avoit entendu de quelle maison estoit le seigneur domp Alonce, le fist loger en une des belles chambres du chasteau, et luy donna une de ses robes, en lui disant ces parolles : « Seigneur domp Alonce, je suis informé par les autres prisonniers qui sont céans qui vous estes de bonne et grosse maison, et qui mieulx vault, de vostre personne grandement renommé en prouesse, parquoy ne suis pas délibéré vous traicter en prisonnier, et si vous me voulez promettre vostre foy de ne partir de ce chasteau sans mon congé, je le vous bailleray pour toute prison. Il est grant ; vous vous y esbatrez parmi nous autres jusques à ce que vous ayez composé de vostre raençon et icelle payée en quoy me trouverrez tout gracieux[2]. — Cappitaine, respondit domp Alonce, je vous remercie de vostre courtoisie, vous asseurant sur ma foy ne partir jamais de céans sans vostre congé. » Mais il ne tint pas bien sa promesse, dont mal luy en print à la fin, comme vous orrez ci-après ; toutefois un jour comme ils devisoient ensemble, composa domp Alonse de sa raençon à mil escus.

---

1. *Récompenser*, dédommager.
2. Id accedit ut Petrus Baiardus tumultuaria in pugna vulnerato Alphonso, quem alii Alonsum vocant, alii Aldonsum Soto-Maiorem, captum abduceret, neque aliter quam gallos commilitones apud se haberet, ea que adhiberet fovendis vulneribus quæ adhiberi in ea rerum penuria possent... (Arn. Ferron, l. III, p. 45.)

CHAPITRE XX.

Comment domp Alonce de Soto-Maiore se voulut desrober par le moyen d'ung Albanoys qui le garnit d'ung cheval; mais il fut repris sur le chemin et reserré en plus forte prison.

Quinze ou vingt jours fut domp Alonce avecques le cappitaine Bayart, dit le bon chevalier, et ses compaignons, faisant grant chère, allant et venant par tout le chasteau sans ce que personne luy dist riens, car il estoit sur sa foy qu'on estimoit qu'il ne romproit jamais. Il en alla autrement, combien que de luy, ainsi qu'il dist après, n'y avoit aucune faulte, ains s'excusoit que, pour ce qu'il ne venoit nulz de ses gens devers luy, alloit quérir sa raençon luy-mêmes pour icelle envoyer au bon chevalier, qui estoit de mil escus. Toutesfois le cas fut tel. Domp Alonce, allant et venant par le chasteau, se fascha, et ung jour, devisant avecques ung Albanoys qui estoit de la garnison du chasteau, luy dist : « Vien-çà, Théode! si tu me veulx faire ung bon tour, tu me le feras bien, et je te prometz ma foy, que tant que je vivray n'auras faulte de biens. Il m'ennuye d'estre icy, et encores plus que je n'ay nouvelles de mes gens ; si tu veulx faire provision d'ung cheval pour moy, considère que je ne suis en ceste place aucunement gardé, je me sauveray bien demain matin. Il n'y a que quinze ou vingt mille jusque à la garnison de mes gens, j'auray fait cela en quatre heures, et tu viendras avecques moy ; je te feray fort bien appoincter, et si te donneray cinquante ducatz. » L'Albanoys, qui fut avaricieux, le promist, combien qu'il luy dist devant : « Seigneur, j'ai entendu que vous estes sur vostre foy par ce chasteau, nostre cappitaine vous en feroit querelle. — Je ne veulz pas rompre ma foy, dist domp Alonce; il m'a mis à mil ducatz de rançon, je les luy envoyeray; je ne suis obligé à autre chose. — Bien doncques, dist Théode l'Albanoys, il n'y aura point de faulte que demain, au point du jour, je ne soye à cheval à la porte du chasteau quand elle ouvrera ; faictes semblant de venir à l'esbat, et vous trouverrez le vostre. » Cela fut accordé entre eulx et exécuté le lendemain ; car ainsi qu'il fut proposé, se trouvèrent si bien à point que, sans ce que le portier s'en donnast autrement garde, pour ce que desjà estoit adverty qu'il estoit sur sa foy, parquoy le laissoit aller et venir, domp Alonce monta à cheval et s'en alla tant qu'il peut. Ne demoura guères que le bon chevalier, qui estoit vigillant, vint en la basse court du chasteau et demanda où estoit son prisonnier, car tous les matins se desduysoit avecques luy ; mais personne ne luy peut enseigner. Si fut esbahy, et vint au portier, auquel il demanda s'il l'avoit point veu. Il dist que ouy, dès le point du jour et près de la porte. La guète sonna pour sçavoir où il estoit, mais il ne fut point trouvé, ne aussi ledit Théode, albanoys. Qui fut bien marry ? ce fut le bon chevalier. Si commanda à ung de ses souldars nommé le Basco[1] et luy dist : « A coup, montez à diligence à cheval, vous dixiesme, et picquez droit vers Andre, veoir si

---

[1]. Pierre de Tardes, surnommé le Basque.

trouverez nostre prisonnier, et si le trouvez, faictes qu'il soit ramené mort ou vif. Et si ce meschant Albanoys est empoigné, qu'il soit ramené aussi, car il sera pendu aux créneaulx de céans, pour exemple de ceulx qui vouldroient ung autre fois faire le lasche tour qu'il a fait. » Le Basque ne fist autre délay, mais incontinent monta à cheval, et à pointe d'esperon, sans regarder qui alloit après luy, combien qu'il fut très bien suyvy, prist son chemin vers Andre, où à environ deux milles trouva domp Alonce descendu, qui habilloit les sangles de son cheval, qui estoient rompues; lequel, quand il apperceut qu'il estoit poursuivy, cuyda remonter, mais il ne peut. Si fut actainct, repris et remonté. Théode ne fut pas si fol de se laisser prendre, car il sçavoit bien qu'il y alloit de la vie, si se sauva dedans Andre, et domp Alonce ramené à Monervyne, où quant le seigneur bon chevalier le veit, luy dist : « Hé ! comment, seigneur domp Alonce, vous m'avez promis vostre foy ne partir de céans sans mon congé, et vous avez fait le contraire? Je ne me fieray plus en vous, car ce n'est pas honnestement fait en gentilhomme de se desrober d'une place quant on y est sur sa foy. » Domp Alonce respondit : « Je n'estois pas délibéré en riens vous faire tort. Vous m'avez mis à mil escus de rançon, dedans deux jours les vous eusse envoyez, et ce qui m'en a fait partir a esté de desplaisir que j'ay pris pour n'avoir aucunes nouvelles de mes gens. » Le bon chevalier, qui estoit encores tout courroucé, ne prist pas ses excuses en payement, ains le fist mener en une tour et en icelle le tint quinze jours, sans toutesfois le mettre en fers ne faire autre injure, ains de son boire et manger estoit si bien traicté que par raison s'en povoit bien contenter. Au bout de quinze jours vint une trompette demander sauf-conduyt pour ung de ses gens, qui luy vouloit apporter l'argent de sa rançon. Il fut baillé, et par ainsi l'argent apporté deux jours après, parquoy le seigneur domp Alonce fut de tout pointz délivré. Si print congé du bon chevalier et de toute la compaignie assez honnestement, puis s'en retourna à Andre; mais devant son partement il veit comment icelluy bon chevalier donna entièrement l'argent de sa rançon à ses souldars, sans pour luy en retenir ung seul denier.

CHAPITRE XXI.

Comment le seigneur domp Alonce de Soto-Maiore se plaignit à tort du traictement que luy avoit fait le bon chevalier, dont ilz vindrent au combat.

Quand le seigneur domp Alonce fut arrivé à Andre, de tous ses compaignons et amys eut recueil merveilleux; car à dire la vérité, il n'y avoit homme en toute l'armée des Espaignolz plus estimé que luy ne qui plus désirast les armes. Si le confortèrent le mieulx qu'ilz peurent, luy remonstrant qu'il ne se devoit point fascher d'avoir esté prisonnier, que c'estoient fortunes de guerre perdre une fois et gaigner l'autre, et qu'il suffisoit que Dieu l'eust rendu sain et sauf parmy ses amys. Après plusieurs propos, luy fut demandé de la façon et la manière de vivre du bon chevalier, quel homme c'estoit, et comment durant sa prison il avoit esté traicté avecques luy. A quoy respondit domp Alonce :

« Je vous prometz ma foy, messeigneurs, que, quant à la personne du seigneur de Bayart, je ne cuyde point que ou monde il y ait ung plus hardy gentilhomme ne qui moins soit oyseux[1] ; car s'il ne va à la guerre, sans cesse fait quelque chose en sa place avecques ses souldars, soit à luyter[2], saulter, gecter la barre, et tous autres honnestes passe-temps, que sçavent faire gentilzhommes pour eulx exercer. De libéralité, il n'est point son pareil, car cela ay-je veu en plusieurs manières, mesmement quant il receut les mil ducatz de ma rançon, devant moy les départit à ses souldars, et n'en retint ung seul ducat. Brief à vray dire, s'il vit longuement, il est pour parvenir à haultes choses. Mais quant à ce que me demandez du traictement qu'il m'a fait, je ne m'en sçauroye trop louer. Je ne sçay si ce a esté de son commandement, mais ses gens ne m'ont pas traicté en gentilhomme, ains trop plus rudement qu'ilz ne devoient, et ne m'en contenteray de ma vie[3]. » Les ungs s'esbahissoient de ses parolles, considéré l'honnesteté que l'on disoit estre au bon chevalier ; les autres disoient qu'on ne trouve jamais belle prison ; aucuns luy en donnoient blasme.

---

1. *Oyseux,* oisif.

2. *Luyter,* lutter.

3. Is (Soto-Maior) redditus pristinæ valetudini palam Terralium uti inhumanum et vilem habere, dicta factaque ejus elevare ut plane videretur illius existimationi et dignitati illudere. (Arn. Ferron, l. III, p. 45.)

Per eos dies Baiardus gallus, hispanum equitem ex nobili Sotomaiore familia, ad singulare certamen provocarat, quum se Gallus ab Hispano gravi affectum contumelia quereretur quo durius ac illiberalius quam deceret fuisset custoditus. (Paul Jov., l. II, f. 215.)

Et furent tant avant ces parolles que, par ung prisonnier de la garnison de Monervyne qui retourna, fut amplement informé le bon chevalier comment domp Alonce se plaignoit oultrageusement du mauvais traictement qu'il disoit luy avoir esté fait, et en gectoit grosses parolles peu honnestes, dont il s'esmerveilla grandement ; et sur l'heure fist appeller tous ses gens, ausquelz il dist : « Messeigneurs, velà domp Alonce qui se plainct parmy les Espaignolz que je l'ay si meschamment traicté que plus n'eusse peu. Vous sçavez tous comment il en va ; il m'est advis qu'on n'eust sceu mieulx traicter prisonnier qu'on a fait luy, devant qu'il s'efforçast d'eschapper ; ne depuis, combien qu'il ait esté plus reserré, ne luy a l'on fait chose dont il se doive plaindre. Et sur ma foy ! si je pensois qu'on luy eust fait tort, je le vouldrois amender envers luy. Parquoy, je vous prie, dictes-moy si vous en avez apperceu quelque chose que je n'aye point entendu. » A quoy tous respondirent : « Cappitaine, quant sc'eust esté le plus grant prince d'Espaigne, vous ne l'eussiez sceu mieulx traicter, et fait mal et péché de s'en plaindre ; mais les Espaignolz font tant les braves et sont si plains de gloire que c'est une dyablerie. — Par ma foy ! dist le bon chevalier, je luy veulx bien escripre et l'advertir, combien que j'aye la fiebvre quarte, que, s'il veult dire que je l'aye mal traicté, je luy prouveray le contraire par le combat de sa personne à la mienne, à pied ou à cheval, ainsi qu'il luy plaira. » Si demanda incontinent ung clerc et escripvit unes lettres en ceste substance : « Seigneur Alonce, j'ay entendu que, après vostre retour de ma prison, vous estes plainct de moy, et avez semé parmy voz gens que je ne vous ay pas traicté en gentilhomme. Vous sçavez bien le contraire ; mais pour ce que, si cela estoit vray, me seroit gros déshonneur, je vous ay bien voulu escripre ceste lettre, par laquelle vous prie rabiller autrement voz parolles devant ceulx qui les ont ouyes, en confessant, comme la raison veult, le bon et honneste traictement que je vous ay fait ; et ce faisant, ferez vostre honneur et rabillerez le mien, lequel contre raison avez soullé[1]. Et où seriez reffusant de le faire, je vous déclare que je suis délibéré le vous faire desdire par combat mortel de vostre personne à la mienne, soit à pied ou à cheval, ainsi que mieulx vous plairont les armes. Et, adieu. De Monervyne, ce x^e juillet. »

Par une trompette qui estoit au vaillant et noble seigneur de la Palisse, qu'on appelloit la Lune, fut envoyée ceste lettre à ce seigneur domp Alonce dans la ville d'Andre ; laquelle, quant il l'eut leue sans en demander conseil à personne, luy fist responce par la mesme trompette, et escripvit unes lettres contenant ces motz : « Seigneur de Bayart, j'ay veu vostre lettre que ce porteur m'a baillée, et entre autres choses dictes dedans icelle avoir esté par moy semé parolles devant ceulx de ma nation que ne m'avez pas traicté en gentilhomme, moy estant vostre prisonnier, et que, ce[2] ne m'en desdiz, estes délibéré de me combatre. Je vous déclare qu'oncques ne me desdiz de chose que j'aye dicte, et n'estes pas homme pour m'en faire desdire ; parquoy du combat que me présentez de vous à moy je l'accepte, entre cy et douze ou quinze jours, à deux milles

---

1. *Soullé*, souillé.
2. *Ce*, si.

de ceste ville d'Andre, ou ailleurs que bon vous semblera. » La Lune donna ceste responce au bon chevalier, qui n'en eust pas voulu tenir dix mille escus, quelque maladie qu'il eust. Si luy remanda incontinent qu'il acceptoit le combat, sans se trouver en faulte au jour de l'assignation[1]. La chose ainsi promise et accordée, le bon chevalier en advertit incontinent le seigneur de la Palisse, qui estoit homme fort expérimenté en telles choses ; et le prist après Dieu pour son guidon, et son ancien compaignon Bellabre. Si commencea à approcher le jour du combat qui fut tel que vous orrez[2].

1. Champier a reproduit au fol. xviij de son ouvrage une lettre de Soto-Mayor à Bayart dont il prétend avoir trouvé lui-même l'original dans l'aumônière de la mère du bon chevalier. Cette lettre, datée du 26 novembre 1503, est écrite en très-mauvais espagnol mêlé d'italien, et à peu près incompréhensible, soit qu'elle ait été mal déchiffrée par Champier, soit que Pierre de Cordoue, qui la signa en qualité de secrétaire de Soto-Mayor, n'ait pas su mieux faire. Elle paraît destinée à régler les conditions du combat. Bayart y répondit par la lettre suivante également reproduite par Champier : « Seigneur Alonce, j'ay veu ce que m'avez escript et suis contant que s'il y a aulcun François ny aultre qui donne empesche à vous, que je soye vostre prisonnier ; aussi en semblable, si les vostres me donnent empesche, serez mon prisonnier, car ne veulx que défendre mon honneur de ce que dictes et avez publié que ne vous ay pas bien traicté quant estiez mon prisonnier, ny en gentilhomme. » (Champier, fol. xix.)

2. « Cognita namque causa Gonsalvius severe hominem increpavit jussitque certaminis aleam subire ut animi subagresti ignominiam Marte judice dilueret. » Ces paroles de Paul Jove (l. II, p. 215) semblent indiquer que Soto-Mayor avait hésité à accepter de vider sa querelle avec Bayart en champ clos. Ferron prétend que si Soto-Mayor ne refusa pas le combat, c'est qu'il espérait que Bayart, atteint d'un violent accès de fièvre, ne pourrait y prendre part. « Denique cum acuta febre laborare Baiardum nosset ad certamen singulare hominem provocavit. » (L. III, p. 45.)

CHAPITRE XXII.

Comment le bon chevalier sans paour et sans reprouche combatit domp Alonce de Soto-Maiore et le vaincquit.

Quant se vint au jour assigné du combat, le seigneur de la Palisse acompaigné de deux cens hommes d'armes, car desjà avoient les deux combatans cest accord l'ung à l'autre, amena son champion sur le camp, monté sur ung fort bel et bon coursier, et vestu tout de blanc par humilité; encores n'estoit point venu le seigneur Alonce. Si alla la Lune le haster, auquel il demanda en quel estat estoit le seigneur de Bayart. Il respondit qu'il estoit à cheval en habillement d'homme d'armes. « Comment! dist-il, c'est à moy à eslire les armes et à luy le camp. Trompette, va luy dire que je veulx combatre à pied[1]. » Or, quelque hardiesse que monstrast le seigneur Alonce, il eust bien voulu n'en estre pas venu si avant, car jamais n'eust pensé, veu la maladie qu'avoit alors le bon chevalier, il eust jamais voulu combatre à pied; mais quant il veit que desjà estoient les choses prestes à vuyder, s'advisa d'y combatre pour beaucoup de raisons : l'une, que à

---

1. Alphonsus qui equitatu validum Baiardum sciret pedestrem pugnam maluerat. (Ferron, loc. cit.)

Ledict Espaignol sçachant celuy François estre à cheval l'ung des plus adroits qu'on sceust, ne le voulut combatre autrement que à pied, armé de toutes pièces, réservé d'armet et de banière, à visaige descouvert avec l'estoc et le poignart, dont luy envoya deux estocs et deux poignarts pour choisir et prendre le meilleur. (Jean d'Anton, Hist. du roi Louis XII, 1620. T. II, p. 150.)

cheval en tout le monde on n'eust sceu trouver ung
plus adroit gentilhomme que le bon chevalier; l'autre,
que, pour la maladie qu'il avoit, en seroit beaucoup
plus foible; et cela le mettoit en grant espoir de
demourer vaincqueur. La Lune vint vers le bon chevalier, auquel il dist : « Cappitaine, il y a bien des
nouvelles; vostre homme dit à ceste heure qu'il veult
combatre à pied et qu'il doit eslire les armes. » Aussi
estoit-il vray; mais toutesfois avoit desjà esté auparavant conclud que le combat se feroit à cheval, en
acoustrement d'homme d'armes; mais par là sembloit
advis que le seigneur domp Alonce voulsist fuyr la
lice. Quant icelluy bon chevalier eut escousté la trompette, demoura pensif ung bien peu, car le jour mesmes
avoit eu sa fiebvre; néantmoins d'ung courage lyonicque[1] respondit : « La Lune, mon amy, allez le haster;
et luy dictes qu'il ne demourera pas pour cela que
aujourd'huy ne répare mon honneur, aydant Dieu; et
si le combat ne luy plaist à pied, je le feray tout ainsi
qu'il advisera. » Si fist cependant le bon chevalier
dresser son camp, qui ne fut que de pierres grosses
mises l'une près de l'autre, et s'en vint mettre à l'ung
des boutz, acompaigné de plusieurs bons, hardis et
vaillans cappitaines, comme les seigneurs de la Palisse,
d'Oroze, d'Ymbercourt, de Fontrailles, le baron de
Béarn[2] et plusieurs autres, lesquelz tous pryoient

1. *Lyonicque*, de lion.
2. François d'Urfé, sr d'Orose, fils de Jean d'Urfé, sr de Rochepot, et d'Isabeau de Langeac.
Adrien de Brimeu, sr d'Humbercourt.
Michel d'Astarac, baron de Fontrailles.
François de Béarn, baron de Miossens, sénéchal de Marsan, fils
de Pierre de Béarn et de Madeleine de France. Il épousa Catherine de Béarn.

Nostre-Seigneur qu'il voulsist estre en ayde à leur champion. Quant La Lune fut retourné devers le seigneur Alonce et qu'il congneut que plus n'y avoit de remède que pour son honneur ne viensist au combat, s'en vint très bien acompaigné, comme du marquis de Licite, de domp Diège de Quynones[1], lieutenant du grant cappitaine Gonssalle Ferrande, domp Pedro de Haldes, domp Francesque d'Altemeze, et plusieurs autres qui l'acompaignèrent jusque sur camp, où, luy arrivé, envoya les armes au bon chevalier pour en avoir le choix, qui estoient d'ung estoc et d'ung poignart, eulx armez de gorgerin et secrète[2] : il ne s'amusa point à choisir, mais quant il eut ce qui luy falloit, ne fist autre dilation, ains par ung des boutz fut mis dedans le camp par son compaignon Bellabre qu'il print pour son parrain, et le seigneur de la Palisse pour la garde du camp de son costé. Le seigneur domp Alonce entra par l'autre bout, où le mist son parrain domp Diego de Quynones, et pour la garde du camp de sa part fut domp Francesque d'Altemeze. Quant tous deux furent entrez, le bon chevalier se mist à deux genoulx et fist son oraison à Dieu, puis se coucha de son long et baisa la terre, et en se relevant fist le signe de la croix, marchant droit à son ennemy, aussi asseuré que s'il eust esté en ung palais à dancer parmy les dames. Domp Alonce ne monstroit pas aussi qu'il feust de riens espoventé : ains venant de droit fil au bon chevalier luy dist ces parolles : « *Seignor*

---

1. Diego de Quiñones, fils d'Antoine de Quiñones et de Catherine Azevedo; d'abord lieutenant de César Borgia, il le devint ensuite de Gonsalve de Cordoue.

2. *Secrete*, casque sans visière ou calotte de fer.

de Bayardo, que me quérez ? [1] » Lequel en son langaige respondit : « Je veulx deffendre mon honneur. » Et sans plus de parolles se vont approcher. Et de venue se ruèrent chascun ung merveilleux coup d'estoc, dont de celluy du bon chevalier fut ung peu blessé le seigneur Alonce au visaige en coulant. Croyez que tous deux avoient bon pied et bon œil, et ne vouloient ruer coup qui feust perdu. Si jamais feurent veuz en camp deux champions mieulx semblans preudhommes, croyez que non. Plusieurs coups se ruèrent l'ung sur l'autre sans eulx attaindre. Le bon chevalier, qui congneut incontinent la ruze de son ennemy qui, incontinent ses coups ruez, se couvroit du visaige, de sorte qu'il ne luy povoit porter dommage, s'advisa d'une finesse ; c'est que, ainsi que domp Alonce leva le bras pour ruer ung coup, le bon chevalier leva aussi le sien, mais il tint l'estoc en l'air sans gecter son coup ; et comme homme asseuré, quant celluy de son ennemy fut passé, et il le peut choisir à descouvert, luy va donner ung si merveilleux coup dedans la gorge que, nonobstant la bonté du gorgerin, l'estoc entra dedans la gorge quatre bons doys, de sorte qu'il ne le povoit retirer. Domp Alonce se sentant frappé à mort laissa son estoc, et va saisir au corps le bon chevalier, qui le prist aussi comme par manière de luyte [2] ; et se promenèrent si bien que tous deux tumbèrent à terre l'ung près de l'autre. Le bon chevalier diligent et soubdain prent son poignart et le mect dedans les nazeaulx de son ennemy, en luy escriant : « Rendez-

---

1. Pour : « *Señor de Bayardo, qué me quereis ?* »
2. *Luyte*, lutte.

vous, seigneur Alonce, ou vous estes mort. » Mais il n'avoit garde de parler, car desjà estoit passé[1]. Alors

1. In eo itaque certamine fortuna jus dixit eo eventu ut Hispanum Gallus, non obscuro pudore confusum neque se promptissime ad inferendos ictus explicantem, gladii mucrone per summam juguli loricam conjecto celerrime confecerit, Hispanis jure cadentem omni contumeliarum genere onerantibus. (Paul Jove, liv. II, p. 215.)
Congressi ambo cum essent, primo ictu vane in cassidem impacto ab Hispano, cum id vitasset Baiardus, ipse in collum hostis gladio adacto quum armato hoste longius aberrasset, tertio demum per jugulum, vitata lorica, adacto necavit Hispanum. (Ferron, liv. III, p. 45.)
Lors que le seigneur Alonce fust rué jus par terre, Bayard, ce noble chevalier, dict à Alonce en ceste manière : « Or, sire Alonce, recognoissez vostre faulte et criez mercy à Dieu... » Mais Alonce ne respondit riens. Alors le noble chevalier Bayard tout aleigre et joyeulx de la victoire luy osta son armet et sa visière et le trouva qu'il ne respiroyt poinct et qu'il estoit desja mort. (Champier, fol. xx.)
Processerunt utrique armis undique protecti et lato ense quo equites uti solent, pugioneque rem gesserunt. In faciem punctim qua galea oculis functionem suam exercentibus patebat, Sotomaiorem pugione vulnerat Baiardus, unde plurimus sanguis effluxit et conduplicatis pluribus utrimque ictibus, tandem interim, dum Sotomaior qua in hostem ensem dirigeret inspecturus caput declinat, ensem Baiardus inter galeam loricamque illi in guttur adigit hominemque prosternit. (Belcarii Commentaria, p. 264.)
Chacun d'eulx costoioit son ennemy et approchoit de la longueur du glaive pour le cuider trouver en descouvert et donner dedans; et à une fois Pierre de Bayard, au rabatre l'un des coups de l'Espaignol, l'approcha de tant que en luy cuidant donner de toute puissance de l'estoc au travers du visaige, comme celuy Espaignol fleschist la teste en arrière, le coup feut asséné en sa gorgerète de telle force que au travers des mailles luy entra en la gorge plus de quatre doigts, tant que au tirer d'estoc grande abondance de sang commença à ruisseler par dessus le harnois jusques à terre; dont cetuy Espaignol, comme forcené de cest outraige, à toute force se voulut revenger et pour ce faire s'approcha tant de son homme que chascun pensoit qu'il le voulust saisir au collet.

son parrain, domp Diego de Quynones commença à dire : « *Segnor Bayardo, ià es moerto ; vincido aveiz*[1]. » Ce qui feut trouvé incontinent ; car plus ne remua pied ne main. Qui fut bien desplaisant ? ce fut le bon chevalier, car s'il eust eu cent mil escus il les eust voulu avoir donnez et il l'eust peu vaincre vif. Ce néantmoins, en congnoissant la grâce que Dieu luy avoit faicte, se mist à genoulx, le remerciant très humblement, puis baisa par trois fois la terre ; après tira son ennemy hors du camp et dist à son parrain : « Seigneur domp Diego, en ay-je assez fait? » lequel respondit piteusement[2] : « *Tropo, seignor Bayardo, per l'ondre d'Espaigne.* — Vous sçavez, dist le bon chevalier, qu'il est à moy de faire du corps à ma voulenté ; toutesfois je le vous rends, et vrayment je vouldrois, mon honneur saufve, qu'il feust autrement[3]. » Brief, les Espaignolz

Et là s'essaya souvent et menu de luy rendre autant qu'il luy avoit baillé, mais tant perdoit son sang que la terre où ils estoient en estoit toute enrougie et de moult s'affoiblissoit. Toutesfois pour ce ne démarchoit un seul pas, mais plus que devant se serroit contre le François et tant que à la parfin se joignit à luy. Et ainsi à belle poincte d'estoc se tasterent longuement l'un l'autre, et comme si près l'un de l'autre feussent que de la main au visaige se peussent toucher, Pierre de Bayard, françois, advisant son coup luy rua soubdainement le poignard qu'il tenoit à senestre main de toute sa force contre le visaige et entre l'œil senestre et le bout du nez luy mist jusques a la poignée, tant que dedans le cerveau luy entra. Dont par l'angoisse de la mort, dont estoit celuy Espaignol attainct, tomba à la renverse et ledict Pierre de Bayard dessus sans luy tirer le glaive de la teste ; et voyant que assez en avoit ne luy voulut donner autre coup, mais meit les genouils bas et alla baiser la terre en louant Dieu de la victoire que par son ayde avoit obtenue. (Jean d'Anton, Hist. de Louis XII, t. II, p. 154.)

1. Pour : « *Señor Bayardo, ja es muerto ; vencido habeis.* »
2. Pour : « *Tropo, señor Bayardo, par la honra de España.* »
3. Cæso arma Baiardus non ademit, Hispanis sepeliendum dedit ;

emportèrent leur champion en lamentables plains[1], et les François emmenèrent le leur avecques trompettes et clérons jusques en la garnison du bon seigneur de la Palisse, où, avant que faire autre chose, le bon chevalier alla à l'église remercier Nostre-Seigneur; et puis après firent la plus grant joye du monde. Et ne se pouvoient tous les gentilzhommes françois saouller de donner louenge au bon chevalier, tellement que par tout le royaulme, non-seulement entre les François, mais aussi entre les Espaignolz, estoit tenu pour ung des accompliz gentilzhommes qu'on sceust trouver[2].

CHAPITRE XXIII.

D'ung combat qui fut au royaulme de Naples de treize Espaignolz contre treize François, où le bon chevalier fist tant d'armes qu'il emporta le pris sur tous.

On scet assez qu'entre toutes autres nations Espaignolz sont gens qui d'eulx-mesmes ne se veullent pas abaisser et ont tousjours l'honneur à la bouche; et combien que la nation soit hardie, s'ilz avoient autant de prouesse que de bonne myne, il n'y auroit gens en ce monde qui durassent[3] à eulx. Jà avez entendu com-

---

aut si hi impendium sepulturæ recusarent ultro sepulturus. Ili cum victus esset illustri familia, laudato Baiardo, gratias egere, abducto in sepulturam corpore. (Ferron, liv. III, p. 45.)

1. *Plains*, plaintes.
2. Brantôme, dans son *Discours sur les duels*, a reproduit, souvent textuellement, le récit précédent. (Paris, 1873. Vol. VI, p. 263.)
3. *Durer*, résister.

ment le bon chevalier deffist le seigneur domp Alonce de Soto-Maiore, dont les Espaignolz avoient grant dueil au cueur et cherchoient chascun jour le moyen pour eulx venger. Il y eut entre les François et eulx, peu de jours après le trespas du seigneur Alonce, une trefve de deux moys; la raison pourquoy, je ne la sçay pas. Tant y a que, durant icelle trefve, les Espaignolz s'alloient esbatre près des garnisons françoises, où hors des places trouvoient aucunesfois des François qui pareillement s'esbatoient ; et avoient souvent parolles ensemble, mais tousjours lesdicts Espaignolz ne demandoient que riote[1]. Ung jour entre les autres, une bende de gentilzhommes espaignolz, hommes d'armes et tous bien montez, se va embatre[2] jusque près de la garnison du bon chevalier, où l'estoit venu veoir le seigneur d'Oroze, de la maison d'Urfé, ung très gentil cappitaine, qui eulx deux de compaignie estoient saillis de la place pour prendre l'air jusques à une demye-lieue, où ilz vont rencontrer lesditz Espaignolz qu'ilz saluèrent, et les autres leur rendirent le semblable. Ilz entrèrent en propos de plusieurs choses, et entre autres parolles, ung Espaignol hardy et courageux, qui se nommoit Diego de Bisaigne, lequel avoit esté de la compaignie du feu seigneur domp Alonce de Soto-Maiore et luy souvenoit encores de sa mort, dist : « Messeigneurs les François, je ne sçay si ceste trefve vous fasche point; il n'y a que huyt jours qu'elle est commencée, mais elle nous ennuye merveilleusement. Si, cependant qu'elle durera, il y avoit point une bende

1. *Riote,* querelle.
2. *Embatre,* ébattre.

de vous autres, dix contre dix, vingt contre vingt, ou plus ou moins, qui se voulsissent combatre sur la querelle de noz maistres, me ferois bien fort les trouver de mon costé; et ceulx qui seront vaincuz demoureront prisonniers des autres. » Sur ces parolles se regardèrent le seigneur d'Oroze et le bon chevalier, qui dist : « Monseigneur d'Oroze, que vous semble de ces parolles? — Autre chose, dit-il, sinon que ce gentilhomme parle très honnestement; je sçaurois bien que luy respondre, mais je vous prie, tant que je puis, que luy respondez selon vostre oppinion. — Puisqu'il vous plaist, dist le bon chevalier, je luy en diray mon advis. Seigneur, mon compaignon et moy avons très bien entendu voz parolles, et à vous ouyr désirez[1] merveilleusement les armes nombre contre nombre. Vous estes icy treize hommes d'armes; si vous avez vouloir, d'aujourd'huy en huyt jours, vous trouver à deux mille d'icy, montez et armez, mon compaignon et moy vous en amènerons treize autres et qui aura bon cueur si le monstre. » Alors, tous les Espaignolz, en leur langage, respondirent : « Nous le voulons. »

Ilz s'en retournèrent, et le seigneur d'Oroze et le bon chevalier aussi dedans Monervyne; lesquelz assemblèrent leur compaignons, et au jour assigné se trouvèrent sur le lieu promis aux Espaignolz qui pareillement s'i rendirent. De toutes les deux nations y en avoit plusieurs autres qui les estoient venuz veoir. Ilz limitèrent leur camp, soubz condition que celluy qui passeroit oultre demoureroit pour prisonnier et ne combatroit plus du jour; pareillement celluy qui seroit

---

1. *Désirez les armes,* désirez combattre.

mis à pied ne pourroit plus combatre ; et ou cas que jusques à la nuyt l'une bende n'eust peu vaincre l'autre, et n'en demourast-il que l'ung à cheval, le camp seroit finy ; et pourroit remmener tous ses compaignons francz et quictes, lesquelz sortiroient en pareil honneur que les autres hors dudit camp. Pour faire fin, les François se misrent d'ung costé et les Espaignolz d'ung autre : tous avoient lance en l'arrest. Si picquèrent leurs chevaulx ; mais lesditz Espaignolz ne taschèrent[1] pas aux hommes, ains à tuer les chevaulx, ce qu'ilz firent jusques au nombre de unze, et ne resta à cheval que le seigneur d'Oroze et le bon chevalier. Mais ceste tromperie ne servit de guères aux Espaignolz, car oncques puis leurs chevaulx ne voulurent passer oultre, quelque coup d'espron qu'ilz sceussent bailler ; et lesditz seigneur d'Oroze et bon chevalier menu et souvent leur livroient aspres assaulx ; puis, quant la grosse troppe les vouloit charger, se retiroient derrière les chevaulx mors de leurs compaignons, où ilz estoient comme contre ung rampart. Pour conclusion, les Espaignolz furent bien frotez ; et combien qu'ilz fussent treize à cheval contre deux, ne sceurent obtenir le camp jusques à ce que la nuyt feust survenue sans riens avoir gaigné, parquoy convint à chascun sortir suyvant ce qu'ilz avoient accordé ensemble, et demoura l'honneur du combat aux François ; car ce fut très bien combatu durant quatre heures deux contre treize sans estre vaincuz. Le bon chevalier sur tous y fist d'armes tant que son bruyt et renommée en augmentèrent assez[2].

1. *Taschèrent*, visèrent.
2. Ce combat de treize contre treize (ou de onze contre onze,

CHAPITRE XXIV.

Comment le bon chevalier print ung trésorier et son homme, qui portoient quinze mille ducatz au grant cappitaine Gonssalles Ferrande, et ce qu'il en fist.

Environ ung moys après ce combat que les trefves furent faillies, fut le bon chevalier adverty par ses

car les historiens contemporains ne sont pas d'accord là-dessus), sur lequel le *Loyal serviteur* insiste si peu, fut très-célèbre et plusieurs auteurs en ont rapporté les péripéties.

Placuit utrinque undecim deligi, dit Ferron (liv. III, p. 45). Tranii locus delectus quem Veneti ex fœdere occuparant. Itali scriptores narrant sex horis continuo pugnatum : inclinante victoria in Hispanos a Torsio, Mondraco, Petro Baiardo, Arturo, Oliverio Cabanaco, elusos Hispanos; hos enim septos aliorum equorum corporibus Hispanorum impetus sustinuisse cum Hispanorum equi olfactu necatorum aliorum equorum commoti, Hispanos equites excuterent. Venetos judices consultos utris victoriam addicerent judicium ampliasse ita veluti comperendinato judicio utrosque sibi victoriam arrogasse.

Addunt (Itali scriptores), écrit Beaucaire (Commentaire, p. 264), et aliud, Gallorum undecim cum sex Hispanis, quinque Italis, qui totas sex horas in agro Traniensi acriter pugnarint. Inclinante ad Hispanos victoria Petrum Terralium Baiardum, Torsium, Mundracum, Arturum, Olivarium Cabanacum cæsorum equorum cadaveribus quasi vallo quodam objectis, hostium impetum elusisse quum Hispani, Italicique equi cadaverum olfactu aspectuque territi sessores excusserint, Venetos arbitros de victoria non liquere pronuntiasse.

Voici d'après Jean d'Anton comment se termina le combat : « Finablement les Espaignols ennuyés de la longue attente de leur desadvantageux combat demandèrent aux François s'ils s'en vouloient sortir ne vaincus ne vainqueurs, et que ainsi feroient de leur part. Dont les François, voyant le party humain et non à leur perte et déhonneur, feurent de ce contents, mais à l'aller devant feut la

espies que à Naples avoit ung trésorier qui changeoit monnoye à or pour l'apporter là part où estoit le grant cappitaine Gonssalles Ferrande, et ne pouvoit bonnement passer que ce ne feust à trois ou quatre mille près de sa garnison. Il ne dormit pas depuis qu'il le sceut, sans y faire faire si bon guet que l'on le vint avertir qu'il estoit arrivé en une place que tenoient les Espaignolz, laquelle estoit seulement à quinze mille de Monervyne, et que le matin, acompaigné de quelques genetaires[1] pour sa seureté, estoit délibéré se retirer devers le grant cappitaine. Le bon chevalier, qui grant désir avoit d'empoigner cest argent, non pas pour luy, mais pour en départir à ses souldars, se leva deux heures devant jour, et s'en alla embuscher entre deux petites montaignetes, acompaigné de vingt chevaulx et non plus. Et envoya d'ung autre costé son compaignon Tardieu avecques vingt-cinq Albanoys, affin que s'il eschappoit par ung costé ne peust eschapper de l'autre. Or le cas advint

question et la se cuiderent batre. Toutesfois d'un commun accord les uns quand et les autres marchèrent jusques au milieu du camp et là se feirent bonne chère et s'entrebrassèrent l'un l'autre et un pied quand et l'autre sortirent hors, et les pris et vaincus feurent remis à leur party. Et ainsi s'en allerent a leurs garnisons » (Jean d'Auton, t. II, p. 148).

Les historiens ne sont d'accord ni sur le nombre, ni sur les noms des compagnons de Bayart : il est à peu près certain cependant que François d'Urfé sr d'Orose, Pierre de Pocquières sr de Bellabre, Pierre de Guiffrey sr de Boutières, Olivier de Chabannes, Antoine de Clermont, vicomte de Tallard, Jacques de Montdragon, La Chesnaye, Janus de Bouvans sr de Ciriés, Jean de Blosset sr de Torcy, Louis de Saint-Bonnet, Hector de la Rivière et Noël du Fahy prirent part avec lui à ce combat.

1. *Genetaires*, cavaliers montés sur des genets ou chevaux de petite taille, et légèrement armés.

tel : c'est que environ les sept heures au matin, les escoutes[1] dudit bon chevalier vont ouyr bruyt de chevaulx, qui lui vindrent dire. Il estoit si à couvert entre ses deux roches qu'on feust aiséement passé sans l'appercevoir ; ce que firent les Espaignolz, qui au millieu d'entre eulx avoient leur trésorier et son homme, lesquelz en bouges[2] derrière leurs chevaulx avoient leur argent. Quant ilz furent oultre passez, ne fut fait autre demeure[3], sinon par le bon chevalier et ses gens donner dedans en criant : « France ! France ! à mort ! à mort ! » Quant lesditz Espaignolz se veirent ainsi chargez et pris en désarroy, cuydant qu'il y eust beaucoup plus grant nombre de gens qu'il n'y avoit, se mirent en fuyte vers Barlète. Ilz furent ung peu chassez et non pas loing, car on n'en vouloit que au povre trésorier, lequel fut prins avecques son homme et menez à Monervyne. Eulx arrivez, furent desployées leurs bouges, où on trouva de beaulx ducatz. Le bon chevalier les vouloit faire compter, mais ledit trésorier en son langage espaignol luy dist : « *Non contaeiz, Seignor ; sono quinze milia ducados*[4]. » Sur ces entrefaictes va arriver Tardieu, qui, quant il veit ceste belle monnoye, fut bien desplaisant qu'il n'avoit fait la prise ; toutesfois il dist au bon chevalier : « Mon compaignon, je y ay ma part comme vous, car j'ay esté de l'entreprise. — Il est vray, respondit le bon chevalier en soubzriant, mais vous n'avez pas esté de la prise. » Et pour le

1. *Escoutes*, guetteurs.
2. *Bouges*, valises.
3. *Demeure*, délai.
4. Pour : « *No comteis, señor : son quinze mil ducados.* »

faire débatre dist encores : « Et quant bien vous en eussiez esté, vous estes soubz ma charge ; je ne vous donneray que ce qu'il me plaira. » Sur cela se courroucea ledit Tardieu, et en jurant le nom de Dieu dist qu'il en auroit la raison. Si s'en alla plaindre au lieutenant général du roy de France, qui manda le bon chevalier, lequel vint incontinent. Luy arrivé, chascun dist sa raison, lesquelles ouyes, ledit lieutenant général demanda les oppinions à tous les cappitaines ; mais enfin fut par luy, suyvant ce qu'il avoit trouvé, dit que Tardieu n'y avoit riens, dont il fut bien marry. Toutesfois il estoit joyeulx et fort plaisant homme, si se print à dire : « Par le sang sainct-George ! je suis bien malheureux ! » Et puis s'adressa au bon chevalier, en disant : « Par Dieu ! c'est tout ung, car aussi bien me nourrirez-vous tant que serons en ce pays. » Lequel se print à rire, et pour cela ne laissèrent pas de retourner ensemble à Monervyne, où quant ilz furent arrivez le bon chevalier, devant Tardieu et pour plus le faire débatre, fist les ducats apporter et iceulx desployer sur une table, et puis dist : « Compaignon, que vous en semble ? vecy pas belle dragée. — Et ouy, de par tous les dyables, respondit-il, mais je n'y ay riens ; je vouldrois estre pendu, par le sang-Dieu ! car si j'avoye seulement la moytié de cela, jamais n'auroye faulte de biens et seroys homme de bien toute ma vie. — Comment, compaignon, dist le bon chevalier, ne tiendra il que à cela que ne soyez asseuré de vostre vie en ce monde ! Et vrayement ce que n'avez peu ne sceu avoir par force, je le vous donne de bon cueur et de bonne voulenté et en aurez la droicte moytié. » Si les fist incontinent compter et luy livra sept mil cinq cens ducatz. Tardieu qui cuydoit auparavant que ce feust une mocquerie, quant il se veit saisy[1], se gecta à deux genoulx, ayant de joye les larmes aux yeulx, et dist : « Hélas! mon maistre, mon amy, comment pourroy-je jamais satisfaire les biens que me faictes? Oncques Alexandre ne fist pareille libéralité. — Taisez-vous, compaignon; si j'avoye la puissance, je ferois beaucoup mieulx pour vous. » De fait, toute sa vie en fut riche Tardieu; car au moyen de cest argent, après qu'ilz furent retournez de Naples, vint en France, où en son pays espousa une héritière, fille d'ung seigneur de Sainct-Martin qui avoit trois mille livres de rente. Il fault sçavoir que devindrent les autres sept mil cinq cens ducatz. Le bon chevalier sans paour et sans reproucha, le cueur nect comme la perle, fist appeler tous ceulx de la garnison, et chascun selon sa qualité les départit, sans en retenir ung seul denier; puis dist au trésorier : « Mon amy, je sçay bien que si je vouloye j'auroys bonne rançon de vous, mais je me tiens contant de ce que j'ay eu; quant vous et vostre homme vouldrez partir, je vous feray conduyre seurement en quelque place de voz gens que vouldrez; et si ne vous sera riens osté de ce qui est sur vous, ne ne vous fouillera l'on point. » Si avoit-il vaillant à luy en bagues ou en argent cinq cens ducatz et mieulx. Qui fut bien aise? fut ce povre trésorier, lequel par une trompette du bon chevalier, auquel il donna trois

---

1. *Saisy*, en possession des ducats.

escuz, fut conduyt jusques à Barlète avecques son homme, bien eureux, veu la fortune qui luy estoit advenue, d'estre tumbé en si bonne main[1].

CHAPITRE XXV.

Comment le bon chevalier garda ung pont sur la rivière de Garillan, luy seul, l'espace de demye-heure, contre deux cens Espaignolz.

Assez avez peu veoir en autre histoire comment au royaulme de Naples, et vers la fin de la guerre qui fut entre François et Espaignolz, se tint longuement l'armée desditz François sur le bort d'une rivière dicte le Garillan[2], et l'armée des Espaignolz estoit de l'autre costé. Il fault entendre que, s'il y avoit du costé des François de vertueux et gaillards cappitaines, aussi avoit-il du costé des Espaignolz, et entre autres le grant cappitaine Gonssalle Ferrande, homme sage et vigilant, et ung autre appellé Pedro de Pas, lequel n'avoit pas deux couldées de hault, mais de plus

---

1. Bayardus inter duas speculas cum viginti equitibus latitans, cepit, fugatis comitibus, exquestorem Hispanum cum famulo quindecim ducatorum millia ad Gonsalvum ferentem; ei Tardius Rutenensis, stationis Minervincæ miles, se numquam inopia laboraturum dixit si eorum nummorum medietatem haberet, et distributa horum ducatorum medietate reliquis stationis militibus, prout singulorum virtus exigebat, Bayardus alia medietate Tardium donavit et exquestorem cum ejus famulo cœteris salvis liberavit (Aymar du Rivail, p. 543).

2. *Garigliano* ou *Liri*, fleuve qui prend naissance dans l'Abruzze-Ultérieure.

hardye créature n'eust-on sceu trouver; et si estoit si fort bossu et si petit que quant estoit à cheval on ne luy voyoit que la teste au-dessus de la selle. Ung jour s'advisa ledit Pedro de Pas de faire ung alarme aux François; et avecques cent ou six vingtz chevaulx se mist à passer la rivière du Garillan en ung certain lieu où il sçavoit le gué, et avoit mis ung homme de pied derrière chascun cheval, garny de hacquebute[1]. Il faisoit cest alarme afin que l'armée y courust, qu'on habandonnast le pont, et que cependant leur force y vint et le gaignast. Il exécuta très bien son entreprise, et fist au camp des François ung aspre et chault alarme où ung chascun se retiroit, cuydant que ce feust tout l'effort des Espaignolz; mais non estoit. Le bon chevalier qui désiroit tousjours estre près des coups, s'estoit logé joignant du pont, et avecques luy ung hardy gentilhomme qui se nommoit l'escuyer le Basco, escuyer d'escuyrie du roy de France Loys XIIe, lesquelz commencèrent à eulx armer quant ilz ouyrent le bruyt. S'ilz furent bientost prestz et montez à cheval, ne fault pas demander, délibérez d'aller où l'affaire estoit; mais en regardant par le bon chevalier delà la rivière, va adviser environ deux cens chevaulx des Espaignolz qui venoient droit au pont pour le gaigner, ce qu'ilz eussent fait sans grande résistance, et cela estoit la totalle destruction de l'armée françoise. Si commença à dire à son compaignon : « Monseigneur l'escuyer, mon amy, allez vistement quérir de noz gens pour garder ce pont, ou nous sommes tous perduz; cependant je mettray

---

1. *Hacquebute*, arquebuse.

peine à les amuser jusques à vostre venue, mais
hastez-vous. » Ce qu'il fist ; et le bon chevalier, la
lance au poing, s'en va au bout dudit pont, où de
l'autre costé estoient desjà les Espaignolz prestz à
passer ; mais comme lyon furieux va mettre sa lance
en arrest, et donna en la troppe qui desjà estoit sur
le pont, de sorte que trois ou quatre se vont esbranler, desquelz en cheut deux en l'eaue, qui oncques
puis n'en relevèrent, car la rivière estoit grosse et
profonde. Cela fait, on luy tailla beaucoup d'affaires,
car si rudement fut assailly que, sans trop grande
chevalerie, n'eust sceu résister ; mais comme ung tigre
eschauffé s'acula à la barrière du pont à ce qu'ilz ne
gaignassent le derrière, et à coup d'espée se deffendit
si très bien que les Espaignolz ne sçavoient que dire
et ne cuydoient point que ce feust ung homme mais
ung ennemy [1]. Brief, tant bien et si longuement se
maintint que l'escuyer le Basco son compaignon luy
amena assez noble secours, comme de cent hommes
d'armes, lesquelz arrivez firent ausditz Espaignolz
habandonner du tout le pont, et les chassèrent ung
grant mille de là [2] ; et plus eussent fait quant ils apper-

---

1. Il faut probablement lire le mot *diable* au lieu d'*ennemi* qui
nous paraît un non-sens.
2. Si arrivèrent les Espaignolz et fort frappoient sur Bayard,
mais le vertueulx chevalier à l'ung donnoit sur le haulme, à l'aultre
sur la teste et bras, les aultres ruoit en la rivière, dont les Espaignolz estoient tous esbays. Et quant virent que par une si merveilleuse force et rudesse les ruoit et gettoit dans la rivière, dont
bien tost cinq ou six tumbèrent dedans, parce qu'elle estoit moult
profonde et lymoneuse et les bords de la rivière si haulx que
cheval ne pouvoit arriver au dessus, voyant Espaignolz ainsi
ahontez d'ung Françoys, gettoient contre luy picques, lances et

ceurent une grosse troppe de leurs gens de sept à huyt cens chevaulx qui les venoient secourir. Si dist le bon chevalier à ses compaignons : « Messeigneurs, avons aujourd'huy assez fait d'avoir sauvé nostre pont, retirons-nous le plus serréement que nous pourrons. » Son conseil fut tenu à bon, si commencèrent à eulx retirer le beau pas. Tousjours estoit le bon chevalier le derrenier, qui soustenoit toute la charge ou la plus part, dont au long aller se trouva fort pressé à l'occasion de son cheval qui si las estoit que plus ne se pouvoit soustenir, car tout le jour avoit combatu dessus. Si vint de rechief une grosse envahie des ennemys, qui tout d'ung floc donnèrent sur les François en façon que aucuns furent versez par terre. Le cheval du bon chevalier fut aculé contre ung fossé, où il fut environné de vingt ou trente qui cryoient : « *Rende, rende, Seignor.* » Il combatoit tousjours et ne savoit que dire, sinon : « Messeigneurs, il me fault bien rendre, car moy tout seul ne sçaurois combatre vostre puissance. » Or estoient desjà fort eslongnez ses compaignons, qui se retiroient droit à leur pont, cuydans tousjours avoir le bon chevalier parmy eulx ; et quant ilz furent ung peu eslongnez, l'ung d'entre eulx, nommé le chevalier Guyfray[1], gentilhomme du

aultres arnoys de guerre, mais tout ne leur servoit de riens pour ce que le noble Bayard rabatoit tout ; et dura le combat une grosse heure. Alors vit Bayard le secours des Françoys aprocher de luy, si cria à haulte voix : « Hastez vous, nobles Françoys, et secourez moy » (Champier, fol. xxiii).

1. Pierre Guiffrey, s^r de Boutières, mari de Clauda Robert et fils d'Aynard Guiffrey. Il fut l'un des compagnons de Bayart dans le combat de 13 contre 13 dont nous avons vu plus haut le récit, et périt à la bataille de Cerignole (23 avril 1503).

Daulphiné et son voisin, commença à dire : « Hé! messeigneurs, nous avons tout perdu ; le bon cappitaine Bayart est mort ou pris, car il n'est point avecques nous. N'en sçaurons-nous autre chose? et aujourd'hui il nous a si bien conduitz et fait recevoir tant d'honneur! Je faiz veu à Dieu que s'il n'y devoit aller que moy seul, je y retourneray, et plustost seray mort ou pris que je n'en aye des nouvelles. » Je ne sçay qui de toute la troppe fut plus marry quand ilz congneurent que le chevalier Guyfray disoit vray. Chascun se mist à pied pour resangler son cheval et remontèrent, et d'ung courage invaincu se vont mettre au grant galop après les Espaignolz, qui emmenoient la fleur et l'eslite de toute gentillesse, et seullement par la faulte de son cheval ; car s'il eust autant peu endurer de peine que luy, jamais n'eust esté pris. Il fault entendre que, ainsi que les Espaignolz se retiroient et qu'ils emmenoient le bon chevalier, pour le grant nombre qu'ilz estoient, ne se daignèrent amuser à le desrober de ses armes, ne luy oster son espée qu'il avoit au costé; bien le dessaisirent d'une hache d'armes qu'il avoit en la main ; et en marchant tousjours luy demandoient qui il estoit. Il qui sçavoit bien que, s'il se nommoit par son droit nom, jamais vif il n'eschapperoit, par ce que plus le doubtoient[1] Espaignolz que homme de la nation françoise, si le sceut bien changer ; tousjours disoit-il qu'il estoit gentilhomme. Cependant vont arriver les François ses compaignons cryant : « France! France! tournez, tournez, Espaignolz ; ainsi n'emmenerez-vous pas la fleur

---

1. *Doubtoient,* redoutaient.

de chevalerie. » Auquel cry les Espaignolz, combien qu'ilz feussent grant nombre, se trouvèrent estonnez ; néantmoins que d'ung visage asseuré resceurent ceste lourde charge des François ; mais ce ne peut si bien estre que plusieurs d'entre eulx et des mieulx montez ne feussent portez par terre. Quoy voyant par le bon chevalier, qui encores estoit tout armé et n'avoit faulte que de cheval, car le sien estoit recreu, mist pied à terre, et sans le mettre en l'estrier remonta sur ung gaillart coursier dessus[1] lequel avoit esté mis par terre, de la main de l'escuyer le Basco, Salvador de Borgia lieutenant de la compaignie du marquis de la Padule[2], gaillard gentilhomme. Quant il se veist dessus monté, commença à faire choses plus que merveilleuses, cryant : « France ! France ! Bayart ! Bayart ! que vous avez laissé aller. » Quant les Espaignolz ouyrent le nom et la faulte qu'ils avoient faicte de luy avoir laissé ses armes après l'avoir pris, sans dire recours ou non[3] (car si une fois eust baillé la foy jamais ne l'eust faulsée), le cueur leur faillit, et dirent entre eulx : « Tirons oultre vers notre camp, nous ne ferons meshuy[4] beau fait. » Quoy disant, se gectèrent au galop, et les François qui voyoient la nuyt approcher, très joyeulx d'avoir recouvert leur vray guydon d'honneur, s'en retournèrent lyement[5] en leur camp, où durant huyt jours ne cessèrent de parler de leur belle adven-

1. *Dessus*, de dessus.
2. Paul Jove appelle ce personnage Antonio, marquis della Padula, et le dit oncle de Raymond de Cardonne, vice-roi de Naples.
3. *Recours ou non*, secouru ou non secouru.
4. *Meshuy*, aujourd'huy.
5. *Lyement*, joyeusement.

ture et mesmement des prouesses du bon chevalier.

En ceste mesme année, envoya le roy de France Loys XIIe, en la conté de Roussillon, bon nombre de gens soubz la conduicte du seigneur de Dunoys[1], pour la remettre entre ses mains; mais ilz s'en retournèrent sans grans choses faire qui à honneur montast, et si y mourut de la part desditz François ung gentil chevalier appellé le seigneur de la Rochepot[2].

Depuis, je ne sçay de qui fut la faulte, les François ne séjournèrent guères ou royaulme de Naples, qu'ilz ne retournassent en leur pays, les plusieurs en assez povre estat; et en passant par Romme, le pape Julles leur fist tout plain de courtoysies, mais depuis les a bien vendues[3]. Le vaillant cappitaine Loys d'Ars, qui encores tenoit quelques places en la Pouille et en sa compaignie le bon chevalier sans paour et sans reprouche, après l'armée des François retournée, demourèrent oudit royaulme en despit de toute la puissance yspanicque, environ ung an, ouquel temps ilz firent plusieurs belles saillies et lourdes escarmouches, dont la plupart emportèrent tousjours l'honneur[4]. Et plus eussent tenu

---

1. François d'Orléans, comte de Dunois, duc de Longueville, gouverneur de Guienne, grand chambellan de France, fils de François d'Orléans et d'Agnès de Savoie : il épousa Françoise d'Alençon et mourut en 1512. L'expédition du Roussillon eut lieu en 1501; les troupes étaient sous les ordres des maréchaux de Rieux, de Gié et du comte de Dunois. Après avoir été contrainte de lever le siège de Salses, l'armée française revint sur ses pas sans chercher à prendre sa revanche.

2. René Pot, s^r de la Rochepot, sénéchal de Beaucaire, fils de Guy Pot et de Marie de Villiers de l'Ile-Adam.

3. C'est-à-dire : le leur a fait payer cher depuis.

4. Soli Ludovicus Ars et Bayardus arces suas Neapolitanas usque in sequentem annum retinerunt, et cum militibus quos habe-

leursdictes places, n'eust esté que le roy Loys leur maistre et souverain, leur manda les laisser et eulx en venir; ce qu'ilz firent à grant regret en l'an mil cinq cent quatre[1], et furent très honnorablement receuz d'ung chascun comme bien l'avoient mérité, mesmement de leur bon maistre le roy de France, qui, comme sage et prudent, print les fortunes de la guerre ainsi que pleust à Dieu les envoyer, auquel il avoit son principal recours. Je vous laisseray ung peu à parler de la guerre, et viendray à desduire ce qui advint en France et autres pays voisins durant deux ans.

CHAPITRE XXVI.

De plusieurs choses qui advindrent en deux années, tant en France, Ytalie que Espaigne.

Après toutes ces choses passées, y eut quelque abstinence de guerre entre France et Espaigne, qui n'estoit guères bien à propos, car les ungs avoient ce qu'ilz demandoient et les autres non. En l'an mil cinq cens cinq mourut Jehanne de France[2], duchesse de Berry, qui avoit esté mariée au roy Loys XII°, lequel en celle mesme année, en sa ville de Bloys, fut si griefvement malade qu'on ne luy espéroit vie, habandonné

---

bant hostes premebant. Inde Ludovici regis jussu Franciam repetire (Aymar du Rivail, p. 546).

1. L'édition originale porte encore ici la date de 1524; ainsi que nous l'avons déjà dit plus haut (p. 90), c'est 1504 qu'il faut lire.

2. Le 4 février.

de tous ses médecins et de tout remède humain; mais je croy que à la requeste de son peuple et par leurs prières, car il estoit bien aymé, au moyen que jamais ne les avoit oppressez ne foullez de tailles, Nostre-Seigneur luy prolongea ses jours. Oudit an mourut domp Fédéric d'Arragon au Plessis-lez-Tours[1], jadis roy de Naples, qui fut le dernier de la lignée de Pierre d'Arragon, lequel sans raison ny moyen usurpa ledit royaulme de Naples, et ne l'ont ceulx qui l'ont tenu depuis et tiennent encores à autre tiltre. L'an mil cinq cens IV[2], une des plus triumphantes et glorieuses dames qui puis mille ans ait esté sur terre alla de vie à trespas; ce fut la royne Ysabel de Castille, qui ayda, le bras armé, à conquester le royaulme de Grenade sur les Mores, print prisonniers les enfans du roy Chico[3] qui occupoit ledit royaulme, lesquelz elle fist baptiser. Je veulx bien assurer aux lecteurs de ceste présente hystoire que sa vie a esté telle qu'elle a bien mérité couronne de laurier après sa mort. L'année mesmes trespassa son gendre, qui par le décès d'elle avoit esté son héritier, Philippes, roy des Espaignes à cause de sa femme, archiduc d'Autriche et conte de Flandres[4]. France ne perdit guères à sa mort, car il y avoit semé ung grain qui peu y eust proufité.

1. Frédéric mourut le 9 septembre 1504.
2. Il y a dans l'édition originale : 1526. C'est 1504 qu'il faut lire. Isabelle la Catholique mourut le 26 novembre 1504 à Medina del Campo.
3. Boabdil, dernier roi de Grenade, surnommé par les Espagnols le petit roi.
4. Philippe le Beau mourut à Burgos le 25 septembre 1506.

Le pape Julles, par le secours du roy de France et à l'ayde de son lieutenant général ou duché de Milan, le seigneur de Chaumont, messire Charles d'Amboise, homme diligent et vertueux, conquesta Boulongne sur messire Jehan de Benetevoille[1] oudit an, où pour récompense et pour payement bailla en France de beaulx pardons. Je ne sçay qui donna ce conseil, mais oncques puis les François ne furent fort asseurez en Ytalie, car avecques ce que ledit pape ne l'estoit pas trop bon, il se fortiffia deçà les Alpes à l'encontre des terres du roy de France qu'il tenoit en Lombardie. Je m'en rapporte à ce qui s'en est ensuyvy depuis; plusieurs pour l'heure s'en trouvèrent bons marchans, car aucuns cappitaines qui gouvernoient ce seigneur de Chaumont en eurent deniers de présent et aucuns de la plume bénéfice[2]. Bref, c'est une diablerie quant avarice précéde l'honneur, et cela a tousjours beaucoup plus régné en France qu'en autre lieu; si esse le plus excellent pays de l'Europe, mais toutes bonnes terres n'apportent pas bon fruict en quelque sorte que ce soit. Je me tiendray avecques celluy qui a fait le rommant de

---

1. Charles d'Amboise, sr de Chaumont, gouverneur de Paris et de Normandie, maréchal de France, grand-maître de l'artillerie, neveu du cardinal d'Amboise, s'empara sans difficulté de Bologne sur Jean de Bentivoglio qui la possédait depuis quarante ans, et il la remit au pape. Jean II Bentivoglio, fils d'Annibal Bentivoglio, sr de Bologne, se réfugia à Milan où il mourut en 1508 à l'âge de 70 ans.

2. Plusieurs de ceux qui entouraient le maréchal de Chaumont, veut dire le *Loyal Serviteur,* trahirent la France et se firent payer leur trahison, les hommes d'épée avec de l'argent, et les clercs par des bénéfices que leur donna le pape.

la Roze, qu'on nomme maistre Jehan de Meung[1], lequel dit que

> Beaulx dons donnent loz aux donneurs,
> Mais ilz empyrent les preneurs.

Le roy d'Arragon, veuf par le trespas d'Ysabel, sa femme, print l'année mesmes la niepce du roy de France, Germaine de Foix, qui fut enmenée en grant triumphe en Espaigne, et la vint quérir le conte de Siffoyntes et ung évesque Jacobin. Depuis qu'elle fut en Espagne, elle a bien rendu aux François les honneurs qu'elle avoit reçeuz du pays, car jamais ne fut veu de tous ceulx qui depuis l'ont congneue une plus mauvaise Françoise[2].

CHAPITRE XXVII.

Comment les Genevoys se révoltèrent et comment le roy de France passa les monts et les remist à la raison.

Je ne veulx pas dire que tous vrais chrestiens ne soient subjectz à l'église et qu'ilz n'y doivent obéyr, mais je ne dis pas aussi que tous les ministres d'icelle soient gens de bien, et de ce je puis bailler exemple assez ample du pape Julles, qui pour récompense des bons tours[3] que le roy Loys luy avoit faiz de le faire

---

1. Jean de Meung ou de Mehun, dit Clopinel, un des auteurs du Roman de la Rose. Il mourut vers 1320.
2. Germaine de Foix était fille de Jean de Foix, vicomte de Narbonne, et de Marie d'Orléans, sœur de Louis XII; le célèbre Gaston de Foix, le vainqueur de Ravenne, était son frère.
3. *Tours*, services.

mettre, je ne sçay pas bien à quel tiltre, dedans Boulongne, pour commencer à chasser les François d'Ytalie, par subtilz et sinistres moyens fist révolter les Genevoys[1] et mutiner le populaire contre les nobles, lesquelz ilz chassèrent tous hors de la ville et esleurent entre eulx ung duc appellé messire Paule de Novy[2], homme mécanique et de métier de tainturier. Ung gentilhomme genevoys nommé messire Jehan Loys de Flisco[3], qui estoit fort bon françois, le seigneur de Las[4] qui tenoit le Chastellet, et plusieurs autres en advertirent le roy de France; et pour ce que le sage prince, qui en de telz affaires estoit assez congnoissant, veoit bien que si cela n'estoit bientost rabillé, il en pourroit sortir de gros inconvéniens, délibéra de passer les montz avecques bonne et grosse puissance; ce qu'il fist à grande diligence, car pour beaucoup de raisons la matière le requéroit.

Le bon chevalier estoit alors à Lyon, malade de sa fiebvre quarte, qui sans la perdre l'a gardée sept ans et davantage; il avoit en ung bras ung gros inconvénient d'ung coup de picque que autresfois il avoit eu, et en avoit esté si mal pensé que ung ulcère luy en estoit demouré, qui n'estoit

---

1. *Genevoys*, Génois.
2. Paolo Novi, teinturier, fut élu doge par la populace de Gênes en haine du parti aristocratique. Il s'enfuit à la rentrée des Français, mais trahi par un des siens, il fut pris et décapité.
3. Jean-Louis de Fiesque, comte de Lavagna, fils de Sinibald, fut obligé de sortir de Gênes avec 500 hommes qu'il amena au secours des Français.
4. Le commandant du château de Gênes se nommait Galeas Salazar. Le Châtelet était sous les ordres de Bernard de Las.

encores du tout guéry[1]. Au retour du royaulme de
Naples, le roy son maistre l'avoit retenu pour ung
de ses escuyers d'escuyrie, attendant qu'il y eust
quelque compaignie de gens d'armes vacquant pour
l'en pourveoir. Si pensa en soy-mesmes que néantmoins qu'il ne feust bien sain, si luy tourneroit-il à
grande laschetè où il ne suyvroit son prince, et ne
regardant à nul inconvénient, se délibéra marcher
avecques luy. En deux ou trois jours eut donné ordre
à son cas, et se mist au passage des montaignes comme
les autres. Tant et si diligemment chemina l'armée
qu'elle approcha la ville de Gennes, dont les habitants

1. Alors le noble Bayard estoit à Lyon malade d'une fiebvre
quarte, laquelle il pourta longtemps, et oultre avoit au bras dextre
ung ulcère très mauvais et assez caverneux. Or ung jour je donnay
à souper en ma maison audict capitaine Bayard et à sa cousine
damoiselle Magdalene Tarraille, femme de feu escuyer noble Claude
de Varey, panetier pour lors de la royne. Or advint au seoir en
souppant que je luy dictz : « Monsieur le capitaine, je me esmer-
veille de vous qui estes fort malade de la fièvre et oultre avez au
bras ulcère moult dangereulx, comme voulez aller à Gennes avecques le roy, entre ses montaignes Pennines, et à la guerre vous
boutter en dangier. » Si me respond : « Certes vous dictes verité,
mais à la nécessité on ne doibt laisser pour aulcune chose son
prince, et mieulx aimeroys mourir avecques luy que de mourir
ycy à honte. » Alors je luy dictz : « Seigneur capitaine, au moins
jusques serez bien guéry de vostre bras, alès après le roy, pour
n'estre si fort foullé de gens, avec monsieur le légat d'Amboise
jusques à Gennes et entre cy et là pourrés estre guéry de vostre
bras et aussi de la fièvre. — Certes, dict-il, monsieur mon amy,
vous dictes très bien, mais une chose je crainctz à merveille ; c'est
que les prothonotaires qui suyvent monsieur le légat chevauchent
ung tas de mulles espaignoles, lesquelles ruent souvent et j'ay
maulvaises grèves, par quoy craindroys plus les piedz des mulles
lesquelz n'ay pas acustumé et ayme mieulx estre entre les chevaulx qui me congnoissent, et moy eulx » (Champier, fol. xxvii).

furent fort estonnéz, car ilz espéroient en peu de jours avoir gros secours du pape et de la Romaigne, mesmement de sept ou huyt mille hommes qu'on appelle en Ytalie bresignelz[1], qui sont les meilleurs gens de pied qui soient aux Ytales, et fort hardis à la guerre. Ce néantmoins faisoient tousjours leur debvoir; et mesmement au hault de la montaigne, par laquelle convenoit aux François passer pour aller à la ville, avoient fait et construit ung fort bastillon à merveilles garny de bonnes gens et d'artillerie, qui donna tiltre d'esbahissement à toute l'armée; dont le roy fist assembler les cappitaines sçavoir qu'il estoit de faire. Plusieurs furent de diverses oppinions; les ungs disoient que par là se pourroit l'armée mettre en hazart, et que au hault pourroit avoir grosse puissance qu'on ne povoit veoir, qui les pourroient repousser, s'on y alloit foibles, et faire recevoir une honte. Autres disoient que ce n'estoit que canaille et qu'ilz ne dureroient point. Le roy regarda le bon chevalier auquel il dist : « Bayart, que vous en semble? — Sur ma foy, Sire, dist-il, je ne vous en sçaurois encores que dire; il fault aller veoir qu'ilz font là hault; et de ma part, s'il vous plaist m'en donner congé, devant qu'il soit une heure, si je ne suis mort ou pris, vous en sçaurez des nouvelles. — Et je vous en prie, dist le roy, car assez vous entendez en telz affaires. » Ne séjourna guères le bon chevalier que avec plusieurs de ses amys et compaignons, comme le viconte de Roddes, le cappitaine Maugiron,

---

1. On appelait ainsi un corps d'infanterie, armé de la pique et combattant à la mode des Suisses. Il avait été formé par Alviano, général vénitien dont il sera parlé plus loin.

le seigneur de Beaudysner, le bastard de Luppé[1], et plusieurs autres jusques au nombre de cent ou six vingtz, entre lesquelz estoient deux nobles seigneurs de la maison de Fouez, les seigneurs de Barbazan et d'Esparros, enfans du seigneur de Lautrec[2], qu'il ne fist sonner l'alarme. Tous assemblez, commencea le beau premier à gravir ceste montaigne. Quant on le veit devant, il fut assez qui le suyvit, et travaillèrent fort, avant qu'ilz feussent parvenuz jusques au hault, où ilz prindrent ung peu d'aleyne, puis marchèrent droit au bastillon, où en chemin trouvèrent forte résistance, et y eut aspre combat; mais enfin les Genevoys tournèrent le dos, où après vouloient courir les François, mais le bon chevalier s'escria : « Non, messeigneurs, allons droit au bastillon; possible est qu'il y a encores des gens dedans qui nous pourroient enclorre; il fault veoir qu'il y a. » A ce conseil se tint ung chascun et y marchèrent. Ainsi qu'il avoit dit advint, car encores dedans avoit deux ou trois cens hommes, qui se misrent en deffense assez rude pour le commencement, mais enfin guerpirent[3] le fort

---

1. Guy Pot, sʳ de Rhodes, fils de Jean Pot et de Souveraine de Blanchefort; il épousa Isabeau de Saffré.

Pierre, dit Perrot de Maugiron, tué à Ravenne (1512).

François de Crussol, sʳ de Beaudinar et de Laleu, fils de Louis de Crussol, sʳ de Florensac, et de Jeanne de Lévis. Il épousa Péronne de Salignac.

Jean de Gaste, bâtard de Luppé.

2. Odet et André de Foix, le premier sʳ de Barbazan, puis vicomte de Lesparre et de Lautrec, maréchal de France, gouverneur de Guyenne et du Milanais, mort devant Naples le 15 août 1528. Ils étaient fils de Jean de Foix et de Jeanne d'Aydée.

3. *Guerpirent le*, déguerpirent du.

en fuyant comme fouldre au bas de la montagne pour gaigner leur ville. Ainsi fut pris le bastillon[1]. Et depuis ne firent les Genevoys beau fait, ains se rendirent à la mercy du roy, qui y entra, et fist aux habitans payer le deffroy[2] de son armée, et à leurs despens fist construire contre la ville ung fort chasteau

1. Contra i quali mando Ciamonte a combattere molti gentiluomini e buon numero di fantaria, da quali i Genovesi, per la moltitudine e il ventaggio del sito, si defendevano valorosamente e con danno non piccolo de' Franzesi; perchè disprezzando inimici, come raccolti quasi tutti d'artefici e d'uomini del paese, andavono volonterosamente non considerando la fortezza del luogo ad assaltargli; e gia era stato ferito, benche non molto gravamente, la Palissa nella gola. Ma Ciamonte volendo spuntargli di quel luogo fece tirare ad alto due cannoni i quali battendogli per fianco gli sforzano a ritirarsi verso il monte, su'l quale era rimasta l'altra parte delle loro genti; dove seguitandogli ordinariamente i Franzesi, quegli che erano a guardia de bastione, ancore che per il sito e per la fortificatione che v'era stata fatta, potessino sicuramente aspettare l'artigliria, dubitando che tra loro e la gente, ch'era su'l monte non entrasse in mezzo qualche parte de Franzesi, l'abbandonarono con somma infamia. Donde quegli che dal poggetto avevano cominciato a ritirarsi verso il bastione, vedutosi tagliato il cammino, presono fuori della strada consueta per balze et aspri precipitii la via di Genova, essendo nel ritirarsi morti di loro circa a trecento (Guichardin, LVI, p. 458).

Champier fait parler ainsi Bayart au roi dans cette circonstance : « Sire, je suys d'advys que devons hardiment monter la montaigne, et combatre ses bourgeois et marchans de ville, et chasser hors de ce bastillon ; et moy avecques ma fièvre quarte laquelle, à mon foet, à ceste heure fut ailleurs et avecques mon bras bien foble, je veulx monter le premier. » Et puis dit au capitaine Maugeron qui despuis mourust devant Ravenne : « Capitaine Maugeron, venez avecques moy, car sousmes d'ung pays, et longtemps nous nous congnoissons. Suyvez moy, et si le bras est foible si sera aujourd'huy espérimenté, quant aulx jambes elles sont agilles et légières pour bien monter » (Champier, liv. XXVIII).

2. *Deffroy,* entretien.

qu'on nomma Godefa[1]. A leur duc fut la teste couppée et à ung autre nommé Justinien[2]; bref ilz furent assez bien chastiéz pour ung coup.

Peu après se virent le roy de France et le roy d'Arragon, retournant de Naples en Espaigne, en la ville de Savonne[3], et y estoit sa femme Germaine de Fouez, qui tenoit une merveilleuse audace; elle fist peu de compte de tous les François, mesmement de son frère le gentil duc de Nemours, dont ceste histoire fera cy après mention. Le roy de France festoya fort bien le grant cappitaine Gonssalles Ferrande, et le roy d'Arragon porta gros honneur au cappitaine Loys d'Ars, et au bon chevalier sans paour et sans reprouche, et dist au roy de France ces motz : « Monseigneur mon frère, bien est eureux le prince qui nourrist deux telz chevaliers. » Les deux princes, après avoir esté quelques jours ensemble, prindrent congé; l'ung alla en Espaigne et l'autre retourna en sa duché de Milan.

CHAPITRE XXVIII.

Comment l'empereur Maximilian fist la guerre aux Vénitiens; où le roy de France envoya le seigneur Jehan-Jacques avecques grosse puissance pour les secourir.

Après la prinse de Genes et la veue[4] des deux roys

---

[1]. Cette tour de Godefa fut construite sous la direction de Paul de Beusserade, grand-maitre de l'artillerie.

[2]. Demetrio Giustiniani.

[3]. C'est dans cette entrevue de Savone que les deux rois jetèrent les bases de la ligue de Cambrai contre les Vénitiens.

[4]. *Veue*, entrevue.

à Savonne, celluy de France repassa par sa ville de Milan, où le seigneur Jehan-Jacques luy fist ung des triumphans bancquetz qui jamais fut veu pour ung simple seigneur ; car quant on cherchera bien partout, se trouvera qu'il y avoit plus de cinq cens personnes d'assiète[1], sans les dames, qui estoient cent ou six vingtz. Et n'eust esté possible d'estre mieulx servis qu'ilz furent de metz, entremetz, mommeries, commédies et toutes autres choses de passe-temps. Après s'en retourna le roy en France, où l'année ensuyvant fut adverty par les Véniciens, qui estoient ses alliez, comment l'empereur Maximilian descendoit en leur pays et leur vouloit faire la guerre. A ceste cause, par ung leur ambassadeur, qui estoit devers luy, appellé Messire Anthonio Gondelmarre, luy faisoient supplier leur donner secours ; ce qu'il fist voulentiers. Et manda au seigneur Jehan-Jacques y aller avec six cens hommes d'armes, et six mille hommes de pied ; à quoy il obéyt ; et se vint joindre avec la puissance desditz Véniciens en ung lieu appelé la Pèdre, où l'armée de l'empereur estoit desjà arrivée, qui eust bientost passé plus oultre, n'eust esté la venue dudit seigneur Jehan-Jacques qui l'arresta, et depuis ne fist pas l'armée de l'empereur grans choses. Véniciens, qui sont subtilz et caulx[2], advisèrent qu'il valloit mieulx appoincter que d'entrer plus avant en la guerre, si en cherchèrent le moyen tant qu'enfin le trouvèrent. Je croy bien qu'ilz fournirent quelque argent, car c'estoit la chose en ce monde dont ledit

---

1. *D'assiète*, assises.
2. *Caulx*, rusés.

empereur Maximilian estoit le plus souffreteux. Si en fist retourner son armée. Le seigneur Jehan-Jacques, qui en cest appoinctement n'avoit aucunement esté appellé, n'en fut pas trop content, et dist bien au providadour de la Seigneurie qu'il en advertiroit le roy son maistre, et que, à son oppinion, trouveroit la chose assez estrange et n'en seroit pas content. Cela demoura ung peu en suspens, où durant ce temps le roy de France, Loys XIIe, alla faire son entrée en sa ville de Rouen et sa bonne compaigne la royne, qui fut fort triumphante; car si les gentilzhommes y firent leur debvoir, les enfans de la ville n'en firent pas moins. Il y eut joustes et tournois par l'espace de huyt jours.

Cependant se dressa quelque traicté entre le pape, l'empereur, les roys de France et d'Espaigne, où, pour y mettre fin, fut, par eulx ou leurs ambassadeurs, conclud et accordé que l'on se trouverroit en la ville de Cambray à certain jour par eulx pris. Et y fut envoyé, de la part du roy de France, le cardinal d'Amboise, légat oudit royaulme, son nepveu le grant-maistre de France, seigneur de Chaumont, et chef des armes de la maison d'Amboise, et plusieurs autres, et de chascun des autres princes ambassadeurs avec toute puissance. A quelle fin ilz conclurent, n'est riens si certain que ce fut pour ruyner la Seigneurie de Venise, qui, en grant pompe et à peu de congnoissance de Dieu, vivoient glorieusement et en opulence, faisant peu d'estime des autres princes de la chrestienté, dont peult-estre que Nostre-Seigneur fut courroucé, comme il apparut; car, ains que ses ambassadeurs deslogeassent de ladite ville de Tournay, firent aliance amys d'amys et ennemys d'ennemys pour leurs maistres, et là fut conclud que le roy de France, en personne, passeroit après Pasques l'année ensuyvant qu'on diroit mil cinq cens et neuf, en Ytalie, et entreroit au pays des Véniciens XL jours devant que nuls des autres se meissent à la campaigne. Je ne sçay à quelle fin ilz avoient posé ce terme, sinon qu'ilz vouloient taster le gué ; et peult-estre que si le roy de France eust eu du pire, en lieu de courir aux Véniciens, eussent couru sur luy-mesmes ; car je n'ay jamais congneu qu'il y ait eu grosse amytié entre la maison de France et la maison d'Austriche, et pareillement ne s'accordoient pas bien le pape et le roy de France. Bref, il me semble, à dire le vray, qu'ilz vouloient faire essayer la fortune aux François, et vouloient jouer à ung jeu que jouent petis enfans à l'escolle : *S'il est bon je le prens; et s'il est mauvais je le laisse.* Toutesfois, si bien advint à ce bon roy Loys, qu'il exécuta son entreprise à son grant honneur et au prouffit de ses alliez, comme vous entendrez.

CHAPITRE XXIX.

Comment le roy de France Loys XIIe fist marcher son armée en Ytalie contre les Véniciens, et de la victoire qu'il en obtint.

Sur la fin de l'an mil cinq cens et huit, vers le moys de mars, fist le roy de France marcher sa gendarmerie en sa duché de Milan, et pareillement ses avanturiers françois, qui estoient en nombre de quatorze à quinze mille, lesquelz il bailla à gouverner et conduyre à de bons et vertueux cappitaines, tels que les seigneurs de Moulart, de Richemont, la Crote, le conte de Roussillon, le seigneur de Vendenesse, le cappitaine Odet, le capdet de Duras[1] et plusieurs autres, lesquelz chascun en leur endroit misrent peine d'avoir des plus gentilz compaignons. Le bon chevalier sans paour et sans reproche en ceste saison fut envoyé quérir par le roy, qui luy dist : « Bayart, vous sçavez que je m'en vois passer les montz pour avoir la raison des Vénitiens, qui à grant tort me tiennent la conté de Crémonne, la Géradade[2] et autres pays; je veulx qu'en ceste entreprise, combien que dès à présent vous donne la compaignie du cappitaine Chatelart[3], qu'on m'a dit qui est mort (dont je suis desplaisant),

---

1. Soffrey Alleman, sr du Molart et d'Uriage, capitaine de 1,000 hommes de pied, lieutenant au gouvernement de Dauphiné, fils de Guigue Alleman et de Marie Grinde; tué à Ravenne (1512).

Philippe de Richemont.

François de Daillon, sr de la Crotte, capitaine de 50 lances, fils de Jean de Daillon, sr du Lude, et de Marie de Laval, fut tué à la journée de Ravenne.

Jacques de Bourbon, comte de Roussillon, fils de Louis, bâtard de Bourbon, amiral de France.

Jean de Chabannes, sr de Vendenesse, frère de la Palisse.

Gallet d'Aydie, vicomte de Ribérac, sénéchal de Carcassonne, capitaine des Gascons, surnommé le capitaine Odet. Il était fils d'Armand d'Aydie et épousa Anne de Pons.

Jean de Durfort, cadet de Duras, sr de Civrac, fils de Jean de Durfort, sr de Duras, et de Jeanne de Rosans.

2. *Giara d'Adda*, province de Crémone.

3. Jean de Lay, sr du Chastellart, gentilhomme dauphinois. Il mourut au Pont-de-Beauvoisin au moment où la guerre se préparait.

ayez soubz vostre charge des gens de pied et vostre lieutenant, le cappitaine Pierrepont[1], qui est très homme de bien, conduira voz gens d'armes. — Sire, respondit le bon chevalier, je feray ce qu'il vous plaira ; mais combien me voulez-vous bailler de gens de pied à conduyre? — Mille, dist le roy, il n'y a homme qui en ait plus. — Sire, dist le bon chevalier, c'est beaucoup pour mon sçavoir, vous suppliant estre contant que j'en aye cinq cens, et je vous jure ma foy, Sire, que je mettray peine de les choisir, qu'ilz seront pour vous faire service ; et si me semble que, pour ung homme seul, c'est bien grosse charge quand il en veult faire son debvoir. — Bien, dist le roy, allez doncques vistement en Daulphiné, et faictes que soyez en ma duché de Milan à la fin de mars[2]. »

De tous les cappitaines n'y eut celluy qui très bien ne fournist sa bende, et en sorte firent que à la fin de mars ou au commencement d'avril furent tous passez et logez par garnisons ou duché de Milan. Les Véniciens, desjà deffiez par le hérault Montjoye, délibérèrent eulx deffendre ; et sachans la puissance du roy de France qui n'estoit point trop grande, car en toutes gens n'avoit que trente mille hommes dont il povoit avoir vingt mille hommes de pied, comprins six mille Suysses et deux mille hommes d'armes, dressèrent une fort gail-

---

1. Pierre du Pont, dit le capitaine Pierrepont, lieutenant et neveu de Bayart par Marie Terrail sa mère, femme de Richard du Pont, gentilhomme savoisien.

2. On trouvera à l'appendice l'ordonnance du roi, datée du 12 janvier 1508, prescrivant une levée de gens de pied, suivie de la promesse de Bayart et de cinq autres capitaines de se conformer aux prescriptions qui y sont contenues.

larde armée, où ilz eurent plus de deux mille hommes d'armes et bien trente mille hommes de pied. Leur chef pour les conduyre estoit le conte Petilane, et le cappitaine général de leurs gens de pied estoit le seigneur Berthelome d'Alvyano [1], qui entre autres gens en avoit une bonne bende de ses bresignelz, qui portoient sa livrée de blanc et rouge, tous gentilz compaignons et nourriz aux armes. Je ne vous feray long récit des courses, allées et venues; mais enfin le roy de France, ayant passé les montz et arrivé en sa ville de Milan, entendit que les Véniciens avoient repris Trévy, une petite villete de la rivière d'Ade, que puis peu de jours devant le grant-maistre seigneur de Chaumont avoit prise sur eulx, avecques les cappitaines Molart, la Crote, Richemont et le bon chevalier, qui avecques leurs gens estoient passez des premiers. En laquelle ville de Trévy les Véniciens, parce qu'elle s'estoit tournée françoise, misrent le feu, emmenèrent les gens de cheval tous prisonniers, dont estoit chief le cappitaine Fontrailles; aussi fut prisonnier le cappitaine de la Porte, le seigneur d'Estançon et deux autres cappitaines de gens de pied, le chevalier Blanc et le cappitaine Ymbault [2]. Ainsi ces nouvelles sçeues

---

1. Nicolas Orsini, comte de Petigliano, fils d'Aldobrandino Orsini et de Simone de Gonzague : il épousa Hélène Conti et mourut en 1509.

Barthélemi Alviano, général en chef des troupes de Venise, qui plus tard, allié de la France, décida par son arrivée sur le champ de bataille la victoire de Marignan. Il mourut en 1515.

2. André de la Porte, s^r de l'Artandière, du Dauphiné.

Jean d'Estanson, s^r de la Boulaie, chambellan du roi, capitaine de 50 hommes d'armes; il épousa Jeanne de Rosnivinen.

Antoine de Morard d'Arces, dit le Chevalier Blanc, s^r de la

par ledit seigneur, marcha droit à Cassan, où il fist incontinent sur ceste rivière d'Ade dresser deux pontz sur bateaulx, où par l'ung faisoit passer les gens de cheval, par l'autre les gens de pied, et luy-mesme, armé de toutes pièces, y faisoit tenir l'ordre. L'armée passée, le lendemain fut prise une petite ville appellée Rivolte, et mise à sac; et deux jours après en ung village nommé Aignadel au partir d'ung autre appelé Paudin[1], se rencontrèrent les deux armées des François et Véniciens. Et combien que les cappitaines conte de Petilano et le seigneur Berthelome d'Alvyano eussent exprès commandement de leur Seigneurie ne donner point de bataille au roy, ains seullement temporiser à garder les villes et chasteaulx affin de les myner par fascherie et longueur de temps, icelluy d'Alvyano, plus hardy que bien advisé, se voulut adventurer, pensant en luy-mesmes, comme présumptueux, qu'il ne sçauroit jamais avoir plus grant honneur, à perte ou à gaigne, que d'avoir combatu ung roy de France; et voulant essayer sa fortune, s'en vint droit au combat, où il y eut dur assault et mortel encombre; car, à vray dire, en la première pointe se monstrèrent très bien les gens de la Seigneurie. Durant ce combat, le seigneur Berthelome va adviser l'arrière-garde des François, dont estoit le bon chevalier, qui

---

Bastie de Meylan, capitaine de 500 hommes de pied, puis lieutenant général du royaume d'Écosse après la bataille de Floddenfeld, qui coûta la vie au roi Jacques IV. Il fut assassiné par des gentilshommes écossais en 1521.

Ymbault ou Humbert de Rivoire, s[r] de Romagneu, capitaine de 500 hommes de pied.

1. *Rivolta, Agnadello* et *Pandino*, bourgs dans le territoire de Crema.

marchoit d'ung désir merveilleux, en passant fossez plains d'eaue jusques au cul, laquelle luy venoit donner sur ung des costez qui fort esbayrent luy et sa rotte[1]. N'onques puis ne firent grant effort, ains furent rompus et du tout deffaictz. Les rouges et blancs[2] demourèrent sur le champ, et ledit d'Alvyano, après avoir esté blessé en plusieurs lieux, fut pris prisonnier du seigneur de Vendenesse, ung droit[3] petit lyon, frère du gentil seigneur de la Palisse. Le conte Petilano, voyant ses gens de pied deffaictz, ne voulut plus tempter la fortune, et à[4] toute sa gendarmerie se retira ung petit bien tost. Il eut la chasse, mais peu y en demoura, car les gens de pied amusèrent les François, lesquelz, après avoir fait leur devoir, se retirèrent chascun à son enseigne à peu de dommage. De leurs ennemys en demoura quatorze ou quinze mille sur le camp. Le seigneur Berthelome fut mené prisonnier au logis du roy; lequel après disner fist faire ung faulx alarme pour congnoistre si ses gens seroient diligens si ung affaire venoit. On demanda à ce seigneur d'Alvyano que ce pouvoit estre; il fist responce en son langaige : « Il fault dire que vous voulez combatre les ungs contre les autres, car de noz gens je vous asseure sur ma vie qu'ilz ne vous visiteront de quinze jours. » Et en se mocquant, congnoissant sa nation, disoit ces parolles. Ladicte bataille fut le quatorziesme jour de may mil cinq cens et neuf[5].

1. *Rotte,* troupe.
2. Les bresignels.
3. *Droit,* vrai.
4. *A,* avec.
5. Questa fu la giornata famosa di Giaradadda, o come altri

CHAPITRE XXX.

Comment le roy de France Loys XIIe gaigna toutes les villes et places des Véniciens jusques à Pesquere.

Le roy de France séjourna ung jour ou deux ou camp de la bataille; cependant le chasteau de Cazavas[1] se voulut faire batre d'artillerie, mais en deux heures il fut emporté, et y eut quelques rustres dedans pris, lesquelz essayèrent si leur col pourroit par force emporter ung créneau. Cela espovanta ceulx qui estoient aux autres places, de sorte qu'oncques puis ne se trouva ville ny aucune forteresse qui voulsist combatre, excepté le chasteau de Pesquere[2]; dont mal en print à ceulx de dedans, car tous y moururent ou peu en eschappa qui furent prins prisonniers, entre lesquelz estoit ung providadour de la Seigneurie et son filz, qui voulurent payer bonne et grosse rançon; mais cela ne leur servit de riens, car chascun à ung arbre furent tous deux penduz, qui me sembla grande cruaulté. Ung fort gaillart gentilhomme, qu'on appelloit le Lorrain, avoit leur foy, et en eut grosses parolles avecques le grant-maistre, lieutenant général du roy; mais il n'en amenda d'autre chose. Le roy de France se logea au-

chiamano di Vailà. Per memoria della quale il re fece, nel luogo ove si era combattuto, edificare una cappella, onorandola col nome di Santa Maria della Vittoria (Guichardin, l. VIII, c. 2).

1. *Caravaggio*, à 4 l. de Crema.
2. *Peschiera*, sur le lac de Garde, province de Vérone.

dit lieu de Pesquere, après avoir eu en ses mains toutes les villes et places par luy querellées[1], comme Crémonne, Creme [2], Bresse, Bergame et cent autres petites villes, que toutes il eut en cinq ou six jours, excepté le chasteau de Crémonne, qui tint quelque temps, mais enfin se rendit. Et bien fist davantage ledit prince, car par le moyen de la bataille qu'il gaigna, fut rendu au pape Julles, Ravenne, Fourly, Ymole, Fayence [3], et plusieurs autres places que lesditz Véniciens tenoient en Rommaigne, et au roy d'Espaigne, en son royaulme de Naples, Brindis [4] et Otrante, et à luy-mesmes furent présentées les clefz des villes de Véronne, Vincence et Padoue, mais il les mist entre les mains de l'empereur qui les querelloit. Toutesfois il ne garda guères bien les aucunes, dont mal luy en print, comme vous verrez cy-après. Sur ces entrefaictes, le reste de l'armée des Véniciens bien estonnée, se retira vers le Trévizan et le Fryol, cuydans que tousjours on les deust suyvre, ce qui ne se fist pas, qui fut gros malheur pour l'empereur, lequel de jour en jour s'attendoit par le roy de France en ceste petite ville de Pesquere, car promis avoit se trouver dedans ung vaisseau, acompaigné comme bon luy eust semblé, sur ung lac qui environne partie de ladicte ville de Pesquere, pour parlamenter ensemble plus amplement de leurs affaires; et à ceste cause

---

1. *Querellées*, réclamées.
2. *Crema*, dans la province de Crémone.
3. *Forli*, chef-lieu de la province de ce nom. — *Imola*, ville de la province de Bologne. — *Faenza*, ville de la province de Ravenne.
4. *Brindisi*, ville de la Terre d'Otrante.

avoit esté envoyé vers luy le légat d'Amboise jusques à Rouvray[1], mais oncques ne le sceut amener. Parquoy, après son retour, et qu'il eut amené l'évesque de Gurse[2], ambassadeur pour ledit empereur, devers le roy de France, lequel vint tellement quellement excuser son maistre, s'en retourna par ses journées à Milan au commencement de juillet.

Cependant la ville de Padoue, en laquelle l'empereur avoit seullement envoyé huyt cens lansquenetz pour la garde, laquelle a six mille de tour, fut reprise par les gens de la Seigneurie de Venise; et y entra messire André Grit[3] avecques ung autre cappitaine appellé messire Luce Mallevèche[4], par une subtillité telle que je vous diray. Tousjours avoient les Véniciens quelque intelligence en la ville, et fault bien noter une chose : qu'oncques seigneurs ne furent sur la terre plus aymez de leurs sudjectz qu'ilz ont tousjours esté, et seullement pour la grande justice en quoy ilz les maintiennent. Or, entendez sur le commencement de juillet, qui est le temps que pour la seconde fois on fauche les foings en Ytalie, ung mardy matin, s'estoient venuz embuscher, à ung gect d'arc de ladicte ville, qui est à l'entour plaine d'arbres, tellement qu'on ne sçauroit veoir guères loing, lesditz cappitaines messire André Grit et messire Luce Mallevèche, avecques quatre cens hommes

---

1. *Rovere di Velo,* ville de la province de Vérone.
2. Mathieu Langen, évêque de Gurk (Illyrie), secrétaire particulier de l'empereur Maximilien.
3. André Gritti, qui fut plus tard (1523) doge de Venise et mourut en 1539.
4. Lucio Malvezza, d'une famille noble de Bologne.

d'armes et deux mille hommes de pied. Or, en ceste ville de Padoue, chascun jour se recueilloit ordinairement force foings, et en ce quartier-là font les charretées grandes, de sorte que au passer en une porte elles y entrent quasi à force. Le jour de leur embusche, dès le point du jour, ses charrettes commençoient à entrer dedans ladicte ville. Quant quatre eurent passé, après la cinquiesme venoient six hommes d'armes véniciens, et derrière chascun de leurs chevaulx ung homme de pied garny de hacquebute toute chargée, et parmy eulx avoient une trompette pour sonner incontinent qu'ilz auroient gaigné la porte, affin que la grosse force qui estoit en embusche vint. Si peu de lansquenetz qui estoient dedans la ville faisoient fort bon guet et ne tenoient que deux portes ouvertes, où pour le moins y avoit tousjours à chascune trente hommes de garde. Il y avoit ung gentilhomme de la ville, nommé messire Geralde Magurin, qui estoit adverty par la Seigneurie de ceste entreprise, et avoit en charge que quant il verroit l'affaire commencé, se devoit mettre en armes et tous ceulx qui tenoient leur party. Ceste cinquiesme charrette vint à passer, laquelle entré, ses six hommes d'armes qui suyvoient commencèrent à crier : « Marco ! Marco ! » Leurs gens de pied se gectèrent à terre et deschargèrent leurs hacquebutes de sorte que chascun tua son homme, car ilz tiroient en bute. Les povres lansquenetz qui se virent surpris furent bien estonnez; toutesfois ilz se misrent en deffence et sonnèrent l'alarme. Cela leur valut peu, car incontinent que la trompette eust été entendue, la grosse flote va venir faisant ung bruyt merveilleux, en cryant : « Marco ! Marco ! Ytalie ! Ytalie ! » D'une autre part, ce gentilhomme messire Geraldo Magurin avoit fait son effort en la ville, dont des maisons sortirent plus de deux mil hommes armez, avecques ronçons[1] et javelines, de façon que les lansquenetz ne sceurent que faire, sinon qu'ilz se serrèrent, et tous ensemble se vont gecter en la place, où ilz se misrent en bataille. Ne demoura guères qu'ilz ne feussent assailliz en deux ou trois lieux; mais oncques gens ne se deffendirent mieulx, car ilz furent plus de deux heures devant qu'on les sceust rompre. Enfin il vint tant de gens qu'ilz ne peurent plus soutenir le fès. Ilz furent ouvers, rompuz et tous mis en pièces, sans que jamais en feust pris ung à mercy, qui fut grosse pitié; mais ilz vendirent bien leur vie, car d'entre eulx ne peut mourir que ce qui y estoit, mais ilz tuèrent plus de quinze cens hommes, tant de la ville que des gens de guerre. Toutesfois la ville de Padoue fut prise, en laquelle bientost après survint le conte Petilano, qui mist grosse diligence pour la faire ramparer et fortiffier, bien considérant qu'elle feroit bon besoing à la seigneurie. Ces nouvelles vindrent aux oreilles de l'empereur, qui cuyda désespérer, et fist veu à Dieu qu'il s'en vengeroit et que luy-mesmes yroit en personne; ce qu'il fist. Il escripvit unes lettres au roy de France, qui estoit encores à Milan, que son plaisir feust luy ayder de cinq cens hommes d'armes pour trois moys, à ce qu'il peust mettre les Véniciens à la raison, ce qui luy fut accordé, et s'ensuyvit ce que vous orrez.

1. Ronçon, épieu.

CHAPITRE XXXI.

Comment le roy de France envoya le seigneur de la Palisse au secours de l'empereur avecques cinq cens hommes d'armes et plusieurs cappitaines, desquelz estoit le bon chevalier sans paour et sans reprouche.

Quand le roy de France entendit que Padoue estoit révoltée, fut bien marry, et encores plus de ce que c'estoit par la faulte de l'empereur, qui pour garder une telle ville avoit seulement envoyé huyt cens lansquenetz. Toutesfois, à la requeste dudit empereur, commanda au seigneur de la Palisse qu'il print cinq cens des plus gaillards hommes d'armes qui feussent en Ytalie, et qu'il s'en allast au service de l'empereur, qui descendoit au Padouan. Ledit seigneur qui ne demandoit que telles commissions, car c'estoit toute sa vie que la guerre, délibéra faire son préparatif, et ainsi qu'il sortoit du chasteau de Milan, trouva le bon chevalier auquel il dist : « Mon compaignon, mon amy, voulez-vous pas que nous soyons de compagnie? » Si luy déclara l'affaire plus au long. Il qui ne demandoit pas mieulx, mesmement d'estre en sa compaignie, gracieusement luy respondit qu'il estoit à luy, pour en disposer à son plaisir. De ceste mesme entreprise furent le baron de Béarn qui mena une partie de la compaignie du duc de Nemours, le baron de Conty qui avoit cent hommes d'armes, le seigneur Theode de Trévolz, le seigneur Julles de Sainct-Séverin, le seigneur d'Ymbercourt, le cappitaine la Clayete, le seigneur de la Crote, lieutenant du marquis de Montferrat[1], et le bon chevalier. Avecques lesquelz cinq cens hommes d'armes se misrent en compaignie plus de deux cens gentilzhommes, et entre autres le filz aisné du seigneur de Bucy[2], cousin germain du grant-maistre seigneur de Chaumont, qui luy bailla vingt de ses hommes d'armes et deux gaillars gentilzhommes, l'ung appellé le seigneur Bonnet[3], Breton, très renommé chevalier, et l'autre le seigneur de Mypont, du duché de Bourgongne, lesquelz le bon chevalier tenoit avecques luy comme ses frères, et fort les honnoroit pour la grande prouesse quil sçavoit en eulx. Le cas du gentil seigneur de la Palisse prest, commencea à marcher avecques ses compai-

---

1. Gaston de Foix, duc de Nemours, gouverneur du Dauphiné, fils de Jean, comte de Foix, et de Marie d'Orléans. Tué à la journée de Ravenne, en 1512, à l'âge de 24 ans.

Frédéric de Mailly, baron de Conti, échanson du roi, sénéchal d'Anjou, fils d'Adrien de Mailly et de Jeanne de Bergues, épousa Louise de Montmorency et fut tué en 1513 au siège de Milan.

Théodore Trivulce, comte de la Hurie et de Pizzetone, capitaine de 100 lances, puis maréchal de France et gouverneur de Lyon, neveu de J.-J. Trivulce, fils de Pierre Trivulce et de Laure de Bossis; il épousa Bonne de Bevilaqua et mourut en 1531.

Jules de Saint-Séverin, fils de Galeas de Saint-Séverin, grand écuyer de France, et d'une fille de Louis le More, duc de Milan.

Marc de Chantemerle, bâtard de la Clayette, fils de Hugues de Chantemerle.

Guillaume Paléologue, marquis de Montferrat, fils de Boniface et d'Hélène de Brosse, épousa Anne d'Alençon, puis Marie de Foix, et mourut à l'âge de 30 ans, en 1518.

2. Jean d'Amboise, sr de Bussy, conseiller et chambellan du roi.

3. Jacques Bonnet, sr de Mazuel, fils de Charles Bonnet et de Catherine de Marcillac, épousa Marguerite de Ferrariol.

gnons et se tira droit à Pesquere. Cependant le roy de France print son chemin à son retour en son royaulme, laissant sa duché et ce qu'il avoit conquis sur ses ennemys paisible.

Il fault sçavoir que, incontinent que les Véniciens eurent repris Padoue, s'en allèrent courir jusques devant Vincence, qui incontinent se retourna ; aussi n'est-elle pas ville pour tenir contre puissance. Ilz en voulurent autant faire de Véronne, mais le bon seigneur de la Palisse qui en avoit esté adverty deslogea avecques ses compaignons deux heures devant jour d'ung lieu appellé Villefranche[1], et se vint présenter devant la ville, qui leur donna craincte, et par ce moyen s'en retournèrent lesditz Véniciens vers Vincence ; mais s'ilz eussent pu gaigner Véronne, le secours du seigneur de la Palisse s'en pouvoit bien retourner, car la ville est forte et passe par dedans une rivière fort impétueuse, tellement que, sans autre effort que de gendarmerie, n'eust pas esté rendue si tost. Bien en print au seigneur de la Palisse de sa bonne diligence, mesmement de celle du bon chevalier, qui tousjours menoit les coureurs. Il n'avoit alors que trente hommes d'armes soubz luy, mais il en y avoit vingt et cinq qui méritoient d'estre cappitaines de cent. Toute ceste troppe de gendarmerie entra dedans Véronne, où l'évesque de Trente[2], qui y estoit pour l'empereur, les receut à grant joye, car il avoit eu belle peur. Ilz furent seulement deux jours dedans la ville, fort bien festoyez

---

1. *Villafranca di Verona,* ville de la province de Vérone.
2. Georges de Neideck.

des habitans et puis tirèrent vers Vincence, où incontinent que ceulx que la Seigneurie y avoit mis le sceurent, deslogèrent et se retirèrent, les ungs à Padoue, les autres à Trévize. Dedans Vincence fut le seigneur de la Palisse et ses compaignons cinq ou six jours, attendans quelques nouvelles de l'empereur, lequel on disoit estre desjà aux champs. Quant ilz virent qu'il n'approchoit point, partirent de Vincence et allèrent en ung gros village appellé Castel-Franc[1], où ilz séjournèrent quinze jours; cela estoit à dix mille de Padoue. Cependant arriva au camp des François le seigneur du Ru avecques quelques hommes d'armes bourgongnons et environ six mille lansquenetz, que conduysoit ung seigneur d'Almaigne, gentil prince et hardy, entreprenant à merveilles, comme il a monstré tant qu'il a vescu; on l'appelloit le prince de Hanno[2]. Au commencement d'aoust arriva l'empereur au pied de la montaigne, au dessoubz d'ung chasteau appellé Bassan[3], et tout son equipage après luy, lequel, combien qu'il n'y eust pas grande montaigne à passer, demoura huyt jours entiers avant qu'il feust en la plaine. L'empereur veit le seigneur de la Palisse et les cappitaines françois ausquelz il fist très bonne chère. Ceste veue première fut auprès d'une petite ville appellée Aest[4], dont les ducz de Ferrare portent le surnom. Pour lors y avoit ensemble une des belles armées qu'on eust veue cent ans auparavant.

1. *Castelfranco,* à 5 lieues de Trévise.
2. Rudolphe, prince d'Anhalt, fils de Georges, prince d'Anhalt.
3. *Bassano,* à 6 lieues de Vicence.
4. *Aest,* Este.

CHAPITRE XXXII.

Comment l'empereur Maximilian alla mettre le siège devant Padoue, et ce qu'il advint durant icelluy.

L'empereur se fist longuement attendre, dont il ennuyoit aux François; mais vous devez aussi entendre qu'il arriva en la plaine en empereur, et si sa puissance eust bien voulu faire son debvoir, c'estoit assez pour conquester ung monde. Parquoy est bien requis que son équipage soit inscript, qui tel estoit. Il avoit cent six pièces d'artillerie sur roue, dont la moindre estoit ung faulcon, et six grosses bombardes de fonte qui ne se povoient tirer sur affust, mais estoient portées sur chascune une puissante charrette, chargées avecques engins, et quant on vouloit faire quelque baterie, on les descendoit, et quant elles estoient à terre, par le devant avecques ung engin on levoit ung peu la bouche de la pièce, soubz laquelle on mettoit une grosse pièce de boys, et derrière faisoit-on ung merveilleux taudis [1], de peur qu'elle ne reculast. Ces pièces portoient bouletz de pierre, car de fonte on ne les eust sceu lever, et ne pouvoient tirer que quatre fois le jour au plus. Il avoit en sa compaignie que ducz, contes, marquis, et autres princes et seigneurs d'Almaigne bien six vingtz, et environ douze mille chevaulx, cinq ou six cens hommes d'armes bourguignons et hennuyers; de gens de pied lansque-

---

1. *Taudis,* amas de matériaux de toute sorte.

netz, ilz estoient sans nombre, mais par estimation on les prenoit à plus de cinquante mille. Le cardinal de Ferrare[1] vint pour son frère au secours dudit empereur, qui amena douze pièces d'artillerie, cinq cens chevaulx et trois mille hommes de pied; et autant ou peu moins en amena le cardinal de Manthoue[2]. Bref, avec les hommes d'armes françois, on tenoit ou camp y avoir cent mille combatans. Ung grant deffault estoit quant à l'artillerie, car il n'y avoit équipage que pour la moytié, et quant on marchoit, estoit force que partie de l'armée demourast pour la garder jusques à ce que la première bende feust deschargée au camp où on vouloit séjourner, et puis le charroy retournoit quérir l'autre, qui estoit grosse fascherie. Ledit empereur se levoit fort matin, et incontinent faisoit marcher son armée, et ne se logeoit voulentiers qui[3] ne feust deux ou trois heures après midy, qui n'estoit pas, veu la saison, pour refreschir les gens d'armes soubz leur armet. Le premier camp qu'il fist fut près du palais de la royne de Chippre[4], distant de Padoue huyt mille, où arriva le seigneur de Meillault[5], ung

---

1. Hippolyte d'Este, cardinal, fils d'Hercule Ier et frère d'Alphonse Ier, ducs de Ferrare. Il fut archevêque de Milan, de Narbonne, etc., et mourut le 3 septembre 1520.

2. Sigismond de Gonzague, cardinal, fils de Frédéric et frère de François, tous deux marquis de Mantoue. Mort en 1525.

3. *Qui*, qu'il.

4. Catherine Cornaro, dernière reine de Chypre, fille de Marco Cornaro et femme de Jacques, roi de Chypre. Elle avait cédé aux Vénitiens tous ses droits sur ce royaume. Son palais était à Asolo, près de Trévise.

5. Gabriel d'Alègre, baron de Milhau, fils d'Yves d'Alègre et de Jeanne de Chabannes, fut chambellan du roi de France, prévôt de Paris, bailli de Caen; il épousa Marie d'Estouteville.

jeune gentilhomme de France, hardy et entreprenant cappitaine, filz d'ung vertueux et sage chevalier, le seigneur d'Alègre, avec bien mille ou douze cens avanturiers françois, tous gens d'eslite et d'escarmouche. En ce camp mesmes fut conclud d'aller mettre le siége devant la ville de Padoue, et pour ceste cause fut assemblé le conseil, où il y eut de diverses oppinions, car l'empereur avoit ung lieutenant général de nation grecque, qu'on appelloit le seigneur Constantin[1], qui vouloit faire toutes choses à sa teste, dont enfin très mal en print à son maistre comme vous orrez. Il fut ung peu souspeçonné de trahison, et l'en voulut le seigneur de la Palisse combatre, mais il ne fut possible le faire venir au point. Or laissons ce propos jusques à ce qu'il sera besoing d'en parler. Conclusion fut prise à ce conseil d'aller mettre le siége audit Padoue, et que pour les approuches les gens d'armes françois feroient la pointe avecques le prince de Hanno et ses lansquenetz, qui estoit la plus triumphante bende de tous les Almans; mais que premier il estoit très nécessaire prendre une petite ville appellée Montselles[2], où il y avoit ung chasteau très fort, à six ou sept mille de Padoue, parce que la garnison qui estoit dedans pour la Seigneurie eust peu merveilleusement fâcher[3] le camp et les vivres qui y venoient. Le lendemain matin se partit l'armée, et vint loger à demy mille de ceste petite ville, qui ne tint point, car guères ne valloit; mais le

1. Constantin Paléologue, surnommé Cominatès, de la famille du marquis de Montferrat.
2. *Monselice*, à 4 lieues de Padoue.
3. *Fâcher*, incommoder.

chasteau estoit deffensable pour ung long temps, si les coquins qui estoient dedans eussent riens valu; mais le cueur leur faillit incontinent. Car les approuches faictes, et que l'artillerie eut fait bien peu de berche[1], et malaisée, fut sonné l'alarme pour aller à l'assault. Il falloit bien monter ung grant gect d'arc, mais ses aventuriers françois du cappitaine Meillault y furent soubdainement, et sembloit qu'ilz n'eussent mangé de huyt jours, tant légiers estoient. Ceulx de dedans firent quelque résistance, mais guères ne continuèrent, car en moins d'ung quart d'heure ilz furent emportez et tous mis en pièces. Ses aventuriers y firent assez bon butin, et entre autres choses y avoit sept ou huyt vingtz fort beaulx chevaulx. La ville et le chasteau furent renduz ès mains du duc de Ferrare, qui les quérelloit, mais il presta trente mille ducatz. Deux jours après ceste prinse de Montselles deslogea l'armée, qui s'en alla droit devant Padoue où fut assis le siége.

CHAPITRE XXXIII.

Comment l'empereur Maximilian planta son siége devant Padoue, et des gaillardes approuches faictes par les gentilzhommes françois, et d'une grande hardiesse que monstra le bon chevalier sans paour et sans reprouche.

Après la prinse de la ville et chasteau de Montselles, et icelluy baillé entre les mains du cardinal de Ferrare

---

1. *Berche,* brèche.

qui là estoit pour son frère, y mist bonne garnison.
Le duc de Ferrare estoit d'ung autre costé, faisant la
guerre aux Véniciens; et en la mesme année leur
donna une rotte[1] sur le Pau, qui ne leur porta guères
moins de dommage que le jour qu'ils perdirent la
bataille contre le roi de France. Car ainsi que lesditz
Véniciens estoient délibérez luy destruire ung quartier
du pays sur le Ferraroys, appellé le Polesine de
Rovigo[2], misrent sur le Pau quatorze ou quinze gallères et trois ou quatre mille hommes dedans, et vindrent partans de Quyoze jusques à Francolin[3]; mais le
duc de Ferrare avoit fait faire deux bastillons, l'ung à
l'endroit de la tour de Loiselin[4] et l'autre Alpopos[5],
qui sont l'ung devant l'autre, et avoit trois ou quatre
mille bons hommes dedans et quatre bonnes gallères
sur le Pau, bien armées et équippées. Il sceut que ses
ennemys estoient descenduz en terre, où la pluspart
il les alla trouver, et les deffist sans que nul en eschappast. Depuis, avecques ses gallères et autres
grosses barques, alla combatre les gallères qui quasi
estoyent toutes desnuées de gens, desquelles deux
furent effondrées et six prises avecques tout l'esquipage et artillerie qui estoit dessus, dont il y avoit

1. *Rotte*, déroute.
2. *Polesine*, territoire situé entre l'Adriatique, l'Adige, le Pô et le Castagnaro : il est divisé en *Polesine de Rovigo*, *de Ferrare* et *d'Adria*.
3. *Chiozza*, hameau, commune de Sanniano, province de Ro-
vigo. — *Francolino*, hameau de la commune de Ferrare.
4. *Lezzola*, hameau de la commune de Ferrare.
5. *Alpopos*. Il y a probablement ici une faute d'impression. Il faudrait lire *à Popos*, c'est-à-dire *à Papozze*, province de Rovigo.

trente bonnes pièces de fonte sans les hacquebuttes. Ce fut une triumphante victoire et à peu de perte, sinon que le comte Ludovic de la Mirandolle[1] y fut tué d'ung coup d'artillerie. Les Véniciens y portèrent gros et merveilleux dommage.

Or retournons au camp de l'empereur. L'armée deslogea de devant Montselles, et tout d'une traicte s'en vint à ung mille de Padoue, qui est une fort grosse cité et fière à l'aborder. Dedans estoit le conte Petilano, acompaigné de mille hommes d'armes, douze mille hommes de pied, et bien deux cens pièces d'artillerie; et quelque siége qu'il y eust, jamais ne leur peut estre osté la voye d'ung canal qui va à Venize, lequel passe par la ville, et y a seulement dix-huit mille de l'une à l'autre. Quant l'armée eut ainsi approché la ville, l'empereur assembla tous ses cappitaines, mesmement les François, à qui il portoit gros honneur, pour entendre à quelle porte seroit planté le siége. Chascun en dist son advis, mais pour conclusion fut ordonné que le gros camp ouquel seroit la personne de l'empereur se logeroit à la porte qui va à Vincence, et auroit les François avecques luy; à une autre porte plus hault seroit le cardinal de Ferrare, les Bourguignons et Hennuyers, avecques dix mille lansquenetz; et à une au dessoubz seroit le cardinal de Manthoue, le seigneur Jehan de Manthoue[2], son frère, et la troppe de lans-

---

[1]. Ludovic Pic, s^r de la Mirandole et de la Concorde, fils de Galeotti Pic et de Blanche-Marie d'Este; il épousa Françoise Trivulce, fille du maréchal de France de ce nom. On lit par erreur dans le texte *la Virandolle*.

[2]. Jean de Gonsague, s^r de Vescovato, frère du cardinal de

quenetz du prince de Hanno, affin que chascune desdictes deux bendes feust secourue du gros camp si besoing estoit. Cela fut trouvé très bon et n'y eut plus que du marcher. Le bon chevalier sans paour et sans reprouche fut ordonné pour les approches, lequel eut en sa compaignie le jeune seigneur de Bucy et les cappitaines la Clayete et la Crote. Or, pour venir devant ceste porte de Vincence, falloit entrer en ung grant chemin droit comme une ligne, où ilz avoient fait quatre grosses barrières à deux cens pas l'une de l'autre, et à chascune avoit à qui combatre. Des deux costez de ce chemin, comme sçavent ceulx qui ont esté en Ytalie, y avoit fossez, parquoy on ne les povoit prendre que par le devant. Sur les murailles de la ville avoient force artillerie, où ilz batoient sur ce grant chemin par dessus leurs gens à la venue des François, si menu et souvent qu'il sembloit gresle. Nonobstant cela, le bon chevalier et ses compaignons commencèrent à escarmoucher, et vivement vindrent à la première barrière, à laquelle eut fort assault, et y plouvoient les coups de hacquebute ; toutesfois elle fut gaignée, et les ennemys repoulsez jusques à la seconde. Si la première fut bien combatue, encores ceste le fut mieulx ; et y fut blessé, d'ung coup de hacquebute au bras, le jeune seigneur de Bucy, et son cheval tué soubz luy ; mais nonobstant cela ne fut possible le faire retirer ; et croyez que pour ce jour onc-

---

Mantoue dont il a été parlé plus haut. Il était fils de Frédéric, marquis de Mantoue, et de Marguerite de Bavière. Il mourut en 1523, âgé de 49 ans.

ques homme ne fist mieulx que luy. Le cappitaine Millault arriva à ceste seconde barrière avecques cent ou six vingtz de ses rustres qu'il avoit esleuz, lesquelz firent raige. Or il fault entendre que ses approches se faisoient environ midy, parquoy faisoit assez cler pour veoir les mieulx combatans. Une bonne demye heure dura l'assault à ceste seconde barrière, qui enfin fut gaignée, et si vivement suyviz ceulx qui la gardoient qu'ilz n'eurent loisir demourer à la troisiesme, ains leur convint sans combat l'abandonner, et eulx rendre à la quatriesme, où il y avoit mille ou douze cens hommes et trois ou quatre faulconeaux qui commencèrent à tirer le long de ce grant chemin ; mais peu de mal firent, sinon qu'ilz tuèrent deux chevaulx. Ceste barrière n'estoit que à ung gect de pierre du boulevart de la ville, qui donnoit grant courage aux gens de la seigneurie de bien combatre, ce qu'ilz firent, car l'assault y dura une heure à coups de picques et de hacquebute. Quant le bon chevalier veit que cela duroit tant, il dist à ses compaignons : « Messeigneurs, ses gens icy nous amusent trop, descendons à pied, et poussons à ceste barrière. » Si descendirent incontinent jusques à trente ou quarante hommes d'armes qui, la veue levée, vont droit à ceste barrière à poux de lance. Ce gentil prince de Hanno estoit tousjours joignant du bon chevalier, et le seigneur de Meillault avecques deux autres, l'ung nommé Grant Jehan le Picart[1] et l'autre le cappitaine

1. Le capitaine Grand-Jehan Picard quitta le service du roi de France pour passer à celui de l'empereur, ainsi qu'on le verra plus loin.

Maulevrier[1], qui faisoient raige ; mais tousjours aux Véniciens venoient gens fraiz. Quoy voyant par le bon chevalier, dist tout hault : « Messeigneurs, ilz nous tiendront tousjours d'icy à six ans en ceste sorte sans riens faire, car ilz se refreschissent de gens à toute heure ; donnons-leur un aspre assault, et puis que chascun face comme moy. » Ce qui luy fut accordé. Sur cela il dist : « Sonne, trompette ! » puis comme ung lyon à qui on a osté ses faons, va avecques ses compaignons livrer ung merveilleux assault, tellement qu'il fist aux ennemys habandonner la barrière de la longueur d'une picque. Alors en cryant : « Avant, compaignons, ilz sont nostres ! » va saulter icelle barrière, et trente ou quarante après luy qui furent fort bien recueilliz. Toutesfois, quant les François virent le dangier où s'estoient mis leurs compaignons, chascun se mist à passer, et cryant : « France ! France ! Empire ! Empire ! » firent une telle charge sur leurs ennemys qu'ilz leur firent guerpir la place ; tournèrent le dos et tout habandonnèrent, eulx retirans comme quasi rompuz en la ville. Ainsi furent gaignées les barrières de devant Padoue en plain midy, où les François acquirent gros honneur, tant ceux de cheval que ceulx de pied, mesmement le bon chevalier, à qui chascun en donnoit la gloire. Si furent faictes les approuches, et l'artillerie amenée sur le bort du fossé qui y demoura six sepmaines sans partir et jusques au siége lever, qui fut tel que vous entendrez.

1. Louis de Brezé, comte de Maulevrier, baron du Bec-Crespin, fils de Jacques de Brezé et de Charlotte de France. Mari de Diane de Poitiers, il fut capitaine de 100 hommes d'armes, grand sénéchal de Normandie, et mourut en 1531.

CHAPITRE XXXIV.

De la grosse et lourde baterie qui fut devant Padoue, et de la grande berche qui y fut faicte.

Les approuches faictes devant Padoue et l'artillerie assise, chascun se logea en son quartier en trois camps, selon l'ordonnance cy-devant dicte. Et fault entendre qu'il y avoit tant de peuple que ledit camp tenoit de tous costez plus de quatre mille de pays. Et fut une merveilleuse chose que, durant le siége qui fut de deux moys ou environ, les fourrageurs n'allèrent jamais plus loing que de six mille du camp, pour avoir force foings, bledz, avoynes, chairs, poullailles, vins et autres choses nécessaires, tant pour les hommes que pour les chevaulx; et si grande habondance y en avoit que, quant on leva le siége, fut bruslé pour cent mil ducatz de vivres, dont on avoit fait provision, cuydant que plus longuement durast le siége. C'est ung incident, venons à la matière.

Le lendemain des approches commencèrent les canonniers à faire leur devoir, et sans cesser dura huyt jours la baterie, qui fut la plus impétueuse et terrible que cent ans auparavant avoit esté veue, car il y fut tiré des trois camps plus de vingt mille coups d'artillerie. Si l'empereur ou ses gens servoient bien d'artillerie ceulx de la ville, croyez que de leur part rendoient bien la pareille, et beaucoup mieulx; car pour ung bien qu'on leur faisoit, en rendoient deux. Brief, ladicte ville fut si bien batue que de toutes les trois berches ne s'en fist que une. Durant ce temps fut pris ung des canonniers de l'empereur, qu'on trouva, en lieu de tirer en la ville, qu'il tiroit contre ses gens, et disoit-l'on que ce seigneur Constantin le luy faisoit faire ; et qui pis estoit, chascun jour advertissoit le conte Petilano de ce qu'il avoit à faire. Je ne sçay s'il estoit vray, mais le canonnier fut mis sur ung mortier et envoyé par pièces en la ville. Il en fut dit assez d'injures audit seigneur Constantin, mais on ne pouvoit prouver le faict sur luy. Le seigneur de la Palisse l'appella lasche et meschant, et qu'il l'en combatroit, mais il ne respondist riens à propos, et en fist sur l'heure l'empereur, qui en estoit coyffé, l'appoinctement. Or, ses trois berches mises en une estoit seullement de quatre à cinq cens pas, qui estoit assez beau passage pour donner l'assault, car, quant aux fossez, ce n'estoit pas grant chose ; mais le conte Petilano avoit si bien acoustré la ville par dedans que, s'il y eust eu cinq cens mille hommes devant, ilz ne feussent pas entrez, si ceulx de dedans eussent voulu, et vous déclaireray comment. Derrière la berche, pour entrer en la ville, avoit icelluy conte Petilano fait faire une trenchée ou fossé à fons de cuve[1], de la haulteur de vingt piedz et quasi autant de largeur. En icelle avoit fait mettre force fagotz et vieil boys bien enrosez[2] de pouldre à canon, et de cent pas en cent pas y avoit boulevart de terre garny d'artillerie, qui tiroient le long de ceste trenchée. Après icelle

1. *Fossé à fond de cuve*, fossé taillé à pied droit de chaque côté et fortifié d'un revêtement en maçonnerie.
2. *Enrosés*, arrosés.

passée, s'il eust esté possible, comme non sans la grace de Dieu, toute l'armée des Véniciens estant en ladicte ville se trouvoit en bataille à cheval et à pied, car il y avoit belle esplanade jusques à mettre vingt mille hommes de pied et de cheval en ordre, et derrière estoient plates-formes où on avoit monté vingt ou trente pièces d'artillerie, qui par dessus leur armée eussent tiré sans leur mal faire, droit à la berche. De ce terrible dangier furent les François advertiz par aucuns prisonniers, qui aux escarmouches quelquefois estoient pris, et par leur rançon payer renduz, ausquelz montroit le conte toutes ces choses, affin qu'ilz le remonstrassent au seigneur de la Palisse et aux cappitaines françois; et disoit encore ces parolles à leur départie : « J'espère, mes amys, avecques l'ayde de Dieu, que le roy de France et la Seigneurie retourneront en amytié quelque jour. Et n'estoit les François qui sont avecques l'empereur, croyez que devant qu'il feust vingt et quatre heures, je sortiroye hors de ceste ville et si en ferois lever le siége honteusement. » Je ne sçay comment il eust fait cela, au nombre de gens qu'il avoit devant luy. Bien furent rapportez ces propos aux seigneurs cappitaines de France; mais ilz n'y pensoient autrement, pour ce que par leur maistre estoient au service de l'empereur pour faire ce qu'il leur ordonneroit. Vous avez ouy cy-dessus la belle berche qui estoit à la ville, qui trop grande estoit, et fusse pour aller mille hommes de fronc deux fois, dont l'empereur fut deuement acertené[1]. Si se délibéra y donner l'assaut, comme vous orrez cy-après ; mais

---

1. *Acertené*, instruit.

premier vous parleray d'une course que fist le bon chevalier avecques ses compaignons.

CHAPITRE XXXV.

Comment le bon chevalier sans paour et sans reprouche, durant le siége de Padoue, fist une course avecques ses compaignons, où il acquist gros honneur.

Durant le siége de Padoue, souvent venoient alarmes au camp de l'empereur, tant des saillies que faisoient ceulx de la ville que de leurs gens qui estoient en garnison dedans Trévize, bonne et forte ville qui est à vingt ou vingt et cinq mille dudit Padoue. En icelle, entre autres cappitaines, estoit messire Luces Mallevèche, homme de guerre, et entreprenant s'il en y avoit point au monde. Deux ou trois fois la sepmaine, resveilloit sans trompette le camp de l'empereur, et s'il voyoit qu'il y fist bon, ne s'espargnoit pas parmy ses ennemys; et par le contraire, s'il n'y faisoit bon, fort sagement se retiroit, et ne perdit jamais ung homme. Tant continua ce train qu'il fist parler de luy à merveilles. Ceste manière de faire fascha fort au bon chevalier, et sans grant bruit, par des espies à qui il donnoit tant d'argent que pour mourir ne l'eussent trompé, entendit beaucoup des allées et venues dudit Mallevèche, de sorte qu'il délibéra l'aller trouver aux champs. Si vint à deux de ses compaignons et qui estoient logez avecques luy, dont l'ung estoit le cappitaine la Clayete et l'autre le seigneur de la Crote, tous deux gaillars et triumphans cappitaines, ausquelz il dist : « Messeigneurs, ce cappitaine Mallevèche nous donne bien de la fascherie; il n'est guères jour qu'il ne nous viengne resveiller, et ne se parle sinon de luy. Je n'ay pas envye de son bien faire, mais je suis marry qu'il ne nous congnoist autrement. J'ay beaucoup entendu de son affaire. Voulez-vous venir à la guerre et vous verrez quelque chose? J'espère que nous le trouverrons demain au matin, car deux jours a qu'il ne nous donna alarme. » Ses compaignons respondirent : « Nous yrons où vous vouldrez. — Or faites doncques, dist le bon chevalier, à deux heures après mynuyt, armer chascun trente hommes d'armes des plus gentilz galans que vous ayez et je méneray ma compaignie et les bons compaignons qui sont avecques moy, comme Bonnet, Mypont, Cossey[1], Brezon et autres que congnoissez comme moy, et sans sonner trompette, ne faire bruyt, monterons à cheval ; et vous suffise que j'ay fort bonne guyde. » Comme il fut dit, ainsi mis à exécution, et entre deux et trois[2], ou moys de septembre, montèrent à cheval, leur guyde devant qui estoit très bien gardé de quatre archiers; et luy avoit-on promis bon payement s'il faisoit bien son debvoir, mais aussi, où il yroit de tromperie, il luy alloit de la vie; et cela avoit ordonné le bon chevalier parce que souvent les espies sont doubles[3] et font tourner la perte où il leur plaist. Mais il fist bien son debvoir, car de nuyt les mena bien dix mille de pays;

1. René de Cossé, sr de Brissac, grand panetier de France en 1516, fils de Thibaud de Cossé et de Félice de Charno; il épousa Charlotte Gouffier et mourut en 1521.
2. Sous-entendu *heures*.
3. *Doubles*, trompeurs.

et tellement que la poincte du jour va apparoistre, si vont adviser ung grant palais où il y avoit une longue closture de muraille. Lors l'espie commencea à dire au bon chevalier : « Monseigneur, si le cappitaine messire Luce Mallevèche sort aujourd'huy de Trévize pour aller visiter vostre camp, il fault de nécessité qu'il passe icy devant. Si bon vous semble de vous cacher en ce logis où qu'il n'est demouré personne au moyen de la guerre, vous le verrez passer et il ne vous pourra veoir. » Cela fut trouvé bon par tous les cappitaines, et se misrent dedans, où ilz furent bien deux heures ou environ qu'ilz ouyrent gros bruyt de chevaulx. Le bon chevalier avoit fait monter ung vieil archer de sa compaignie, appellé Monart, autant expérimenté en guerre que homme vivant, dedans ung colombier, affin de veoir quelz gens passeroient et quel nombre. Si veit venir d'assez loing messire Luces Mallevèche, en nombre, selon son jugement, de cent hommes d'armes, l'armet en teste, et bien deux cens Albanoys que conduysoit ung cappitaine nommé Scandrebec, tous bien montez, et à leur contenance gens d'effect. Ilz passèrent à ung gect de boulle du logis où estoient embuschez les François. Quant ils furent oultre, Monart descendit tout joyeulx et fist son rapport ; qui fut bien aise eut nom chascun. Si dist le bon chevalier qu'on ressenglast les chevaulx. Or, n'y avoit-il page ne varlet en la bende, car ainsi l'avoit-il ordonné, et dist à ses compaignons : « Messeigneurs, il y a dix ans qui ne nous vint si belle adventure, si nous sommes gentilz galans. Ilz sont deux fois plus que nous, mais ce n'est riens ; allons après. — Allons, allons, » dirent les autres. Ainsi, eulx remontez à cheval, la porte fut ouverte, si allèrent le beau trot après leurs gens. Ilz n'eurent pas cheminé ung mille qu'ilz les vont appercevoir sur ung beau grant chemin. Alors le bon chevalier dist à la trompette : « Sonne, sonne, trompette, » qui le fist incontinent. Les cappitaines véniciens, qui n'eussent jamais pensé qu'il y eust eu gens derrière eulx, estimoient que ce feussent encore des leurs qui voulsissent courir; toutesfois ilz, sans tirer plus avant, s'arrestèrent, et si longuement qu'ilz apperceurent au vray que c'estoient ennemys; ilz furent ung peu estonnez pour se trouver enclos entre le camp de l'empereur et ceulx qu'ilz voyoient, et falloit passer par là ou par la fenestre. Cela les confortoit qu'ilz ne voyoient pas grand nombre de gens. Si fist, comme asseuré, le cappitaine messire Luces Mallevèche à tous ses gens commandement de bien faire, leur remonstrant que force estoit d'estre deffaictz ou deffaire les autres. Aux deux costez du chemin estoient grans fossez. Ung homme d'armes sans estre trop bien monté ne se feust osé adventurer de le saillir, de peur d'y demourer; ainsi, en quelque sorte que ce feust, force estoit de combatre. Si commencèrent trompettes à sonner de tous les deux costez, et environ la portée d'ung gect d'arc se prindrent à courir les ungs sur les autres en criant par les ungs : « Empire ! Empire ! France ! France ! » et les autres : « Marco ! Marco ! » C'estoit ung droit plaisir de les ouyr. En ceste première charge y en eut beaucoup portez par terre; mesmement Bonnet donna ung coup de lance dont il percea ung homme d'armes tout oultre. Chascun se mist en son debvoir;

les Albanoys s'escartèrent du grant chemin et habandonnèrent leur gendarmerie pour cuyder prendre les François par le derrière, dont bien s'apperceut le bon chevalier qui dist au cappitaine la Crote : « Compaignon, gardez le derrière, que ne soyons enclos; cecy est nostre[1]. » Ainsi fut fait; et quant lesditz Albanoys cuydèrent approucher, furent receuz et bien frotez, tant qu'il en demoura une douzaine par terre, et les autres à gaigner pays à belle fuyte. Guères ne les suivit le gentil cappitaine la Crote, ains retourna au gros affaire, mais à son arrivée trouva les Véniciens en rotte, et entendoit desjà chascun aprendre son prisonnier. Messire Luces Mallevèche qui estoit monté à l'avantage saillit hors du grant chemin, et vingt ou trente des mieulx montez, qui se misrent à la fuyte vers Trévize. Ilz furent suyvis quelque peu; mais on eust perdu sa peine, car trop bien alloient leurs chevaulx, avec ce que les fuyans y avoient bon vouloir. Si se retirèrent ceulx de la chasse et se misrent au retour avecques leurs prisonniers, desquelz y avoit plus qu'ilz n'estoient de gens, car sans nulle faulte en fut bien prins huyt ou neuf vingtz ausquelz ilz ostèrent leurs espées et masses, et les misrent au meillieu d'eulx; et ainsi arrivèrent en leur camp, où ilz trouvèrent l'empereur qui se pourmenoit à l'entour, lequel, quant il veit ceste grosse poussière, envoya sçavoir que c'estoit par ung gentilhomme françois de sa maison, qu'on appelloit Loys du Peschin, qui incontinent retourna et dist : « Sire, c'est le bon chevalier Bayart et les cap-

---

1. *Cecy est nostre,* c'est-à-dire : je me charge de ceux-ci.

pitaines la Clayete et la Crote qui ont fait la plus belle rencontre qui cent ans a fut faicte, car ilz avoient plus de prisonniers qui ne sont de gens, et ont gaigné deux enseignes. » L'empereur fut ayse au possible. Si s'approcha des François ausquelz il donna le bon soir, et les François le saluèrent ainsi que à si hault prince appartenoit. Si loua chascun cappitaine en son endroit merveilleusement, puis dist au bon chevalier : « Seigneur de Bayart, mon frère vostre maistre est bien eureux d'avoir ung tel serviteur que vous ; je vouldroys avoir donné cent mille florins de rente et en avoir une douzaine de vostre sorte. » Le bon chevalier respondit : « Sire, vous dictes ce qu'il vous plaist, et du loz que me donnez très humblement vous remercie ; d'une chose vous vueil bien adviser que, tant que mon maistre sera vostre alyé, ne trouverrez point de meilleur serviteur que moy. » L'empereur le remercia, et sur ce, luy et ses compaignons prindrent congé et s'en tirèrent à leurs logis. Jamais tel bruyt ne fut démené en camp comme il fut de ceste belle entreprinse, dont le bon chevalier emporta la pluspart de l'honneur, combien qu'entre toutes gens en donnoit le loz entièrement à ses deux compaignons, car de plus doulx ne courtois chevalier n'eust-on sceu trouver en tout le monde. Je feray fin à ce propos et vous diray d'une autre course que fist le bon chevalier tout seul.

CHAPITRE XXXVI.

D'une course que fist le bon chevalier sans paour et

sans reprouche, où il fut pris soixante Albanoys et trente arbalestriers.

Trois ou quatre jours après ceste course, qu'avoient faicte ensemble les cappitaines la Crote, la Clayete et [le] bon chevalier, il fut adverty par ung de ses espies que dedans ung chasteau, appellé Bassan, c'estoit retiré le cappitaine Scandrebec et ses Albanoys avecques quelques autres gens de cheval arbalestriers, soubz la conduicte du cappitaine Rynaldo Contarin, gentilhomme padouan, et que chacun jour ilz faisoient courses sur ceulx qui venoient au camp et sur les lansquenetz qui retournoient en Almaigne, pour saulver le bestail qu'ilz avoient gaigné sur les ennemys[1], tellement que depuis deux ou trois jours en avoient deffaict plus de deux cens et recouvert plus de quatre ou cinq cens beufz et vaches qu'ilz avoient retirez dedans ce chasteau de Bassan; et que, si par ung matin se vouloit rencontrer en ung passage au pied d'une montaigne au dessoubz dudit chasteau, ne fauldroit point à les trouver. Le bon chevalier, qui tousjours avoit trouvé l'espie véritable et aussi l'avoit-il enrichy de plus de deux cens ducatz, délibéra y aller sans en parler à personne; car il luy estoit bien advis, veu qu'il avoit entendu qu'ilz n'estoient pas plus de deux cens chevaulx-légiers en tout, qu'il les defferoit bien avecques ses trente hommes d'armes, qui estoient tous gens d'eslite. Toutesfois, il avoit encores

---

1. Le pillage, en enrichissant les soldats, occasionnait de continuelles désertions. — Les lansquenets retournaient par troupes en Allemagne, emportant le fruit de leurs larcins et surtout des bestiaux dérobés aux paysans.

huyt ou dix gentilzhommes avecques luy, et lesquelz estoient venuz en sa compagnie pour leur plaisir au camp de l'empereur, seulement pour l'amour qu'ilz portoient au bon chevalier, et eulx avecques sa compagnie n'estoient pas gens pour estre deffaictz en peu d'heures. Il leur conta son entreprinse, sçavoir s'ilz en vouloient estre ; c'estoit leur vie et ne demandoient autre chose, parquoy, une heure devant jour, par ung samedy, ou mois de septembre, montèrent à cheval et firent bien quinze mille tout d'une traicte jusques à ce qu'ilz viensissent au passage où l'espie les mena ; mais se fut si couvertement qu'oncques ne furent apperceuz ; et si cela estoit aussi près du chasteau que la portée d'ung canon. Là s'embuschèrent, où guères ne furent qu'ilz ouyrent une trompette au chasteau qui sonnoit à cheval, dont ilz furent bien resjouyz. Le bon chevalier demanda à l'espie, à son advis, quel chemin ilz prendroient ; il respondit : « Quelque part qu'ilz vueillent aller, il fault par force qu'ilz passent par dessus ung petit pont de boys qui est à ung mille d'icy, que deux hommes garderoient contre cinq cens. Mais[1] qu'ilz ayent passé ce pont, vous envoyerez de voz gens quelque peu pour le garder qu'ilz ne retournent au chasteau, et je vous meneray par le derrière de ceste montaigne à ung passage que je sçay ; si ne fauldrez point à les rencontrer en la plaine, entre cy et le palais de la royne de Chippre. — C'est bien advisé, dist le bon chevalier. Qui demourera à ce pont ? » Le seigneur de Bonnet dist : « Mon compaignon Mypont et moy le garde-

---

1. *Mais que*, dès que.

rons, s'il vous plaist, et nous laisserez quelques gens avecques nous. — Je le veulx bien, dist-il. Petit-Jehan de la Vergne[1] et telz et telz, jusques au nombre de six hommes d'armes et dix ou douze archiers, vous feront compaignie. » En devisant sur ce propos, vont adviser ses Albanoys et arbalestriers descendre du chasteau qui sembloient aller aux nopces et faire aussi beau butin comme ilz avoient fait depuis deux jours; mais il leur alla bien autrement comme vous orrez. Quant ilz furent passez, Bonnet alla droit au pont avecques ses gens, et le bon chevalier, avecques le reste de sa compaignie, s'en alla droit au passage où l'espie le mena, qui si bien le guyda qu'en moins de demye heure l'eut rendu en la plaine, où on eust veu ung homme à cheval de six milles loing. Si vont adviser environ la portée d'une longue couleuvrine leurs ennemys, qui marchoient le chemin de Vincence, où ilz pensoient trouver leur proye. Le bon chevalier appela le bastard du Fay[2], son guydon, et luy dist : « Cappitaine, prenez vingt de voz archiers et allez à ses gens-là escarmoucher. Quant ilz vous verront si petit nombre, ilz vous chargeront, n'en faictes doubte. Tournez bride, faisant de l'effrayé et les amenez jusques icy où je vous attendray à la coste de ceste montaigne, et vous verrez beau jeu. » Il ne lui convint pas dire deux fois, car il sçavoit le mestier de la guerre le possible. Si commencea à marcher tant qu'il fut apperceu des ennemys. Le cappitaine Scandrebec,

---

[1]. C'est probablement celui qui figure dans la montre de la compagnie de Bayart sous le nom de Jehan de la Bergnie.

[2]. Antoine du Fay, gentilhomme de Dauphiné, fils naturel d'Hector du Fay, s^r de Chapteuil et de Peyraut.

joyeulx de ceste rencontre, commencea à marcher fièrement avecques ses gens, tant qu'ilz apperceurent les François aux croix blanches. Si commencèrent à les charger cryant : « Marco ! Marco ! » Le bastard du Fay, qui sçavoit sa leçon par cueur, commencea à faire l'effrayé et à se mettre au retour. Il fut vivement poursuivy et de façon qu'il fut rembarré jusques à l'embusche du bon chevalier, qui avecques ses gens, l'armet en teste et l'espée au poing, comme un lyon vint donner dedans en escryant : « France ! France ! Empire ! Empire ! » De ceste première charge, y eut de ses ennemys portez par terre plus de trente : le premier assault fut dur et aspre, mais enfin les Albanoys et les arbalestriers se misrent en fuyte, le grant galop, cuydans gaigner Bassan dont ilz scavoient fort bien le chemin. S'ilz faisoient leur devoir de courir, les François faisoient devoir de chasser; toutesfois trop bien alloient les chevaulx légiers, et eust le bon chevalier perdu sa proye, n'eust esté ce pont que gardoit Bonnet, lequel avecques son compagnon Mypont et les gens qu'ilz avoient, deffendirent le passage aux ennemys, de façon que le cappitaine Scandrebec congneut bien qu'il falloit combatre ou fuyr à l'adventure, ce qu'ilz aymèrent mieulx eslire, et se misrent en fuyte à bryde abatue; mais si bien furent les esprons chaussez qu'il fut pris soixante Albanoys et trente arbalestriers avecques les deux cappitaines. Le demourant s'en alla à travers pays vers le Trevizan. En la compaignie du bon chevalier, puis[1] six jours, avoit esté fait archier ung jeune gentilhomme du

1. *Puis,* depuis.

Daulphiné, nommé Guigo Guyfray, filz du seigneur de
Bontières[1], lequel n'avoit point plus de seize à dix-
sept ans, mais il estoit de bonne rasse et avoit grant
désir d'ensuyvre ses parens. Durant le combat, il veit
celluy qui portoit l'enseigne des arbalestriers de
Rynaldo Contarin, qui c'estoit gecté au-delà d'ung
fossé et se vouloit sauver. Le jeune garson se voulut
essayer et passa après luy, et avecques sa demye-lance
luy donna si grant [coup] qu'il le porta par terre et la
rompit; puis mist la main à l'espée et luy escryoit:
« Rends-toy, enseigne, ou je te tueray. » L'enseigne
ne vouloit pas encores mourir, si bailla son espée et
son enseigne au jeune enfant auquel il se rendit, qui
n'en eust pas voulu tenir dix mille escus. Si le fist
remonter sur son cheval et le mena droit où estoit le
bon chevalier qui faisoit sonner la retraicte, et y avoit
tant de prisonniers qu'il ne sçavoit qu'en faire.
Bonnet veit venir de loing le jeune Bontières et dist:
« Monseigneur, je vous prie, voyez venir Guigo, il a
pris ung prisonnier et une enseigne; » et en ces parolles arriva. Le bon chevalier, quand il le congneut,

---

1. Guigo Guiffrey, connu plus tard sous le nom de Boutières,
fut gouverneur de Turin, capitaine de cent hommes d'armes, prévôt de l'hôtel du roi, etc. Il était fils de Pierre Guiffrey, s^r de
Boutières, tué à Cerignole. Bayard fut le maître de Boutières
qui lui-même apprit le métier des armes au baron des Adrets et
au maréchal de Tavannes. Il existe à la Bibliothèque nationale
quelques lettres et quelques pièces inédites assez intéressantes
relatives à Boutières, entre autres deux quittances (ms. Clairambault, vol. 56, p. 4285, et cab. des titres, art. Guiffrey) auxquelles
sont suspendus deux grands sceaux, le premier ayant pour légende:
S. GVIGO GVIFFREY. CHLR S. DE BOVTIERES PVOVT D. L'OSTEL; l'autre:
GVIGO GVIFFREY. CHLR S^r DE BOTTIERES.

fut si ayse qu'oncques ne le fut plus, et dist : « Comment, Bontières, avez-vous gaigné ceste enseigne et pris ce prisonnier ? — Ouy, monseigneur, puisqu'il a plu à Dieu ; il a fait que¹ sage de se rendre, autrement je l'eusse tué ; » dont toute la compaignie se print à rire, mesmement le bon chevalier, qui tant avoit d'ayse que merveilles, et dist : « Bontières, mon amy, vous avez bon commencement, Dieu le vous veuille continuer ! » Aussi a-il fait, car depuis par ses vertus a esté lieutenant de cent hommes d'armes que le roy de France donna audit bon chevalier après ce qu'il eut si bien gardé la ville de Maizières contre les gens de l'empereur, comme verrez quant temps sera. Après ces propos, le bon chevalier dist à Bonnet, à Mypont, au cappitaine Pierrepont, lors son lieutenant, gentil chevalier, sage et hardy, et aux plus apparens : « Messeigneurs, il nous fault avoir ce chasteau, car il y a gros butin dedans ; ce sera pour noz gens. — Ce seroit bien fait, dirent les autres, mais il est fort et n'avons point d'artillerie. — Taisez-vous, dist-il, je sçay la manière comment je l'auray devant ung quart d'heure. » Il fist appeller les cappitaines Scandrebec et Rynaldo Contarin, ausquelz il dist : « Sçavez-vous qu'il y a, seigneurs ? faictes-moy rendre ceste place incontinent, car je sçay bien qu'en avez le povoir, ou sinon je faiz veu à Dieu que je vous feray trencher la teste devant la porte tout à ceste heure. » Ilz respondirent qu'ilz le feroient, s'il leur estoit possible ; ce que ouy², car ung neveu du cappitaine Scandrebec la

---

1. *Que*, comme.
2. *Ce que ouy*, ce qui eut lieu.

tenoit qui la rendit incontinent que son oncle eut parlé à luy. Le bon chevalier et tous ceulx de sa compagnie y montèrent et trouvèrent plus de cinq cens beufs et vaches, et force autre butin, qui fut égallement party tant que chascun fut content. Le bestail fut mené vendre à Vincence. Ilz firent très-bien repaistre leurs chevaulx, et y repeurent aussy, car trouvèrent assez de quoy. Le bon chevalier fist seoir à sa table les deux cappitaines véniciens, et comme ilz achevoient de disner, vecy arriver le petit Bontières qui venoit veoir son cappitaine et amenoit son prisonnier, lequel estoit deux fois aussi hault que luy et aagé de trente ans. Quant le bon chevalier le veit, se print à rire, et dist aux deux cappitaines véniciens : « Messeigneurs, ce jeune garson qui estoit paige n'a pas six jours, et n'aura barbe de trois ans, qui a pris vostre enseigne ; c'est ung gros cas, car je ne sçay comment vous faictes, mais nous autres François ne baillons pas voulentiers noz enseignes, sinon aux plus suffisans. » L'enseigne vénicien eut honte et se veit à ceste occasion fort abaissé de son honneur ; si dist en son langaige : « Par ma foy ! cappitaine, je ne me suis pas rendu à celluy qui m'a pris par paour de luy, car luy seul n'est pas pour me prendre prisonnier, j'eschapperoye bien de ses mains et de meilleur homme de guerre que luy, mais je ne povoye pas combatre vostre troppe moy seul. » Le bon chevalier regarda Bontières, auquel il dist : « Escoutez que dit vostre prisonnier, que vous n'estes pas homme pour le prendre. » Le jeune enfant fut bien marry, et comme courroucé respondit : « Monseigneur, je vous supplie m'accorder ce que je vous demanderay. — Ouy vrayement, dist le bon chevalier ; qu'esse? — C'est, dist-il, que je rebailleray à mon prisonnier son cheval et ses armes et je monteray sur le mien ; nous yrons là-bas ; si je le puis conquérir encores une fois, soit asseuré de mourir, et j'en fais veu à Dieu, et s'il se peult eschapper je lui donne sa rançon. » Jamais le bon chevalier ne fut plus ayse de propoz, et dist tout hault : « Vrayement, je le vous accorde. » Cela ne servit de riens, car le Vénicien ne voulut pas accepter l'offre, dont il n'eut guères d'honneur, et, par le contraire, le petit Bontières beaucoup. Après disner, le bon chevalier et les François remontèrent à cheval et retournèrent au camp, où ilz emmenèrent leurs prisonniers. De ceste belle prise fut bruyt plus de huyt jours, et en fut donné grande louenge au bon chevalier par l'empereur et par tous les Almans, Hennuyers et Bourguignons : mesmement le bon seigneur de la Palisse en fut tant aise que merveilles, auquel fut compté le tour qu'avoit fait le petit Bontières et l'offre qu'il avoit faicte à son prisonnier. S'il en fut ris partout le camp, ne fault pas demander. Bien dist le seigneur de la Palisse qu'il congnoissoit de longue main la rasse de Bontières, et que de ceste maison estoient tous gaillars gentilzhommes. Ainsi alla de ceste adventure au bon chevalier sans paour et sans reprouche pour ceste fois.

CHAPITRE XXXVII.

Comment l'empereur délibéra donner l'assault à Padoue, et l'occasion pourquoy il demoura.

Vous avez entendu cy devant comment l'artillerie

de l'empereur, du duc de Ferrare et marquis de Manthoue, avoient fait trois berches, toutes mises en une qui contenoient demy-mille ou peu s'en failloit ; ce que par ung matin l'empereur, accompaigné de ses princes et seigneurs d'Almaigne, alla veoir, dont il s'esmerveilla ; et se donnoit grant honte, au nombre de gens qu'il avoit, que plus tost n'avoit fait donner l'assault, car jà y avoit trois jours que les canonniers ne tiroient que à pierre perdue en la ville, pour ce que à l'endroit où ilz estoient n'y avoit plus de muraille. Parquoy luy, revenu à son logis qui estoit distant de celluy du seigneur de la Palisse d'ung gect de boulle seulement, appella ung sien secrétaire françois auquel il fist escripre unes lettres audit seigneur qui estoient en ceste substance : « Mon cousin, j'ay à ce matin esté veoir la berche de la ville, que je trouve plus raisonnable qui vouldra[1] faire son devoir. J'ay advisé, dedans aujourd'huy, y faire donner l'assault. Si vous prie que, incontinent que mon grant tabourin sonnera, qui sera sur le midy, vous faictes tenir prestz tous les gentilzhommes françois qui sont soubz vostre charge à mon service par commandement de mon frère le roy de France, pour aller audit assault avecques mes piétons, et j'espère, avecques l'ayde de Dieu, que nous l'emporterons. » Par le mesme secrétaire qui avoit escripte la lettre, l'envoya au seigneur de la Palisse, lequel trouva assez estrange ceste manière de procéder. Toutesfois il en dissimula. Bien dist au secrétaire : « Je m'esbays que l'empereur n'a mandé mes compaignons et moy pour plus asseuréement délibérer

---

1. *Qui vouldra,* pour qui voudra.

de cest affaire. Toutesfois vous luy direz que je les vois envoyer querir, et eulx venuz, je leur montreray la lettre. Je croy qu'il n'y aura celluy qui ne soit obeissant à ce que l'empereur vouldra commander. » Le secrétaire retourna faire son message, et le seigneur de la Palisse manda tous les cappitaines françois, lesquelz vindrent à son logis. Desjà estoit bruyt par tout le camp que l'on donneroit l'assault à la ville sur le midy ou peu après. Lors eussiez veu une chose merveilleuse, car les prestres estoient retenuz à poix d'or à confesser, pour ce que chascun se vouloit mettre en bon estat; et avoit plusieurs gens d'armes qui leur bailloient leur bourse à garder, et pour cela ne fault faire nulle doubte que messeigneurs les curez n'eussent bien voulu que ceulx dont ilz avoient l'argent en garde feussent demourez à l'assault. D'une chose veulx bien adviser ceulx qui lysent cette hystoire, que cinq cens ans avoit qu'en camp de prince ne fut veu autant d'argent qu'il y en avoit là, et n'estoit jour qu'il ne se desrobast trois ou quatre cens lansquenetz qui emmenoient beufz et vaches en Almaigne, lictz, bledz, soyes à filer et autres utensilles, de sorte que audit Padouan fut porté dommage de deux millions d'escus, qu'en[1] meubles, qu'en maisons et palais bruslez et destruitz. Or, revenons à nostre propos. Les cappitaines françois arrivez au logis du seigneur de la Palisse, leur dist : « Messeigneurs, il fault disner, car j'ay à vous dire quelque chose que, si je vous le disoye devant, par adventure ne feriez-vous pas bonne chère. » Il disoit ces parolles

---

1. *Qu'en*, tant en.

par joyeuseté, car assez congnoissoit ses compaignons qu'il n'y avoit celluy qui ne feust ung autre Hector ou Rolant, et sur tous le bon chevalier qui oncques en sa vie ne s'estonna de chose qu'il veist ne ouyst. Durant le disner ne firent que se gaudir les ungs des autres. Tousjours en vouloit ledit seigneur de la Palisse au seigneur d'Ymbercourt, qui luy rendit bien son change en toutes parolles d'honneur et de plaisir. Je croy que vous avez ouy nommer cy-devant tous les cappitaines françois qui estoient là ensemble, mais je croy qu'en toute la reste de l'Europe on n'en eust pas encores trouvé autant de la sorte. Après le disner on fist sortir tout le monde de la chambre, excepté les cappitaines, à qui le seigneur de la Palisse communicqua la lettre de l'empereur, qui fut leue deux fois pour mieulx l'entendre; laquelle ouye, chascun se regarda l'ung l'autre en riant, pour veoir qui commenccroit la parolle. Si dist le seigneur d'Ymbercourt : « Il ne fault point tant songer ! Monseigneur, dist-il au seigneur de la Palisse, mandez à l'empereur que nous sommes tous prests; il m'ennuye desjà aux champs, car les nuytz sont froides, et puis les bons vins commencent à nous faillir; » dont chascun se print à rire. Il n'y eut celluy de tous les cappitaines qui ne parlast devant le bon chevalier, et tous s'accordoient au propos du seigneur d'Ymbercourt. Le seigneur de la Palisse le regarda et veit qu'il faisoit semblant de se curer les dens, comme s'il n'avoit pas entendu ce que ses compaignons avoient proposé. Si luy dist en riant : « Hé ! puis, l'Hercules de France, qu'en dictes vous ? Il n'est pas temps de se curer les dens, il fault respondre à ceste heure promptement à l'empereur. » Le bon chevalier, qui tousjours estoit coustumier de gaudir, joyeusement respondit : « Si nous voulons trestous croyre monseigneur d'Ymbercourt, il ne fault que aller droit à la berche; mais pour ce que c'est ung passe-temps assez fascheux à hommes d'armes que d'aller à pied, je m'excuserois fort voulentiers. Toutesfois, puisqu'il fault que j'en dye mon oppinion, je le feray. L'empereur mande en sa lettre que vous faciez mettre tous les gentilzhommes françois à pied pour donner l'assault, avecques ses lansquenetz. De moy, combien que je n'aye guères des biens de ce monde, toutesfois je suis gentilhomme ; tous vous autres, messeigneurs, estes gros seigneurs et de grosses maisons, et si sont beaucoup de noz gens d'armes. Pense l'empereur que ce soit chose raisonnable de mettre tant de noblesse en péril et hazart avecques des piétons dont l'ung est cordoannier, l'autre mareschal, l'autre boulengier, et gens mécanicques, qui n'ont leur honneur en si grande recommandation que gentilzhommes; c'est trop regardé petitement, sauf sa grace à luy. Mais mon advis est que vous, monseigneur, dist-il au seigneur de la Palisse, debvez rendre response à l'empereur qui sera telle : c'est que vous avez fait assembler voz cappitaines suyvant son vouloir, qui sont très-délibérez de faire son commandement selon la charge qu'ilz ont du roy leur maistre, et qu'il entend assez que leurdit maistre n'a point de gens en ses ordonnances qui ne soient gentilzhommes; de les mesler parmy gens de pied qui sont de petite condition, seroit peu fait d'estime d'eulx, mais qu'il a force comtes, seigneurs et gentilzhommes d'Almaigne; qu'il les face mettre à pied avecques les gens d'armes de France, et voulentiers leur monstreront le chemin, et puis ses lansquenetz les suyvront s'ils congnoissent qu'il y face bon. » Quant le bon chevalier eut dicté son oppinion, n'y eut autre chose réplicqué, mais fut son conseil tenu à vertueux et raisonnable. Si fut à l'empereur rendu ceste response, qu'il trouva très honneste. Si fist incontinent et tout soubdainement sonner ses trompettes et tabourins pour assembler son trayn, où se trouvèrent tous les princes, seigneurs et cappitaines tant d'Almaigne, Bourgongne et Haynault. Lesquelz assemblez, l'empereur leur déclaira comment il estoit délibéré d'aller dedans une heure donner l'assault à la ville, dont il avoit adverty les seigneurs de France, qui tous estoient fort désirans d'y très bien faire leur debvoir, et qu'ilz le prioient que avecques eulx allassent les gentilzhommes d'Almaigne, ausquelz voulentiers pour eulx mettre les premiers monstreroient le chemin. « Parquoy, messeigneurs, je vous prie, tant que je puis, les y vouloir acompaigner et vous mettre à pied avecques eulx, et j'espère avecques l'ayde de Dieu du premier assault nous emporterons noz ennemys. » Quant l'empereur eut achevé son parler, soubdainement se leva un bruyt fort merveilleux et estrange parmy ses Almans, qui dura une demye heure avant qu'il feust appaisé ; puis l'ung d'entre eulx, chargé de respondre pour tous, dist qu'ilz n'estoient point gens pour eulx mettre à pied ny aller à une bersche, et que leur vrai estat estoit de combatre en gentilzhommes, à cheval. Et autre responce n'en peut avoir l'empereur ; mais combien qu'elle ne feust pas selon son désir et ne luy pleust guères, il ne sonna mot, sinon qu'il dist : « Bien, messeigneurs, il fauldra doncques adviser comment nous ferons pour le mieulx ; » et puis sur l'heure appella ung sien gentilhomme nommé Rocandolf[1], qui d'heure en autre venoit parmy les François comme ambassadeur, et à vray dire la pluspart du temps estoit avecques eulx, auquel il dist : « Allez au logis de mon cousin le seigneur de la Palisse, recommandez-moy à luy et à tous messeigneurs les cappitaines françois que trouverrez avecques luy, et leur dictes que pour ce jourd'huy ne se donnera pas l'assault. » Il alla faire son message, et chascun par ce moyen s'en alla désarmer, les ungz joyeulx, les autres marrys. Je suis bien asseuré que les prestres n'en furent pas trop aises, car il leur fut besoing rendre ce qu'on leur avoit baillé en garde. Je ne sçay comment ce fut ne qui en donna le conseil ; mais la nuyt après ce propos tenu, l'empereur s'en alla tout d'une traicte à plus de quarante mille du camp, et de ce logis-là manda à ses gens qu'on levast le siége ; ce qui fut fait comme vous entendrez.

CHAPITRE XXXVIII.

Comment l'empereur se retira du camp de devant Padoue quant il congneut que ses Almans ne vouloient pas donner l'assault.

Il ne fault pas demander si l'empereur fut bien

1. Christophe, comte de Rockandorf ; il entra au service du roi de France et fut gentilhomme de sa chambre. Une quittance qu'il donna en cette qualité est conservée à la Bibliothèque nationale (Ms. f. 26110, n° 815).

courroucé quant il eut entendu le bon vouloir des
cappitaines françois, et que ses gens d'Almaigne ne
vouloient riens faire pour luy, dont de ceste oppinion
n'estoit pas le gentil prince de Hanno, qui ne demandoit autre chose, et s'offrit à l'empereur, et pareillement se vint excuser et présenter aux cappitaines
françois. Entre autres cappitaines, qu'il avoit parmy
ses bendes y en avoit ung qu'on nommoit le cappitaine Jacob[1], qui depuis fut au service du roy de
France, et mourut à la journée de Ravenne, comme
vous entendrez, lequel chascun jour alloit escarmoucher avecques les François, et de hardiesse et de
toute honnesteté estoit accomply à merveilles ; mais
ces deux Almans ne povoient pas satisfaire à tout.
L'empereur, enflé de courroux et fascherie, lendemain, deux heures devant jour, sans bruyt faire,
acompaigné de cinq ou six cens chevaulx de ses plus
privez serviteurs, deslogea de son camp et s'en alla
tout d'une traicte à trente ou quarante mille de là,
tirant en Almaigne, et manda au seigneur Constantin, son lieutenant général, et au seigneur de la
Palisse, qu'ilz levassent le camp le plus honnestement
qu'il seroit possible. Chascun s'esbahyt assez de ceste
façon de faire, mais on n'en eut autre chose. Les cappitaines tant françois, almans que bourguignons,
eurent conseil ensemble, où ilz conclurent lever le
siége, qui estoit assez fascheux et malaisé, pour avoir
six ou sept vingtz pièces d'artillerie devant la ville, et
n'y avoit pas d'esquipage pour en mener la moytié.

1. Jacob Empser, dont il sera question plus d'une fois encore
dans le cours de cette chronique, capitaine de lansquenets, tué à
la bataille de Ravenne.

Les François furent ordonnez à tenir escorte tant que l'artillerie seroit levée; mais le gentil prince de Hanno, qui assez congnoissoit la turpitude de sa nation, avecques sa bende, qui estoit de sept à huyt mille hommes, ne partit oncques d'auprès de l'artillerie, qui luy fut tourné à gros honneur, car depuis le matin au point du jour jusques à deux heures de nuyt convint tenir bataille[1], et si on mangea ce ne fut guères à son aise, car d'heure en autre y avoit chaulx et aspres alarmes, parce que ceulx de la ville faisoient force saillies et grosses, aussi qu'il convenoit mener une partie de l'artillerie ou camp où on alloit loger, puis la laisser là, et ramener les chevaulx et beufz quérir le demourant. Sans perte nulle des gens de l'empereur ny des François se leva le siége. Ung grand mal y eut que les lansquenetz misrent le feu en tous leurs logis, et partout où ilz passoient. Le bon chevalier par charité fist demourer sept ou huyt de ses hommes d'armes en ung beau logis où il s'estoit tenu durant le siége, pour le sauver du feu, jusques à ce que lesditz lansquenetz fussent passez oultre; et vous asseure que telz boutefeux ne lui plaisoient guères. De camp en camp vint l'armée jusques à Vincence, où là envoya l'empereur quelque présent au seigneur de la Palisse et à tous les cappitaines françois, selon sa puissance, car il estoit assez libéral, et n'estoit possible trouver ung meilleur prince s'il eust eu de quoy donner. Ung mal avoit en luy, qu'il ne se fioit en personne, et tenoit à part luy ses entreprinses si secrètes que cela luy a porté beaucoup de dommage en sa vie.

---

1. *Tenir bataille,* être rangé en bataille.

De Vincence s'en retournèrent la pluspart de tous les Almans ; une partie en demoura en la ville pour la garder avecques le seigneur du Ru. Si s'en retournèrent le seigneur de la Palisse et tous ses compaignons environ la Toussainctz ou duché de Milan, excepté le bon chevalier sans paour et sans reproche qui demoura quelque temps en garnison à Véronne, où il receut beaucoup d'honneur, comme vous orrez. Les Véniciens tenoient encores une ville nommée Lignago[1], où ilz avoient grosse garnison, et qui souvent faisoient courses contre ceulx du Véronnoys.

CHAPITRE XXXIX.

Comment le bon chevalier sans paour et sans reprouche, estant à Véronne, fist une course sur les Véniciens, où il fut prins et rescoux[2] deux fois en ung jour, et quelle en fut la fin.

Le bon chevalier sans paour et sans reprouche fut ordonné en garnison à Véronne avecques trois ou quatre cens hommes d'armes que le roy de France presta à l'empereur, ou peu de temps après ceulx qui estoient pour ledit empereur à Vincence, congnoissans que la ville n'estoit pas pour tenir, s'en vindrent retirer audit Véronne, parce que les Véniciens estoient fors aux champs et marchoient pour y venir mettre le siége ; mais quand ilz la virent habandonnée, tirèrent leur armée jusques à ung village nommé

---

1. *Legnano*, à 9 lieues de Vérone.
2. *Recoux*, recouvré.

Sainct-Boniface[1], à quinze ou dix-huyt mille dudit Véronne. C'estoit sur le temps de l'yver, et convenoit aux souldars qui estoient dedans la ville envoyer au fourrage pour leurs chevaulx aucunes fois bien loing, tellement que bien souvent se perdoient des varletz et des chevaulx, tant qu'il fut besoing leur donner escorte ; mais il n'estoit guères jour qu'ilz ne rencontrassent les ennemys, et se frotoient très bien l'ung l'autre. De la part des Véniciens y avoit un cappitaine fort gentil galant et plein d'entreprinses, qui s'appelloit Jehan-Paule Moufron[2], lequel chascun jour faisoit courses jusques aux portes de Véronne, et tant y continua qu'il en fascha au bon chevalier, lequel se délibéra, au premier jour que les fourrageurs yroient aux champs, luy-mesmes leur aller faire escorte et user de quelque subtilité de guerre. Mais si secrètement ne le peut faire que par ung espie qui se tenoit à son logis n'en feust adverty le cappitaine Moufron; parquoy délibéra, quant il yroit aux champs, mener si bonne force que, s'il rencontroit le bon chevalier, luy feroit recevoir de la honte. Ung jeudy matin furent mis les fourrageurs hors de Véronne, et à leur queue trente ou quarante hommes d'armes et archiers, que conduisoit le cappitaine Pierrepont, lieutenant dudit bon chevalier, qui estoit sage et advisé. Si se gectèrent à l'escart du grant chemin pour aller chercher les cassines et faire leurs charges[3]. Le bon chevalier, accompaigné de cent

---

1. *San-Bonifacio*, province de Vérone.
2. Jean-Paul Manfroni, un des meilleurs capitaines de cavalerie d'Italie à cette époque.
3. Pour chercher les fermes et y faire leur chargement de foin.

hommes d'armes, qui ne pensoit point estre descouvert, s'estoit allé gecter en ung village sur le grant chemin appellé Sainct-Martin¹, à six mille dudit Véronne, et envoya quelques coureurs pour descouvrir, qui guères ne furent loing sans veoir leurs ennemys en nombre de cinq cens chevaulx ou environ, lesquelz marchoient droit vers ceulx qui alloient en fourrage. Ilz en vindrent faire leur rapport audit bon chevalier, qui en fut fort joyeulx, et incontinent monta à cheval avecques la compaignie qu'il avoit, pour les aller trouver. Le cappitaine Jehan-Paule Moufron qui par l'espie avoit esté adverty de l'entreprise, avoit fait embuscher en ung palais près de là cinq ou six cens hommes de pied, picquiers et hacquebutiers, ausquelz il avoit très bien chanté leur leçon, et entre autres choses qu'ilz n'eussent à sortir jusques à ce qu'ilz le verroient retirer, et que les François les chasseroient, car il feroit semblant de fuyr, et par ce moyen ne fauldroit point à les enclore et deffaire. Le bon chevalier qui s'estoit mis aux champs ne fist pas deux milles qu'il ne veist à cler les ennemys ; si commencea à marcher droit à eulx, et en cryant « Empire et France ! » les voulut aller charger. Ilz firent quelque contenance de tenir bon, mais quant ilz les virent approucher, commencèrent à eulx retirer le long d'ung chemin et droit à leur embusche, laquelle ilz trespassèrent² d'ung peu, et alors s'arrestèrent tout court et en criant : « Marco ! Marco ! » se mirent en défense vaillamment. Les gens de pied sortirent de

---

1. *San-Martino-Buonalbergo*, province de Vérone.
2. *Trespassèrent*, dépassèrent.

leur embusche, qui firent ung merveilleux cry et vindrent ruer sur les François en tirant force hacquebutes, dont d'ung coup fut tué le cheval du bon chevalier entre ses jambes, qui tumba si mal à point que ung de ses piedz tenoit dessoubz. Ses hommes d'armes, qui pour mourir ne l'eussent jamais laissé là, firent une grosse envahie¹, et en descendit l'ung à pied qu'on appelloit Grantmont², lequel gecta son cappitaine de ce péril; mais quelques armes qu'ilz feissent ne leur peurent de tant servir que tous deux ne demourassent prisonniers parmy les gens de pied qui les vouloient désarmer. Le cappitaine Pierrepont qui estoit avecques les fourrageurs ouyt le bruyt, si y courut le grant galop incontinent, et vint en si bonne heure qu'il rencontra son cappitaine et Grantmont en dur party; car desjà les tiroit-on hors de la presse pour les emmener à sauveté. Il ne fault pas demander s'il fut joyeulx; car, comme ung lyon, frappa sur ceulx qui les tenoient, lesquelz soubdain habandonnèrent leur prise et se retirèrent à leur troppe qui combatoit contre le reste des François furieusement. Le bon chevalier et Grantmont furent incontinent remontez et s'en retournèrent droit au secours de leurs gens qui avoient beaucoup à souffrir, car ilz estoient assailliz devant et derrière; mais à la revenue dudit bon chevalier et du cappitaine Pierrepont furent beaucoup soulagez. Toutesfois le jeu estoit mal party, car les Véniciens estoient quatre contre ung, et puis

1. *Envahie,* charge.
2. Claude de Grammont, seigr de Vachères, gentilhomme de Dauphiné.

ses hacquebutiers faisoient beaucoup de mal aux François. Si commencea le bon chevalier à dire au cappitaine Pierrepont : « Cappitaine, si nous ne gaignons le grant chemin nous sommes affolez[1]; et si nous sommes une fois là, nous nous retirerons en despit d'eulx et si n'aurons point de perte aydant Dieu. — Je suis bien de cest advis, dist le cappitaine Pierrepont. » Si commencèrent tousjours combatans à eulx retirer sur ce grant chemin, où ilz parvindrent, mais ce ne fut pas sans beaucoup souffrir; néantmoins encores n'avoient point perdu de gens, mais si avoient bien les ennemys[2] comme quarante ou cinquante hommes de pied et sept ou huyt de cheval. Quant le bon chevalier et les François furent sur ce grant chemin que tiroit à Véronne, se serrèrent et misrent à la retraicte tout doulcement, et de deux cens pas en deux cens pas retournoient sur leurs ennemys tant gaillardement que merveilles. Mais ilz avoient ses gens de pied à leurs aesles qui tiroient coups de hacquebute menus et souvent, de façon que, à la dernière charge, fut encores tué le cheval du bon chevalier, qui, le sentant chanceler, se gecta à pied l'espée au poing, où il fist merveilles d'armes; mais bientost fut encloz, et eust eu mauvais party, quant le bastard du Fay, son guydon, avecques ses archiers, vint faire une charge si furieusement que au millieu de la troppe des Véniciens recouvra son cappitaine et le remonta à cheval en despit d'eulx, puis se serroient avecques les autres. Jà approchoit la nuyt, parquoy

---

1. *Affolez*, perdus.
2. Sous-entendu *perdu*.

commanda le bon chevalier qu'on ne chargeast plus et qu'il suffisoit bien se retirer à leur grant honneur, ce qu'ilz firent jusques à Sainct-Martin, dont le matin estoient partiz. Il y avoit un pont garny de barrières au bout duquel ilz s'arrestèrent; le cappitaine Jehan-Paule Moufron congneut bien que plus ne leur sçauroit porter dommage, et puis qu'ilz pourroient estre secouruz de Véronne. Si fist sonner la retraicte et se mist au retour vers Sainct-Boniface, ses gens de pied devant luy, qui estoient fort lassez de ceste journée, où ilz avoient combatu quatre ou cinq heures, et voulurent séjourner en ung village à quatre ou cinq mille dudit Sainct-Boniface; dont le cappitaine Jehan-Paule Moufron n'estoit pas d'oppinion, et s'en retourna avecques ses gens de cheval, bien despit dont il avoit esté si bien gallopé et par si peu de nombre de gens. Le bon chevalier et ses gens pour ce soir se logèrent en ce village de Sainct-Martin, où ilz firent grant chère de ce qu'ilz avoient, en parlant de leur fort belle retraicte, car ilz n'avoient perdu que ung archier et quatre chevaulx tuez, et leurs ennemys avoient porté lourde perte au pris[1]. En ces entrefaictes, ung de leurs espies va arriver, lequel venoit dudit Sainct-Boniface; il fut mené devant le bon chevalier, qui luy demanda que faisoient les ennemys. Il respondit : « Riens autre chose; ilz sont en grosse troppe dedans Sainct-Boniface, et entre eulx font courir bruyt que bientost auront Véronne, et tiennent qu'ilz ont grosse intelligence dedans. Comme j'en vouloye partir est arrivé le cappitaine Moufron, bien

---

1. *Au pris*, en comparaison.

eschauffé et bien courroucé, car j'ay ouy qu'il disoit qu'il venoit de la guerre et que les dyables d'enfer avoit trouvés et non pas hommes. En m'en venant à quatre ou cinq mille d'icy suis passé en ung village où j'ay laissé tout plain de leurs gens de pied qui y sont logez, et semble advis à les veoir qu'ilz soient bien las. » Alors dist le bon chevalier : « Je vous donne ma vie se ce ne sont leurs gens de pied que nous avons aujourd'huy combatuz, qui n'ont pas voulu aller jusques à Sainct-Boniface. Si vous voulez ilz sont nostres; la lune est clère, faisons repaistre noz chevaulx, et sur les trois ou quatre heures allons les resveiller. » Son oppinion fut trouvée bonne; on fist penser les chevaulx le mieulx qu'on peut, et après avoir assis le guet, chascun se mist au repos. Mais le bon chevalier qui taschoit d'achever son entreprise ne reposa guères; ains environ les trois heures après minuyt, sans faire bruit, monta à cheval avecques ses gens et s'en vint droit à ce village où estoient demourez les gens de pied véniciens, lesquelz ilz trouvèrent endormys comme beaulx pourceaulx, sans aucun guect, au moins, s'il y en avoit, il fut très-mauvais. Eulx arrivez commencèrent à crier : « Empire ! Empire ! France ! France ! à mort ! à mort ! » A ce joyeulx chant s'esveillèrent les rustres qui sortoient des maisons les ungs après les autres, mais on les assommoit comme bestes. Leur cappitaine, acompaigné de deux ou trois cens hommes, se gecta sur la place du village, où là se cuydoit assembler et fortiffier; mais on ne luy en donna pas le loysir, car il fut chargé par tant d'endroitz que lui et tous ses gens furent rompuz et deffaictz, et n'en demoura que trois en vie, dont l'ung fut le cappitaine et deux autres gentilzhommes qui estoient frères, pour lesquelz, en les relaschant, on retira deux autres gentilzhommes françois prisonniers ès prisons de la seigneurie de Venise. Quant le bon chevalier eut du tout et à son grant honneur achevé son entreprise, ne voulut plus séjourner, doubtant nouvel inconvénient : si se retira avecques tous ses gens dedans Véronne, où il fut receu à grant joye. Et au contraire les Véniciens, quant ilz sceurent la perte de leurs gens, furent bien marris, et en voulut messire André Grit, providadour de la Seigneurie, blasmer le cappitaine Jehan-Paule Moufron de ce qu'il les avoit laissez derrière; mais il s'excusa très bien, en disant qu'il n'avoit esté à luy possible les tirer du village où ilz avoient esté deffaictz, et de l'inconvénient les avoir très bien advisez, mais jamais ne les avoit sceu renger à congnoistre la raison. Toutesfois en luy-mesmes se pensa bien venger en peu de jours; mais il acreut sa honte, ainsi que vous entendrez.

CHAPITRE XL.

Comment le bon chevalier cuyda estre trahy par un espie qui avoit promis au cappitaine Jehan Paule Moufron le mettre entre ses mains, et ce qu'il en advint.

Sept ou huyt jours après ceste belle course, le cappitaine Jehan-Paule Moufron, bien desplaisant de ce que si lourdement avoit esté batu et repoussé, ses gens mors et perduz, sans aucunement et moins que riens avoir dommagé ses ennemys, délibéra se venger en quelque sorte que ce feust. Il avoit ung espie, lequel alloit et venoit souvent de Véronne à Sainct-Boniface et servoit à luy et au bon chevalier, donnant à entendre à chascun des deux qu'il ne taschoit que à leur faire service ; mais tousjours ont ses espies le cueur à l'ung plus que à l'autre beaucoup, comme cestuy-mesmes avoit au cappitaine Moufron, qui par ung jour qu'il eut ung peu pensé à son affaire, luy dist : « Il faut que tu ailles à Véronne, et donnes à entendre au cappitaine Bayart que la seigneurie de Venise a escript au providadour qu'il m'envoye dedans Lignago pour la garde de la place, pour ce qu'on envoye quérir le cappitaine qui y est pour l'envoyer en Levant avecques ung nombre de gallères; que tu scez certainement que je partiray demain au point du jour avecques trois cens chevaulx légiers, et que de gens de pied je n'en mène point. Je suis asseuré qu'il a le cueur si hault qu'il ne me laissera jamais passer sans me venir escarmoucher, et s'il y vient, j'espère qu'il ne s'en retournera point qu'il ne soit mort ou pris, parce que je mèneray deux cens hommes d'armes et deux mille hommes de pied que je feray embuscher à Yzolle de l'Escalle[1], vers lequel lieu, s'il me vient veoir, veulx estre rencontré, t'advisant que si tu scez bien faire ta charge, te prometz ma foy donner cent ducatz d'or. » Les espies, comme chascun scet, ne sont créez que par dame avarice et aussi ont-ilz pour ce bien ung autre prison, car de six qu'on en prent s'il en eschappe ung doit bien louer Dieu, car

---

1. *Isola della Scala*. à 5 lieues S. de Vérone.

la vraye médecine qu'ilz portent pour le mal qui les tient c'est ung cordeau. Or ce galant promist au cappitaine Jehan-Paule Moufron qu'il sçauroit bien faire le cas. Si s'en vint incontinent à Véronne, droit au logis du bon chevalier, car léans estoit assez congneu de tous les serviteurs, pour [ce] qu'ilz cuydoient certainement qu'il feust totallement au service de leur maistre. Ilz le luy amenèrent ainsi qu'il achevoit de soupper, lequel incontinent qu'il le veit luy fist ung fort bon recueil et luy dist : « Vizentin, tu soyes le bien venu! tu ne viens pas sans cause; quelles nouvelles? » Lequel respondit : « Très bonnes, monseigneur, Dieu mercy! » Si se leva incontinent le bon chevalier de table, et tira l'espie à part, pour sçavoir que c'estoit. Il luy compta de point en point le faict et le luy fist trouver si bon qu'oncques homme ne fut plus joyeulx. Si commanda qu'on menast soupper Vizentin et qu'on luy fist grosse chère; puis après tire à part le cappitaine Pierrepont, le cappitaine la Varenne qui portoit son enseigne, le bastard du Fay et ung cappitaine de Bourgongne, qui ce soir souppoit avecques luy, qui s'appelloit monseigneur de Sucre[1] ausquelz il compta ce que l'espie lui avoit dit, et comment le cappitaine Jehan Paule Moufron se retiroit dedans Lignago le lendemain et ne menoit que trois cens chevaulx, parquoy, s'ilz se vouloient monstrer gentilz compaignons, son voyage ne s'achèveroit point sans coup ruer[2], et que la matière requéroit

---

[1]. Probablement Hannotin de Sucker dont il est question plus haut au chap. X.
[2]. *Sans coup ruer*, sans coup férir.

briefve yssue. A son dire chascun trouva goust, et
sur l'heure fust conclusion prise qu'ilz partiroient au
point du jour et meneroient deux cens hommes
d'armes; dont de l'entreprise esleurent le seigneur de
Conty, et l'en advertirent à ce qu'il se tiensist prest
comme les autres, lequel ne s'en fist guères prier, car
c'estoit ung très gentil chevalier. Cela délibéré, tout
le monde se retira à son logis pour faire acoustrer
son cas[1] pour le matin, mesmement le cappitaine
Sucre, qui assez loing estoit du sien; qui fut bonne
adventure, car, ainsi qu'il s'en retournoit, va adviser
l'espie qui estoit venu parler au bon chevalier, lequel
sortoit de la maison d'ung gentilhomme de Véronne,
qu'on estimoit estre très mauvais impérial, et par le
contraire avoit Marco escript dans le cueur, qui le fist
doubter de trahyson. Si vint prendre l'espie au colet
et luy demanda dont il venoit. Il ne sceut promptement respondre et changea de couleur, ce qui le fist
doubter de plus en plus et tourna tout court, saisy de
l'espie, droit de là où il venoit de soupper. Luy
arrivé, trouva que le bon chevalier se vouloit mettre
dedans le lict; toutesfois il prist une robbe de nuyt et
s'assirent auprès du feu, eulx deux ensemble et
seulletz, car cependant fut baillé l'espie en bonne
garde. Le cappitaine sur ce déclaira au bon chevalier
l'occasion de son soudain retour, qui estoit pour avoir
trouvé l'espie sortant de la maison de messire Baptiste
Voltège, qui estoit le plus grant Marquesque[2] qui feust
ou monde, et par ce doubtoit qu'il y eust de la mes-

---

1. *Acoustrer son cas*, préparer son équipage.
2. *Marquesque*, partisan de Saint-Marc, c'est-à-dire de Venise.

chanceté : « Car, dist-il, quant je l'ai surpris est devenu estonné à merveilles. » Quant icelluy bon chevalier eut entendu ce propos ne fut pas sans doubte, nen plus[1] que le cappitaine Sucre. Il fist venir l'espie, auquel il demanda qu'il estoit allé faire au logis de messire Baptiste Voltège. Il dist premièrement qu'il y estoit allé veoir ung parent qu'il y avoit; après il tint ung autre propos, et enfin fut trouvé en cinq ou six parolles[2]. On apporta des grésillons[3], èsquelz on luy mist les deux poulces pour le veoir parler d'une autre sorte. Le bon chevalier luy dist : « Vizentin, dictes la vérité sans rien celer, et je vous promctz, en foy de vray gentilhomme, que quelque chose qu'il y ait, je ne vous feray faire nul mal, quant bien ma mort y seroit conspirée; mais par le contraire, si je vous trouve en mensonge, vous feray pendre et estrangler demain au point du jour. » L'espie congneut qu'il estoit pris; si se gecta à deulx genoulx, demandant miséricorde, qui luy fut asseuréement promise, si commencea à compter de point en point la trahyson et comment le cappitaine Jehan-Paule Moufron avoit fait embuscher à Yzolle de l'Escalle deux cens hommes d'armes et deux mille hommes de pied pour deffaire le bon chevalier, et qu'il venoit du logis de messire Baptiste pour l'advertir de l'entreprinse, et aussi l'adviser comment il pourroit trouver moyen, par

1. *Nen plus,* non plus. Plus loin le même mot est écrit *nem plus.*

2. C'est-à-dire : donna cinq ou six explications différentes.

3. On appelait grésillons ou grillons des cordelettes avec lesquelles on serrait les pouces de ceux auxquels on voulait arracher des aveux.

quelque nuyt, livrer une des portes de la ville au providadour messire André Grit ; et plusieurs autres choses dit ce vaillant espion. Bien déclaira que messire Baptiste Voltège lui avoit dit qu'il ne se mesleroit jamais de telle meschanseté, et que puisqu'il estoit soubz l'empereur, qu'il y vouloit vivre et mourir. Quant il eut fait son beau sermon, le bon chevalier luy dist : « Vizentin, j'ay mal employé les escuz que je vous ay donnez, et dedans vostre corps repose le cueur d'ung lasche et meschant homme, combien que jamais ne vous ay guères estimé autre. Vous avez bien desservi[1] la mort, mais puisque je vous ay promis ma foy, vous n'aurez nul mal, et vous feray mettre hors de la ville seurement ; mais gardez que tant que je y seray n'y soyez veu, car tout le monde ne vous sauveroit pas que ne vous feisse pendre et estrangler. » Il fut emmené de devant eulx et enfermé en une chambre jusques à ce qu'on en eust à besongner. Le bon chevalier dist au cappitaine Sucre : « Mon amy, que ferons-nous à ce cappitaine Jehan-Paule Moufron qui nous cuyde avoir par finesses ? Il luy fault donner une venue[2], et si vous povez faire ce que je vous diray, nous ferons une des gorgiases[3] choses que fut faicte cent ans a. » Sucre respondit : « Monseigneur, commandez et vous serez obéy. — Allez doncques, dist-il, tout à ceste heure au logis du prince de Hanno et me recommandez humblement à sa bonne grace ; déclairez-luy cest affaire bien amplement, et faictes tant qu'il soit d'accord de nous bailler demain

1. *Desservi*, mérité.
2. *Donner une venue*, jouer un tour.
3. *Gorgiase*, belle, magnifique.

au matin deux mille de ses lansquenetz, et nous les ménerons avec nous le beau pas, et les laisserons quelque part en embusche, où, avant que tout soit desmeslé, si ne voyez merveilles, prenez-vous-en à moy. Le cappitaine Sucre part incontinent et s'en alla droit au logis du prince, qui jà dormoit. Il le fist esveiller, puis alla parler à luy et luy compta tout ce que vous avez ouy cy dessus. Le gentil prince qui n'aymoit riens tant que la guerre, et entre tous gentilzhommes avoit prins une telle amour au bon chevalier pour sa prouesse, que la chose eust esté bien estrange quant il l'en eust reffusé; si dist qu'il estoit bien desplaisant que plus tost n'avoit sceu ceste entreprinse, car luy-mesme y feust allé, mais que de ses gens le bon chevalier en povoit mieulx disposer que luy-mesmes; et sur l'heure envoya son scribe en advertir quatre ou cinq cappitaines, qui furent, pour faire le compte court, aussi prestz au point du jour que les gens d'armes qui l'avoient sceu dès le soir; et se trouvèrent à la porte quant et[1] les gens d'armes, qui donna tiltre d'esbahyssement au seigneur de Conty, car riens ne luy en avoit esté mandé le soir. Si s'enquist au bon chevalier que ce povoit estre, lequel luy déclaira bien au long tout le démené[2]. « Sur ma foy, dist le seigneur de Conty, se Dieu veult, nous ferons aujourd'huy une belle chose. » La porte ouverte, se misrent en chemin vers Yzolle de l'Escalle. Le bon chevalier dist à Sucre : « Il fault que vous et les lansquenetz demourez embuschez à Servode (c'estoit ung

---

1. *Quant et*, en même temps que.
2. *Tout le démené*, tout ce qui était arrangé.

petit village à deux mille d'Yzolle), et ne vous souciez
point, car je vous attireray noz ennemys jusques à
vostre nez; parquoy aurez aujourd'huy assez d'honneur, si vous estes gentil compaignon. » Comme il
fut dit ainsi fut fait; car, arrivez audit village, les
lansquenetz demourèrent en embusche, et le bon
chevalier, le seigneur de Conty et leur troppe s'en
vont vers Yzolle, faignant ne sçavoir riens de ce qui
estoit dedans. Cela regardoit en une belle plaine, où
de tous costez on veoit assez loing. Si vont choisir[1]
le cappitaine Moufron avecques quelques chevaulx
légiers. Le bon chevalier y envoya son guydon, le
bastard du Fay, avecques quelques archiers pour les
ung petit escarmoucher, et luy marchoit après le beau
pas, avecques les gens d'armes. Mais il ne fut guères
loing, quant il veit saillir de la ville d'Yzolle de l'Escalle les gens de pied de la Seigneurie et une troppe
d'hommes d'armes. Il fist ung peu l'estonné, et dist à
la trompette qu'il sonnast à l'estendart. Quoy oyant
par le bastard du Fay, selon la leçon qu'il avoit, se
retira avecques la grosse troppe, qui se serrèrent très
bien, et faignans d'eulx retirer droit à Véronne, s'en
vont le petit pas vers ce village où estoient leurs
lansquenetz; et desjà estoit allé ung archier dire au
cappitaine Sucre qu'il sortist en bataille. La gendarmerie de la Seigneurie, qui à leur esle avoient ceste
troppe de gens de pied, chargoient menu et souvent
les François, et faisoient tel bruyt qu'on n'eust pas
ouy Dieu tonner, pensant entre eulx que ce qu'ilz

1. Il y a très-probablement ici une faute d'impression; il faudrait peut-être : *Si voient venir*.

voyoient ne leur povoit eschapper. Les François ne se desrotoient¹ point et escarmouchoient sagement, de façon qu'ilz furent près de Servode à ung ject d'arc, où ilz apperceurent les lansquenetz qui venoient le beau pas et tous serrez, lesquelz se vont descouvrir aux Véniciens qui furent bien estonnez. Le bon chevalier dist alors : « Messeigneurs, il est temps de charger; » ce que chacun fist, et donnèrent dedans les Véniciens qui se monstrèrent gens de bien. Toutesfois il en fut beaucoup porté par terre. Leurs gens de pied ne povoient fuyr, car ilz estoient trop loin de saulveté². Ilz furent pareillement chargez des lansquenetz dont ilz ne peurent porter le fès, et furent ouvers, renversez et tous mis en pièces, sans en prendre ung prisonnier, ce que veit devant ses yeulx le cappitaine Jehan-Paule Moufron, qui très bien faisoit son debvoir. Toutesfois il congnoissoit assez que, s'il ne jouoit de la retraicte, il seroit mort ou prins. Si commencea se retirer le grant galop vers Sainct-Boniface, où il y avoit bonne traicte. Il fut assez bien suyvy; mais le bon chevalier fist sonner la retraicte, parquoy tout homme s'en revint, mais ce fut avecques gros gaing de prisonniers et de chevaulx ; le butin y fut fort beau. Les Véniciens y firent grosse perte, car tous leurs deux mille hommes de pied et bien vingt-cinq hommes d'armes y moururent, et y en eut environ soixante de prisonniers, qui furent menez à Véronne, où les François, Bourguignons et lansquenetz furent receuz joyeusement de leurs compaignons, lesquelz

---

1. *Se desroter*, se mettre en déroute.
2. *Saulveté*, salut.

estoient bien marriz qu'ilz n'avoient esté avecques eulx. Ainsi alla de ceste belle entreprinse pour ceste fois qui fut grosse fortune au bon chevalier et eut de tous en général grande louenge. Luy revenu à son logis, envoya quérir l'espie auquel il dist : « Vizentin, suyvant ma promesse, tu t'en yras au camp des Véniciens et demanderas au cappitaine Jehan Paule Moufron si le cappitaine Bayart est aussi subtil que luy en guerre, et que quant il vouldra pour le pris, le trouverra aux champs. » Il commanda à deux de ses archiers le conduyre hors de la ville, ce qu'ilz firent. Il s'en alla droit à Sainct-Boniface, où le seigneur Jehan-Paule Moufron l'apperceut, qui le fist prendre, pendre et estrangler, disant qu'il l'avoit trahy; ne excuse qu'il sceust faire ne luy servit en riens[1].

Les Véniciens tenoient encores ceste ville nommée Lignago, où ilz avoient grosse garnison, et souvent faisoient courses ceulx du Véronnoys et eulx les ungs contre les autres, et tout l'yver demourèrent en ceste sorte. Sur le commencement de l'année mil cinq cens et dix, et bientost après Pasques, print congé du roy de France Louis XIIe son nepveu le gentil duc de Nemours, dont de si peu de vie qu'il eut ceste histoire fera ample mention, car il mérite bien estre

---

[1]. Nous trouvons dans les Mémoires de Fleuranges (ch. XXIII) les détails suivants sur le capitaine Manfroni : « En ces poursuites se firent beaucoup de belles choses et escarmouches, et entre aultres une que fist le Jeune adventureux et M. d'Humbercourt, ou fut prins Jehan-Paul Manfron, homme ancien et maigre et l'un des plus estimés de tous les Vénitiens; et furent deffaicts avecques lui cinq cens chevaulx et feust amené au camp et de là en France, lequel fist la plus triste mine que jamais je visse » (1511).

cronicqué[1] en toutes sortes. Lequel passa en Ytalie et en sa compaignie mena le cappitaine Loys d'Ars, vertueux et hardy chevalier, où eulx arrivez furent receuz, chascun selon sa qualité, du seigneur de Chaumont, grant maistre de France et gouverneur de Milan, et de tous les cappitaines estans en Ytalie, tant honnestement que possible ne seroit de mieulx, et surtout du bon chevalier sans paour et sans reprouche, qui tant aymé estoit du duc de Nemours et de son premier cappitaine Loys d'Ars. Par le commandement du roy de France estoit encores passé le seigneur de Molart avecques deux mille adventuriers et plusieurs autres cappitaines. Si alla ledit grant maistre seigneur de Chaumont mettre le siége devant ceste ville de Lignago que tenoient Véniciens, et affin qu'elle ne fust aucunement secourue de gens ny de vivres, fut envoyé le seigneur d'Alègre[2] avecques cinq cens hommes d'armes et quatre ou cinq mille lansquenetz qui estoient soubz la charge de ce gentil prince de Hanno, à Vincence, qui avoit encores soubz luy ce cappitaine Jacob, qui depuis fut au roy de France. Cette place de Lignago se fist fort batre; aussi y avoit-il bonne artillerie, mesmement celle du duc de Ferrare, qui entre autres avoit une longue coulevrine de vingt piedz de long, que les aventuriers nommoient le Grant Dyable. Enfin furent la ville

---

1. *Cronicqué*, mentionné dans les chroniques.
2. Yves II d'Alègre, baron d'Alègre, conseiller, chambellan du roi, gouverneur de la Basilicate et de Bologne. Il épousa Jeanne de Chabannes et fut tué à Ravenne (1512). Son sceau, conservé à la Bibl. nat. (Cab. des titres, vol. 32, n° 29), porte la légende SEEL YVES D'ALEGRE autour d'un écu à ses armes.

et chasteau pris, et mis à mort tout ce qui estoit dedans, ou la pluspart. En ceste prise le seigneur de Molart et ses aventuriers se portèrent fort bien, et y eurent gros honneur, car ilz n'eurent jamais le loisir d'attendre que la berche fust raisonnable pour y donner l'assault. Le seigneur de Chaumont y commist pour la garder le cappitaine la Crote avec cent hommes d'armes, dont il avoit la charge soubz le marquis de Montferrat, et mil hommes de pied soubz deux cappitaines, l'un nommé l'Hérisson, et l'autre Jacomo, corse-néapolitain.

Durant ce siége de Lignago, eut nouvelles le seigneur de Chaumont de la mort de son oncle, le légat d'Amboise[1], où il fit une grosse et lourde perte, car il avoit esté moyen de l'eslever ès honneurs où il estoit, et pareillement avoit fait avoir de grans biens à tous ceulx de sa maison, tant en l'église que autrement, car c'estoit tout le gouvernement du roy de France Loys XIIe et du royaulme. Il avoit esté ung très sage prélat et homme de bien en son temps et ne voulut jamais avoir que ung bénéfice, et à son trespas estoit seulement archevesque de Rouen; il en eust eu assez d'autres s'il eust voulu. Ceste piteuse mort porta le seigneur de Chaumont dedans son cueur aigrement, car il ne vesquit guères après, combien que devant les gens n'en monstroit pas grant semblant et n'en laissoit à bien et sagement conduire les affaires de son maistre.

Quant il eut donné ordre à Lignago, s'en vint assem-

---

1. Le cardinal d'Amboise mourut le 25 mai 1510.

bler, avec les gens de l'empereur, pour marcher sur le pays des Véniciens et essayer de les mettre à la raison. Le roy d'Espaigne avoit puis peu de jours envoyé au secours de l'empereur, soubz la charge du duc de Termes[1], quatre cens hommes d'armes espaignolz et néapolitains qu'il faisoit merveilleusement bon veoir, mais pour ce qu'ilz estoient travaillez[2] on les envoya séjourner dedans Véronne. Le camp, tant de l'empereur que du roy de France, marcha jusques à ung lieu nommé Saincte-Croix, où il séjourna quelque temps, car on pensoit que l'empereur voulsist descendre, mais non fist. Durant ce camp la chaleur fut par trop véhémente, et pour ce fut, de la pluspart de ceulx qui y estoient, appellé le Camp-Chault. Au desloger de là et près d'ung gros village appellé Longare[3], y eut une merveilleuse pitié ; car comme chascun s'en estoit fuy pour la guerre, en une cave qui estoit dedans une montaigne, laquelle duroit ung mille ou plus, c'estoient retirez plus de deux mille personnes, tant hommes que femmes, et des plus apparens du plat pays, qui y avoient force vivres et y avoient porté quelques harnois de guerre et des hacquebutes pour deffendre l'entrée, qui les vouldroit forcer, laquelle estoit quasi imprenable, car il n'y pouvoit venir que ung homme de fronc. Les adventuriers, qui sont voulentiers coustumiers d'aller piller, mesmement ceulx qui ne vallent riens pour la

---

1. Le duc de Termini, mort à Civita Castellana en 1512 (Guichardin, l. X, ch. 3).

2. *Travaillez*, malades.

3. *Longaro*, hameau de la commune de Vicence.

guerre, vindrent jusques à l'entrée de ceste cave, qui en langaige ytalien s'appelloit la crote[1] de Longare ; je croy bien qu'ilz vouloient entrer dedans, mais doulcement on les pria qu'ilz se déportassent, et que léans ne pourroient riens gaigner, parce que ceulx qui y estoient avoient laissé leurs biens à leurs maisons. Ces coquins ne prindrent point ses prières en payement et s'efforcèrent d'entrer, ce qu'on ne voulut permettre, et tira l'on quelques coups de hacquebute qui en firent demourer deux sur le lieu. Les autres allèrent quérir leurs compaignons, qui plus pres de mal faire que autrement, tirèrent ceste part[2]. Quant ilz furent arrivez, congneurent bien que par force jamais n'y entreroient. Si s'advisèrent d'une grande lascheté et meschanceté, car au droit du pertuys misrent force boys, paille et foing avecques du feu, qui en peu de temps rendit si horrible fumée dedans ceste cave, où il n'y avoit air que par là, que tous furent estouffez et mors à martyre, sans aucunement estre touchez du feu. Il y avoit plusieurs gentilzhommes et gentillesfemmes qui, après que le feu fut failly et qu'en entra dedans, furent trouvez estainctz, et eust-on dit qu'ilz dormoient. Ce fut une horrible pitié; mesmement eust-on vu à plusieurs belles dames sortir les enfans de leur ventre tous mors. Lesditz adventuriers y firent gros butin, mais le seigneur grant maistre et tous les cappitaines en furent à merveilles desplaisans, et sur tous le bon chevalier sans paour et sans reprouche, qui tout au long

---

1. *Crote,* grotte.
2. *Tirèrent ceste part,* allèrent de ce côté.

du jour mist peine de trouver ceulx qui en avoient esté cause, desquelz il en prist deux, dont l'ung n'avoit point d'oreilles et l'autre n'en avoit que une[1]. Il fist si bonne inquisition de leur vie que par le prévost du camp furent menez devant ceste crote, et par son bourreau penduz et estranglez, et y voulut estre présent le bon chevalier. Ainsi, comme ilz faisoient cet exploict, quasi par miracle va sortir de ceste cave ung jeune garson de l'aage de quinze à seize ans, qui mieulx sembloit mort que vif et estoit tout jaulne de la fumée. Il fut amené devant le bon chevalier, qui l'enquist comment il s'estoit sauvé. Il respondit que quant il veit la fumée si grande, il s'en alla tout au fin bout de la cave, où il disoit y avoir une fente du dessus de la montaigne, bien petite, par où il avoit pris l'air; et dist encores une piteuse chose, c'est que plusieurs gentilzhommes et leurs femmes, quant ilz s'apperceurent qu'on vouloit mettre le feu, vouloient sortir, et congnoissant aussi bien qu'ilz estoient mors; mais les villains qui estoient avecques eulx et beaucoup les plus fors ne le voulurent jamais consentir et leur venoient au devant avecques la poincte des ronçons en disant qu'ilz mourroient aussi bien que eulx, et ainsi les povres gens furent assailliz du feu et des leurs mesmes.

De ce lieu de Longare marcha le camp droit à Montselles, que les Véniciens avoient repris et remparé, et dedans logé mille ou douze cens hommes. En chemin furent rencontrez par les seigneurs d'Alègre et le bon

---

[1]. L'essorillement était un des châtiments infligés aux malfaiteurs.

chevalier, avecques le seigneur Mercure¹ et ses Albanoys, qui estoit pour lors à l'empereur, quelques chevaulx légiers de ceulx de la Seigneurie, qu'on appelloit Corvaz², et sont plus turcs que chrestiens, lesquelz venoient veoir s'ilz gaigneroient quelque chose sur le camp; mais ilz firent mauvais butin, car tous ou la pluspart y demourèrent et furent bien ung quart d'heure prisonniers. Entre lesquelz le seigneur Mercure va congnoistre le cappitaine, qui estoit, ainsi qu'il dist depuis, son cousin germain, et l'avoit gecté de son héritage en Corvacie, lequel il tenoit et occupoit par force et estoit le plus grant ennemy qu'il eust en ce monde. Si luy vint à ramentevoir³ toutes les meschancetez qu'il luy avoit faictes et que à présent estoit bien en luy d'en prendre vengeance. L'autre dist qu'il estoit vray, mais qu'il avoit esté pris en bonne guerre et que par raison devoit sortir en payant rançon selon sa puissance, dont il offroit six mille ducatz et six beaulx et excellens chevaulx turcs. « Nous parlerons de cela plus à loysir, dist le seigneur Mercure, mais, par ta foy! si tu me tenoys ainsi comme je te tiens, que feroys-tu de moy? » Lequel respondit : « Puisque si fort me presses que de ma foy, je t'advise que, si tu estoys en ma mercy comme je suis en la tienne, tout l'or du monde ne te sauveroit pas que je ne te feisse mettre en pièces. — Vrayement, dist le seigneur Mercure, je ne te feray pas pis. » Si commanda à ses Alba-

---

1. Mercurio Rona, capitaine de cent cavaliers albanais. Une quittance du 17 juin 1506 (Bibl. nat. Ms. f. 26110, nº 704) porte sa signature et son sceau.
2. *Corvaz*, Croates.
3. *Ramentevoir*, remémorer.

noys en son langaige à jouer des cousteaulx, lesquelz soubdainement misrent leurs cymeterres en besongne, et n'y eut cappitaine ni autre qui n'eust dix coups après sa mort; puis leur couppèrent les têtes qu'ilz picquoient au bout de leurs estradiotes[1], et disoient qu'ilz n'estoient pas chrestiens. Ilz avoient estrange habillement de teste, car il estoit comme ung chapperon de damoyselle; et où ilz mettoient la teste, cela estoit garny de cinq ou six gros papiers colez ensemble, de façon que une espée n'y faisoit nem plus de mal que sur une secrète. Le siége fut mis devant Montselles, qui se fist canonner l'espace de quatre ou cinq jours, et n'eust jamais esté pris, veu la fortiffication qu'on y avoit faicte, n'eust esté que ceulx qui estoient dedans sortoient pour venir à l'escarmouche, et bien souvent jusques à ung bon gect de pierre de leur fort, contre les adventuriers françois, qui vouluntiers eussent esté veoir quel il faisoit en la place. Par une après-disnée que l'on n'y pensoit point, les gens du cappitaine Molart, avecques ung gentilhomme qui se nommoit le baron de Montfaucon[2], allèrent escarmoucher ceulx du chasteau, qui gaillardement y vindrent; et faisoient merveilles, tellement que deux ou trois fois repoulsèrent assez lourdement les adventuriers, et une fois entre autres les chassèrent trop loing, tellement que quant ilz se cuydèrent

1. On appelait *estradiote* la cavalerie légère composée en général d'Albanais. L'*estradiote* désigne également le cimeterre dont ils étaient armés.
2. Gabriel de Montfaucon, baron dudit lieu, châtelain d'Aigues-Mortes, chambellan du roi, fils de Guy de Montfaucon et d'Anne Sauvestre.

retirer, se trouvèrent lassez, dont lesditz adventuriers s'apperceurent, qui les chassèrent vivement, et de façon qu'ilz entrèrent pesle-mesle parmy les ennemys dedans la place. Quant ceulx qui la gardoient virent qu'ilz estoient perduz, se retirèrent en une grosse tour, où incontinent ilz furent assiégez, et bouta-on le feu au pied. La pluspart s'y laissa brusler plustost que se rendre. Les autres sortoient par les créneaulx, qui estoient receuz sur la pointe des picques par les adventuriers; brief, il en eschappa bien peu en vie. Il y fut tué du costé des François ung gentilhomme nommé Camican, et le baron de Montfaucon blessé à la mort. Toutesfois il en eschappa, mais ce fust à bien grant peine.

On fist remparer la place et y mist-on grosse garnison, cuydant aller mettre le siége à Padoue; mais nouvelles vindrent que le pape Julles estoit révolté et qu'il alloit faire la guerre au duc de Ferrare[1], lequel estoit allyé du roy de France, auquel ledit duc en avoit amplement escript pour estre secouru; à quoy le roy voulut bien obtempérer, et escripvit au grant maistre, son lieutenant général, luy bailler secours; ce qu'il fist, car il envoya les seigneurs de Montoison, de Fontrailles, de Lude[2] et le

---

1. Le prétexte de Jules II pour faire la guerre au duc de Ferrare était que ce prince détenait la ville de Commachio et en exploitait les salines qui ruinaient celles que le pape possédait à Cervia. En outre le duc percevait abusivement certains péages sur le Pô au détriment des sujets du pape.

2. Philibert de Clermont, sr de Montoison, gouverneur de Ferrare, surnommé le gentil Montoison. A Fornoue, Charles VIII l'appela à son aide en s'écriant : A la rescousse, Montoison! Ce

bon chevalier avecques trois ou quatre mille hommes de pied françois et huyt cens Suysses qu'avoit tiré du pays comme adventuriers ung cappitaine nommé Jacob Zemberc. Eulx arrivez à Ferrare, furent fort bien receuz du duc, de la duchesse et de tous les habitans. Le grant maistre avecques son armée qui luy resta se retira ou duché de Milan, parce qu'il fut adverty que les Suysses, qui ung peu auparavant avoient laissé l'aliance du roy son maistre[1], y faisoient une descente et estoient desjà au pont de la Treille[2]. Quant il arriva il ne séjourna point à Milan; ains, avecques sa gendarmerie, les deux cens gentilzhommes et quelque petit nombre de gens de pied, les alla attendre en la plaine de Galezas[3] et leur fist oster tous ferremens de moulins et tous vivres de leur chemin, et qui pis est, à ce qu'on disoit, avoit fait empoisonner tous les vins estans audit lieu de Galezas, jusques où vindrent les Suysses et en beurent tout leur saoul, mais au dyable celluy qui en eut mal. Guères ne furent aux champs que vivres ne leur

---

cri est resté la devise de cette branche de la maison de Clermont. Il mourut à Ferrare en 1512.

Jacques de Daillon, sr du Lude, sénéchal d'Anjou, capitaine de 50 hommes d'armes, fils de Jean de Daillon, gouverneur du Dauphiné; il épousa Jeanne d'Illiers.

1. A l'instigation de Mathieu Schiner, évêque de Sion, les Suisses mirent un si haut prix à leur alliance que Louis XII renonça à les employer à l'avenir. Mathieu Schiner était devenu notre mortel ennemi depuis que le roi avait refusé de lui accorder une pension.

2. *Treillina*, hameau de la commune de San-Germano, province de Novare.

3. *Galeazzo*, hameau de la commune de Donelasco, province de Pavie.

faillissent, parquoy leur en convint retourner en leur pays où ilz furent tousjours conduitz de près affin qu'ilz ne meissent le feu en nulz villages. Il alla des adventuriers françois audit lieu de Galezas qui voulurent boire du vin qu'on avoit empoisonné pour les Suysses, mais il en mourut plus de deux cens[1]. Il fault dire que Dieu s'en mesla ou que l'espice estoit demourée au fons du tonneau. Or je laisseray ung peu ceste matière et je retourneray à la guerre du pape et du duc de Ferrare; mais premier déclaireray une merveilleuse et périlleuse adventure qui advint à ceulx de Lignago en la mesme année.

CHAPITRE XLI.

Comment ceulx de la garnison de Lignago firent une course sur les Véniciens par l'advertissement de quelques espies qui les trahirent, parquoy ils furent desfaictz.

Quant le gentil chevalier de la Crote se fut mis en ordre dedans Lignago, peu demoura de jours qu'il ne

---

[1]. Il est presque superflu d'avertir le lecteur que l'anecdote racontée ici par le *Loyal serviteur* est controuvée, et de laver le maréchal de Chaumont de l'accusation lancée contre lui. Les Suisses, sans artillerie et sans pontonniers, toujours côtoyés par le maréchal de Chaumont, qui avait fait ruiner le pays et détruire les barques et les ponts, ne purent avancer beaucoup dans une contrée coupée de canaux et de rivières et dénuée de toute ressource, et furent bientôt obligés de rétrograder sans que l'on eût besoin d'employer contre eux les moyens abominables dont il est question dans ce passage.

tumbast malade et fut en grant dangier de mort. Il avoit tout plain de jeunes gens et voulentaires, dont entre autres estoit ung gentilhomme appellé Guyon de Cantiers[1], fort hardy et courageux plus que de conduicte. Les Véniciens venoient aucunes fois courir jusques devant ceste place de Lignago, mais ceulx de dedans icelle mis en garnison n'osoient sortir, car il leur estoit seullement en charge de la garder seurement. Ce Guyon de Cantiers avoit des espies de çà et de là, et fist tant qu'il print congnoissance à quelc'un de la ville de Montaignane[2], distant de Lignago douze ou quinze mille, lequel venoit bien souvent veoir icelluy de Cantiers en sa place, et luy tenoit tousjours propos que, si quelquefois vouloit sortir avecques nombre de gens de cheval et de pied non pas trop grant, il ne fauldroit point de prendre prisonnier le providadour de la seigneurie de Venize, messire André Grit, car souvent venoit audit Montaignane avecques deux ou trois cens chevaulx légiers, et que, estant icelluy de Cantiers et ses compaignons embuschez auprès de la ville par ung matin avant jour, ne fauldroient point, ainsi que le providadour sortiroit, de le prendre, et quant et quant[3] la ville, et icelle piller ; et se faisoit fort le galant d'advertir seurement le jour qu'il y feroit bon. Cantiers, qui grant désir avoit de faire courses, et aussi d'atraper ce beau butin, l'asseura qu'il n'y auroit point de faulte, mais qu'il feust adverty au vray, ce que l'autre luy

---

1. Guy de Cantiers, fils de Robert de Cantiers, s^r de Rueil, et d'Antoinette de Guichard, d'une famille de Normandie.
2. *Montagnana*, province de Padoue.
3. *Quant et quant*, ensuite.

promist assez; et puis s'en retourna à Montaignanc, où luy arrivé donna à entendre à celluy qui l'avoit en garde pour la Seigneurie la menée qu'il avoit faicte à ceulx de Lignago, et que s'ilz vouloient bien jouer leur personnage, ne fauldroient point d'avoir à leur mercy la pluspart de ceulx de la garnison, et par ainsi de ayséement reprendre la place qui leur estoit de merveilleuse importance. Le cappitaine de Montaignane trouva cest advis très bon, et incontinent le fist entendre par homme exprès au providadour messire André Grit, qui amena trois cens hommes d'armes, huyt cens chevaulx légiers et deux mille hommes de pied. De ceste bende à deux ou trois mille dudit Montaignane luy arrivé, envoya deux cens hommes d'armes et mille hommes de pied en embusche, lesquelz furent instruitz laisser passer ceulx qui sortiroient de Lignago, et puis après leur clorre le passage. Ilz ne misrent pas en oubly ce qu'on leur avoit chargé, aussi jouèrent-ilz fort bien leur rolle. L'espie de Montaignane retourna pour parler à Guyon de Cantiers, qui luy fist grosse chère, luy demandant qui le menoit[1]; lequel, en homme asseuré respondit : « Bonnes nouvelles pour vous si vous voulez, car à ce soir arrive en nostre ville messire André Grit, avec deux cens chevaulx seullement; si vous voulez partir une heure ou deux devant jour, je vous conduiray et ne fauldrez point de l'empoigner. » Qui fut bien aise? ce fut Cantiers, lequel s'en vint incontinent à ses compaignons, mesmement à ung gentilhomme qu'on

---

1. *Qui le menait,* ce qui l'amenait.

appelloit le jeune Malerbe[1], qui portoit leur enseigne, et leur compta l'affaire de point en point. Jamais chose ne fut trouvée meilleure, et quant à leur vouloir n'estoit question que de partir, mais il convenoit avoir congé. Le cappitaine la Crote gardoit encores sur jour quelque peu le lict pour n'estre pas trop bien revenu de sa maladie. Si allèrent vers luy lesditz seigneurs de Cantiers et Malerbe, luy supplier leur donner congé de faire une course où ilz auroient gros honneur et grant prouffit. Si luy comptèrent l'entreprinse d'ung bout à l'autre. Quant il eut ouy leurs raisons, respondit en sage et advisé chevalier, et dist : « Messeigneurs, vous sçavez que j'ay ceste place sur ma vie et sur mon honneur pour la garder seulement. S'il advenoit que eussiez rencontre autre que bonne, je seroys destruit et perdu à jamais, et davantage le reste de mes jours ne vivroys qu'en mélencolie; parquoy ne suis pas délibéré de vous donner congé. » Ilz commencèrent à luy faire des plus belles remonstrances du monde en disant qu'il n'y avoit nul dangier, que leur espie estoit asseuré, et tant luy en dirent d'unes et d'autres que moytié de gré, moytié par importunité, leur donna congé ; mais au vray dire c'estoit quasi à force. Cela ne leur donnoit riens, car le cerveau boulloit encores dedans leur teste, et à quelque péril que blé se vendist, voulurent essayer leur mauvaise fortune. Ilz en advertirent tous leurs compaignons, qu'ilz tirèrent à leur cordelle[2]; et

1. Peut-être Jacques de Malherbe, sʳ de Bouillon et d'Écorchebeuf, fils de Guillaume et de Robine de Grieu.
2. *Qu'ils tirèrent à leur cordelle*, qu'ils entraînèrent à leur avis.

quant ilz congneurent que l'heure approchoit en firent monter jusques à cinquante à cheval, tous hommes d'armes que Malerbe menoit, et environ trois cens hommes de pied que conduysoit Guyon de Cantiers.

Sur les deux heures après minuyt, partirent de Lignago, leur double espie avecques eulx, qui les conduysoit à l'escorchouer. Il n'est riens si certain que c'estoit toute fleur de chevalerie ce qui sortit de Lignago quant à hardiesse, mais jeunesse estoit avecques eulx de compaignie. Ilz se misrent ensemble le long du grant chemin qui alloit dudit Lignago à Montaignane, les gens de pied devant et ceulx de cheval à leur esle. Tant allèrent qu'ilz approchèrent la première embusche des gens de la Seigneurie qui estoient en ung petit village, mais ne se doubtans de rien passèrent oultre et poussèrent jusques à ung petit mille de Montaignane. Alors leur dist l'espie : « Messeigneurs, laissez-moy aller, et vous tenez icy tous serrez ; je voys sçavoir dedans la ville quel il y fait pour vous en advertir. » Ilz le laissèrent aller, mais trop mieulx leur eust valu luy avoir couppé la teste, car il ne fut pas si tost arrivé qu'il n'allast au seigneur messire André Grit auquel il dist : « Seigneur, je vous ay amené la corde au col la pluspart de ceulx de Lignago, et n'est possible qu'il s'en peust saulver un seul, si vous voulez, car desjà ont-ilz passé vostre embusche et sont à ung mille d'icy. » Messire André Grit fut incontinent à cheval et tous ses gens pareillement tant de cheval que de pied, et se gectant hors de la ville envoya environ cent hommes de cheval pour escarmoucher, qui bientost trouvèrent les François, lesquelz furent joyeulx à merveilles, pensant qu'il n'y eust autre chose, et que le providadour feust en ceste troppe. Les François à cheval commencèrent charger, et les autres tournèrent le dos jusques à ce qu'ilz feussent sur la grosse troppe; laquelle, quant ilz l'apperceurent, s'estonnèrent beaucoup et retournèrent aux gens de pied ausquelz ilz dirent : « Nous sommes trahiz, car ilz sont trois mille hommes ou plus ; il fault essayer à nous saulver. » Ceulx de la Seigneurie les suyvoient à grosse furye criant : « Marco ! Marco ! a carne ! a carne[1] ! » et chargèrent rudement les François lesquelz misrent leurs gens de pied devant, et leurs gens de cheval sur leur queue pour les soutenir ; et de fait reculèrent sans perdre jusques au village où estoit la première embusche des Véniciens qui, au son de la trompette, suyvant la charge qu'ilz avoient, commencèrent à sortir et se gectèrent entre Lignago et les François ; par ainsi furent enclos et assailliz par deux costez. Et fault entendre que depuis que Dieu créa ciel et terre, pour le petit de gens ne fut mieulx combatu pour ung jour, car le combat dura plus de quatre heures sans que les François qui tousjours se retiroient peussent estre deffaictz. D'une chose s'advisa messire André Grit ; c'est qu'il fit gecter sur les esles quelques arbalestriers de cheval, qui vindrent donner dans les gens de pied, de sorte qu'ilz leur firent rompre une partie de leur ordre. Toutesfois tousjours se retirèrent vers leur place, laquelle ilz approchèrent

---

1. *A carne*, cette exclamation répond à peu près au français : en pièces.

à quatre mille ; mais là les convint demourer, car ilz furent chargez par tant d'endroitz et de telle sorte que la pluspart des hommes d'armes furent mis à pied, car leurs chevaulx furent tuez. Quant Guyon de Cantiers veit que tout estoit perdu, comme ung lyon eschauffé, va entrer dedans les gens de pied de la Seigneurie où il fist merveilles d'armes, car il en tua de sa main cinq ou six ; mais il avoit trop petit nombre au pris des autres, si luy fut force là demourer abatu et tué avecques tous ses trois cens hommes, sans que nul en eschappast vif. Le cappitaine Malerbe c'estoit, avecques si peu de gens à cheval qu'il avoit encores, tiré aux champs, où il combatit l'espace d'une grosse heure, mais enfin il fut prins prisonnier et vingt et cinq de ses compaignons. Le demourant y mourut, et pour conclusion n'eschappa homme vivant pour en aller dire les nouvelles à Lignago.

Quant messire André Grit veit du tout la victoire sienne, se va adviser d'une subtilité. C'est qu'il fist tous les gens de pied françois, qui estoient mors, despouiller et désarmer, et en fait vestir des siens autant, prent les habillemens des gens d'armes, leurs chevaulx et plumailz, et les baille à de ses gens ; et davantage leur bailla cent ou six vingtz de ses hommes qu'ilz emmenoient comme prisonniers, et leur faisoit conduyre trois faulcons que ceulx de Lignago avoient menez ; puis leur dist : « Allez en ceste sorte jusques à Lignago, et quant serez auprès cryez : « France ! France ! victoire ! victoire ! » Ceulx de dedans penseront que ce soyent leurs gens qui ayent gaigné ; et pour encores mieulx leur donner à congnoistre, oultre leurs enseignes, emporterez encores deux ou trois des nostres ; je ne fais nulle doubte qu'ilz ne vous ouvrent la porte. Saisissez-vous en, et je seray à un ject d'arc de vous, et au son de la trompette je me rendray là incontinent. Ainsi, aujourd'huy, si sçavez bien conduyre l'affaire, reprendrons Lignago, qui est de telle importance à la Seigneurie que sçavez. » Ce qui leur fut commandé fut très bien exécuté, et menant feste et joie approchèrent d'ung gect d'arc Lignago, sonnant trompettes et clérons. Le seigneur de la Crote avoit ung lieutenant en la place qui s'appelloit Bernard de Villars, ancien sage chevalier qui avoit beaucoup veu. Il monta sur la tour du portail pour veoir venir ses gens qui démenoient si grant joie, affin de leur faire ouvrir la porte. Il regarda de loing leur contenance, dont il s'esbahyt, et dist à ung qui estoit auprès de luy : « Velà les chevaulx et les acoustremens de noz gens, mais m'est advis que ceulx qui sont dessus ne chevauchent point à nostre mode et ne sont point des nostres, ou je suis déceu. Il y pourroit bien avoir du malheur en nostre endroit, et le cueur le me juge. Je vous prie, descendez et faictes abaisser la planchette du pont et puis dictes qu'on la retire. Si ce sont noz gens, vous en congnoistrez assez ; si ce sont ennemys, pensez de vous saulver à la barrière. J'ay icy deux pièces chargées ; s'il est besoing, en serez secouru. » Au dire du cappitaine Bernard descendit le compaignon, qui sortit hors de la place, cuydant venir au devant de ses gens, en demandant : « Qui vive ? où est le cappitaine Malerbe ? » Ilz ne respondirent riens, mais cuydans que le pont feust abaissé, commencèrent à course de cheval marcher. Ledit compaignon se sauva tellement quellement en la barrière. Alors furent tirées les deux pièces d'artillerie, qui les arrêta sur le cul. Ainsi fut saulvée la place de Lignago pour ceste fois, mais les François y eurent grosse honte et perte, dont plusieurs s'apperceurent. Quant le povre seigneur de la Crote eut entendu le piteux affaire, il cuyda mourir de dueil. Le roy de France en fut desplaisant à merveilles et luy en cuyda en faire faire ung mauvais tour; mais cela s'appaisa par le moyen du seigneur Jehan-Jacques, qui estoit pour lors venu en France pour tenir sur fonds madame Renée, fille du roy Loys douziesme et de Anne, sa femme, duchesse de Bretaigne[1], lequel luy fist plusieurs remonstrances à la descharge dudit seigneur de la Crote. Or, laissons ce propos et retournons au pape Julles second, qui marchoit vers Ferrare.

CHAPITRE XLII.

Comment le pape Julles vint en personne en la duché de Ferrare, et comment il mist le siége devant la Myrandolle.

Le pape Julles, qui désiroit à merveilles recouvrer le duché de Ferrare, que prétendoit estre de l'Église, dressa une grosse armée qu'il fist en Boulenoys pour l'amener en ladicte duché, et s'en vint de journée en journée loger en ung gros village qu'on appelle Sainct-

---

[1]. Renée de France, née le 25 octobre 1510; elle épousa Hercule d'Este, duc de Ferrare, et mourut en 1576.

Félix, entre la Concorde[1] et La Myrandolle[2]. Le duc de Ferrare et tous les François qui estoient avecques luy s'estoient venuz loger à douze mille de Ferrare, entre deux bras du Pau, en ung lieu dit l'Ospitalet[3], où il fist dresser ung pont de bateaulx qu'il faisoit très-bien garder, car par là souvent ses ennemys estoient escarmouchez. Le pape, arrivé à Sainct-Félix, manda à la contesse de la Myrandolle[4], que fille naturelle estoit du seigneur Jean-Jacques de Trévolz, alors veufve, qu'elle voulsist mettre sa ville de la Myrandolle entre ses mains, parce qu'elle luy estoit nécessaire pour son entreprinse de Ferrare. La contesse qui, suyvant le cueur de son père, estoit toute françoise et sçavoit très bien que le roy de France favorisoit et secouroit le duc de Ferrare, ne l'eust fait pour mourir. Elle avoit ung sien cousin germain, appellé le conte Alexandre de Trévolz[5], avecques elle, qui ensemble firent response à celluy qui estoit venu de par le Sainct-Père; et luy fut dit que quant il lui plairoit s'en pourroit bien retourner et dire à son maistre que pour riens la contesse de la Myrandolle ne bailleroit sa ville, qu'elle estoit sienne, et que Dieu aydant, la sçauroit bien garder contre tous ceulx qui la luy vouldroient oster. De ceste response fut courroucé mer-

---

1. *San-Felice sul Panaro* et *Concordia,* province de Modène, district de La Mirandole.
2. *Mirandola,* à 7 l. N.-E. de Modène.
3. *Ospitaletto di Bondeno,* hameau de la commune de Bondeno, province de Ferrare.
4. Françoise Trivulce, fille du maréchal de ce nom et veuve de Louis Pic, sr de La Mirandole et de la Concorde.
5. Alexandre Trivulce, fils de Jérôme Trivulce et de Marguerite de Valpergue, officier au service de la France; il mourut en 1545.

veilleusement le pape, et jura sainct Pierre et sainct
Paul qu'il l'auroit par amour ou par force. Si commanda à son nepveu le duc d'Urbin[1], cappitaine
général de son armée, que le lendemain il y allast
mettre le siége. Le conte Alexandre de Trévolz, qui
n'en pensoit pas moins, envoya devers le duc de
Ferrare et les cappitaines françois à l'Ospitalet, qui
n'estoit que à douze mille, leur supplier, pour ce qu'il
ne se sentoit pas bien garny de gens pour l'heure, et
qui de jour en autre espéroit[2] le siége, qu'on luy
envoyast jusques à cent bons compaignons et deux
canonniers. La chose luy fut aysément accordée, car
la perte de la Myrandolle estoit de grosse importance
au duc de Ferrare, qui estoit ung gentil prince, saige
et vigillant à la guerre, et qui scet quasi tous les sept
ars libéraulx et plusieurs autres choses mécanicques,
comme fondre artillerie, dont il est aussi bien garny
que prince son pareil de tout le monde, et si en scet
très bien tirer, faire les affustz et les boulletz. Or,
laissons ses vertus là, car assez en avoit et a encores.
Par l'advis des cappitaines françois il envoya à la
Myrandolle les deux canonniers et les cent compaignons qu'on demandoit, et avecques eulx allèrent
deux jeunes gentilzhommes, l'ung du Daulphiné,
appellé Monchenu[3], nepveu du seigneur de Montoison,

1. François-Marie de Rovère, duc d'Urbin, neveu du pape
Jules II, fils de Jean de Rovère et de Jeanne de Montefeltre ; il
épousa Éléonore de Gonzague. Il était, disait-on, ami secret des
Français et usa toujours de son influence pour engager son oncle
à la paix.

2. *Espérer*, attendre.

3. Marin de Montchenu, s^r de Montchenu, maître d'hôtel de
François Ier dont il partagea la captivité. Il commandait 12,000

et l'autre, nepveu du seigneur du Lude, qu'on appelloit Chantemerle[1], du pays de la Beausse, ausquelz au partir le bon chevalier sans paour et sans reprouche dist : « Mes enfans, vous allez au service des dames ; monstrez-vous gentilz compaignons pour acquérir leur grace et faictes parler de vous. La place où vous allez est très-bonne et forte, si le siége y vient vous aurez honneur à la garder. » Et plusieurs autres joyeulx propos leur disoit le bon chevalier pour leur mettre le cueur ou ventre. Si monta luy-mesmes à cheval avecques sa compaignie pour leur faire escorte, et si bien les conduysit qu'ilz entrèrent dedans la ville où ilz furent receuz de la contesse et du conte Alexandre très honnestement. Ilz n'y furent jamais trois jours que le siége ne feust devant et l'artillerie plantée sur le bort du fossé, qui commencea à tirer fort et royde, et ceulx de la ville, qui ne monstroient pas tiltre d'esbaissement, leur rendoient la pareille au mieulx qu'ilz povoient. Le bon chevalier, qui ne plaignit jamais argent pour sçavoir que faisoient ses ennemys, avoit ses espies, qui souvent luy rapportoient nouvelles du camp et du pape qui estoit encores à Sainct-Félix, et comment il se délibéroit de partir dedans ung jour ou deux, pour aller au siége qu'il avoit fait mettre devant la Myrandolle. Il renvoya encores ung

---

lansquenets à Pavie, fut bailli du Viennois et lieutenant-général du Lyonnais et Beaujolais. Il était fils d'Antoine de Montchenu et de Louise de Clermont, et épousa Antoinette de Pontbriand.

1. Probablement Marc de Chantemerle, s^r de la Clayette, fils de Humbert de Chantemerle et de Anne de Belleronce. Il était neveu du capitaine la Clayette dont il a été parlé ci-dessus, et il épousa Clauda de Damas.

desditz espies à Sainct-Félix, dont ilz n'estoient que à dix mille, pour entendre au vray quant le pape partiroit. Il fist si bonne inquisition qu'il sceut pour vray que le lendemain yroit en son camp. Si en vint advertir le bon chevalier, qui en fut bien ayse, car il avoit telle chose pensée, qu'il espéroit prendre le pape et tous ses cardinaulx; ce qu'il eust fait n'eust esté ung inconvénient qui advint, comme vous orrez.

CHAPITRE XLIII.

Comment le bon chevalier sans paour et sans reprouche cuyda prendre le pape entre Sainct-Félix et la Myrandolle, et à quoy il tint.

Le bon chevalier s'en vint au duc de Ferrare et au seigneur de Montoison, ausquelz il dist : « Messeigneurs, je suis adverty que demain matin le pape veult desloger de Sainct-Félix pour aller à la Myrandolle. Il y a six grans mille de l'ung à l'autre. J'ai advisé une chose, si la trouvez bonne, dont il sera mémoire d'icy à cent ans. A deux mille de Sainct-Félix, y a deux ou trois beaulx palais qui sont habandonnez pour l'occasion de la guerre ; je suis délibéré toute ceste nuyt m'en aller loger avec cent hommes d'armes, sans paige ne varlet, dedans l'ung de ses palais, et demain au matin, quant le pape deslogera de Sainct-Félix (je suis informé qu'il n'a que ses cardinaulx, évesques et prothonotaires et bien cent chevaulx de sa garde), je sortiray de mon embusche ; et n'y aura nulle faulte que je ne l'empoigne, car l'alarme ne sçauroit estre si tost au camp que je ne me sauve, veu qu'il n'y a que dix mille d'icy là. Et prenez le cas que je feusse poursuivy, vous, monseigneur, dist-il au duc de Ferrare, et monseigneur de Montoison, passerez le matin le pont avecques tout le reste de la gendarmerie et me viendrez attendre à quatre ou cinq mille d'icy pour me recueillir, si par cas fortuit m'arrivoit inconvénient. » Oncques chose ne fut trouvée meilleure que la parolle du bon chevalier, ne restoit que à l'exécuter ; ce que guères ne tarda, car toute la nuyt après avoir bien fait repaistre les chevaulx print cent hommes d'armes tous esleuz et puis, après que chascun fut en ordre comme pour attendre le choc, s'en va avecques son espie le beau pas, droit à ce petit village. Si bien luy advint qu'il ne trouva ne homme ne femme pour estre descouvert, et se logea environ une heure devant jour. Le pape qui estoit assez matineux estoit desjà levé, et quant il veit le jour monta en sa lictière pour tirer droit en son camp et devant estoient prothonotaires, clercs et officiers de toutes sortes qui alloient pour prendre le logis ; et sans penser aucune chose, s'estoient mis à chemin. Quant le bon chevalier les entendit, ne fist autre demeure, ains sortit de son embusche et vint charger sur les rustres qui, comme fort effrayez de l'alarme, retournèrent picquans à bride abatue dont ilz estoient partiz, crians : « Alarme ! alarme ! » Mais tout cela n'eust de riens servy que le pape, ses cardinaulx et évesques n'eussent esté prins, sans ung inconvénient qui fut très bon pour le Sainct-Père et fort malheureux pour le bon chevalier. C'est qu'ainsi que le pape fut monté en sa lictière et sorty hors du chemin de Sainct-Félix, ne fut pas à ung gect de boulle qu'il ne tumbast du ciel la plus aspre et véhémente neige qu'on eust veu cent ans devant, mais c'estoit par telle impétuosité que l'on ne voyoit pas l'ung l'autre. Le cardinal de Pavye[1], qui estoit alors tout le gouvernement du pape, lui dist : « *Pater Sancte*, il n'est pas possible d'aller par pays cependant que cecy durera. Il est plus que nécessaire, et me semble que devez, sans tirer oultre, retourner. » Ce que le pape accorda, qui ne sçavoit riens de l'embusche. Et de malheur, ainsy que les fuyans retournoient et le bon chevalier à pointe d'esperon les chassoit sans se vouloir arrester à prendre personne, car là ne s'estendoit point son courage, sur le point qu'il arrivoit à Sainct-Félix, le pape ne faisoit qu'entrer dedans le chasteau. Lequel au cry qu'il ouyt eut telle frayeur que subitement et sans ayde sortit de sa lictière, et luy-mesmes ayda à lever le pont, qui fut fait d'homme de bon esperit, car s'il eust autant demouré qu'on mectroit à dire ung *Pater noster*, il estoit croqué. Qui fut bien marry ? ce fut le bon chevalier, car encores qu'il sceust le chasteau n'estre guères fort et qu'en ung quart d'heure se pourroit prendre, si n'avoit-il nulle pièce d'artillerie ; et puis d'ung autre costé pensoit bien qu'il seroit descouvert incontinent à ceulx du camp de la Myrandolle, qui luy pourroient faire recevoir une honte. Si se mist au retour après qu'il eut pris tant de prisonniers qu'il voulut, où entre autres il y avoit deux

---

1. François Aledosi, évêque de Pavie et de Bologne, cardinal en 1505, né à Imola ; il fut tué par le duc d'Urbin, ainsi que nous le verrons plus loin.

évesques portatifz[1] et force muletz de cariage, que ses gens d'armes emmenèrent. Mais oncques homme ne retourna si mélancolié qu'il estoit d'avoir failly si belle prinse, combien que ce ne fut pas sa faulte, car jamais entreprinse ne fut mieulx ne plus subtillement conduicte. Quant il fut arrivé vers le duc de Ferrare, le seigneur de Montoison et ses autres compaignons qu'il trouva à six mille de leur pont pour le recevoir et secourir si besoing en eust eu, et qu'il leur eut compté sa deffortune[2], furent bien marris; toutesfois ilz le réconfortèrent le mieulx qu'ilz peurent, luy remonstrant que la faulte n'estoit pas venue de luy, et que jamais homme ne fist mieulx. Ainsi l'emmenèrent tousjours, devisans de joyeuses parolles et preschans, avecques leurs prisonniers, dont dessus le chemin en renvoyèrent à pied la pluspart. Les deux évesques payèrent quelque légière rançon et puis s'en retournèrent.

Le pape demoura dedans le chasteau de Sainct-Félix, lequel de la belle paour qu'il avoit eue trembla la fiebvre tout au long du jour, et la nuyt manda son nepveu, le duc d'Urbin, qui le vint quérir avecques quatre cens hommes d'armes et le mena en son siége, où il fut tant que la Myrandolle fut prise. Bien y demoura trois sepmaines devant, et ne l'eust jamais eue sans ung inconvénient qui advint; c'est qu'il neigea bien six jours et six nuytz sans cesser, et tellement que la neige estoit dedans le camp de la haulteur d'ung homme. Après la neige il

---

1. *Evesques portatifs (episcopi portatiles),* évêques sans charge d'âmes ou *in partibus.*
2. *Deffortune,* mauvaise fortune.

gela si fort que les fossez de la Myrandolle le furent de
plus de deux grans piedz, en sorte que de dessus le
bort tumba ung canon avecques son affust, qui ne rompist point la glace. L'artillerie du pape avoit fait deux
bonnes et grandes berches ; ceulx qui estoient dedans
n'espéroient aucunement que de part du monde on
leur allast lever le siége, car le seigneur de Chaumont, grant-maistre de France et gouverneur de
Milan, avecques le reste de l'armée du roy son
maistre, se tenoit à Rege[1], laquelle il faisoit remparer
chascun jour, doubtant que le pape, après la prise
de la Myrandolle, n'allast là : lequel avoit grosse
puissance, car la pluspart de l'armée du roy d'Espaigne estoit avecques luy, et celle des Véniciens, qui
jà avoient prins son aliance. Si eut conseil le conte
Alexandre et la contesse de rendre la ville, les vies
franches ; mais le pape vouloit tout avoir à sa mercy.
Toutesfois cela se traicta par le moyen du duc d'Urbin qui avoit tousjours le cueur françois, car le roy
de France Loys douziesme l'avoit nourry en jeunesse,
et sans luy le Sainct-Père n'eust pas esté si gracieux[2].
Quant les nouvelles de la prise de la Myrandolle
furent sceues ou camp du duc de Ferrare, toute la
compaignie en fut desplaisante à merveilles. Le duc
se doubta que bientost seroit assiégé à Ferrare ; si
deffist son pont et se retira avecques toute son armée
en sa ville, délibéré jusques au derrenier jour de sa
vie la garder. Le pape ne daigna entrer dedans la ville
de la Myrandolle par la porte ; il fist faire ung pont par

---

1. *Reggio nell' Emilia,* évêché du duché de Modène.
2. La capitulation de la Mirandole eut lieu le 20 janvier 1511.

dessus le fossé, sur lequel y passa et entra dedans par une des berches. Il s'i tint quelques jours, où par tous les moyens du monde advisoit comment il pourroit dommager le duc de Ferrare.

CHAPITRE XLIV.

Comment le pape envoya une bende de sept à huyt mille hommes devant une place du duc de Ferrare, nommée la Bastide, et comment ilz furent deffaictz par l'advis du bon chevalier sans paour et sans reprouche.

Quant le pape fut dedans la Myrandolle, fist ung jour assembler son nepveu et tous les cappitaines, tant de cheval que de pied, ausquelz il dist comment il vouloit sans plus autre chose entreprendre aller mettre le siége devant Ferrare; si vouloit sur ce avoir leur advis, et comment la chose se pourroit plus seurement conduire; car il sçavoit ladite ville forte à merveilles et bien garnye de bonnes gens de guerre et d'artillerie, et que à grant peine, sans faulte de vivres, l'auroit-il qu'elle ne luy coustast beaucoup, mais par ce point les feroit-il venir à la raison, considéré qu'il avoit le moyen de leur coupper le passage du Pau, que au-dessus de Ferrare ne leur viendroit riens, et du dessoubz que les Véniciens aussi garderoient bien qu'ilz n'en auroient point. Il n'y eut celluy qui n'en dist son oppinion, tant que ce fut à parler à ung cappitaine de la seigneurie de Venise, qu'on appelloit Jehan Fort, qui en son langaige et en s'adressant au pape dist : « Très Sainct-Père, j'ay ouy les oppinions de tous messeigneurs qui sont icy en présence ; et à les ouyr, concluent, suyvant ce qu'avez proposé que, en gardant que par le Pau n'entrent vivres dedans Ferrare, et que par l'isle soit assiégée, en peu de jours sera affamée ; je congnois le pays, et en a beaucoup et de bon le duc de Ferrare. Par Argente[1] luy pourront vivres venir en habondance, mais à cela pourvoyroit-on bien. D'autre part, il a ung pays qu'on appelle le Polesme de Sainct-George[2], qui tant est garny de biens que, quant d'ailleurs n'en viendroit à Ferrare, il est suffisant la nourrir ung an ; et est bien difficile de garder qu'il n'en eust de là, sans prendre une place à vingt et cinq mille dudit Ferrare, qu'on appelle la Bastide[3] ; mais si elle estoit prise, je tiendrois la ville affamée en deux moys, au grant peuple qui est dedans. — A grant peine eut le cappitaine Jehan Fort achevé son propos que le pape ne dist : « Or, à coup, il fault avoir ceste place ; je ne seray jamais à mon ayse qu'elle ne soit prise. » Si furent ordonnez deux cappitaines espaignolz avecques deux cens hommes d'armes, ce cappitaine Jehan Fort avecques cinq cens chevaulx légiers, et cinq ou six mille hommes de pied pour aller exécuter ceste entreprise, acompaignez de six pièces de grosse artillerie. Eulx assemblez, se misrent à chemin et allèrent sans rencontre trouver jusques devant la place. Quant le cappitaine qui en avoit la garde veit si grosse puissance, eut frayeur, et non

---

1. *Argenta,* province de Ferrare.
2. *Polesme* est une faute d'impression. Il s'agit de la partie de la *Polesine* nommée aujourd'hui *Polesine de Ferrare.*
3. *Bastida di Fossa-Geniolo,* province de Ferrare.

sans cause, car il n'estoit pas à l'heure fort bien garny de gens de guerre; toutesfois il délibéra de faire son debvoir et d'advertir le duc son maistre de son inconvénient. Les gens du pape ne firent autre séjour, sinon, après eulx estre logez, asseoir leur artillerie, et commencea à batre la place à force. Le cappitaine avoit fait secrètement partir ung homme, par lequel il mandoit au duc son affaire, et que s'il n'estoit secouru en vingt et quatre heures il se voyoit en dur party parce qu'il n'avoit pas gens dedans pour deffendre à la puissance qu'il avoit devant luy.

Le messager fist extrême diligence, et fut environ midy à Ferrare, ainsi ne mist point six heures. Le bon chevalier estoit allé à l'esbat à une porte par où entra le messager, qui fut enquis à qui il estoit et amené devant luy, qui luy demanda dont il venoit; lequel respondit asseuréement : « Monseigneur, je viens de la Bastide, laquelle est assiégée de sept ou huyt mille hommes, et m'envoye le cappitaine dire au duc que s'il n'est secouru, il ne sçauroit tenir demain tout au long du jour, au moins s'ilz luy livrent assault. — Comment, mon amy, est si mauvaise la place? — Non, dist le messagier, ains une des bonnes d'Italye; mais il n'a que vingt-cinq hommes de guerre dedans, qui n'est pas pour la deffendre contre la force des ennemys. — Or, venez doncques, mon amy, je vous mèneray devers le duc. » Ilz estoient luy et le seigneur de Montoison ensemble sur leurs mules en la place de la ville, devisans des affaires; ilz veirent venir le bon chevalier qui amenoit cest homme, et eurent ymagination que c'estoit une espie. Si dist le seigneur de Montoison s'adressant au bon chevalier :

« Mon compaignon, vous aymeriez mieulx estre mort que ne feissiez tous les jours quelque prinse sur noz ennemys ; combien vous payera ce prisonnier pour sa rançon ? — Sur ma foy, respondit le bon chevalier, il est des nostres et nous apporte d'estranges nouvelles, comme il dira à monseigneur. » Lors le duc l'enquist, et puis regarda les lettres que le cappitaine de la Bastide luy escrivoit. En les lisant, chascun le voyoit blesmir et changer de couleur, et quant il eut achevé de lire, haulsa les espaules et dist : « Si je pers la Bastide, je puis bien habandonner Ferrare, et je ne voy pas bien le moyen qu'elle soit secourue dedans le terme que celluy qui est dedans me rescript, car il demande secours dedans demain pour tout le jour, et il est impossible. — Pourquoy, respondist le seigneur de Montoison ? » Dist le duc : « Parce qu'il y a vingt et cinq mille d'icy là, et davantage, au temps qu'il fait ; il fault passer par ung chemin où, l'espace de demy-mille, fault aller l'ung après l'autre, et encores y a-il une autre chose, c'est que, si noz ennemys estoient avertis d'ung passage qu'il y a, vingt hommes garderoient dix mille de passer ; mais je croy qu'ilz ne le sçavent pas. » Quant le bon chevalier sans paour et sans reprouche veit le duc ainsi esbahy et non sans cause, luy dist : « Monseigneur, quant il est question de peu de chose, la fortune est aisée à passer, mais quant il y va de sa destruction, on y doit pourveoir par tous les moyens qu'il est possible. Les ennemys sont devant la Bastide, et cuydent estre bien asseurez, parce que, au moyen de ce que la grosse armée du pape est près d'icy, leur est advis que nous n'oserions partir de ceste ville pour leur aller lever le siége. J'ay pensé une chose qui sera fort aisée à exécuter, et si le malheur n'est trop contre nous, en viendrons à honneur. Vous avez en ceste ville quatre ou cinq mille hommes de pied, gentilz compaignons et gens aguerriz le possible; prenons-en deux mille avecques les huyt cens Suysses du cappitaine Jacob, et les faisons sur la nuyt en bateaulx mettre sur l'eaue. Vous estes encores seigneur du Pau jusques à Argente; ilz nous yront attendre à ce passage que vous dictes. S'ilz y sont les premiers ilz le prendront, et la gendarmerie qui est en ceste ville yra par terre toute ceste nuyt; nous aurons bonnes guydes, et ferons de façon que y serons au point du jour, et ainsi nous joindrons les ungs avecques les autres; noz ennemys ne se doubteront jamais de ceste entreprinse. Il n'y a du passage que vous dictes, sinon trois mille, ou moins encores jusques à la Bastide ; devant qu'ilz se soient mis en ordre de combatre, leur yrons livrer la bataille aigrement, et le cueur me dit que nous les defferons. » S'on eust donné cent mil escuz au duc n'eust pas esté plus joyeulx; si respondit en soubzriant : « Par ma foy, monseigneur de Bayart, il ne vous est riens impossible; mais je vous prometz, sur mon honneur, que si messeigneurs qui sont icy trouvent vostre oppinion bonne, je ne fais doubte que ne facions de noz ennemys ce que vous dictes, et de ma part, les en supplie tant que je puis[1]. » Lors mist le bonnet hors

---

1. Si dict (Bayard) au seigneur de Monteson : « Monsieur, je croy que estes assez adverty que les ennemis on bouté li siège devant la Bastide; il me semble que les devons secourir, et le plus tost sera le meilleur, car la place n'est pas forte » (Champier, fol. xxxi). Montoison, d'après le même auteur, interrogea

de la teste. Le seigneur de Montoison, hardy et vertueux cappitaine, respondit : « Monseigneur, nous n'avons mestier de prières en vostre endroit et ferons ce que commanderez, car ainsi l'avons en charge du roy nostre maistre. » Autant en dirent le seigneur du Ludde et le cappitaine de Fontrailles, bien délibérez de faire leur debvoir. Ilz envoyèrent quérir les cappitaines de gens de pied, ausquelz ilz déclairèrent l'affaire, qui leur fut advis estre en paradis. Le duc fist secrètement apprester force barques sans bruyt quelconque, car il y avoit des gens en la ville qui estoient fort bons papalistes.

Les barques prestes, sur le soir se misrent les gens de pied dedans, qui eurent bons et seurs mariniers. Les gens de cheval, où le duc estoit en personne, partirent sur le commencement de la nuyt. Ilz avoient bonnes guydes, et quelque mauvais temps qu'il fist, furent seurement conduytz ; et si bien leur advint que, demye-heure devant jour, arrivèrent lesditz gens de cheval au passage, où ilz ne trouvèrent nul empeschement, dont ilz furent très-joyeulx, et ne demoura pas demye-heure que les barques lesquelles amenoient les gens de pied n'arrivassent. Si descendirent, et puis après le petit pas allèrent droit à ce mauvais passage, qui estoit ung petit pont où ne pouvoit passer que ung homme d'armes de fronc, et estoit sur ung canal assez parfond, entre le Pau et la Bastide[1]. Ilz misrent bien

---

ensuite les divers capitaines qui adoptèrent unanimement l'avis de Bayart.

1. Vindrent jusques auprès d'une petite rivière profonde à

une grosse heure à passer, tellement qu'il estoit jour tout cler, dont le duc eut mauvaise oppinion, et parce qu'il n'oyoit point tirer d'artillerie doubtoit que sa place feust perdue. Mais ainsi qu'il en parloit aux cappitaines françois, va ouyr trois coups de canon tout d'une bende, dont luy et toute la belle et bonne compaignie furent fort joyeulx. Il n'y avoit pas plus d'ung mille jusques aux ennemys; si commencea à dire le bon chevalier : « Messeigneurs, j'ay ouy tousjours dire que celluy est fol qui n'estime son ennemy ; nous sommes près des nostres, ilz sont trois contre ung, s'ilz sçavoient nostre entreprinse, sans nulle faulte nous aurions de l'affaire et beaucoup, car ilz ont artillerie, et nous n'en avons point. Davantage j'ay entendu que ce qui est devant la Bastide est toute la fleur de l'armée du pape ; il les fault prendre en désarroy qui pourra. Je suis d'oppinion que le bastard du Fay, mon guydon, qui est homme sçavant en telles matières, par le costé où sont venuz les ennemys leur aille dresser l'alarme avecques quinze ou vingt chevaulx, et le cappitaine Pierrepont sera à ung gect d'arc avecques cent hommes d'armes, pour luy tenir escorte s'il est repoussé, et luy baillerons le cappitaine Jacob Zemberc avecques ses Suysses. Vous, monseigneur, dist-il au duc, monseigneur de Montoison, messeigneurs mes compaignons et moy, yrons droit au siége, où je yray devant leur faire ung alarme.

---

merveille et estroicte, là où falloit passer sur ung petit pont l'ung après l'aultre, si firent tant qu'il passèrent sans que les ennemys en fussent advertis : leurs gens de pied qui estoient venus par la rivière du Pau furent aussi tost au petit pont que les gens de cheval (Champier, fol. xxxi).

Si celluy du bastard est premier dressé, et ilz voisent[1] tous là, nous les enclorrons entre luy et nous ; et si le nostre est le premier levé, le cappitaine Pierrepont et sa bende de Suysses en feront autant de leur costé. Cela les estonnera tant qu'ilz ne sçauront que faire, car ilz estimeront que nous soyons trois fois plus de gens que nous sommes ; et surtout que toutes noz trompettes sonnent à l'aborder. » Oncques chose ne fut trouvée meilleure ; car il fault que tous lisans ceste histoire sachent que ce bon chevalier estoit ung vray registre des batailles, parquoy tout homme pour sa grande expérience se tenoit à ce qu'il disoit.

Or, venons au point. Les deux bendes deslogèrent ; l'une alla par le chemin qu'estoient venuz les ennemys ainsi que ordonné avoit esté, et les autres droit à la place, laquelle ilz approchèrent sans estre aucunement apperceuz de la portée d'ung canon en bute. Si dressa le bastard du Fay ung aspre et chault alarme, qui estonna merveilleusement ceulx du camp ; toustesfois ilz commencèrent à eulx armer, monter à cheval, et aller droit où estoit ledit alarme. Leurs gens de pied se mettoient cependant en bataille, et s'ilz se feussent une fois rengez tous ensemble, il y eust eu combat mortel et dangereux pour les Ferraroys, pour le gros nombre qu'ilz estoient. Mais deux inconvéniens leur advindrent tout à ung coup ; c'est que quant ceulx qui repoussoient le bastard furent à deux cens pas loing, rencontrèrent le cappitaine Pierrepont, qui les rembarra à merveilles, et donna dedans eulx fièrement. Les Suysses commencèrent à marcher, qui

---

1. *Et ils voisent,* et qu'ils aillent.

desjà vindrent trouver leurs gens de pied en bataille, et en gros nombre, comme de cinq à six mille. Si furent lourdement repoussez lesditz Suysses, et eussent esté rompuz, n'eust esté la gendarmerie qui les secourut, laquelle donna aux ennemys par les flancs. Cependant vont arriver le duc, les seigneurs de Montoison, du Lude, de Fontrailles et le bon chevalier, avecques leurs gens de cheval et deux mille hommes de pied, qui par le derrière vont envahir lesditz ennemys, de sorte que tout fut poussé par terre. Le cappitaine Fontrailles et le bon chevalier apperceurent une troppe de gens de cheval en nombre de trois à quatre cens, qui se vouloient ralyer ensemble; si appellèrent leurs enseignes, et tournèrent ceste part; et, en criant : « France! France! duc! duc! » les chargèrent en façon que la pluspart alla par terre. Lesditz ennemys combatirent une bonne heure, mais enfin perdirent le camp, et qui se peut saulver se saulva, mais n'y en eut pas beaucoup. Le duc et les François y firent une merveilleuse boucherie, car il mourut plus de quatre ou cinq mille hommes de pied, plus de soixante hommes d'armes, et plus de trois cens chevaulx prins, ensemble avec leur bagage et artillerie, tellement qu'il n'y avoit celluy qui ne feust bien empesché d'emmener son butin. Je ne sçay comment les cronicqueurs et historiens n'ont autrement parlé de ceste belle bataille de la Bastide, mais cent ans devant n'en avoit point esté de mieulx combatue ne à plus grant hazard[1]. Toutesfois ainsi le

---

1. Le combat de la Bastide coûta au pape environ trois mille hommes, toute son artillerie et son bagage, et décida du salut du

convenoit faire, ou le duc et les François estoient perduz, lesquelz s'en retournèrent glorieux et triumphants dedans la ville, où ung chascun leur donnoit louenge inestimable. Sur toutes personnes la bonne duchesse[1], qui estoit une perle en ce monde, leur fist singulier recueil, et tous les jours leur faisoit bancquetz et festins à la mode d'Ytalie tant beaulx que merveilles. Bien ose dire que de son temps ne beaucoup devant ne s'est point trouvé de plus triumphante princesse; car elle estoit belle, bonne, doulce et courtoise à toutes gens. Elle parloit espaignol, grec, ytalien et françoys, quelque peu très-bon latin, et composoit en toutes ses langues; et n'est riens si certain que combien que son mary feust sage et hardy prince, ladicte dame, par sa bonne grace, a esté cause de luy avoir fait faire de bons et grans services.

CHAPITRE XLV.

De la mort du seigneur de Montoison et de plusieurs menées que firent le pape Julles et le duc de Ferrare l'ung contre l'autre, où le bon chevalier se monstra vertueux.

Après ceste gaillarde bataille de la Bastide, le gentil seigneur de Montoison ne vesquit guères, car une fievre continue l'empoigna, qui ne le laissa jusques à la mort. Ce fut ung gros dommage, et y fist France

duché de Ferrare. Cette victoire, due à l'énergie et à la résolution de Bayart, est, avec le siége de Mézières dont il sera question plus tard, son plus beau titre de gloire.
1. La fameuse Lucrèce Borgia.

lourde perte. Il avoit esté en sa vie ung des acomplis gentilzhommes qu'on eust sceu trouver, et avoit fait de belles choses tant en Picardie, Bretaigne, Naples que Lombardie; c'estoit ung droit esmerillon, vigillant sans cesse, et quant il estoit en guerre tousjours le cul sur la selle, au moyen de quoy estoit à l'heure de son trespas fort usé et cassé; mais tant proprement et mignonnement se contenoit qu'il sembloit ung homme de trente ans. De sa piteuse desconvenue furent le duc, la duchesse de Ferrare, le bon chevalier et tous les autres cappitaines françois si très dolens que merveilles; mais c'est une chose où on ne peult remédier.

Le pape estoit encores à la Myrandolle, que, quant il sceut des nouvelles de la Bastide et de la deffaicte de ses gens, cuyda désespérer; et jura Dieu qu'il s'en vengeroit, et que pour cela ne demoureroit point qu'il n'allast assiéger Ferrare, à quoy soubdainement vouloit entendre; mais les cappitaines et gens de guerre qu'il avoit avecques luy, mesmement le duc d'Urbin, son nepveu, qui eust bien voulu que le roy de France et luy eussent esté amys, l'en détournoient tant qu'ilz povoient, luy remonstrant que Ferrare, garnye comme elle estoit et de telz cappitaines, mesmement du bon chevalier, à qui nul ne se comparoit, ne se prendroit pas ayséement, et que si son armée entroit en l'isle pour l'assiéger, vivres y viendroient à grant peine. Ce conseil ne trouvoit pas bon le pape, car cent fois le jour disoit : « *Ferrare, Ferrare! t'avrò, al corpe de Dio!*[1] »

---

1. Pour : *l'avrò, per il corpo di Dio!*

Si s'advisa d'ung autre moyen, et mist en son entendement qu'il praticqueroit quelques gentilzhommes de la ville, par le moyen desquelz il la pourroit avoir, car d'une nuyt luy pourroient livrer une porte par où ses gens entreroient. Il y envoya plusieurs espies et avoient charge de parler à aucuns gentilzhommes; mais le duc et le bon chevalier faisoient faire si bon guet qu'il n'en entroit pas ung qui ne feust empoigné, et en fut pendu six ou sept. Toutesfois le duc fut en souspeçon d'aucuns gentilzhommes de sa ville, lesquelz il fist mettre prisonniers, par adventure à tort, entre lesquelz fut le conte Boors Calcagnyn[1], qui avoit logé chez luy le bon chevalier, qui fut desplaisant de sa détencion; mais par ce que les choses estoient fort doubteuses, ne s'en voulut mesler que bien à point. Quant le pape veit qu'il ne viendroit point à ses attainctes par ce moyen, s'advisa d'une terrible chose, car il mist en son entendement, pour se venger des François, qu'il praticqueroit le duc de Ferrare. Il avoit ung gentilhomme lodezan[2], du duché de Milan, à son service, qu'on appelloit messire Augustin Guerlo, mais il changeoit son nom; c'estoit ung grant faiseur de menées et de trahysons, dont mal luy en print à la fin, car le seigneur d'Aubigny luy fist coupper la teste dedans Bresse où il le voulut trahir. Ung jour fust appellé ce messire Augustin par le pape, lequel luy dist : « Viençà! il fault que tu me faces ung service. Tu t'en yras à Ferrare devers le duc, auquel tu diras que s'il se veult despescher[3]

1. Borsa Calcagnini.
2. *Lodezan,* natif de Lodi.
3. *Despescher,* débarrasser.

des François et demourer mon alyé, je luy bailleray une de mes niepces pour son filz aisné, le quicteray de toutes querelles, et davantage le feray confanonnyer et cappitaine général de l'Église. Il ne fault sinon qu'il dye aux François qu'il n'a plus que faire d'eulx et qu'ilz se retirent ; je suis asseuré qu'ilz ne sçauroient passer en lieu du monde que je ne les aye à ma mercy, et n'en eschappera pas ung. » Ce messager, qui ne demandoit que telles commissions, dist qu'il feroit fort bien l'affaire, et s'en alla à Ferrare droit s'adresser au duc, qui estoit ung sage et subtil prince, et lequel escouta très bien le galant, faisant myne qu'il entendroit voulentiers à ce que le pape luy mandoit ; mais il eust mieulx aymé estre mort de cent mille mors, car trop avoit le cueur noble et gentil. Bien le montra, parce que, après avoir fait faire bonne chière à messire Augustin, et icelluy enfermé en une chambre dedans son palais dont il print la clef, s'en vint avecques ung gentilhomme seulement au logis du bon chevalier, auquel de point en point compta tout l'affaire, qui se seigna plusieurs fois, et ne povoit penser que le pape eust si meschant vouloir d'achever ce qu'il mandoit. Mais le duc luy dist qu'il n'estoit riens si vray, et que, s'il vouloit, le mectroit bien en ung cabinet dedans son palais, où il entendroit toutes les parolles que le galant luy avoit dictes ; toutesfois il sçavoit que ce n'estoit point mensonge aux enseignes[1] mesmes qu'il luy avoit baillées, mais que plustost aymeroit estre tout vif démembré à quatre chevaulx que d'avoir seullement pensé consentir à une

1. *Enseignes*, indications.

si grande laschetè, remonstrant de combien il estoit tenu à la maison de France et que à son grant besoing le roy l'avoit si bien secouru. Le bon chevalier disoit : « Monseigneur, il n'est jà besoing vous excuser de cela, je vous congnois assez. Sur mon âme ! je tiens mes compaignons et moy aussi asseurez en ceste vostre ville que si nous estions dedans Paris, et n'ay pas paour, aydant Dieu, que aucun inconvénient nous adviengne, au moins que ce soit de vostre consentement. — Monseigneur de Bayart, dist le duc, si nous faisions une chose? Le pape veult icy user d'une meschanceté, il luy fault donner la pareille. Je m'en vois encores parler à son homme et verray si je le pourray gaigner et tirer à ma cordelle, de façon qu'il nous puisse faire quelque bon tour. — C'est bien dit, respondit le bon chevalier. » Et sur ces parolles s'en retourna le duc en son palais tout droit en la chambre où il avoit laissé messire Augustin Guerlo, auquel de bien loing entama plusieurs propos et de plusieurs sortes, pour venir à son poinct, qu'il sceut très bien faire venir en jeu quant temps fut, comme vous orrez, disant : « Messire Augustin, j'ay pensé toute ceste matinée au propos que me mande le pape, où je ne puis trouver fondement ne grant moyen pour deux raisons : l'une que je ne me doy jamais fier de luy, car il a dit tant de fois que s'il me tenoit qu'il me feroit mourir, et que j'estoye l'homme vivant qu'il hayoit le plus, et sçay bien qu'il n'y a chose en ce monde qu'il désire autant que d'avoir ceste ville et mes autres terres; parquoy je ne voy point d'ordre que je deusse avoir seureté en luy; l'autre, que si je dis au seigneur de Bayart, à présent, que je n'ay plus que faire de luy ny de ses compaignons, que pourra-il penser ? Une fois[1] il est plus fort en la ville que je ne suis ; peult-estre qu'il me respondra que voulentiers en advertira le roy de France son maistre, ou monseigneur le grant maistre, son lieutenant général deçà les montz, qui cy l'a envoyé, et selon leur response il verra qu'il aura à faire. En ces entrefaictes seroit grandement difficile qu'ilz ne congneussent mon fait, et par ainsi, comme la raison seroit, comme ung meschant m'abandonneroient, et je demourerois entre deux selles le cul à terre, dont je n'ay pas besoing. Mais, messire Augustin, le pape est d'une terrible nature, comme assez sçavez, colère et vindicatif au possible, et quelque chose qu'il vous déclare de ses secretz affaires, ung de ses matins vous fera faire quelque mauvais tour, et m'en croyez. Oultre plus, s'il vient à mourir, qu'esse que de ses serviteurs ? Ung autre pape viendra qui n'en retirera[2] pas ung, et est ung très mauvais service qui ne veult estre d'église. Vous sçavez que j'ay des biens et beaucoup, graces à Nostre-Seigneur, si vous me voulez faire quelque bon service et m'ayder à me deffaire de mon ennemy, je vous donneray si bon présent et assigneray si bonne intrade[3] que toute vostre vie serez à vostre aise ; et en soyez hardyement asseuré. » Le lasche et meschant paillart avaricieux, quant il eut entendu le duc parler, son cueur mua[4] soubdainement, et respondit quasi gaigné : « Sur mon âme ! monseigneur, vous

1. *Une fois*, d'abord, en premier lieu.
2. *Retirera*, conservera.
3. *Intrade*, revenu.
4. *Mua*, changea.

dictes vérité ; aussi y a-il plus de six ans que j'avoye vouloir d'estre à vostre service. Je vous veulx bien asseurer qu'il n'y a homme à l'entour de la personne du pape qui puisse mieulx faire ce que demandez que moy, car la nuyt et le jour je suis auprès de luy, et bien souvent il prent sa colacion de ma main, qu'il n'y a que nous deux quant il me devise de ses trafiques[1]. Si vous me voulez bien traicter, devant qu'il soit huyt jours il ne sera pas en vie, et ne veulx riens que je n'aye fait ce que je vous prometz. Aussi, monseigneur, je vouldrois bien n'estre point mocqué après. — Non, non, dist le duc, sur mon honneur ! » Si convindrent de marché devant que partir de là. Ce fut que le duc luy bailleroit deux mille ducatz content et cinq cens ducatz d'intrade. Ce fait, fut messire Augustin tousjours bien traicté, que le duc laissa en sa chambre, et retourna devers le bon chevalier qui s'estoit allé esbatre sur les rampars de la ville et s'amusoit à faire nectoyer une canonnière[2]. Il veit venir le duc, au devant duquel il alla ; et se prindrent par la main, et eulx se promenans sur les rampars loing des gens, commença le duc à dire : « Monseigneur de Bayart, il ne fut jamais autrement que les trompeurs enfin ne feussent trompez. Vous avez bien entendu la meschanceté que le pape m'a voulu faire faire vers vous et les François qui sont icy, et à ceste occasion m'a envoyé ung homme comme sçavez. Je l'ay si bien gaigné et renversé son propos qu'il fera du pape ce qu'il vouloit faire de vous, car dedans

---

1. *Devise de ses trafiques,* parle de ses affaires.
2. *Canonnière,* une pièce de canon.

huyt jours pour le plus tard, m'a asseuré qu'il ne sera pas en vie. » Le bon chevalier, qui n'eust jamais pensé au faict, respondit : « Comment cela, monseigneur, il a doncques parlé à Dieu ? — Ne vous souciez, dist le duc, mais il en sera ainsi. » Et tant vindrent de parolle en parolle qu'il luy dist que messire Augustin luy avoit promis d'empoisonner le pape. Desquelles parolles le bon chevalier se seigna plus de dix fois, et en regardant le duc luy dist : « Hé! monseigneur, je ne croyroye jamais que ung si gentil prince comme vous estes consentist à une si grande trahyson ; et quant je le sçauroye de vray, je vous jure mon âme que, devant qu'il feust nuyt, en advertiroye le pape, car je croy que Dieu ne pardonneroit jamais ung si horrible cas. — Comment! dist le duc, il en a bien autant voulu faire de vous et de moy ; et jà sçavez-vous que nous avons fait pendre sept ou huyt espies. — Il ne m'en chault, dist le bon chevalier; il est lieutenant de Dieu en terre, et le faire mourir d'une telle sorte, jamais n'y consentiroye. » Le duc haulsa les espaulles, et en crachant contre terre dist ces parolles : « Par le corps Dieu! monseigneur de Bayart, je vouldrois avoir tué tous mes ennemys en faisant ainsi ; mais puisque ne le trouvez pas bon, la chose demourera, dont, si Dieu n'y mect remède, vous et moi nous nous repentirons. — Nous ferons si Dieu plaist, dist le bon chevalier; mais je vous prie, monseigneur, baillez-moy le galant qui veult faire ce beau chef-d'œuvre, et si je ne le fais pendre dedans une heure, que je le soye en son lieu. — Non, monseigneur de Bayart, dist le duc, je l'ay asseuré de sa personne, mais je le vois renvoyer ; » ce qu'il fist incontinent qu'il fut retourné à son palais. Je ne sçay quant il fut devers le pape qu'il fist ne qu'il dist, mais il n'exécuta nulles de ses entreprinses. Si demoura-il tousjours à l'entour de la personne du Sainct-Père, qui estoit bien marry de ne povoir trouver moyen de venir au-dessus de ses affaires. Il fut encores quelque temps à la Myrandolle, et là à l'entour, puis se retira à Boulongne, et fist loger son armée ès garnisons vers Modène.

Environ ceste saison, le duc d'Urbin son nepveu, qui tousjours avoit esté bon François et à qui il desplaisoit à merveilles de la guerre que le pape avoit levée contre le roy de France, tua le cardinal de Pavye, légat à Boulongne, qui gouvernoit le pape entièrement, et lequel fut très grandement courroucé ; mais il convint qu'il s'appaisast. L'occasion pourquoy ce fut : l'on rapporta audit duc d'Urbin que le cardinal de Pavye avoit dit au pape qu'il estoit plus serviteur des François que de luy et qu'il les advertissoit chascun jour de son gouvernement. Cela y peut bien aider ; mais la principalle racine estoit que celluy cardinal de Pavye avoit esté le premier qui avoit conseillé au pape de commencer la guerre. Il en fut payé en mauvaise monnoye[1]. Je laisseray ce propos et parleray de ce qui advint durant deux ans en Ytalie.

---

1. La véritable cause de l'assassinat de Félix Aledosi, cardinal de Pavie, par le duc d'Urbin, fut la révolte de la ville de Bologne, qui se donna aux Français, et la déroute de l'armée du pape qui en fut la suite. Chacun d'eux rejetait sur l'autre la responsabilité de cette défaite et dans une dernière querelle le duc poignarda le cardinal en pleine place de Ravenne.

CHAPITRE XLVI.

*De plusieurs choses qui advindrent en Ytalie
en deux ans.*

Pour ce que ceste histoire est principallement fondée sur les vertus et prouesses du bon chevalier sans paour et sans reprouche, laisseray beaucoup de choses à desmesler s'ilz ne sont requises y estre mises ; toutesfois je veulx en gros déclairer ce qui advint durant deux ans en Ytalie et jusques à la mort du bon seigneur de Chaumont, gouverneur de Milan, auquel gouvernement succéda le gentil prince duc de Nemours, Gaston de Foix.

L'empereur demanda encores secours au roy de France pour la conqueste du Fryol que les Véniciens tenoient ; c'est ung très bel et bon pays, et par là entre l'on en la Germanie par deux ou trois endroitz, et par l'ung bout en l'Esclavonnie. Sa demande luy fut accordée, et escripvit ledit seigneur à son lieutenant général ledit seigneur de Chaumont qu'il envoyast le seigneur de la Palisse oudit pays de Fryol, acompaigné de douze cens hommes d'armes et de huyt mille hommes de pied ; ce qui fut fait, et y alla avecques tout plain de gentilz cappitaines tant de cheval que de pied. Vous povez penser qu'il ne laissa pas le bon chevalier son parfait amy derrière. Ilz trouvèrent l'armée de l'empereur à Véronne, si marchèrent ensemble. Pour lors et en ceste mesme armée estoit lieutenant pour l'empereur ung gentilhomme almant, qu'on nommoit messire Georges de Stin. Ilz entrèrent bien avant et allèrent pour assiéger Trévize ; mais ilz n'y firent riens, et aux approches fut tué ung gaillart gentilhomme, le seigneur de Lorges, qui estoit alors lieutenant du cappitaine Bonnet, qui avoit mille hommes de pied, et en son lieu le fut ung sien jeune frère[1], qui depuis a fait de belles choses. De là ilz tirèrent jusques sur le bort d'une rivière qu'on appelle la Pyave[2] et qui sépare le Fryol et le Trévizan, et y fut dessus fait ung pont sur bateaulx. Le bon chevalier et le cappitaine de Fontrailles passèrent oultre avecques leurs bendes. Or, depuis ung peu avoit le bon chevalier soubz sa charge cent hommes d'armes, dont le roy de France avoit fait don au gentil duc de Lorraine[3], par condition que le bon chevalier les conduyroit comme son lieutenant. Mais pas mieulx ne demandoit le bon prince, car en tout le monde n'en eust sceu avoir de meilleur. Si allèrent ces deux vaillans cappitaines avecques quelques Almans devant Gradisque et devant Gorisse[4], qui sont sur les confins de l'Esclavonnie ; toutesfois les Véniciens les tenoient. Ilz furent prinses et mises entre les mains de l'empereur, et puis s'en retour-

---

1. Jacques de Montgommery, sr de Lorges, capitaine des gardes du roi, colonel d'infanterie, fils de Robert de Montgommery. Le nom de son frère ainé qui fut tué devant Trévise nous est inconnu.

2. *Piave*, fleuve qui traverse la Vénétie et se jette dans l'Adriatique.

3. Antoine, duc de Lorraine, fils de René de Lorraine et de Philippe de Gueldres ; il épousa Renée de Bourbon, et régna de 1508 à 1544.

4. *Gradisca*, province de Gorizia, en Vénétie.
Gorizia, chef-lieu de la province de ce nom.

nèrent au camp, où ilz trouvèrent le seigneur de la Palisse qui avoit longuement demouré sans grans choses faire, par la mauvaise conduicte des gens de l'empereur ; et si jamais povres gens de guerre n'eurent autant de mal, car ilz furent six jours durant sans manger pain ne boire vin, et assez d'autres nécessitez ilz eurent en ce malheureux voyage, de sorte que le roy de France y perdit plus de quatre mille hommes de pied de maladie et meschanceté[1], et plus de cent hommes d'armes ; et entre autres gens il y avoit environ deux mil cinq cens Grisons que, quant le pain leur faillit, mangèrent force raisins, car c'estoit ou moys de septembre. Ung flux de ventre les print, de façon qu'ilz mouroient cent par jour. Et fut une chose bien estrange que, des deux mil cinq cens, quant ilz retournèrent en leur pays n'estoient que deux. L'ung fist le cappitaine et l'autre portoit l'enseigne de sergens de bende pour faire tenir l'ordre : ilz demourèrent ou Fryol. Bref, de tous les gens que le seigneur de la Palisse avoit menez avecques luy n'en eust sceu mettre de sains trois cens hommes d'armes à cheval ne trois mille hommes à pied. Quant il veit ceste malheureté[2], il s'en voulut retourner, que les gens de l'empereur ne trouvoient pas bon ; et y eut entre eulx de grosses parolles. Toutesfois il s'en vint jusques à ung lieu nommé Sainct-Boniface, c'est le village où les Véniciens en l'année précédente avoient si longuement tenu leur camp, et là firent séjour quelque peu, durant lequel ainsi que le seigneur du Ru, Bour-

---

1. *Meschanceté*, misère.
2. *Malheureté*, désastre.

guignon, alloit visiter ung chasteau que luy avoit donné l'empereur, il fut prins des Albanoys de la seigneurie de Venize. On disoit que le seigneur Mercure, qui pareillement estoit audit empereur, luy avoit donné ceste trousse[1] pour ce qu'il querelloit la place comme luy. Je m'en rapporte à ce qu'il en fut.

Le seigneur Jehan-Jaques, en ces deux ans, reconquesta avecques l'armée du roy de France la Myrandolle, et repoussa l'armée du pape jusques devant Boulongne, où elle fut deffaicte sans mettre espée en la main, et cuyda estre prins le pape dedans. Jamais ne fut veu si grosse pitié de camp, car tout leur bagaige y demoura, artillerie, tentes et pavillons; et y avoit tel François qui luy seul amenoit cinq ou six hommes d'armes du pape ses prisonniers, et en fut ung qui avoit une jambe de boys appellé la Baulme qui en avoit trois lyez ensemble. Ce fut une grosse deffaicte et gentement exécutée. Le bon chevalier sans paour et sans reprouche y eut honneur merveilleux, car il menoit les premiers coureurs, et luy fist cest honneur, le soir de la deffaicte, le seigneur Jehan-Jaques, en souppant, de dire que, après Dieu, le seigneur de Bayart debvoit avoir l'honneur de la victoire. Il y avoit beaucoup de vaillans cappitaines quant il proféra les parolles, et estoit si sage et vertueux qu'il ne les eust point dictes s'il n'y eust eu grande raison[2].

1. *Trousse*, mauvais tour.
2. Sire, écrit Trivulce au roi, les capitaines Bayart, Fontrailles, Sainte-Coulombe, le s^r de Vatillieu, qui sont les premiers coureurs par l'ordre de vostre camp, ont esté les premiers qui les ont trouvez et qui ont donné dedans et Monseigneur de Nemours et nous autres après. 22 mai 1411 (Lettres du roi Louis XII. Bruxelles, 1712, t. II, p. 334).

Au retour, le gentil duc de Nemours alla veoir le duc et la duchesse de Ferrare, où il fut receu à grant joye, et luy fut fait force festins à l'usage du pays, car la gentille duchesse en sçavoit trop bien la manière. Lui estant là, se fist un combat entre deux Espaignolz, que je vueil bien réciter.

CHAPITRE XLVII.

Comment deux Espaignolz combatirent à oultrance dans la ville de Ferrare.

Le jour mesmes que ce gentil duc de Nemours arriva à Ferrare, le baron de Béarn luy dist que, s'il vouloit, auroit le passetemps de veoir ung combat à oultrance de deux Espaignolz, dont l'ung s'appelloit le cappitaine Saincte-Croix, et avoit esté coulonnel des gens de pied du pape, l'autre se nommoit le seigneur Azevedo, qui avoit aussi eu quelque charge desditz gens de pied. L'occasion de leur combat estoit que ledit Azevedo disoit que le cappitaine Saincte-Croix l'avoit voulu faire tuer meschamment et en trahyson, et qu'il l'en combatroit. L'autre respondoit qu'il avoit menty et qu'il s'en deffendroit. Parquoy estoit venu ledit Azevedo à Ferrare pour soy présenter au duc de Nemours, affin de luy faire donner le camp; ce qu'il fist après que ledit baron de Béarn le luy eut donné à congnoistre. Ainsi Azevedo, bien aise d'estre asseuré du camp, le manda incontinent à son ennemy Saincte-Croix, qui ne fist pas longue demoure. En attendant sa venue, fut dressé le camp

devant le palais, et deux jours après que fut arrivé
Sainte-Croix, lequel vint bien acompaigné, car il
avoit bien cent chevaulx de compaignie, dont le principal, et qu'il avoit prins pour son parrain, estoit
domp Pedro de Coignes, chevalier de Roddes et
prieur de Messine, domp Françoys de Beaumont, qui
peu auparavant avoit laissé le service du roy de
France et autres, délibéra parfaire ses armes, et entrèrent en camp une journée de mardy, environ une
heure après midy. Premier entra l'assaillant, qui
estoit Azevedo, avecques le seigneur Fédéric de
Bazolo, de la maison de Gonzago[1], qu'il avoit prins
pour son parrain, et si ne sçavoit pas encores comment son ennemy ny en quelles armes il vouloit combatre. Toutesfois, comme bien conseillé, s'estoit garny
de tout ce qu'il luy estoit nécessaire en hommes
d'armes, à la genète[2] et à pied en toutes les sortes qu'il
povoit ymaginer qu'on sceust combatre. Peu après
qu'il fut entré, va devers luy le prieur de Messine,
qui fait porter deux secrettes, deux rapières bien
trenchantes et deux poignars, lesquelz il présenta au
seigneur Azevedo pour choisir. Il print ce qui luy
estoit besoing, et ce fait, se mist Saincte-Croix dedans
le camp. Tous deux se gectèrent à genoulx pour faire
leurs oraisons à Dieu. Après furent tastez par les parrains, sçavoir s'ilz avoient nulles armes soubz leurs
vestements. Ce fait, chascun vuyda le camp, qu'il n'y
demoura fors les deux combatans, leurs deux parrains

---

1. Frédéric de Gonzague, prince de Gazzolo et de Bozzolo, fils
de Pyrrhus de Gonzague et d'Antoinette de Baux. Il mourut sans
postérité.

2. *A la genète,* pour un cavalier armé à la légère.

et le bon chevalier sans paour et sans reprouche qui, par le duc de Ferrare et pour plus l'honnorer, aussi qu'il n'y avoit homme ou monde qui mieulx s'entendist en telles choses, fut ordonné maistre et garde du camp. Le hérault commencea à faire son cry, tel qu'on a acoutumé faire en telz cas : que nul ne fist signe, crachast ou toussast, ne autres choses dont nul desditz combatans peust estre advisé. Ce fait, marchèrent l'ung contre l'autre ; Azevedo en la main droicte mist sa rappière et en l'autre son poignart, mais Saincte-Croix mist son poignart au fourreau et tint seulement sa rappière. Or vous povez penser que le combat estoit bien mortel, car ilz n'avoient nulles armes sur eulx pour les couvrir. Sagement se gectèrent plusieurs coups ; et avoient chascun bon pied bon œil, et bon besoing leur estoit. Or, après plusieurs coups, Saincte-Croix en rua ung dangereux droit au visage, que Azevedo deffendit subtilement de sa rappière, et en descendant son coup luy couppa tout le hault de la cuysse jusques à l'os, dont incontinent saillit le sang à grosse habondance. Toutesfois que Saincte-Croix cuyda marcher en avant pour se venger, mais il tumba. Quoy voyant par icelluy, Azevedo bien joyeulx s'approcha de son ennemy en luy disant en son langage : « Rendz-toy, Saincte-Croix, ou je te tueray. » Mais il ne respondit riens, ains se mist sur le cul, tenant son espée au poing et faisant ses exclamations, délibéré plutost mourir que de se rendre. Alors Azevedo luy dist : « Lève-toy doncques, Saincte-Croix, je ne te frapperoys jamais ainsi. » Aussi il y faisoit dengereux comme à ung homme désespéré ; et de grand cueur qu'il avoit se releva, et marcha deux pas en avant cuydant enferrer son homme, qui recula ung pas rabatant son coup. Si tumba, pour la seconde fois Saincte-Croix, quasi le visage contre terre, et eut Azevedo l'espée levée pour luy coupper la teste, ce qu'il eust bien fait s'il eust voulu ; mais il retira son coup. Et pour tout cela ne se vouloit point rendre Saincte-Croix. La duchesse de Ferrare, avecques laquelle estoit le gentil duc de Nemours, le prioit à joinctes mains qu'il les fist départir. Il respondoit : « Madame, je le vouldrois bien, pour l'amour de vous, mais honnestement je ne puis ne doibz prier le vaincqueur contre la raison. » Saincte-Croix perdoit tout son sang et si plus guères y feust demouré, mort estoit sans nul remède. Parquoy le prieur de Messine, qui estoit son parrain, s'en vint à Azevedo, auquel il dist : « Seigneur Azevedo, je congnois bien au cueur du cappitaine Saincte-Croix qu'il mourroit plustost que se rendre. Mais voyant qu'il n'y a point de moyen en son fait, je me rendz pour luy. » Ainsi demoura victorieux. Si se mist à deux genoulx et fort humblement remercia Nostre-Seigneur. Incontinent vint ung cyrurgien qui estancha la playe de Saincte-Croix, et ses gens le prindrent entre leurs bras et l'emportèrent hors du camp avecques ses armes, lesquelles Azevedo envoya demander ; mais on ne les vouloit rendre. Si s'en vint plaindre au duc de Ferrare qui le dist au bon chevalier, lequel eut la commission d'aller dire à Saincte-Croix que, s'il ne vouloit rendre les armes comme vaincu, que le duc le feroit rapporter dedans le camp, où luy seroit sa playe descousue, et le mettroit-on en la sorte que son ennemy l'avoit laissé quant son parrain s'estoit rendu pour luy. Quant il veit que force luy estoit, rendit ses armes au bon chevalier, qui, comme le droit le donnoit, les bailla au seigneur Azevedo, lequel avecques trompettes et clérons fut mené au logis du seigneur duc de Nemours. On luy fist beaucoup d'honneur, mais depuis il en récompensa mal les François, qui luy fut grosse lascheté.

Peu de temps avant, c'estoit fait ung autre combat à Parme, entre deux autres Espaignolz, l'ung nommé le seigneur Peralte, qui autresfois avoit esté au service du roy de France, et fut tué d'ung coup de faulcon au camp de la Fosse[1] ainsi que le seigneur Jehan-Jacques chassoit l'armée du pape, et l'autre le cappitaine Aldano. Leur combat fut à cheval, à la genète, la rapière, le poignart, et chascun trois dartz en la main avecques une targuete[2]. Le parrain de Peralte fut ung Espaignol, et celluy d'Aldano fut le gentil cappitaine Molart. Il avoit tant neigé que leur combat se fist en la place de Parme où on l'avoit relevée, et n'y avoit autres barrières que de neige. Chascun des deux combatans fist très bien son devoir, et enfin le seigneur de Chaumont, qui avoit donné le camp, les fist sortir en pareil honneur.

Les Véniciens en ce temps vindrent assiéger Véronne, où estoit le seigneur du Plessys[3] pour le roy de France, qui la tenoit en gaige pour aucuns deniers qu'il avoit prestez à l'empereur ; toutesfois ilz n'y

---

1. *Fossa,* hameau de la commune de Concordia, province de Modène.

2. *Targuete,* petit bouclier.

3. Jean de la Barre, sr du Plessis, Véretz et Négron, conseiller chambellan du roi. Une quittance scellée de ce personnage existe Bibl. nat., 26118, n° 523.

firent riens et alla lever le siége le seigneur de Chaumont, gouverneur de Milan. L'armée du pape et des Espaignolz vindrent aussi assiéger Boulongne, mais le siége en fut levé pareillement, et se retirèrent les ennemys en la Rommaigne.

Quelque temps après, en ung lieu dit Conrège, alla de vie à trespas le bon seigneur de Chaumont, ce gentil chevalier qui, par l'espace de dix ou douze ans, avoit si bien gardé la Lombardie à son maistre le roy de France. Ce fut en son vivant ung sage, vertueux et advisé seigneur, de grande vigilance, et bien entendant ses affaires. Mort le prist ung peu bientost, car lors de son trespas n'avoit que trente et huyt ans, et si n'en avoit pas vingt et cinq quant on luy bailla le gouvernement de la duché de Milan. Dieu par sa grace luy face pardon, car il fut homme de bien toute sa vie [1]. Peu après envoya le roy de France en Ytalie le seigneur de Longueville son lieutenant général, lequel fist faire nouvel serment à tous ceulx qui tenoient les villes et places du duché de Milan au roy son maistre, et à sa fille aisnée madame Claude de France. Il y demoura quelques jours, puis s'en retourna. Et ne tarda guères après que ce gentil duc de Nemours ne

---

1. Le maréchal de Chaumont mourut à Correggio le 11 février 1511, c'est-à-dire au moment où se livrait la bataille de la Bastide dont il a été question au chap. XLIV. Le *Loyal serviteur*, ainsi que nous l'avons déjà fait remarquer, ne professe pas toujours un grand respect pour la chronologie. Nous n'insisterons pas sur l'exagération des éloges qu'il prodigue assez mal à propos à ce médiocre homme de guerre, auteur principal du peu de succès des armes françaises en Italie. Charles d'Amboise, maréchal de Chaumont, fils de Charles d'Amboise et de Catherine de Chauvigny, avait épousé Jeanne Malet, dame de Graville.

feust lieutenant général, en la sorte que l'estoit ledit feu seigneur de Chaumont. Il ne demoura guères en cest estat, car mort le surprint, qui fut gros dommage à toute gentillesse[1].

Sur la fin de l'année mil cinq cens et unze, et vers Noël, descendit une grosse troppe de Suysses, au-devant desquelz fut ledit duc de Nemours et quelque nombre de gens, mais il n'estoit pas puissant pour les combatre à la campaigne parce que la pluspart de ses gens estoient ès garnisons forcées, comme Véronne, Boulongne et autres. Chascun jour se faisoit des escarmouches, toutesfois les François rembarrez jusques dedans Milan, où le jour mesme le seigneur de Conty, cappitaine de cent hommes d'armes, alla faire une course en laquelle il n'eut pas du meilleur, car il perdit huyt ou dix hommes d'armes et fut si fort blessé de façon que en la ville de Milan mourut le lendemain. Le bon chevalier sans paour et sans reprouche, son grant compaignon et ami, le vengea bien, car il fut aux champs et deffist cinq cens Suysses au lieu mesmes où receut les coups de la mort icelluy seigneur de Conty. Quelques jours furent les Suysses devant Milan; mais vivres leur faillirent, parquoy furent contrainctz venir à quelque appoinctement et eulx enretourner. Ledit appoinctement se fist par leur cappitaine général et qui les avoit amenez, que l'on nommoit le baron de Sacz avecques le duc de Nemours en ung lieu près Milan dit Sainct-Ange. Lesditz Suysses s'en retournèrent, mais ceste descente fist gros dommage en la duché, car ilz bruslèrent

---

1. *Gentillesse*, noblesse.

quinze à vingt gros villages. Peu après s'en alla ledit duc de Nemours, parce qu'il entendit que l'armée d'Espaigne approchoit Boulongne pour l'assiéger, en ung village près de Ferrare nommé le Fynal[1] où il assembla toute l'armée et la logea là à l'entour[2]. Ainsi que ladicte armée marchoit droit à ce Fynal, passa le noble duc de Nemours par une petite ville appellée Carpy[3], avecques la pluspart des cappitaines, mesmement ceulx en qui plus se fioit et qu'il aymoit le mieulx. Il y séjourna deux jours et y fut fort bien receu avecques sa compaignie du seigneur de la ville, qu'on estimoit homme de grant sçavoir tant ès lettres grecques que latines. Il estoit cousin germain de Piccus Myrandula[4], et luy s'appelloit Albertus Myrandula, conte de Carpy. Il souppa le soir de l'arrivée dudit duc de Nemours avecques luy et les cappitaines françois, où il y eut plusieurs devis, et entre autres d'ung astrologue que aucuns autres appelloient devyn, lequel estoit en ceste ville de Carpy, et que c'estoit merveilles ce qu'il disoit des choses passées sans en avoir jamais eu congnoissance, et encores, qui plus fort estoit, parloit des choses à venir. Il n'est riens si certain que tous vrais chrestiens doivent tenir qu'il n'y a que Dieu qui sache les choses futures : mais cest astrologue de Carpy a dit tant de choses et à tant de sortes de gens qui depuis sont advenues, qu'il a mis beaucoup de monde en resverie.

---

1. *Finale nell' Emilia*, province de Ferrare.
2. Le duc de Nemours avait avec lui quinze cents lances, huit mille fantassins français et six mille lansquenets.
3. *Carpi*, province de Modène.
4. Le célèbre Pic de la Mirandole.

Quant le gentil duc de Nemours en eut ouy parler, ainsi que jeunes gens appètent[1] de veoir choses nouvelles, pria au conte qu'il l'envoyast quérir, ce qu'il fist; et vint incontinent. Il povoit estre de l'aage de soixante ans ou environ, homme sec et de moyenne taille. Le duc de Nemours luy tendit la main, et en ytalien luy demanda comment il se portoit; il lui respondit très-honnestement. Plusieurs propos furent tenuz; et entre autres luy fut demandé par le seigneur de Nemours si le vis-roy de Naples et les Espaignolz attendroient la bataille. Il dist que ouy, et que sur sa vie elle seroit le vendredy-sainct ou le jour de Pasques, et si seroit fort cruelle. Il luy fut demandé qui la gaigneroit; il respondit ses propres motz : « Le camp demourera aux François, et y feront les Espaignolz la plus grosse et lourde perte qu'ilz firent cent ans a; mais les François n'y gaigneront guères, car ilz perdront beaucoup de gens de bien et d'honneur, dont ce sera dommage. » Il dist merveilles. Le seigneur de la Palisse luy demanda s'il demoureroit point à ceste bataille; il dist que nenny, qu'il vivroit encores douze ans pour le moins, mais qu'il mourroit en une autre bataille; autant en dist-il au seigneur d'Imbercourt, et au cappitaine Richebourg[2] qu'il seroit en grant dangier d'estre tué de fouldre. Brief, il n'y eut guères de gens en la compaignie qu'ilz ne s'enquissent de leur affaire. Le bon chevalier sans paour et sans reprouche estoit présent qui s'en ryoit, et le gentil duc de Nemours luy dist : « Monseigneur de Bayart,

1. *Appètent,* désirent.
2. Louis de Richebourg, sr de Bergères.

mon amy, je vous prie, demandez ung peu à nostre maistre que ce sera de vous. — Il ne fault pas, respondit-il, que je le demande, car je suis asseuré que ce ne sera jamais grant chose; mais puisqu'il vous plaist, je le vueil bien. » Et commença à dire à l'astrologue : « Monsieur nostre maistre, je vous prie, dictes-moy sy je seray une fois grant riche homme. » Il respondit : « Tu seras riche d'honneur et de vertu autant que cappitaine fut jamais en France, mais des biens de fortune tu n'en auras guères, aussi ne les cherches-tu pas; et si te veulx bien adviser que tu serviras ung autre roy de France après cestuy-cy qui règne et que tu sers, lequel t'aymera et estimera beaucoup; mais les envieux t'empescheront qu'il ne te fera jamais de grans biens, ne ne te mettra pas aux honneurs que tu auras méritez; toutesfois croy que la faulte ne procédera pas de luy. — Et de ceste bataille que dictes estre si cruelle, en eschapperay-je? — Ouy, dist-il, mais tu mourras en guerre dedans douze ans pour le plus tart, et seras tué d'artillerie, car autrement n'y finerois-tu pas tes jours, parce que tu es trop aymé de ceulx qui sont soubz ta charge, qui pour mourir ne te laisseroient pas en péril. » Brief, ce fut une droicte farce des propos que chascun luy demanda. Il voyoit qu'entre tous les cappitaines le duc de Nemours faisoit grande privaulté au seigneur de la Palisse et au bon chevalier; il les tira tous deux à part et leur dist en son langaige : « Messeigneurs, je voy bien que vous aymez fort ce gentil prince icy, lequel est vostre chief; aussi le mérite-il bien, car sa face à merveilles démonstre sa bonne nature. Donnez-vous garde de luy le jour de la bataille, car il est pour y demourer. S'il en eschappe ce sera ung des grans et eslevés personnages qui jamais sortist de France, mais je trouve grosse difficulté qu'il en puisse eschapper ; et pour ce pensez-y bien, car je veulx que vous me trenchez la teste si jamais homme fut en si grant hazart de mort qu'il sera. » Hélas ! mauldit soit l'heure de quoy il dist si bien vérité. Le bon prince de Nemours leur demanda en soubzriant : « Qu'esse qu'il vous dit, Messeigneurs? » Le bon chevalier respondit, qui changea de propos : « Monseigneur, c'est monseigneur de la Palisse qui luy fait une question, sçavoir mon[1], s'il est autant aymé de Reffuge[2] que Viverolz[3] ; il luy dit que non, dont il n'est pas fort content. » De ce joyeulx propos se print à rire Monseigneur de Nemours qui n'y pensa autrement.

Sur ces entrefaictes arriva ung adventurier en la compaignie qu'on disoit estre gentil compaignon, mais assez vicieux, qu'on appelloit Jacquyn Caumont, et portoit quelque enseigne ès bendes du cappitaine Molart. Il se voulut faire de feste comme les autres, et vint à l'astrologue qu'il tira à part, et commença à luy dire : « Viençà, bougre, dy moy ma bonne adventure. » L'autre se sentit injurié, et respondit en homme courroucé : « Va, va, je ne te diray riens, et si as menty de ce que tu me dis. » Il y avoit beau-

---

1. Sçavoir mon, c'est à savoir.
2. Nous n'avons pu découvrir quelle était cette dame ou cette demoiselle du Reffuge, objet de cette plaisanterie de Bayard à l'égard de la Palisse, qui ne devait plus être de la première jeunesse.
3. Jacques d'Alègre, sr de Viverols, tué à la bataille de Ravenne. Il était fils d'Yves d'Alègre.

coup de gentilzhommes en présence, lesquelz dirent à
Jacquyn : « Cappitaine, vous avez tort ; vous voulez
tirer du passe-temps de luy et luy dictes injure. »
Alors il revint peu à peu et parla beaucoup plus doulcement, en luy disant : « Maistre, mon amy, si j'ay
dit quelque folle parolle, je te prie, pardonne-moy. »
Il fist tant qu'il le rapaisa, et puis luy monstra sa main,
car ledit astrologue regardoit le visaige et les mains.
Quant il eut veue celle de Jacquyn, il luy dist en son
langaige : « Je te prie, ne me demandes riens, car je
ne te diroye chose qui vaille. » Toute la compaignie
qui estoit là se print à rire, et Jacquyn, bien marry
de ce que les autres ryoient, dist encores à l'astrologue : « C'est tout ung, dis-moy que c'est. Je sçay
bien que je ne suis pas cocu, car je ne n'ay point de
femme. » Quant il se veit ainsi pressé, il luy dist :
« Veulx-tu sçavoir de ton affaire ? — Ouy, dist Jacquyn.
Or, pense doncques à ton ame de bonne heure, dist
l'astrologue, car devant qu'il soit trois moys, tu seras
pendu et estranglé. » Et de rire par les escoutans de
plus belle, lesquelz n'eussent jamais pensé que le cas
adviensist ; car il n'y avoit nulle apparence, pour ce
qu'il estoit en crédit parmy les gens de pied, et aussi
qu'ilz pensoient que le maistre l'eust dit pour ce que
Jacquyn l'avoit du commencement injurié ; mais il ne
fut riens si vray. Et comme on dit en ung commun
proverbe : « Qui a à pendre ne peult noyer. » Je vous
diray ce qui advint de luy. Deux ou trois jours après
que le duc de Nemours fut arrivé au Fynal, qui est
ung gros village au millieu duquel passe ung canal,
qui va cheoir au Pau assez parfond, et y avoit ung
pont de boys pour aller d'ung costé à l'autre, de jour

en jour, en ce canal arrivoient plus de cent barques qui venoient de Ferrare, et apportoient toutes manières de victuailles aux François. Ung jour par adventure que Jacquyn eut bien souppé, vint environ neuf heures de nuyt, à force torches et tabourins de Suysse, au logis de monseigneur de Moulart, son cappitaine, armé de toutes pièces, et monté sur ung fort beau coursier, en ordre comme ung Sainct-Georges, car de sa soulde ou du pillage il estoit très bien vestu, et avoit trois ou quatre grans chevaulx, espérant que après la guerre faillie se mettroit des ordonnances[1]. Quant monseigneur de Molart le veit en ceste sorte et veu l'heure que c'estoit se print à rire, congnoissant bien que le malvesye[2] luy avoit quelque peu troublé le cerveau. Si luy dist : « Comment, cappitaine Jacquyn, voulez-vous laisser la picque ? — Nenny non, dist-il, monseigneur ; mais je vous supplie, menez-moy au logis de monseigneur de Nemours, et que devant luy il me voye rompre ceste lance que je tiens, afin qu'il ait congnoissance si ung saulte-buysson ne courra pas ung boys aussi bien que ung haridelle[3]. » Le cappitaine Molart congneut bien que la matière valloit bien venir jusques à la fin, et que le seigneur duc de Nemours et toute la compaignie s'en pourroit resjouyr. Si mena Jacquyn, qui passa tout à cheval pardessus ce pont de boys qui traversoit le canal, car les gens de pied estoient logez d'ung costé et les gens de cheval de l'autre. Or, venu qu'il feust devant le logis du prince

1. Dans la gendarmerie du roi.
2. *Le Malvesye*, le vin de Malvoisie.
3. C'est-à-dire si un fantassin ne fournira pas aussi bien une course à la lance qu'un cavalier.

duc de Nemours, qui desjà en estoit adverty, et descendu de sondit logis, ensemble la compaignie qui estoit avecques luy pour en avoir le passe-temps, quant ilz furent sur la rue, Jacquyn mieulx garny de vin que d'autres choses, avecques force torches, en sorte qu'on y voyoit comme en plein midy, se mist sur les rencs. Lors le duc de Nemours luy escrie : « Cappitaine Jacquyn, esse pour l'amour de vostre dame ou pour l'amour de moy que voulez rompre ceste lance? » Il respondit, en parlant de Dieu à la mode des aventuriers, que c'estoit pour l'amour de luy, et qu'il estoit homme pour servir le roy à pied et à cheval. Si baissa la veue et fist sa course tellement quellement, mais il ne sceut rompre sa lance. Il recourut encores ung coup, mais il en fist autant, puis la tierce et quarte fois. Quant on veit qu'il ne faisoit autre chose, il fascha la compaignie et le laissa-on là. Bien ou mal fait par luy, se mist au retour à son logis le beau pas. Il avoit fort eschauffé son cheval, et de sorte qu'il alloit tousjours saultelant, joinct aussi qu'il ne le menoit guères bien, luy donnant de l'espron sans propos, de façon que, quant il fut sur ce pont de boys, le chatoilloit tousjours. Il avoit ung peu pluvyné[1], de sorte que en faisant par le cheval ung petit sault les quatre piedz luy vont fouyr[2], et tumbèrent homme et cheval dedans le canal, où pour le moins y avoit demy-lance d'eaue. Ceulx qui estoient de sa compaignie s'escrièrent : « A l'ayde! à l'ayde! » D'en hault ne luy povoit-on donner secours, car ce canal

---

1. *Pluviner*, pleuvoir.
2. *Les quatre pieds luy vont fouyr*, il manqua des quatre pieds.

estoit fait comme ung fossé à fons de cuve ; et sans le grant nombre de barques qui estoient là, on n'en eust veu jamais pied ne main. Le cheval se deffist de son homme et nagea plus de demy quart d'heure avant qu'il sceust trouver moyen d'eschapper. Enfin il se trouva à ung lieu qu'on avoit baissé pour abreuver les chevaulx et se saulva. Le cappitaine Jacquyn, le vaillant homme d'armes, grenoilla en l'eaue longuement ; mais enfin, comme par miracle, fut saulvé et pesché par ceulx qui estoient ès barques, mais plus mort que vif. Incontinent fut désarmé et pendu par les piedz, où en peu de temps gecta par la bouche deux ou trois seaulx d'eaue, et fut plus de six heures sans parler. Toutesfois les médecins de monseigneur de Nemours le vindrent veoir, et fut si bien secouru que dedans deux jours fut aussi sain et gaillart que jamais. Il ne fault pas demander si de ses compaignons aventuriers fut mocqué à double carillon. Car l'ung luy disoit : « Hé ! cappitaine Jacquyn, vous souviendra-il une autresfois de courir la lance à neuf heures de nuyt en yver. » L'autre luy disoit : « Il vault encores mieulx estre saulte-buysson que haridelle ; on ne tumbe pas de si hault. » Brief il fut mené comme il luy appartenoit, mais cela ne me fait point tant esmerveiller comme de ce qu'il se saulva de dedans ce canal et armé de toutes pièces, et c'est ce qui m'a fait mettre cest incident en ceste histoire à propos de l'astrologue de Carpy qui luy avoit dit qu'il seroit pendu et estranglé, comme il fut le mardy d'après Pasques ensuyvant qu'avoit esté la furieuse journée de Ravenne, comme vous orrez.

Estant ce gentil duc de Nemours au Fynal, attendant

tousjours quelques nouvelles des ennemys, se partit une journée entre les autres, et alla visiter le duc et la duchesse de Ferrare en leur ville, lesquelz s'ilz luy avoient fait bonne chière par le passé, encores la luy firent-ilz meilleure. Il y demoura cinq ou six jours en joyeulx et honnestes passe-temps, et en rapporta les couleurs de la duchesse, qui estoient de gris et noir, et puis s'en retourna en son camp où il eut certaines nouvelles que, sans secourir[1] la ville de Boulongne, elle et ceulx qui estoient dedans s'en alloient perduz; parquoy assembla tous les cappitaines pour y adviser : si fut conclud qu'on yroit lever le siége. Il faisoit assez mauvais chevaucher, comme en la fin du moys de janvier; toutesfois il partit du Fynal et print son chemin droit à Boulongne où durant son voyage advint ung gros inconvénient, car la ville de Bresse fut reprinse par les Véniciens, comme vous entendrez.

CHAPITRE XLVIII.

Comment messire André Grit, providadour de la seigneurie de Venise, par le moyen du conte Loys Advogadre[2], reprint la ville de Bresse.

Les Véniciens taschoient tous les jours entre autres choses de trouver le moyen à remettre la ville de Bresse entre les mains de la Seigneurie, qui est une des belles citez de l'Europe, des plus fortes, et gar-

---

1. *Sans secourir*, si on ne secourait pas.
2. Le texte porte ici et ailleurs *Adnogadre*, ce qui est évidemment une faute d'impression.

nye de tous vivres que l'on sçauroit souhaiter pour nature substanter. Dedans icelle sourdent tant de belles fontaines que c'est ung droit paradis terrestre. Il y a trois vallées qui viennent, entre les montaignes, eulx joindre à ladicte ville, dont l'une vient des Almaignes, et les deux autres d'entre le Fryol et Venize, et s'appellent la val Camonegue, la val Tropye, la val Zobye[1], et par l'une de ces trois se peult tousjours donner secours à la ville, laquelle estoit garnye de gens du roy de France, et en estoit pour lors gouverneur le seigneur du Ludde, et cappitaine du chasteau ung gentilhomme du pays des Bascoz[2], nommé Herigoye. La grande voulenté qu'avoient les Véniciens de reprendre Bresse n'estoit pas fondée sans raison, car par là affamoient ceulx qui estoient dedans Véronne, et faisoient barbe à ceulx qui vouldroient partir de Milan pour leur en faire porter; mais ilz ne povoient trouver moyen de la ravoir, ny aussi surprendre ceulx qui la gardoient, sans avoir intelligence dedans à quelque gros personnage. Et combien que les habitans fussent bons à Sainct-Marc, personne ne s'osoit aventurer parce que le feu seigneur de Conty et le bon chevalier, pour une surprise qui leur cuyda estre faicte peu de temps devant, avoient fait coupper la teste à ung des plus apparens de la ville et de la plus grosse maison nommé le conte Jehan-Marie de Martinango[3], qui en estoit le chef, et plusieurs autres furent confinez en France; toutesfois le dyable, ennemy de tout repos humain, voulut user

---

1. *Valle Camonica, valle Trompia* et *valle Sabbia.*
2. *Bascoz,* basques ou gascons.
3. Jean-Marie Martinengo, d'une noble famille de Lombardie.

de sa science et va semer une discention en ladicte ville, entre deux grosses maisons, l'une de Gambre[1] et l'autre Advogadre ; mais celle de Gambre estoit beaucoup plus favorisée des François. Ung jour s'esmeut ung débat entre deux des enfans du conte de Gambre et du comte Loys Advogadre, de sorte que celluy de Gambre, qui estoit bien acompaigné, blessa oultrageusement l'autre. Ledit conte Loys Advogadre ne s'en feust sceu venger, car la force n'estoit pas sienne en la ville, si s'en estoit venu à Milan. Aucun temps avoit esté devers le duc de Nemours pour en avoir la justice et réparation. Le bon prince le vouloit, et commanda commissions pour en faire l'information affin de rendre à chascun son droit. Je ne sçay comment il alla, mais enfin n'en eut autre chose ; parquoy, comme homme injurié à tort, sans en pouvoir avoir raison, se désespéra, et délibéra de retourner à son naturel ; et faisant semblant d'aller huyt ou dix jours à une sienne possession, s'en va jusques à Venize, devers le duc et la Seigneurie, les induyre à regaigner et remettre entre leurs mains la bonne ville de Bresse, et de ce leur bailla les moyens qu'il falloit tenir, qui pour l'heure sortirent à bon effect. S'il fut le bien venu, ne fault pas demander, car ladicte ville de Bresse estoit la fillole de Sant-Marco. Il fut festoyé trois ou quatre jours comme ung roy ; durant lequel temps prindrent conclusion en leur affaire, et luy fut

---

1. Jean-François Gambara, comte de Pratelbuino, abandonna le parti des Vénitiens après la bataille de Chiara d'Adda, pour sauver Brescia, sa patrie, des rigueurs de la guerre.

Le chef de la faction opposée se nommait Louis Avogaro ; il paya de sa tête sa révolte.

promis, au jour par eulx prins et assigné, qu'il n'y auroit nulle faulte que messire André Grit ne se trouvast devant la ville avecques sept ou huyt mille hommes de guerre, sans les villains des montaignes qui descendroient, et que cependant il allast gaigner gens en la ville et faire ses préparatifz. Il s'en vint, et secrètement gaigna et tira à sa cordelle la pluspart des habitans ; le seigneur du Ludde ne se fioit pas trop en eulx, et faisoit chascun jour bon guet, mais il estoit bien mal acompaigné pour se deffendre contre la commune s'ilz eussent eu mauvais vouloir, comme tous eurent ou la pluspart ; car cinq ou six jours après, à ung matin, au point du jour, vindrent les Véniciens à une des portes qu'ilz trouvèrent garnye de gens pour la deffendre : si firent sonner l'alarme. Le seigneur du Ludde se mist incontinent en ordre pour là y cuyder donner, mais en amusant les François à la porte, partie des ennemys rompirent certaines grisles de fer par où sortoient les immundices de la ville, et commencèrent à entrer dedans criant : « Marco ! Marco ! » Quant et quant le conte Loys Advogadre se mist sus, et tous ceulx de sa faction, de sorte qu'on eust veu toute la ville en armes. Quant le povre seigneur du Ludde veit qu'il estoit trahy, feist sonner la retraicte à ses gens, et au mieulx qu'il luy fut possible, avecques eulx se retira au chasteau ; mais tous les chevaulx, harnois, et habillemens y demourèrent. La contesse de Gambre, qui estoit Françoise, et tous ceulx qui tenoient le party du roy de France s'i saulvèrent. Sur ces entrefaictes furent les portes ouvertes et mis le seigneur messire André Grit dedans. Une grosse pitié fut, car

tous les François qui furent trouvez dedans, sans en
prendre ung à mercy, furent mis en pièces. Mais ilz le
comparurent¹ après, comme vous verrez. La première
chose que fist faire le conte Loys Advogadre quant il
veit sa force, ce fut d'aller aux maisons de ceulx de
Gambre, lesquelles il fist toutes ruyner et desmolir.
Le providadour messire André Grit congneut bien
que ce n'estoit pas le plus fort d'avoir eu la ville s'il
n'avoit le chasteau, car par là pourroit estre ayséement
reprinse. Si l'envoya par une trompette sommer
incontinent; mais il perdit sa peine, car trop estoit
garny de gaillarde chevalerie. Toutesfois au peuple
qui y estoit entré les vivres n'eussent guères duré, et
davantage le providadour fist canonner la place à
merveilles, et y eut grosse berche faicte. Davantage
fist soubdainement dresser deux engins en manière
de grues pour approcher de la place, lesquelz portoient bien chascun cent hommes de front. Bref, ilz
firent tout ce que possible estoit de faire pour prendre
le chasteau. Le seigneur du Lude et le cappitaine
Herigoye, bien estonnez de ceste trahison, despes-
chèrent ung homme devers le duc de Nemours, qui
estoit allé avecques toute sa puissance à Boulongne,
en l'advertissant de leur inconvénient et davantage
que, s'ilz n'estoient secouruz dedans huyt jours, ilz
estoient perduz. Le messagier, combien que tous les
passages feussent gardez, eschappa et fist si bonne
diligence qu'il arriva devant Boulongne, le jour
mesmes que le gentil duc avoit levé le siége et
refreschy la ville de gens et de vivres. Les lettres

1. *Comparurent*, payèrent.

luy furent présentées, que le bon prince ouvrit et leut. Il fut bien esbahy quant il entendit l'inconvénient de Bresse; car c'estoit, après le chasteau de Milan, la place que les François eussent en Ytalie de plus grosse importance. Les cappitaines furent assemblez et conclurent tous ensemble que à toute diligence falloit retourner et la reprendre s'il estoit possible; ce qu'ilz pensoient aisé à exécuter pourveu que le chasteau ne se perdist point. Après ceste conclusion n'y eut plus de procès[1], mais chacun fist trousser son cas[2], et se misrent à chemin.

CHAPITRE XLIX.

De la grande diligence que fist le gentil duc de Nemours pour reprendre Bresse, et comment il deffist le cappitaine général des Véniciens en chemin et cinq ou six mille hommes.

Quant messire André Grit fut maistre et seigneur de la ville de Bresse et qu'il eut assiégé le chasteau, comme avez entendu, ne se tint pas à tant, mais bien congnoissant que dès ce que le duc de Nemours, qui estoit allé lever le siége de Boulongne, en seroit adverty soubdain retourneroit, parquoy, s'il ne se trouvoit fort dedans la ville et aussi puissant que pour combatre aux champs, seroit en danger d'estre perdu, il escripvit une lettre à la Seigneurie, qu'il

1. *Procès*, discussion.
2. *Trousser son cas*, préparer ses bagages.

envoya en extrême diligence; et en icelle leur faisoit entendre qu'il estoit plus que nécessaire pour conserver la ville de Bresse, par luy prise, ilz envoyassent secours si puissant que ce feust pour se deffendre et à ung besoing donner la bataille au camp des François et par le moyen de Bresse recouvroient toutes leurs terres. Sa demande fut trouvée raisonnable et de grosse importance. Si fut incontinent mandé à messire Jehan-Paule Baillon[1], lors cappitaine général de ceste seigneurie de Venïse, qu'il eust jour et nuyt à marcher, acompaigné de quatre cens hommes d'armes et quatre mille hommes de pied, et qu'il s'en allast gecter dedans Bresse. Quant il eut le vouloir de la Seigneurie entendu, il se mist en son debvoir et à chemin au plus tost qu'il peut. De l'autre costé marchoit le duc de Nemours, si diligemment que ung chevaucheur sur ung courtault de cent escuz n'eust sceu faire plus de pays qu'il en faisoit en ung jour avecques toute son armée. Et tant fist qu'il arriva auprès d'ung chasteau appellé Valège[2], qui tenoit pour le roy de France, et lequel cuydoit prendre le cappitaine Jehan-Paule Baillon en passant; et ce qu'il s'i amusa luy porta grant dommage, car le duc de Nemours en fut adverty, lequel fist faire ce jour-là à son armée, en fin cueur d'yver, comme à la my-février, trente mille de pays, et de façon qu'il se trouva plus près de Bresse que ledit cappitaine Baillon, qui en ung passage fut rencontré des François. Il

1. Jean-Paul Baglioni, seigneur de Pérouse, capitaine au service des Orsini contre César Borgia. Il fut l'un des plus célèbres *condottieri* de son temps.
2. *Valeggio*, sur le Mincio, province de Vérone.

avoit cinq ou six pièces d'artillerie, lesquelles il fist deslacher[1], dont de l'une fut tué le porte enseigne du seigneur de Théligny[2], cappitaine moult à louer, lequel menoit avecques le bon chevalier les premiers coureurs. Toute la nuyt le bon chevalier avoit eu la fiebvre, et n'estoit point armé, ains estoit en une robbe de veloux noir à chevaucher; mais quant il veit qu'il falloit combatre, emprunta ung halecret[3] d'ung adventurier, qu'il mist sur sadicte robbe, et monta sur ung gaillart coursier; puis avecques son compaignon, le seigneur de Théligny, marcha droit aux ennemys. La grosse troppe de l'avant-garde des François estoit encores bien loing; toutesfois ilz ne laissèrent point de charger, et y eut dure et aspre rencontre, qui dura, tousjours combatant, ung quart d'heure. Cependant en vindrent nouvelles au camp; si furent les François refreschis de gens; mais quant le cappitaine de la Seigneurie les veit approcher, tourna le doz, se retirant de là où il estoit venu. Il fut chassé longuement, mais jamais ne peut estre pris. Ses gens de pied y demourèrent, son artillerie et la plupart de ses gens de cheval. Ce fut une gorgiase deffaicte et prouffitable aux François, car s'ilz[4] feussent entrez dedans Bresse, jamais n'eust esté reprise. De ceste tant bonne rencontre fut marry et joyeulx le duc de Nemours : joyeulx de ce qu'il estoit victorieux et marry de ce qu'il ne s'i estoit trouvé. Ces nou-

---

1. *Deslacher*, décharger.
2. François de Théligny, s^r de Lierville, sénéchal de Rouergue, conseiller, chambellan du roi.
3. *Halecret*, espèce de corselet.
4. *S'ilz*, si le secours envoyé par les Vénitiens.

velles furent incontinent sçeues au chasteau de Bresse, où ilz firent feu de joye en cinq ou six lieux, car par là se trouvoient asseurez d'estre secourus dedans deux jours ; mais s'ilz en avoient joye au chasteau, ilz en eurent bien autant de mélencolie en la ville, congnoissans que c'estoit leur destruction, et se feussent voulentiers retournez les habitans, lesquelz vindrent supplier à messire André Grit qu'il se retirast ; mais il n'en voulut riens faire, dont mal luy en print. Le noble prince duc de Nemours s'en vint, après la deffaicte de Jehan-Paule Baillon, loger à vingt mille de Bresse, et lendemain au pied du chasteau. En marchant, il se trouva quelque nombre de vilains, assemblez en ung petit village, lesquelz voulurent tenir fort, mais enfin furent tous mis en pièces. Quant l'armée des François fut arrivée, incontinent montèrent au chasteau quelques cappitaines pour réconforter les seigneur du Lude et cappitaine Hérigoye, ensemble ceulx qui estoient dedans, et y fut porté force vivres, dont de joye tirèrent dix-huyt ou vingt coups d'artillerie en la ville, qui de telle feste se feussent bien passez les habitans. Le lendemain monta le seigneur de Nemours au chasteau, aussi firent les cappitaines et toute l'armée, où il fut conclud de donner l'assault à la ville, qui fut aspre, dur et cruel.

CHAPITRE L.

Comment le duc de Nemours reprist la ville de Bresse sur les Véniciens, où le bon chevalier sans paour et sans reprouche acquist grant honneur, et comment il fut blessé quasi à mort.

Le duc de Nemours, qui ne voulut point songer en ses affaires, après qu'il fut monté au chasteau assembla tous ses cappitaines pour sçavoir qu'il estoit de faire, car dedans la ville y avoit gros nombre de gens, comme huyt mille hommes de guerre et douze ou quatorze mille vilains du pays qui s'estoient avecques eulx assemblez, et si estoit la ville forte à merveilles. Ung bien y avoit, qu'on descendoit du chasteau en la citadelle sans trouver fossé qui guères donnast empeschement ; bien avoient fait ung bon rampart. Or en toute l'armée du roy de France n'estoient point alors plus de douze mille combatans, car une grosse partie estoit demourée à Boulongne. Toutesfois, au peu de nombre qui y estoit n'y avoit que redire, car c'estoit toute fleur de chevalerie, et croy que cent ans paravant n'avoit esté veu pour le nombre plus gaillarde compaignie et davantage avecques le bon vouloir que chascun avoit de servir son bon maistre le roy de France. Ce gentil duc de Nemours avoit tant gaigné le cueur des gentilzhommes et des adventuriers qu'ilz feussent tous mors pour luy. Eulx assemblez au conseil, fut demandé par ledit seigneur à tous les cappitaines leur advis, que chascun dist au mieulx qu'il sceut ; et pour conclusion fut ordonné qu'on donneroit l'assaut sur les huit ou neuf heures l'endemain matin, et telle fut l'ordonnance : c'est que le seigneur de Molart avecques ses gens de pied conduyroit la première pointe, mais devant luy yroit le cappitaine

Hérigoye et ses gens escarmoucher; après en une
troppe marcheroient ce cappitaine Jacob, que l'empereur Maximilian avoit devant Padoue en la bende du
prince de Hanno (mais par moyens fut gaigné au service du roy de France, et avoit alors deux mille lansquenetz), les cappitaines Bonnet, Maugiron, le bastard de
Clèves[1] et autres, jusques au nombre de sept mille
hommes, et le duc de Nemours, les gentilzhommes
que conduysoit le grant séneschal de Normandie[2],
avecques la plus grosse force de la gendarmerie à
pied marcheroient à leur costé, l'armet en teste et la
cuyrasse sur le doz; et monseigneur d'Alègre seroit à
cheval à la porte Sainct-Jehan, qui estoit la seulle
porte que les ennemys tenoient ouverte, car ilz avoient
muré les autres, avecques trois cens hommes d'armes
pour garder que nul ne sortist. Le vertueux cappitaine de la Palisse ne fut point à l'assaut, car le soir de
devant il avoit esté blessé en la teste d'ung esclat,
par ung coup de canon qu'on avoit tiré de la ville au
chasteau. Ceste ordonnance faicte, chascun la trouva
bonne, excepté le bon chevalier, qui dist après ce que
le duc de Nemours selon son ordre eut parlé à luy:
« Monseigneur, saufve vostre révérence et de tous
messeigneurs, il me semble qu'il fault faire une chose
dont nous ne parlons point. » Il luy fut demandé par
ledit seigneur de Nemours que c'estoit : « C'est, dist-
il, que vous envoyez monseigneur de Molart faire la
première pointe ; de luy je suis plus que asseuré qu'il
ne recullera pas, ne beaucoup de gens de bien qu'il a

1. Fils naturel de Jean II, duc de Clèves, mort en 1521.
2. Louis de Brezé, grand séneschal de Normandie. Le même
qui est nommé plus haut Maulevrier.

avecques luy; mais si les ennemys ont point de gens d'estoffe[1] et bien congnoissans la guerre avecques eulx, comme je croy que ouy, sachez qu'ilz les mettront à la pointe, et pareillement leurs hacquebutiers. Or, en telz affaires, s'il est possible, ne fault jamais reculler; et si d'adventure ilz repoussoient lesditz gens de pied et ilz ne feussent soutenuz de gendarmerie, il y pourroit avoir gros désordre; parquoy je suis d'advis que avecques mondit seigneur de Molart on mecte cent ou cent cinquante hommes d'armes qui seront pour beaucoup mieulx soustenir le fès que les gens de pied qui ne sont pas ainsi armez. » Lors dist le duc de Nemours : « Vous dictes vray, monseigneur de Bayart; mais qui est le cappitaine qui se vouldra mettre à la mercy de leurs hacquebutes? — Ce sera moy, s'il vous plaist, monseigneur, respondit le bon chevalier, et croyez que la compaignie dont j'ay la charge fera aujourd'huy de l'honneur au roy et à vous et tel service que vous en appercevrez. » Quant il eut parlé n'y eut cappitaine qui ne regardast l'ung l'autre, car sans point de faulte le faict estoit très dangereux. Toutesfois il demanda la charge et elle luy demoura. Quant tout fut conclud, encores dist le duc de Nemours : « Messeigneurs, il fault que selon Dieu nous regardions à une chose. Vous voyez bien que si ceste ville se prent d'assault elle sera ruynée et pillée, et tous ceulx de dedans mors, qui seroit une grosse pitié. Il fault encores savoir d'eulx avant qu'ilz en essayent la fortune s'ilz se vouldroient point rendre. » Cela fut trouvé bon, et le matin y fut envoyé une des

---

1. *Gens d'estoffe*, gens de résistance.

trompettes, qui sonna dès ce qu'il partit du chasteau
et marcha jusques au premier rampart des ennemys,
où estoient le providadour messire André Grit et tous
les cappitaines. Quant la trompette fut arrivée demanda à entrer en la ville ; on luy dist qu'il n'entroit
point, mais qu'il dist ce qu'il vouldroit et que
s'estoient ceulx qui avoient puissance de luy respondre. Lors fist son message tel que vous avez
entendu cy dessus et que s'ilz vouloient rendre la
ville on les laisseroit aller leurs vies sauves, sinon et
où elle se prendroit d'assault qu'ilz povoient estre tous
asseurez de mourir. Il luy fut respondu qu'il s'en
povoit bien retourner, et que la ville estoit de la Seigneurie, qu'elle y demoureroit, et davantage qu'ilz garderoient bien que jamais François n'y mettroit le pied.
Hélas ! les povres habitans se feussent voulentiers
renduz, mais ilz ne furent pas les maistres. La trompette revint qui fist sa response; laquelle ouye, n'y
eut autre délay, sinon que le gentil duc de Nemours
qui desjà avoit ses gens en bataille commença à dire :
« Or, messeigneurs, il n'y a plus que bien faire et nous
monstrer gentilz compaignons. Marchons, ou nom de
Dieu et de monseigneur sainct Denys ! » Les parolles
ne furent pas si tost proférées que tabourins, trompettes et clérons ne sonnassent l'assault et l'alarme si
impétueusement que aux couars les cheveulx dres-
soient en la teste et aux hardiz le cueur leur croissoit
au ventre[1]. Les ennemys, oyans ce bruit, deslachèrent

1. Quant le seigneur messire André Grit entendit le cry des
Françoys fust moult esmerveillé d'icelle furie et soubdaine entreprinse; adoncques dict à ses gens : « Seigneurs mes amys, aujour-
d'huy il se fault défendre contre ceste impétuosité galicque;

plusieurs coups d'artillerie, dont entre les autres ung coup de canon vint droit donner au beau mellieu de la troppe du duc de Nemours, sans tuer ne blesser personne, qui fut quasi chose miraculeuse, considéré comme ilz marchoient serrez. Alors se mist à marcher avant le seigneur de Molart et le cappitaine Hérigoye avecques leurs gens, et sur leur esle quant et quant le gentil et bon chevalier sans paour et sans reprouche à pied, avecques toute sa compaignie qui estoient gens esleuz, car la pluspart de ses gens d'armes avoient en leur temps esté cappitaines, mais ilz aymoient mieulx estre de sa compaignie, à moins de bienfait la moictié[1] que d'une autre, tant se faisoit aymer par ses vertus! Ilz approchèrent près du premier rampart, derrière lequel estoient les ennemys, qui commencèrent à tirer artillerie et leurs hacquebutes aussi dru comme mouches. Il avoit ung peu pluvyné : le chasteau estoit en montaigne, et pour descendre en la ville on couloit ung peu; mais le duc de Nemours, en monstrant qu'il ne vouloit pas demourer des derreniers, osta ses souliers et se mist en eschapins de chausses[2]. A son exemple le firent plusieurs autres, car à vray dire ilz s'en soutenoient mieulx. Le bon chevalier et le seigneur de Molart combatirent à ce rampart furieusement : aussi fut-il merveilleusement

tenons-nous fortz deulx ou troys heures, car les Françoys de nature resemblent la flambe du feu de paille que soubdainement est grande et merveilleuse, mais ne dure guyère et est tost estaincte » (Champier, fol. xxxiv).

1. *A moins de bienfaict la moitié*, avec une solde moitié moins forte.

2. *Eschapins de chausse*, escarpins légers que les cavaliers portaient sous la pièce d'armure qui protégeait leur pied.

bien deffendu. Les François cryoient : « France !
France ! » ceulx de la compagnie du bon chevalier
cryoient : « Bayart ! Bayart ! » les ennemys cryoient :
« Marco ! Marco ! » Bref ilz faisoient tant de bruyt que
les hacquebutes ne povoient estre ouyes. Messire André
Grit donnoit merveilleux courage à ses gens, et en son
langaige ytalien leur disoit : « Tenons bon, mes amys,
les François seront tantost lassez ; ilz n'ont que la première pointe, et si ce Bayart estoit deffaict, jamais les
autres n'approcheroient. » Il estoit bien abusé, car s'il
avoit grant cueur de deffendre, les François l'avoient
cent fois plus grant pour entrer dedans ; et vont livrer
ung assault merveilleux, par lequel ilz repoussèrent
ung peu les Véniciens. Quoy voyant le bon chevalier,
commencea à dire : « Dedans, dedans, compaignons !
ilz sont nostres ; marchez, tout est deffaict. » Luy-
mesmes entra le premier et passa le rampart, et après
luy plus de mille, de sorte qu'ilz gaignèrent le premier fort, qui ne fut pas sans ce bien batre ; et y en
demoura de tous les costez, mais peu de François[1].
Le bon chevalier eut ung coup de picque dedans le
hault de la cuysse, et entra si avant que le bout
rompit, et demoura le fer et ung bout du fust dedans.
Bien cuyda estre frappé à mort de la douleur qu'il
sentit. Si commencea à dire au seigneur de Molart :
« Compaignon, faictes marcher voz gens, la ville est
gaignée ; de moy je ne sçaurois tirer oultre, car je
suis mort. » Le sang luy sortoit en habondance ; si luy

1. Bayardus etiam et alii cum Gastone Fuxo, dimissis equis,
in ipsam urbem cum magno sui et suorum periculo descenderunt
et apertis foribus alii Galli Brixiam circumdantes ingressi sunt
(Aymar du Rivail, p. 553).

fut force ou là mourir sans confession, se retirer hors de la foulle avecques deux de ses archiers, lesquelz luy estanchèrent au mieulx qu'ilz peurent sa playe avecques leurs chemises qu'ilz descirèrent et rompirent pour ce faire[1]. Le povre seigneur de Molart, qui ploroit amèrement la perte de son amy et voisin, car tous deux estoient de l'escarlate des gentilzhommes, comme ung lyon furieux, délibéré le venger, commencea rudement à pousser et le bon duc de Nemours, et sa flote[2] après, qui entendit en passant avoir le premier fort esté gaigné par le bon chevalier, mais qu'il y avoit esté blessé à mort, si luy-mesmes eust eu le coup n'eust pas eu plus de douleur ; et commencea à dire : « Hé ! messeigneurs mes amys, ne vengerons-nous point sur ses villains la mort du plus acomply chevalier qui feust au monde ! Je vous prie que chascun pense de bien faire. » A sa venue furent Véniciens maltraictez, et guerpirent la cytadelle, faisans myne se vouloir retirer vers la ville et lever le pont, car trop eussent eu affaire les François par ce moyen ; mais ilz furent poursuyvis si vivement qu'ilz passèrent le palais et entrèrent pesle-mesle en la grant place, en laquelle estoit toute leur force, la gendarmerie et chevaulx légiers bien à cheval avecques les gens de pied en bataille bien ordonnée selon leur for-

---

1. Un des capitaines Vénitiens s'approucha de Bayard et luy bailla en la cuisse d'une picque si grant coupt qu'il luy bouta le fer dedans la cuisse. Lors voyant Bayard qu'il estoit moult blecé, de son espée frappa contre la picque près la cuisse et la couppa, et après plus fort frappa contre ses ennemys nonobstant que le fer de la picque fut demeuré en la cuisse bien avant (Champier, fol. xxxiv).

2. *La flote*, le flot des combattants.

tune. Là se monstrèrent les lansquenetz et aventuriers françois gentilz compaignons. Le cappitaine Bonnet y fist de grans appertises[1] d'armes, et sortant de sa troppe la longueur d'une picque, marcha droit aux ennemys, et fut aussi très bien suivy. Le combat dura demye heure ou plus. Les cytadins et femmes de la ville gectoient des fenestres gros carreaux et pierres avecques eaue chaulde, qui dommagea plus les François que les gens de guerre. Ce nonobstant, enfin furent Véniciens deffaictz, et y en demoura sur ceste grant place de si bien endormis qu'ilz ne se resveilleront de cent ans sept ou huyt mille. Les autres, voyans qu'il n'y faisoit pas trop seur, cherchèrent leur eschappatoire de rue en rue ; mais tousjours de leur malheur trouvoient gens de guerre qui les tuoient comme pourceaulx. Messire André Grit, le conte Loys Advogadre et autres cappitaines estoient à cheval, lesquelz, quant ilz veirent la rotte entièrement sur eulx, voulurent essayer le moyen de se saulver, et s'en allèrent droit à ceste porte Sainct-Jehan cuydans sortir. Si firent abaisser le pont, et cryoient : « Marco ! Marco ! Ytalie ! Ytalie ! » Mais c'estoit en voix de gens bien effrayez. Le pont ne fut jamais si tost baissé que le seigneur d'Alègre, gentil cappitaine et diligent, n'entrast dedans la ville avecques la gendarmerie qu'il avoit, et en s'escriant : « France ! France ! » chargea sur les Véniciens, lesquelz tous, ou la plus grant part, porta par terre, et entre autres le conte Loys Advogadre, qui estoit monté sur une jument coursière pour courir cinquante mille sans

---

1. *Appertises,* exploits.

repaistre. Le providadour messire André Grit veit bien qu'il estoit perdu sans remède, si plus attendoit ; parquoy, après avoir couru de rue en rue pour eschapper la fureur, descendit de son cheval, et se gecta en une maison, seulement avecques ung de ses gens, où il se mist en deffense quelque peu ; mais doubtant plus gros inconvénient, fist enfin ouvrir le logis où il fut prins prisonnier. Bref, nul n'en eschappa qui ne feust mort ou prins ; et fut ung des plus cruelz assaulx qu'on eust jamais veu, car des mors, tant des gens de guerre de la Seigneurie que de ceulx de la ville, y eut nombre de plus de vingt mille, et des François ne s'en perdit jamais cinquante, qui fut grosse fortune. Or, quant plus n'y eut à qui combatre, chascun se mist au pillage parmy les maisons. Et y eut de grosses pitiez ; car, comme povez entendre, en telz affaires il s'en trouve tousjours quelques-ungs meschans, lesquelz entrèrent dedans monastères, firent beaucoup de dissolutions, car ilz pillèrent et desrobèrent en beaucoup de façons, de sorte qu'on estimoit le butin de la ville à trois millions d'escuz[1]. Il n'est riens si certain que la prinse de Bresse fut en Ytalie la ruyne des François, car ilz avoient tant gaigné en ceste ville de Bresse que la pluspart s'en retourna et laissa la guerre ; et ilz eussent fait bon mestier à la journée de Ravenne, que vous entendrez cy-après.

Il fault sçavoir que devint le bon chevalier sans paour et sans reprouche après qu'il eut gaigné le premier fort,

---

[1]. La prise de Brescia eut lieu le 19 février 1512. Les historiens les plus modérés estiment à huit à dix mille le nombre des personnes tuées durant le sac de la ville ; d'autres, tels que Fleurange, portent ce chiffre à quarante mille.

et qu'on l'eut si lourdement blessé que contrainct avoit esté à son grant regret de demourer avecques deux de ses archiers. Quant ilz veirent la cytadelle gaignée, en la première maison qu'ilz trouvèrent desmontèrent ung huis sur lequel ilz le chargèrent, et le plus doulcement qu'ilz peurent, avecques quelque ayde qu'ilz trouvèrent, le portèrent en une maison la plus apparente qu'ilz veirent là à l'entour ; c'estoit le logis d'ung fort riche gentilhomme, mais il s'en estoit fuy en ung monastère, et sa femme estoit demourée au logis en la garde de Nostre-Seigneur, avecques deux belles filles qu'elle avoit, lesquelles estoient cachées en ung grenier dessoubz du foing. Quant on vint heurter à sa porte comme constante d'attendre la miséricorde de Dieu, la va ouvrir. Si veit le bon chevalier, que on apportoit ainsi blessé, lequel fist incontinent serrer la porte et mist deux archiers à l'huys, ausquelz il dist : « Gardez sur vostre vie que personne n'entre céans, si ce ne sont de mes gens. Je suis asseuré que, quant on sçaura que c'est mon logis, personne ne s'efforcera d'y entrer. Et pour ce que, pour me secourir, je suis cause dont perdez à gaigner quelque chose, ne vous souciez, vous n'y perdrez riens. » Les archiers firent son commandement, et luy fut porté en une fort belle chambre, en laquelle la dame du logis le mena elle-mesme ; et se gectant à genoulx devant luy, parla en ceste manière rapportant son langaige au françois : « Noble seigneur, je vous présente ceste maison et tout ce qui est dedans, car je sçay bien qu'elle est vostre par le debvoir de la guerre, mais que vostre plaisir soit de me saulver l'honneur et la vie, et de deux jeunes filles que mon mary et moy avons, qui sont prestes à marier. » Le bon chevalier, qui oncques ne pensa meschanseté, luy respondit : « Madame, je ne sçay si je pourray eschapper de la playe que j'ay, mais tant que je vivray, à vous ne à voz filles ne sera fait desplaisir non plus que à ma personne. Gardez-les seulement en voz chambres, qu'elles ne se voyent point, et je vous asseure qu'il n'y a homme en ma maison qui se ingère d'entrer en lieu que ne le veuillez bien, vous asseurant au surplus que vous avez céans ung gentilhomme qui ne vous pillera point, mais vous feray toute la courtoysie que je pourray. » Quant la bonne dame l'ouyt si vertueusement parler, fut toute asseurée. Après il luy pria qu'elle enseignast quelque bon cirurgien, et qui peust hastivement le venir habiller[1] ; ce qu'elle fist, et l'alla quérir elle-mesmes avecques ung des archiers, car il n'y avoit que deux maisons de la sienne. Luy arrivé, visita la playe du bon chevalier, qui estoit grande et profonde ; toutesfois il l'asseura qu'il n'y avoit nul dangier de mort. Au second appareil le vint veoir le cirurgien du duc de Nemours, appellé maistre Claude, qui depuis le pensa et en fist très bien son debvoir, de sorte qu'en moins d'ung moys fut prest à monter à cheval. Le bon chevalier habillé demanda à son hostesse où estoit son mary ; la povre dame toute esplorée luy dist : « Sur ma foy, Monseigneur, je ne sçay s'il est mort ou vif. Bien me doubte, s'il est en vie, qu'il sera dedans ung monastère où il a grosse congnoissance. — Dame, dist le bon chevalier, faictes-le chercher, et je l'envoyeray quérir, en sorte

1. *Habiller*, panser.

qu'il n'aura point de mal¹. » Elle se fist enquérir où il estoit et le trouva. Puis fut envoyé quérir par le maistre d'hostel du bon chevalier, et par deux archiers qui l'amenèrent seurement ; et à son arrivée eut de son hoste le bon chevalier joyeuse chère, et luy dist qu'il ne se donnast point de mélencolie et qu'il n'avoit logé que de ses amys. Après la belle et glorieuse prinse de la ville de Bresse par les François, et que la fureur fut passée, se logea le victorieux duc de Nemours, qui n'estoit pas l'éfigie du dieu Mars, mais luy-mesmes ; et avant que boyre ne manger assembla son conseil, où furent tous les cappitaines, affin d'ordonner ce qui estoit nécessaire de faire. Premier envoya chasser toutes manières de gens de guerre, qui estoient ès religions² et églises, et fist retourner les dames aux logis avecques leurs marys s'ilz n'estoient plus prisonniers, et peu à peu les asseura. Il convint diligenter à vuyder les corps mors de la ville par peur de l'infection, où on fut trois jours entiers sans autre chose faire, et en trouva l'on vingt et deux mille et plus. Il donna les offices qui estoient vaccans à gens qu'il pensoit bien qui les sceussent faire. Le procès du conte Loys Advogadre fut fait, lequel avoit esté cause de la trahison pour reprendre Bresse, et eut la teste trenchée, et mis

---

1. Incontinent que Bayard entra dedans, la dame et ses filles luy vindrent au devant en pleurs et se gettèrent à genoulx devant luy, si luy cryarent mercy, disant la dame : « Seigneur, je vous « recommande mes filles seulement, prenez tous noz biens, saul- « vez l'honneur de mes filles. — Dame, dict Bayard, où est vostre « mary ? » Dist la madame : « Je ne sçay s'il est avecques les « autres en la cité miserablement occis » (Champier, fol. xxxv).

2. *Religions*, couvents.

après en quatre quartiers, et deux autres de sa faction, dont l'ung s'appelloit Thomas del Duc, et l'autre Hiéronyme de Ryve.

Sept ou huyt jours fut à Bresse ce gentil duc de Nemours, où une fois le jour pour le moins alloit visiter le bon chevalier, lequel il reconfortoit le mieulx qu'il povoit, et souvent luy disoit : « Hé, monseigneur de Bayart, mon amy, pensez de vous guérir, car je sçay bien qu'il fauldra que nous donnions une bataille aux Espaignolz entre cy et ung moys, et si ainsi estoit, j'aymerois mieulx avoir perdu tout mon vaillant que n'y feussiez, tant j'ay grant fiance en vous. » Le bon chevalier respondit : « Croyez, monseigneur, que s'il est ainsi qu'il y ait bataille, tant pour le service du roy mon maistre que pour l'amour de vous, et pour mon honneur qui va devant, je m'y feroye plustost porter en lictière que je n'y feusse. » Le duc de Nemours luy fist force présens selon sa puissance, et pour ung jour luy envoya cinq cens escuz, lesquelz il donna aux deux archiers qui estoient demourez avecques luy quant il fut blessé.

Quant le roy de France Loys douziesme fut adverty de la prinse de Bresse et de la belle victoire de son nepveu, croyez qu'il en fut très fort joyeulx. Toutesfois il congnoissoit assez que, tant que ses Espaignolz estoient rouans[1] en la Lombardie, son Estat de Milan ne seroit jamais asseuré. Si en escrivoit chascun jour à sondit nepveu le noble duc de Nemours, le priant, tant affectueusement que possible luy estoit, qu'il luy gectast la guerre de Lombardie et qu'il mist peine

1. *Rouans*, rôdants.

d'en chasser les Espaignolz, car il luy ennuyoit de soustenir les fraiz qu'il convenoit faire aux gens de pied qu'il avoit, et ne les povoit plus porter sans trop fouller son peuple, qui estoit la chose en ce monde qu'il faisoit à plus grant regret. Davantage qu'il sçavoit bien que le roy d'Angleterre luy brassoit ung brouet[1] pour descendre en France, et pareillement les Suysses, et que si cela advenoit luy seroit besoing de s'ayder de ses gens de guerre qu'il avoit en Ytalie ; et enfin c'estoit en toutes ses lettres la conclusion : de donner la bataille aux Espaignolz, ou les exterminer[2] si loing qu'ilz ne retournassent plus. Ce duc de Nemours avoit si grande amour au roy son oncle qu'en toutes choses se vouloit garder de le courroucer. Et davantage il sçavoit certainement que ses lettres ne luy venoient point sans grande raison. Si se mist en totalle délibération d'acomplir voluntairement le commandement qui luy estoit fait touchant mettre fin à la guerre. Si assembla tous ses cappitaines, gens de cheval et de pied, et à belles petites journées marcha droit à Boulongne, où là auprès arriva en son camp le duc de Ferrare, auquel il bailla son avant-garde à conduyre avecques le seigneur de la Palisse ; et tant alla qu'il trouva l'armée du roy d'Espaigne et du pape à quinze mille de Boulongne, en ung lieu dit Castel Sainct-Pedro[3]. C'estoit une des belles armées et d⸺ mieulx esquipées pour le nombre qu'ilz estoient qu'o.. eust jamais veu. Domp Raymon de Cardonne[4], vis-

---

1. *Luy brassoit ung brouet*, lui préparait un plat de sa façon.
2. *Exterminer*, chasser hors des frontières.
3. *Castel San Pietro dell' Emilia*, province de Bologne.
4. Raymond Folch, duc de Cardonna, vicomte de Villamura, gouverneur de Naples. Mort en 1522.

roy de Naples, en estoit le chief et avoit en sa compaignie douze ou quatorze cens hommes d'armes, dont les huyt cens estoient bardez ; ce n'estoit que or et azur, et les mieulx montez de coursiers et chevaulx d'Espaigne que gens de guerre qu'on eust sceu veoir. Davantage il y avoit deux ans qu'ilz ne faisoient que aller et venir parmy ceste Rommaigne, qui est ung bon et gras pays et où ilz avoient leurs vivres à souhait. Il y avoit douze mille hommes de pied seullement, deux mille Ytaliens soubz la charge d'ung cappitaine Ramassot, et dix mille Espaignolz, Byscayns et Navarrès que conduysoit le conte Pedro Navarro[1], et de toute la troppe des gens de pied estoit cappitaine général ; il avoit autresfois mené ses gens en Barbarye contre les Mores, et avecques eulx avoit gaigné deux ou trois batailles. Brief c'estoient tous gens aguerriz et qui sçavoient les armes à merveilles. Quant le gentil duc de Nemours les eut approchez, commencèrent Espaignolz tousjours à eulx retirer le long de la montaigne, et les François tenoient la plaine. Si furent bien trois sepmaines ou ung moys qu'ilz estoient les ungs des autres à six ou sept mille, mais bien se logeoient tousjours les Espaignolz en lieu fort, et souvent s'escarmouchoient ensemble, en façon que prisonniers se prenoient d'ung costé et d'autre quasi tous les jours. Tant y a que

---

1. Ce personnage, originaire du nord de l'Espagne, fut très-célèbre au commencement du XVIe siècle comme ingénieur. Après avoir d'abord servi les Espagnols, il accepta ensuite un commandement dans les armées françaises. Il quitta le parti des Espagnols parce que, après la bataille de Ravenne, à laquelle il avait été fait prisonnier, ils avaient refusé de payer sa rançon. On trouvera dans le ms. 26115 du fonds fr. de la Bibl. nationale (n° 214) une quittance de lui du 16 mars 1517.

tous les prisonniers françois rapportoient que c'estoit une triumphe de veoir l'armée des Espaignolz. Toutesfois le gentil duc de Nemours ne tous ses cappitaines et gens de guerre ne désiroient autre chose que à les combatre, mais qu'on les trouvast en lieu marchant. Ceste finesse avoient, que tousjours se tenoient en fort; et encores les y alla l'on quérir le jour de la bataille de Ravenne, comme vous orrez. Mais premier parleray comment le bon chevalier sans paour et sans reprouche partit de Bresse pour s'en aller après le duc de Nemours, et de la grande courtoysie qu'il fist à son hostesse.

CHAPITRE LI.

Comment le bon chevalier sans paour et sans reprouche partit de Bresse pour aller après le duc de Nemours et l'armée du roy de France; de la grande courtoysie qu'il fist à son hostesse au partir, et comment il arriva devant la ville de Ravenne.

Environ ung mois ou cinq sepmaines fut malade le bon chevalier sans paour et sans reprouche de sa playe en la ville de Bresse, sans partir du lict; dont bien luy ennuyoit, car chascun jour avoit nouvelles du camp des François, comment ilz approchoient les Espaignolz, et espéroit l'on de jour en jour la bataille, qui à son grant regret eust esté donnée sans luy. Si se voulut lever ung jour et marcha parmy la chambre pour sçavoir s'il se pourroit soustenir. Ung peu se trouva foible, mais le grant cueur qu'il avoit ne luy donnoit pas le loysir d'y longuement songer ; il envoya quérir le cyrurgien qui le pensoit alors et luy dist : « Mon amy, je vous prie, dictes-moy s'il y a point de dangier de me mettre à chemin ; il me semble que je suis guéry, ou peu s'en fault, et vous prometz, ma foy, que, à mon jugement, le demourer d'ores en avant me pourra plus nuyre que amender, car je me fasche merveilleusement. » Les serviteurs du bon chevalier avoient desjà dit au cyrurgien le grant désir qu'il avoit d'estre à la bataille, et que tous les jours ne regretoit autre chose ; parquoy ce sachant et aussi congnoissant sa complexion, luy dist en son langaige : « Monseigneur, vostre playe n'est pas encores close ; toutesfois par dedans elle est toute guérie. Vostre barbier vous verra habiller encores ceste fois, et mais que tous les jours au matin et au soir il y mette une petite tente[1] et une amplastre dont je luy bailleray l'oignement, il ne vous empirera point. Et si n'y a nul dangier, car le grant mal de playe est au dessus, et ne touchera point à la selle de vostre cheval. » Qui eust donné dix mille escus au bon chevalier, il n'eust pas esté si ayse. Son cyrurgien fut plus que bien contenté ; et se délibéra de partir dedans deux jours, commandant à ses gens que durant ce temps ilz meissent en ordre tout son cas.

La dame de son logis, qui se tenoit tousjours sa prisonnière, ensemble son mary et ses enfans, et que les biens meubles qu'elle avoit estoient siens aussi, car ainsi en avoient fait les François aux autres maisons, comme elle sçavoit bien, eut

---

1. *Tente*, mèche en charpie.

plusieurs ymaginacions, considérant en soy-mesmes que si son hoste la vouloit traicter à la rigueur et son mary il en tireroit dix ou douze mille escus, car ilz en avoient deux mille de rente. Si se délibéra luy faire quelque honneste présent, et qu'elle l'avoit congneu si homme de bien et de si gentil cueur que à son oppinion se contenteroit gracieusement. Le matin dont le bon chevalier devoit desloger après disner, son hostesse, avecques ung de ses serviteurs portant une petite boete d'acier, entra en sa chambre, où elle trouva qu'il se reposoit en une chaire après soy estre fort pourmené, pour tousjours peu à peu essayer sa jambe. Elle se gecta à deux genoulx, mais incontinent la releva et ne voulut jamais souffrir qu'elle dist une parolle que premier ne fust assise auprès de luy; et puis commença son propos en ceste manière : « Monseigneur, la grace que Dieu me fist, à la prise de ceste ville, de vous adresser en ceste vostre maison, ne me fut pas moindre que d'avoir sauvé la vie à mon mary, la myenne et de mes deux filles, avecques leur honneur qu'elles doivent avoir plus cher; et davantage, depuis que y arrivastes, ne m'a esté fait, ne au moindre de mes gens, une seule injure, mais toute courtoysie, et n'ont pris voz gens des biens qu'ilz y ont trouvez la valleur d'ung quatrin[1] sans payer. Monseigneur, je suis assez advertye que mon mary, moy, mes enfans et tous ceulx de la maison sommes voz prisonniers, pour en faire et disposer à vostre bon plaisir, ensemble des biens qui sont céans; mais, congnoissant la noblesse de vostre cueur, à qui nul autre

---

1. *Quatrin (quattrino),* quatrième partie du denier.

ne pourroit attaindre, suis venue pour vous suplier très humblement qu'il vous plaise avoir pité de nous en eslargissant vostre acoustumée libéralité. Vecy ung petit présent que nous vous faisons ; il vous plaira le prendre en gré. » Alors prist la boete que le serviteur tenoit, et l'ouvrit devant le bon chevalier qui la veit plaine de beaulx ducatz. Le gentil seigneur, qui oncques en sa vie ne fist cas d'argent, se prist à rire et puis dist : « Madame, combien de ducatz y a-il en ceste boete? » La povre femme eut paour qu'il feust courroucé d'en veoir si peu, luy dist : « Monseigneur, il n'y a que deux mille cinq cens ducatz; mais si vous n'estes content, vous en trouverrons plus largement. » Alors il dist : « Par ma foy, madame, quant vous me donneriez cent mille escus, ne m'auriez pas tant fait de bien que de la bonne chère que j'ay eue céans et de la bonne visitation que m'avez faicte, vous asseurant qu'en quelque lieu que je me trouve, aurez, tant que Dieu me donnera vie, ung gentilhomme à vostre commandement. De voz ducatz, je n'en vueil point et vous remercye; reprenez-les. Toute ma vie ay tousjours plus aymé beaucoup les gens que les escuz, et ne pensez aucunement que je ne m'en voyse aussi content de vous que si ceste ville estoit en vostre disposition et me l'eussiez donnée. » La bonne dame fut bien estonnée de se veoir esconduyte; si se remist encores à genoulx, mais guères ne luy laissa le bon chevalier, et relevée qu'elle fut, dist : « Monseigneur, je me sentirois à jamais la plus malheureuse femme du monde, si vous n'emportiez si peu de présent que je vous fais, qui n'est riens au pris de la courtoysie que m'avez cy-devant faicte et faictes encores à présent par vostre grande bonté. » Quant le bon chevalier la veit ainsi ferme et qu'elle faisoit le présent d'ung si hardy courage, luy dist : « Bien doncques, madame, je le prens pour l'amour de vous; mais allez-moy quérir voz deux filles, car je leur vueil dire adieu. » La povre femme, qui cuydoit estre en paradis de quoy son présent avoit enfin esté accepté, alla quérir ses filles, lesquelles estoient fort belles, bonnes et bien enseignées, et avoient beaucoup donné de passe-tems au bon chevalier durant sa maladie, parce qu'elles sçavoient fort bien chanter, jouer du luz[1] et de l'espinete, et fort bien besongner à l'esguille. Si furent amenées devant le bon chevalier, qui, cependant qu'elles s'acoustroient, avoit fait mettre les ducatz en trois parties, ès deux à chascune mille ducatz et à l'autre cinq cens. Elles arrivées se vont gecter à genoulx, mais incontinent furent relevées; puis la plus aisnée des deux commença à dire : « Monseigneur, ses deux povres pucelles à qui avez tant fait d'honneur que de les garder de toute injure viennent prendre congé de vous, en remerciant très humblement vostre seigneurie de la grace qu'elles ont receue, dont à jamais pour n'avoir autre puissance seront tenues à prier Dieu pour vous. » Le bon chevalier, quasi larmoyant en voyant tant de doulceur et d'humilité en ses deux belles filles, respondit : « Mes damoyselles, vous faictes ce que je devrois faire; c'est de vous remercier de la bonne compaignie que m'avez faicte, dont je m'en sens fort tenu et obligé. Vous sçavez que gens de guerre ne sont pas

---

1. *Luz*, luth.

voulentiers chargez de belles besongnes pour présenter aux dames; de ma part, me desplaist bien fort que n'en suis bien garny pour vous en faire présent comme je suis tenu. Vecy vostre dame de mère qui m'a donné deux mille cinq cens ducatz que vous voyez sur ceste table; je vous en donne à chascune mille pour vous ayder à marier, et pour ma récompense vous prierez, s'il vous plaist, Dieu pour moy; autre chose ne vous demande. » Si leur mist les ducatz en leurs tabliers, voulsissent ou non; puis s'adressa à son hostesse, à laquelle il dist : « Madame, je prendray ces cinq cens ducatz à mon prouffit pour les départir aux povres religions de dames qui ont esté pillées, et vous en donne la charge, car mieulx entendrez où sera la nécessité que toute autre. Et sur cela je prens congé de vous[1]. » Si leur toucha à toutes en la main, à la mode d'Ytalie; lesquelles se misrent à genoulx, plorans si très fort qu'il sembloit qu'on les voulsist mener à la mort. Si dist la dame : « Fleur de chevalerie, à qui nul ne se doit comparer, le benoist Sauveur et Rédempteur Jésu-Christ, qui souffrit mort et passion pour tous les pécheurs, le vous vueille rémunérer en ce monde icy et en l'autre! » Après s'en retirèrent en leurs chambres. Il fut temps de disner; le bon chevalier fist appeller son maistre

---

1. Pro captivitate mulier patricia Brixiensis Bayardo, qui virum suum duasque puellas ab omni violentia militari defenderat, bis mille et quingentos ducatos libere offerebat, rogans genibus flexis ut, pro majori summa sibi debita, his contentus esset. Bayardus autem duo millia ducatorum puellis donavit ut honestis nuberent, quinquagentos autem ducatos matri reliquit ut eos pauperibus distribueret (Aymar du Rivail, p. 553).

d'hostel, auquel il dist que tout feust prest pour monter à cheval sur le midy. Le gentilhomme du logis qui jà avoit entendu par sa femme la grande courtoysie de son hoste, vint en sa chambre, et le genoil en terre le remercia cent mille fois en luy offrant sa personne et tous ses biens, desquelz il luy dist qu'il povoit disposer comme siens à ses plaisir et voulenté, dont le bon chevalier le remercia et le fist disner avecques luy. Et après ne demoura guères qu'il ne demandast les chevaulx, car jà luy tardoit beaucoup qu'il n'estoit avecques la compaignie par luy tant désirée, ayant belle paour que la bataille se donnast devant qu'il y feust. Ainsi qu'il sortoit de sa chambre pour monter, les deux belles filles du logis descendirent et luy firent chascune ung présent qu'elles avoient ouvré durant sa maladie; l'ung estoit deux jolis et mignons braceletz faiz de beaulx cheveulx, de fil d'or et d'argent, tant proprement que merveilles; l'autre estoit une bource sur satin cramoisy, ouvrée moult subtilement. Grandement les remercia, et dist que le présent venoit de si bonne main qu'il estimoit dix mille escuz; et pour plus les honnorer se fist mettre les bracelletz au bras, et la bource mist en sa manche, les asseurant que tant qu'ilz dureroient les porteroit pour l'amour d'elles[1].

1. Voici le discours que Champier met dans la bouche des deux jeunes filles : « Seigneur cappitaine, noz pouvres filles vous mercye cent mille foys de l'honneur, courtoysie, bienfaicts que avez faict à monseigneur nostre père et à madame nostre mère et encore plus de ce qu'estes cause que n'avons esté forcées et violées des gendarmes comme ont esté plusieurs aultres. Seigneur, nous serons à tout jamais tenues à prier Dieu pour vostre noble

Sur ces parolles monta à cheval le bon chevalier, lequel fut acompaigné de son grant compaignon et parfaict amy le seigneur d'Aubigny, que le duc de Nemours avoit laissé pour la garde de la ville, et de plusieurs autres gentilzhommes, deux ou trois mille; puis se dirent adieu. Les ungs retournèrent à Bresse et les autres au camp des François, où arriva le bon chevalier le mercredy au soir, viie d'avril devant Pasques. S'il fut receu du seigneur de Nemours, ensemble de tous les cappitaines, ne fault pas demander, et hommes d'armes et aventuriers en démenoient telle joye qu'il sembloit pour sa venue que l'armée en feust renforcée de dix mille hommes. Le camp estoit arrivé ce soir-là devant Ravenne et les ennemys en estoient à six mille; mais le lendemain, qui fut le jeudy sainct, s'en approchèrent à deux mille.

CHAPITRE LII.

Comment le siége fut mis par le noble duc de Nemours devant Ravenne, et comment plusieurs assaulx y

seigneurie, et affin qu'il vous souviengne de nous, chescune de nous vous présentons ung petit coffre plain de choses joyeuses faictes par nos mains; et pardonnant à vos petites chambrières; et à tant prenons congé de vostre seigneurie. » Alors le seigneur Bayard les larmes aulx yeulx de pityé qu'il avoit quant il pensoit aux dangiers là où elles avoient esté leur respondit : « Adieu les belles damoiselles; Dieu par sa grace vous vueille tousjours préserver et avoir en sa garde comme il a esté à ceste foys » (Champier, fol. xxxvi).

furent donnez le vendredy sainct, où les François furent repoussez.

Quant le gentil duc de Nemours fut arrivé devant Ravenne, assembla tous les cappitaines sçavoir[1] qu'il estoit de faire, car le camp des François commençoit fort à souffrir par faulte de vivres qui y venoient à moult grant peine, et y avoit desjà faulte de pain et de vin, parce que les Véniciens avoient couppé les vivres d'ung costé et l'armée des Espaignolz tenoit toute la coste de la Rommaigne, de sorte qu'il failloit aux aventuriers manger chair et fromage par contraincte[2]. Il y avoit encores ung gros inconvénient, dont le duc de Nemours ne nul des cappitaines n'estoit adverty; c'est que l'empereur avoit mandé aux cappitaines des lansquenetz que, sur leur vie, eussent à leur[3] retirer, incontinent sa lettre veue, et qu'ilz n'eussent à combatre les Espaignolz. Entre autres cappitaines almans, y en avoit deux principaulx; l'ung s'appelloit Philippes de Fribourg, et l'autre Jacob, qui si gentil compagnon estoit, et de fait tous deux estoient vaillans hommes et duytz aux armes. Ceste lettre de l'empereur estoit tumbée ès mains du cappitaine Jacob. Il estoit allé veoir le roy de France quelquefois en son royaulme depuis qu'il estoit à son service, où il luy fut fait quelque présent, de façon que son cueur fut tout françois. Pareillement ce duc de Nemours avoit tant gaigné les gens, que tous ceulx

---

1. *Sçavoir*, c'est-à-dire pour savoir.
2. C'est-à-dire qu'ils devaient employer la force pour se procurer des vivres.
3. *Leur*, se.

qu'il avoit avecques luy feussent mors à sa requeste. Entre tous les cappitaines françois, n'y en avoit nul que le cappitaine Jacob aymast tant qu'il faisoit le bon chevalier, et commencea ceste amour dès le premier voyage de l'empereur devant Padoue, en l'an mil cinq cens et neuf, où le roy de France luy envoya cinq ou six cens hommes d'armes de secours. Quant il eut veu la lettre, et qu'il eut sceu la venue du bon chevalier, le vint visiter à son logis avecques son truchement seulement ; car de tout ce qu'il sçavoit de françois c'estoit : « Bonjour, Monseigneur. » Ilz se firent grant chère l'ung à l'autre, comme la raison vouloit et que chascun cherche son semblable, et devisèrent de plusieurs choses, sans ce que personne les ouyst. Enfin le cappitaine Jacob déclaira au bon chevalier ce que l'empereur leur avoit mandé, et qu'il avoit encores les lettres que personne n'avoit veues que luy, et ne les vouloit monstrer à nul de ses compaignons ; car il sçavoit bien que si leurs lansquenetz en estoient advertis, la pluspart ne vouldroit point combatre et se retireroient ; mais que de luy il avoit le serment au roy de France et sa soulde, et que pour mourir de cent mille mors ne feroit jamais ceste meschanceté qu'il ne combatist ; mais qu'il se falloit haster, car il estoit impossible que l'empereur ne renvoyast bientost autres lettres, lesquelles pourroient venir à la notice[1] des compaignons de guerre ; et que, par ce moyen les François pourroient avoir trop de dommage, car lesditz lansquenetz estoit la tierce part de leur force, pour y en avoir environ cinq mille. Le

1. *Notice*, connaissance.

bon chevalier, qui bien congnoissoit le gentil cueur
du cappitaine Jacob, le loua merveilleusement, et luy
dist par la bouche de son truchement : « Mon compaignon, mon amy, jamais vostre cueur ne pensa une
meschanceté. Vous m'avez autresfois dit qu'en Almaigne n'avez pas de grans biens; nostre maistre est
riche et puissant comme assez entendez, et en ung
jour vous en peult faire, dont serez riche et opulent
toute vostre vie, car il vous ayme fort, et je le sçay
bien ; l'amour croistra davantage quant il sera informé
de l'honneste tour que luy faictes à présent, et il le
sçaura, aydant Dieu, quant moy-mesmes je luy deb-
veroys dire. Velà monseigneur de Nemours, nostre
chef, qui a mandé à son logis tous les cappitaines au
conseil ; allons-y vous et moy, et à part luy déclai-
rerons ce que m'avez dit. — C'est bien advisé, dist le
cappitaine Jacob, allons-y. » Quant ilz furent au logis
dudit duc de Nemours se misrent en conseil qui dura
longuement, et y eut de diverses oppinions ; car les
ungs ne conseilloient point le combatre, et avoient
de bonnes raisons, disans que s'ilz perdoient ceste
bataille, toute l'Ytalie estoit perdue pour le roy leur
maistre, et que d'entre eulx nul n'en eschapperoit,
parce qu'ilz avoient trois ou quatre rivières à passer ;
que tout le monde estoit contre eulx, pape, roy d'Espaigne, Véniciens et Suysses, et que de l'empereur
n'estoient pas trop asseurez ; parquoy vauldroit
mieulx temporiser que se hazarder en ceste manière.
Autres disoient qu'il convenoit combatre ou mourir
de faim comme meschans et lasches et que desjà
estoient trop avant pour se retirer sinon honteusement et en désordre. Bref chascun en dist son oppi-

nion. Le bon duc de Nemours qui avoit desjà parlé au bon chevalier et au cappitaine Jacob, avoit bien au long entendu ce que l'empereur avoit mandé, et sçavoit bien qu'il estoit force de combatre, aussi qu'il ne venoit poste que le roy de France son oncle ne luy mandast de donner la bataille, et qu'il n'attendoit l'heure d'estre assailly en son royaulme, par deux ou trois endroitz. Il demanda toutesfois encores l'oppinion du bon chevalier, lequel dist : « Monseigneur, vous sçavez que je vins encores hier ; je ne sçay riens de l'estat des ennemys. Messeigneurs mes compaignons qui les ont veuz et escarmouchez tous les jours, qui s'i congnoissent mieulx que moy, je les ay ouys, les ungs louer la bataille, les autres la blasmer ; et puisqu'il vous plaist m'en demander mon oppinion, sauf vostre revérence, et de messeigneurs qui cy sont, je la vous diray. Qu'il ne soit vray que toutes batailles sont périlleuses, si est ; et qu'il ne faille bien regarder les choses avant que venir à ce point, si fait. Mais à congnoistre présentement l'affaire des ennemys et de nous, il semble quasi difficille que nous puissions départir sans bataille, la raison que desjà avez faict voz approuches devant ceste ville de Ravenne, laquelle demain matin voulez canonner, et la berche faicte y faire donner l'assault. Jà estes vous adverty que le seigneur Marc-Anthoine Colonne[1], qui est dedans puis huyt ou dix jours, y est entré soubz la promesse et foy jurée de domp Raymon de Cardonne, vis-roy de Naples, et chief de l'armée de noz ennemys, de son

1. Marc-Antoine Colonna, fils de Pierre-Antoine Colonna. Il épousa Lucrèce Gara de Rovere, nièce du pape Jules II, et fut tué en 1522.

oncle le seigneur Fabricio Colonne[1], ensemble du conte Pedro Navarre et de tous les cappitaines, que, s'il peult tenir jusques à demain, ou pour le plus tard au jour de Pasques, qu'ilz le viendront secourir. Or, lesditz ennemys le luy monstrent bien, car ilz sont aux faulxbours de nostre armée. D'autre costé, tant plus séjournerez et plus maleureux deviendrons, car noz gens n'ont nulz vivres, et fault que noz chevaulx vivent de ce que les saulles gectent[2] à présent. Et puis vous voyez le roy nostre maistre qui chascun jour vous escript de donner la bataille, et que non seulement en voz mains repose la seureté de son duché de Milan, mais aussi tout son Estat de France, veu les ennemys qu'il a aujourd'huy. Parquoy, quant à moy, je suis d'advis qu'on la doibt donner, et y aller saigement, car nous avons afaire à gens cauteleux et bons combatans. Qu'elle ne soit dangereuse, si est; mais une chose me réconforte; les Espaignolz ont esté depuis ung an dans ceste Rommaigne, tousjours nourriz comme le poisson en l'eaue, et sont gras et repletz; noz gens ont eu et ont encores grant faulte de vivres, parquoy ilz en auront plus longue alayne, et nous n'avons mestier[3] d'autre chose; car qui plus longuement combatra, le camp lui demourera. » Chascun commença à rire du propos, car si bien luy advenoit à dire ce qu'il vouloit que tout homme y prenoit plaisir. Les seigneurs de Lautrec, de la Palisse, le grand séneschal de

---

1. Fabricio Colonna, duc de Pagliano, fils d'Odoard Colonna, duc de Marsi; il épousa Agnès de Montefeltre et mourut en 1520.
2. *De ce que les saulles gectent,* des pousses de saules.
3. *Mestier,* besoin.

Normandie, le seigneur de Crussol[1], et tout ou la plus-part des cappitaines se tindrent à l'oppinion du bon chevalier, qui estoit de donner la bataille, et dès l'heure en furent advertiz tous les cappitaines de gens de cheval et de pied.

Le lendemain matin, qui fut le vendredy sainct, fut canonnée la ville de Ravenne bien asprement, de sorte que les ennemys de leur camp entendoient bien à cler les coups de canon. Si délibérèrent, selon la promesse qu'ilz avoient faicte, de secourir le seigneur Marc-Anthoine Colonne dedans le jour de Pasques. Durant la baterie furent blessez deux gaillars cappitaines françois, l'ung le seigneur d'Espy, maistre de l'artillerie, et l'autre le seigneur de Chastillon, prévost de Paris, de coupz de hacquebute, l'ung au bras, l'autre à la cuysse, dont depuis ilz moururent à Ferrare, qui fut fort gros dommage. La berche faicte à la ville, ceulx qui avoient esté ordonnez pour l'assault, qui estoient deux cens hommes d'armes et trois mille hommes de pied, s'approchèrent. Le reste de l'armée se mist en belle et triumphante ordonnance de bataille, laquelle désiréement ilz attendoient, et mille ans avoit que gens ne furent plus délibérez qu'ilz estoient, et à leurs gestes sembloit qu'ilz allassent aux nopces. Si tindrent escorte trois ou quatre grosses heures à leurs gens ordonnez pour assaillir, lesquelz firent à la ville de

---

1. Jacques de Crussol, capitaine de 200 archers, grand panetier de France, fils de Louis de Crussol, s^r de Baudinar et de Jeanne de Lévis, dame de Florensac; il épousa Simonne, vicomtesse d'Uzès, et mourut vers 1525.

lours et divers assaulx, et y fist très bien son debvoir le vicomte d'Estoges[1], lors lieutenant de messire Robert de la Marche[2], et le seigneur Fédéric de Bazolo, car plusieurs fois furent gectez du hault du fossé au bas. Si les assaillans faisoient bien leur debvoir, ceulx de la ville ne se faignoient pas[3]; et là estoit en personne le seigneur Marc-Anthoine Coulonne, qui disoit à ses gens : « Messeigneurs, tenons bon, nous serons secouruz dedans demain ou dimenche, je vous en asseure sur mon honneur. La berche est fort petite; si nous sommes pris, il nous tournera à grande laschété, et davantage il est fait de nous. » Tant bien les confortoit ce seigneur Marc-Anthoine que le cueur leur croissoit de plus en plus; et à dire aussi la vérité la berche n'estoit pas fort raisonnable. Quant les François eurent donné cinq ou six assaulx et qu'ilz veirent qu'en ceste sorte n'emporteroient pas la ville, firent sonner la retraicte, et Dieu leur en ayda bien, car s'ilz l'eussent prise, jamais n'en eussent retiré les aventuriers pour le pillage, qui eust esté peult-estre occasion de perdre la bataille. Quant le duc de Nemours sceut que ses gens se retiroient de l'assault, il fist pareillement

---

1. René d'Anglure, vicomte d'Estoges, lieutenant de Robert de La Mark, seigneur de Bouillon et de Sedan, fut chambellan du roi, capitaine de cent hommes d'armes : il était fils de Simon d'Anglure et de Jeanne de Neufchatel; il épousa Catherine du Bouzi et mourut en 1529.
2. Robert de la Marck, seigneur de Sedan, surnommé le *Sanglier des Ardennes*, fils de Robert et de Jeanne de Mailli, épousa Catherine de Croy-Chimay et mourut en 1535.
3. *Ne se faignoient pas*, n'étaient pas fainéants.

retirer l'armée pour le soir, affin d'eulx reposer, car d'heure en autre estoit attendu le combat, pour estre leurs ennemys à deux mille ou environ d'eulx. Le soir après soupper, plusieurs cappitaines estoient au logis dudit duc de Nemours, devisans de plusieurs choses, mesmement de la bataille. Si adressa sa parolle au bon chevalier sans paour et sans reprouche icelluy seigneur de Nemours et luy dist : « Monseigneur de Bayart, avant vostre venue, les Espaignolz, par de noz gens qu'ilz ont prins prisonniers, demandoient tousjours si estiez point en ce camp, et à ce que j'en ay entendu font grosse estime de vostre personne. Je serois d'advis, s'il vous semble bon, car jà de long-temps congnoissez leur manière de faire, que demain au matin ilz eussent de par vous quelque escarmouche, de sorte que les puissez faire mettre en bataille et que voyez leur contenance. » Le bon chevalier, qui pas mieulx ne demandoit, respondit : « Monseigneur, je vous promctz ma foy que, Dieu aydant, devant qu'il soit demain midy, je les verray de si près que je vous en rapporteray des nouvelles. » Là estoit présent le baron de Béarn, lieutenant du duc de Nemours, lequel estoit advantureux chevalier, et tousjours prest à l'escarmouche. Si pensa en soymesmes que le bon chevalier seroit bien matin levé s'il la dressoit plus tost que luy, et assembla aucuns de ses plus privez, ausquelz il déclaira son vouloir, à ce qu'ilz se tiensissent prestz au jour poignant[1]. Vous orrez ce qu'il en advint.

1. *Poignant,* pointant.

CHAPITRE LIII.

*D'une merveilleuse escarmouche qui fut entre les Fran-
çois et les Espaignolz le jour devant la bataille de
Ravenne, où le bon chevalier fist merveilles d'armes.*

Suyvant la promesse que le bon chevalier avoit faicte
au duc de Nemours, luy arrivé à son logis appella son
lieutenant le cappitaine Pierrepont, son enseigne, son
guydon et plusieurs autres de la compaignie, ausquelz
il dist : « Messeigneurs, j'ay promis à Monseigneur
d'aller demain veoir les ennemys, et luy en apporter
des nouvelles bien au vray; il fault adviser comment
nous ferons, à ce que nous y ayons honneur. Je suis
délibéré de mener toute la compaignie, et demain
desployer les enseignes de monseigneur de Lorraine,
qui n'ont encores point esté veues; j'espère qu'elles
nous porteront bonheur; ilz resjouyront beaucoup
plus que les cornètes. Vous, bastard du Fay, dist-il à
son guydon, prendrez cinquante archiers et passerez
le canal au dessoubz de l'artillerie des Espaignolz, et
yrez faire l'alarme dedans leur camp, le plus avant
que vous pourrez, et quant vous verrez qu'il sera
temps de vous retirer sans riens hazarder, le ferez
jusques à ce que trouvez le cappitaine Pierrepont,
qui sera à vostre queue avecques trente hommes
d'armes et le reste des archiers; et si tous deux
estiez pressez, je seray après vous à[1] tout le reste de

---

1. *A*, avec.

la compaignie pour vous secourir. Et si l'affaire est conduit comme je l'entends, je vous asseure sur ma foy que nous y aurons honneur. » Chascun entendit bien ce qu'il avoit à faire, car non pas seullement les cappitaines de la compaignie, mais il n'y avoit homme d'armes en icelle qui ne méritast bien avoir charge soubz luy. Tout homme s'en alla reposer jusques à ce qu'ilz ouyssent la trompette qui les esveilla au point du jour, que chascun s'arma et mist en ordre comme pour faire telle entreprise qu'ilz avoient en pensée. Si furent desployées et mises au vent les enseignes du gentil duc de Lorraine qu'il faisoit fort beau veoir, et cela resjouyssoit les cueurs des gentilzhommes de la compaignie qui commencèrent à marcher, ainsi que ordonné avoit esté le soir précédent, en trois bendes, à trois gectz d'arc l'une de l'autre. Riens ne sçavoit le bon chevalier de l'entreprise du baron de Béarn, qui desjà s'estoit mis aux champs et avoit dressé ung chault alarme au camp des ennemys, tant qu'il l'avoit quasi tout mis en armes, et y fist ledit baron très bien son devoir ; mais enfin donna de la part des ennemys deux ou trois coups de canon dans sa troppe, dont de l'ung fut emporté le bras droit d'ung fort gaillart gentilhomme appellé Bazillac[1], et d'ung autre fut tué le cheval du seigneur de Bersac[2], galant homme d'armes, et tous deux de la compaignie du duc de Nemours, lequel fut bien desplaisant de l'inconvénient de Bazillac, car il l'aymoit à

1. Pierre, baron de Bazillac, fils de Bernard de Bazillac ; gentilhomme du Bigorre.
2. Philippe de Bersaques, gentilhomme flamand, fils de Jacques de Bersaques.

merveilles. Après ces coups d'artillerie, tout d'une flote vont donner cent ou six vingtz hommes d'armes espaignolz et néapolitains sur le baron, qui contrainct fut de reculler le pas, du pas au trot et du trot au galop, tant que les premiers se vindrent embatre[1] sur le bastard du Fay, qui s'arresta et en advertit le bon chevalier, lequel luy manda incontinent qu'il se gectast en la troppe du cappitaine Pierrepont, et luy-mesmes s'avança tant qu'il mist toute sa compaignie ensemble. Si veit retourner le baron de Béarn et ses gens quasi desconfitz; et les suyvoient Espaignolz et Néapolitains hardiement et fièrement, lesquelz repassèrent le canal après luy. Quant le bon chevalier les veit de son costé n'en eust pas voulu tenir cent mille escus, si commença à cryer : « Avant, compaignons, secourons noz gens! » et dist à ceulx qui fuyoient : « Demourez, demourez, hommes d'armes, vous avez bon secours. » Si se mect le beau premier en une troppe des ennemys de cent à six vingtz hommes d'armes. Il estoit trop aymé, et fut bien suivy. De la première pointe en fut porté par terre cinq ou six. Toutesfois les autres se misrent en deffense très honnestement; mais enfin tournèrent le dos et se misrent au grant galop droit au canal, lequel ilz repassèrent à grosse diligence. L'alarme estoit desjà en leur camp, de sorte que tout estoit en bataille, gens de pied et de cheval. Ce nonobstant, le bon chevalier les mena batant et chassant jusques bien avant en leurdit camp, où il fist, et ceulx de sa compaignie, mer-

1. *Embatre,* abattre.

veilles d'armes, car ilz abatirent tentes et pavillons, et poussèrent par terre ce qu'ilz trouvèrent. Le bon chevalier, qui avoit tousjours l'œil au boys[1], va adviser une troppe de deux ou trois cens hommes d'armes qui venoient le grant trot, serrez en gens de guerre. Si dist au cappitaine Pierrepont : « Retirons-nous, car vecy trop gros effort. » La trompette sonna la retraicte, qui fut faicte sans perdre ung homme et repassèrent le canal marchans droit en leur camp. Quant les Espaignolz veirent qu'ilz estoient repassez et qu'ilz perdoient leur peine d'aller après, se retirèrent. Bien en passa cinq ou six qui demandèrent à rompre leur lance, mais le bon chevalier ne voulut jamais que homme tournast, combien que de plusieurs de ses gens en feust assez requis ; mais il doubtoit que par là se levast nouvelle escarmouche, et ses gens estoient assez travaillez pour le jour. Le bon duc de Nemours avoit desjà sceu comment tout l'affaire estoit allé, avant que le bon chevalier arrivast, auquel, quant il l'apperceut, combien que très dolent feust de l'inconvénient de Bazillac, le vint embrasser et luy dist : « C'est vous et voz semblables, monseigneur de Bayart, mon amy, qui doivent aller aux escarmouches, car bien sagement sçavez aller et retourner. » Tous ceulx qui estoient en ceste dure escarmouche disoient qu'oncques n'avoient veu homme faire tant d'armes ne qui mieulx entendist la guerre que le bon chevalier. Le lendemain y en eut une plus aspre et cruelle, et dont François et Espaignolz mauldiront la journée toute leur vie.

CHAPITRE LIV.

De la cruelle et furieuse bataille de Ravenne, où les Espaignolz et Neapolitains furent desconfitz, et de la mort du gentil duc de Nemours.

Au retour de ceste chaulde escarmouche qu'avoit faicte le bon chevalier sans paour et sans reprouche et après le disner, furent assemblez tous les cappitaines, tant de cheval que de pied, au logis du vertueux duc de Nemours, le passe-preux de tous ceulx qui furent deux mille ans a ; car on ne lyra point en cronicque ne hystoire, d'empereur, roy, prince ne autre seigneur qui, en si peu de temps, ait fait de si belles choses que luy ; mais cruelle mort le print en l'aage de vingt et quatre ans, qui fut abaissement et dommage irréparable à toute noblesse. Or, les cappitaines assemblez commença sa parolle le gentil duc de Nemours et leur dist : « Messeigneurs, vous voyez le pays où nous sommes et comment vivres nous deffaillent ; et tant plus demourerions en ceste sorte et tant plus languirions. Ceste grosse ville de Ravenne nous fait barbe[1] d'ung costé ; les ennemys sont à la portée d'ung canon de nous ; les Véniciens et Suysses, ainsi que m'escript le seigneur Jehan-Jacques, font myne de descendre ou duché de Milan, où vous sçavez que nous n'avons laissé gens sinon bien peu. Davantage le roy mon oncle me presse tous les jours de donner

---

1. *Faire barbe,* narguer.

la bataille, et croy qu'il m'en presseroit encores plus s'il sçavoit comment nous sommes abstrainctz[1] de vivres. Parquoy, ayant regard à toutes ces choses, me semble, pour le prouffit de nostre maistre et pour le nostre, que plus ne devons délayer[2], mais avecques l'ayde de Dieu, qui y peult tout, aillons trouver noz ennemys. Si la fortune nous est bonne, nous l'en louerons et remercirons; si elle nous est contraire, sa voulenté soit faicte. De ma part et à mon souhait, povez assez penser que j'en désire le gaing pour nous, mais j'aymerois mieulx y mourir qu'elle feust perdue. Et si tant Dieu me veult oublier que je la perde, les ennemys seront bien lasches de me laisser vif, car je ne leur en donneray pas les occasions. Je vous ay icy tous assemblez affin d'en prendre une occasion. » Le seigneur de la Palisse dist qu'il n'estoit riens plus certain qu'il failloit donner la bataille, et plustost se gecteroient hors de péril. De ceste mesme oppinion furent les seigneur de Lautrec, grant-sénéschal de Normandie, grant-escuyer de France[3], le seigneur de Crussol, cappitaine Loys d'Ars et plusieurs autres, lesquelz prindrent conclusion, que le lendemain, qui estoit le jour de Pasques, yroient trouver leurs ennemys. Si fut dressé ung pont de bateaulx sur ung petit canal qui estoit entre les deux armées, pour passer l'artillerie et les gens de pied, car des gens de cheval ilz

1. *Abstrainctz*, dépourvus.
2. *Délayer*, retarder.
3. Galeas de Saint-Séverin, gendre de Ludovic le More, duc de Milan ; il fut grand écuyer de France de 1505 jusqu'à sa mort, arrivée à la bataille de Pavie (1524).

traversoient le canal bien à leur aise, parce que aux deux bortz on avoit fait des esplanades. Le bon chevalier sans paour et sans reprouche dist, présent toute la compagnie, qu'il seroit bon de faire l'ordonnance de la bataille sur l'heure, affin que chascun sceust où il deveroit estre, et qu'il avoit entendu par tout plain de prisonniers qui avoient esté au camp des Espaignolz qu'ilz ne faisoient que une troppe de tous leurs gens de pied et deux de leurs gens de cheval, et que sur cela se failloit renger ; les plus apparans de la compaignie dirent que c'estoit fort bien parlé et qu'il y failloit adviser sur l'heure ; ce qui fut fait en ceste sorte : c'est que les lansquenetz et les gens de pied des cappitaines Molart, Bonnet, Maugiron, baron de Grantmont, Bardassan et autres cappitaines, jusques au nombre de dix mille hommes, marcheroient tous en une flote, et les deux mille Gascons du cappitaine Odet et du capdet de Duras à leur costé ; lesquelz tous ensemble yroient eulx parquer à la portée d'ung canon des ennemys, et devant eulx seroit mise l'artillerie ; et puis à coup de canon, les ungs contre les autres, à qui premier sortiroit de son fort ; car les Espaignolz se logeoient tousjours en lieu avantageux, comme assez entendrez. Joignant les gens de pied, seroient le duc de Ferrare et seigneur de la Palisse, chefz de l'avant-garde, avecques leurs compaignons ; et quant et eulx les gentilzhommes, soubz le grant séneschal de Normandie, le grant escuyer, le seigneur d'Ymbercourt, la Crote, le seigneur Théode de Trévolz, et autres cappitaines, jusques au nombre de huyt cens hommes d'armes, et ung peu au-dessus, et viz-à-viz d'eulx, seroit le duc de Nemours avecques sa compaignie, le seigneur de Lautrec son cousin, qui fist merveilles d'armes ce jour, le seigneur d'Alègre, le cappitaine Loys d'Ars, le bon chevalier et autres, jusques au nombre de quatre à cinq cens hommes d'armes; et les gens de pied ytaliens, dont il y avoit quatre mille ou environ, soubz la charge de deux frères gentilzhommes de Plaisance, les contes Nicolle et Francisque Scot, du marquis Malespine[1] et autres cappitaines ytaliens, demoureroient deça le canal pour donner seureté au bagaige, de paour que ceulx de Ravenne ne sortissent. Et fut ordonné chief de tous les guydons le bastard du Fay, qui passeroit le pont, et s'en donneroit garde[2] jusques à ce qu'il feust mandé.

Les choses ainsi ordonnées et le lendemain matin venu, commencèrent premier à passer les lansquenetz. Quoy voyant par le gentil seigneur de Molart dist à ses rustres : « Comment, compaignons, nous sera-il reprouché que les lansquenetz soient passez du costé des ennemys plustost que nous? J'aymerois mieulx, quant à moy, avoir perdu ung œil. » Si commencea, parce que les lansquenetz occupoient le pont, à se mettre tout chaussé et vestu au beau gué dedans l'eaue et ses gens après. Et fault sçavoir que l'eaue n'estoit point si peu profonde qu'ilz n'y feussent jusques au-dessus du cul; et firent si bonne diligence

---

1. Nicolas et François Scotti étaient d'une noble famille de Milan.

Alberic Malaspina, marquis de Massa et Carrara, fils de Jacques Malaspina et de Thadée Pic de la Mirandole; il épousa Lucrèce d'Este-Ferrare.

2. *S'en donner garde*, en avoir la garde.

qu'ilz furent plustost passez que lesditz lansquenetz. Ce fait, fut toute l'artillerie passée et mise devant lesditz gens de pied qui tantost se misrent en bataille. Après passa l'avant-garde des gens de cheval et puis la bataille.

Sur ces entrefaictes, fault que je vous face ung incident. Le gentil duc de Nemours partit assez matin de son logis, armé de toutes pièces, excepté de l'armet. Il avoit ung fort gorgias acoustrement de broderie aux armes de Navarre et de Foix, mais il estoit fort pesant. En sortant de sondit logis, regarda le soleil jà levé qui estoit fort rouge; si commencea à dire à la compaignie qui estoit autour de luy : « Regardez, messeigneurs, comme le soleil est rouge. » Là estoit ung gentilhomme qu'il aymoit à merveilles, fort gentil compaignon, qui s'appelloit Haubourdin[1], qui luy respondit : « Sçavez-vous bien que c'est à dire, monseigneur? il mourra aujourd'huy quelque prince ou grand cappitaine; il fault que ce soit vous ou le vis-roy. » Le duc de Nemours se print à rire de ce propos, car il prenoit en jeu toutes les parolles dudit Haubourdin. Si s'en alla jusques au pont veoir achever de passer son armée, laquelle faisoit merveilleuse diligence. Cependant le bon chevalier le vint trouver qui luy dist : « Monseigneur, allons nous esbatre ung peu le long de ce canal en attendant que tout soit passé. » A quoy s'accorda le duc de Nemours; et mena en sa compaignie le seigneur de Lautrec, le seigneur d'Alègre et

---

1. Fleuranges attribue cette réplique au bâtard de Chimay. Le vicomte de Haubourdin était de la famille flamande de Chastel.

quelques autres, jusques au nombre de vingt chevaulx. L'alarme estoit gros au camp des Espaignolz, comme gens qui s'attendoient d'avoir la bataille en ce jour, et se mettoient en ordre comme pour recevoir leurs mortelz ennemys. Le duc de Nemours, allant ainsi à l'esbat, commencea à dire au bon chevalier : « Monseigneur de Bayart, nous sommes icy en bute fort belle ; s'il y avoit des hacquebutiers du costé de delà cachez, ilz nous escarmoucheroient à leur aise. » Et sur ces parolles vont adviser une troppe de vingt ou trente gentilzhommes espaignolz, entre lesquelz estoit le cappitaine Pedro de Pas, chef de tous leurs genetaires, et estoient lesditz gentilzhommes à cheval. Si s'avança le bon chevalier vingt ou trente pas, et les salua en leur disant : « Messeigneurs, vous vous esbatez comme nous, en attendant que le beau jeu se commence. Je vous prie qu'on ne tire point de coups de hacquebute de vostre costé, et on ne vous en tirera point du nostre. » Le cappitaine Pedro de Pas luy demanda qu'il estoit, et il se nomma par son nom ; quant il entendit que c'estoit le cappitaine Bayart qui tant avoit eu de renommée au royaulme de Naples, fut joyeulx à merveilles. Si luy dist en son langaige : « Sur ma foy, monseigneur de Bayart, encores que je soye tout asseuré que nous n'avons riens gaigné en vostre arrivée, mais par le contraire j'en tiens vostre camp enforcy de deux mille hommes, si suis-je bien aise de vous veoir. Et pleust à Dieu qu'il y eust bonne paix entre vostre maistre et le mien, à ce que peussions deviser quelque peu ensemble, car tout le temps de ma vie vous ay aymé par vostre grande prouesse. » Le bon chevalier, qui tant courtois estoit que nul plus, luy rendit son change au double. Si regardoit Pedro de Pas que chascun honnoroit le duc de Nemours, qui demanda : « Seigneur de Bayart, qui est ce seigneur tant bien en ordre et à qui voz gens portent tant d'honneur. » Le bon chevalier luy respondit : « C'est nostre chef, le duc de Nemours, nepveu de nostre prince et frère à vostre royne. » A grant peine il eut achevé son propos que le cappitaine Pedro de Pas et tous ceulx qui estoient avecques luy misrent pied à terre et commencèrent à dire adressans leurs parolles au noble prince : « Seigneur, sauf l'honneur et le service du roy nostre maistre, vous déclairons que nous sommes, et voulons estre et demourer à jamais voz serviteurs. » Le duc de Nemours, comme plein de courtoisie, les remercia, et puis leur dist : « Messeigneurs, je voy bien que dedans aujourd'huy nous sçaurons à qui demourera la campaigne, à vous ou à nous ; mais à grant peine se desmeslera cest affaire sans grande effusion de sang. Si vostre vis-roy vouloit vuyder ce différent de sa personne à la mienne, je ferois bien que tous mes amys et compaignons qui sont avecques moy s'i consentiront : et si je suis vaincu, s'en retourneront ou duché de Milan et vous laisseront paisibles par deça ; aussi s'il est vaincu, que tous vous vous en retourniez au royaulme de Naples. » Quant il eut achevé son dire, luy fut incontinent respondu par ung dit le marquis de la Padule : « Seigneur, je croy que vostre gentil cueur vous feroit voulentiers faire ce que vous dictes, mais, à mon advis, que notre vis-roy ne se fiera point tant à sa personne qu'il s'accorde à vostre dire. — Or, adieu doncques, messeigneurs, dist le gentil prince; je m'en vois passer l'eaue, et prometz à Dieu de ne la repasser de ma vie que le camp ne soit vostre ou nostre. » Ainsi se despartit des Espaignolz le bon duc de Nemours.

Allant et venant, veoient tout acier[1] les ennemys, et comment ilz se mettoient en bataille, mesmement leur avant-garde de gens de cheval, dont estoit chef le seigneur Fabricio Coulonne, et se montroit en belle veue et toute descouverte. Si en parlèrent le seigneur d'Alègre et le bon chevalier au duc de Nemours, et luy dirent : « Monseigneur, vous voyez bien ceste troppe de gens de cheval. — Ouy, dist-il, ilz sont en belle veue. — Par ma foy! dist le seigneur d'Alègre, qui vouldra amener icy deux pièces d'artillerie seulement on leur fera ung merveilleux dommage. » Cela fut trouvé très bon, et luy-mesmes alla faire amener ung canon et une longue coulevrine. Desjà les Espaignolz avoient commencé à tirer de leur camp, qui estoit fort à merveilles, car ilz avoient ung bon fossé devant eulx. Derrière estoient tous leurs gens de pied couchez sur le ventre pour doubte de l'artillerie des François; devant eulx estoit toute la leur en nombre de vingt pièces, que canons, que longues coulevrines, et environ deux cens hacquebutes à croc, et entre deux hacquebutes, avoient sur petites charrettes à roues de grans pièces de fer acéré et trenchant, en manière d'un ronçon, pour faire rooller dedans les gens de pied quant ilz vouldroient entrer parmy eulx. A leur esle estoit leur avant-garde, que conduysoit le sei-

---

[1]. *Acier*; je n'ai rencontré nulle part ce mot qui est peut-être une faute d'impression. Il pourrait s'écrire en deux mots, *à cier*, et dans ce cas signifier *avec certitude*.

gneur Fabricio Colonne, où il y avoit environ huyt cens hommes d'armes; et ung peu plus hault estoit la bataille, en laquelle avoit plus de quatre cens hommes d'armes que menoit le vis-roy domp Raymon de Cardonne ; et joignant de luy avoit seulement deux mille Ytaliens que menoit Ramassot; mais quant à la gendarmerie, on n'en ouyt jamais parler de mieulx en ordre ne mieulx montez. Le duc de Nemours passé qu'il eust la rivière commanda que chascun marchast. Les Espaignolz tiroient en la troppe des gens de pied françois comme en une bute, et en tuèrent, avant que venir au combat, plus de deux mille; ilz tuèrent aussi deux triumphans hommes d'armes, l'ung appelé Jaffes et l'autre l'Hérisson. Aussi moururent ensemble d'ung mesme coup de canon ces deux vaillans cappitaines, le seigneur de Molart et Philippes de Fribourg[1], qui fut ung gros dommage et grand desavantage pour les François, car ilz estoient deux apparens et aymez cappitaines, surtout le seigneur de Molart, car tous ses gens se feussent faitz mourir pour luy. Il fault entendre que, nonobstant toute l'artillerie tirée par les Espaignolz, les François marchoient tousjours. Les deux pièces que le seigneur d'Alègre et le bon chevalier avoient fait retourner deça le canal tiroient incessamment en la troppe du seigneur

---

1. Fleuranges prétend (chap. XXIX) que le capitaine Molart fut tué avec le capitaine Jacob, et non avec Philippe de Fribourg. « M. de Molart et le capitaine Jacob, dit-il, s'estonnoient fort de l'artillerie, car ils avoient esté trois heures en ceste peine et n'avoient où se coucher. Se commencèrent à seoir luy et le capitaine Jacob et demandèrent à boire, et en buvant ung coup de canon les emporta tous deux, qui feust ung grant dommaige. »

Fabricio, qui luy faisoient ung dommage non croyable, car il luy fut tué trois cens hommes d'armes, et dist depuis, luy estant prisonnier à Ferrare, que d'ung coup de canon luy avoit esté emporté trente-trois hommes d'armes. Cela faschoit fort aux Espaignolz, car ilz se veoyent tuez et ne sçavoient de qui ; mais le cappitaine Pedro Navarre avoit si bien conclud en leur conseil, qu'il estoit ordonné qu'on ne sortiroit point du fort jusques à ce que les François les y allassent assaillir, et qu'ilz se defferoient d'eulx-mesmes. Il n'estoit riens si vrai ; mais il ne fut plus possible au seigneur Fabricio de tenir ses gens, qui disoient en leur langage : « *Coerpo de Dios, sommos matados del cielo ; vamos combater los umbres !*[1] » Et commencèrent pour évader[2] ces coups d'artillerie à sortir de leur fort et entrer en ung beau champ pour aller combatre. Ilz ne prindrent pas le chemin droit à l'avant-garde, mais advisèrent la bataille où estoit ce vertueux prince, duc de Nemours, avec petite troppe de gendarmerie si tirerent à ceste part. Les François de la bataille, joyeulx d'avoir le premier combat, baissèrent la veue, et d'ung hardy courage marchèrent droit à leurs ennemys, lesquelz se mirent en deux troppes, pour par ce moyen enclorre ceste petite bataille. De ceste ruse s'apperceut bien le bon chevalier, qui dist au duc de Nemours : « Monseigneur, mectons nous en deux parties jusques à ce qu'ayons passé le fossé, car ilz nous veullent enclorre. » Cela fut incontinent faict et se depar-

---

1. Pour : *Cuerpo de Dios ! Somos matados del cielo : vamos combater à los hombres.*
2. *Évader*, éviter.

tirent. Les Espaignolz firent ung bruyt et ung cry merveilleux à l'aborder : « Espaigne ! Espaigne ! Sant-Yago ! aux cavailles ! aux cavailles ![1] » Furieusement venoient, mais plus furieusement furent receuz des François qui cryoient aussi : « France ! France ! aux chevaulx, aux chevaulx ! » Car les Espaignolz ne taschoient à autre chose, sinon d'arrivée[2] tuer les chevaulx, pour ce qu'ilz ont ung proverbe qui dist : « *Moerto el cavaillo, perdido l'umbre d'armes*[3]. » Depuis que Dieu créa ciel et terre ne fut veu ung plus cruel ne dur assault que François et Espaignolz se livrèrent les ungz aux autres, et dura plus d'une grande demy-heure ce combat. Ilz se reposoient les ungz devant les autres pour reprendre leur alayne, puis baissoient la veue et recommenceoient de plus belle, criant : « France et Espaigne ! » le plus impétueusement du monde. Les Espaignolz estoient la moytié plus que les François. Si s'en courut le seigneur d'Alégre droit à son avant-garde, et de loing advisa la bende de messire Robert de la Marche, qui portoient en devise blanc et noir ; si leur escria : « Blanc et noir, marchez ! marchez ! et aussi les archiers de la garde[4]. » Le duc de Ferrare et le seigneur de la

---

1. Le texte porte par erreur : *aux canailles,* qui est évidemment mis là pour : *a los cavallos.* Sur cette tactique des Espagnols de blesser les chevaux pour démonter les cavaliers, comparer le récit du combat de 13 contre 13 raconté au chap. xxii (p. 113).

2. *D'arrivée,* dès le début.

3. Pour : *Muerto el caballo, perdido el hombre de armas.*

4. Vint M. d'Alègre prier à M. de la Palice en disant : « Monsieur, la bataille est perdue si vous ne nous envoyez la bande de M. de Sedan » et incontinent le vicomte d'Estoges qui la menoit partit et toute la bande avecques luy, criant : La Marche ! Et si

Palisse pensèrent bien que sans grant besoing le seigneur d'Alègre ne les estoit pas venu quérir, si les firent incontinent desloger et à bride abatue vindrent secourir le duc de Nemours et sa bende, laquelle combien qu'elle feust de peu de nombre reculloient tousjours peu à peu les Espaignolz. A l'arrivée de ceste fresche bende, y eut un terrible hutin[1]; car Espaignolz furent vivement assaillis. Les archiers de la garde avoient de petites coignées dont ilz faisoient leurs loges[2], qui estoient pendues à l'arson de la selle des chevaulx; ilz les misrent en besongne et donnoient de grans et rudes coups sur l'armet de ses Espaignolz, qui les estonnoit merveilleusement. Oncques si furieux combat ne fut veu; mais enfin convint aux Espaignolz habandonner le camp, sur lequel entre deux fossez moururent trois ou quatre cens hommes d'armes. Aucuns princes du royaulme de Naples y furent prins prisonniers, ausquelz on sauva la vie. Chascun se vouloit mettre à la chasse; mais le bon chevalier sans paour et sans reprouche dist au vaillant duc de Nemours, qui estoit tout plein de sang et de cervelle d'ung de ses hommes d'armes qui avoit esté emporté d'une pièce d'artillerie : « Monseigneur, estes-vous blessé? — Non, dist-il, Dieu mercy, mais j'en ay bien blessé d'autres. — Or, Dieu soit loué, dist le bon chevalier, vous avez

---

les suivirent les deux cents archers de la garde qui portoient tous des haches, que menoit M. de Crussol, et vindrent donner dedans de telle sorte que le vice roy de Naples s'enfuit et toute la gendarmerie (Fleuranges, chap. xxix).

1. *Hutin,* choc.
2. *Loges,* huttes de campement.

gaigné la bataille, et demourrez aujourd'huy le plus honnoré prince du monde ; mais ne tirez plus avant et rassemblez vostre gendarmerie en ce lieu, qu'on ne se mecte point au pillage encores, car il n'est pas temps. Le cappitaine Loys d'Ars et moy allons après ses fuyans, à ce qu'ilz ne se retirent derrière leurs gens de pied, et pour homme vivant ne départez point d'icy que ledit cappitaine Loys d'Ars ou moy ne vous viengnons quérir. » Ce qu'il promist faire, mais il ne le tint pas, dont mal luy en prit.

Vous avez entendu comment les gens de pied des Espaignolz estoient couchez sur le ventre en ung fort merveilleux et dangereux à assaillir, car on ne les voyoit point. Si fut ordonné que les deux mille Gascons yroient sur la queue deslacher[1] leur traict, qui seroit cause les faire lever. Or les gens de pied françois n'en estoient pas loing de deux picques, mais le fort estoit trop désavantageux, car pour ne veoir point leurs ennemys, ilz ne sçavoient par où ilz devoient entrer. Le cappitaine Odet et le capdet de Duras dirent qu'ilz estoient tous prestz d'aller faire lever les Espaignolz, mais qu'on leur baillast quelques gens de picque, à ce que, après que leurs gens auroient tiré, s'il sortoit quelques enseignes sur eulx, ilz feussent soustenuz. Cela estoit raisonnable, et y alla avecques eulx le seigneur de Moncavré[2] qui avoit mille Picars. Les Gascons deslachèrent très bien

---

1. *Deslacher*, lancer.
2. Jean de Monchy, s^r de Montcavrel, maître d'hôtel du roi, fils de Pierre de Monchy et de Marguerite de Lannoy ; il épousa en 1490 Anne Picart, dame d'Estelau.

leur traict, et navrèrent[1] plusieurs Espaignolz, à qui il ne pleut guères, comme ilz monstrèrent ; car tout soubdainement se levèrent en belle ordonnance de bataille, et du derrière sortirent deux enseignes de mille ou douze cens hommes qui vindrent donner dedans ses Gascons. Je ne sçay de qui fut la faulte ou d'eulx ou des Picars, mais ilz furent rompuz des Espaignolz, et y fut tué le seigneur de Moncavré, le chevalier des Bories, lieutenant du cappitaine Odet, le lieutenant du capdet de Duras et plusieurs autres. A qui il ne pleut guères ce fut à leurs amys ; mais les Espaignolz en firent une grant huée, comme s'ilz eussent gaigné entièrement la bataille ; toutesfois ilz congnoissoient bien qu'elle estoit perdue pour eulx, et ne voulurent pas retourner en derrière ses deux enseignes qui avoient rompu les Gascons, mais se délibérèrent d'aller gaigner Ravenne, et se misrent sur la chaussée du canal où ilz marchoient trois ou quatre de fronc. Je laisseray ung peu à parler d'eulx, et retourneray à la grosse flote des gens de pied françois et espaignolz. C'est que quant lesditz Espaignolz furent levez, se vont présenter sur le bort de leur fossé, où les François livrèrent fier, dur et aspre assault ; mais ilz furent serviz de hacquebutes à merveilles, de sorte qu'il en fut beaucoup tué[2]. Mesmement le gentil cappitaine Jacob eut ung coup au travers du corps dont il tumba, mais soubdain se releva, et dist à ses gens en almant : « Messeigneurs, servons aujourd'huy le roy de France

1. *Navrer*, tuer.
2. Parmi les Français.

aussi bien qu'il nous a traictez. » Le bon gentilhomme
ne parla depuis, car incontinent tumba mort[1]. Il avoit
ung cappitaine soubz luy, nommé Fabien[2], ung des
beaulx et grans hommes qu'on veit jamais, lequel,
quant il apperceut son bon maistre mort, ne voulut
plus vivre, mais bien fist une des grandes hardiesses
qu'oncques homme sceut faire; car ainsi que les
Espaignolz avoient ung gros hoc[3] de picques croysées, au bort de leur fossé, qui gardoit que les
François ne pouvoient entrer, ce cappitaine Fabien
voulut plustost mourir qu'il ne vengeast la mort de
son gentil cappitaine, print sa picque par le travers
(il estoit grant à merveilles), et tenant ainsi sa picque
la mit dessus celles des Espaignolz qui estoient cou-
chées, et de sa grande puissance leur fist mettre le
fer en terre. Quoy voyant par les François, poussèrent roidement et entrèrent dedans le fossé; mais
pour le passer y eut ung meurdre merveilleux, car
oncques gens ne firent plus de deffense que les Espaignolz, qui, encores n'ayant plus bras ne jambe entière, mordoient leurs ennemys. Sur ceste entrée y
eut plusieurs cappitaines françois mors, comme le
baron de Grantmont, le cappitaine de Maugiron, qui
y fist d'armes le possible, le seigneur de Bardassan ;
le cappitaine Bonnet eut ung coup de picque dedans
le fronc, dont le fer luy demoura en la teste. Brief,

1. Selon Paul Jove (vie de Léon X, chap. II), le capitaine Jacob
aurait été tué en combat singulier au milieu de la bataille par un
capitaine espagnol, et sa mort aurait été le signal de l'effort des
Français qui détermina la fuite des ennemis.
2. Fabien de Schlabersdorf, saxon.
3. *Hoc,* haie.

les François y receurent gros dommage, mais plus les Espaignolz, car la gendarmerie de l'avant-garde françoise leur vint donner sur le costé, qui les rompit du tout, et furent tous mors et mis en pièces, excepté le conte Pedro Navarre, qui fut prisonnier et quelques autres cappitaines.

Il fault retourner à ses deux enseignes qui s'enfuyoient pour cuyder gaigner Ravenne; mais en chemin rencontrèrent le bastard du Fay et les guydons et archiers, qui leur firent retourner le visage le long de la chaussée. Guères ne les suyvit le bastard du Fay, mais retourna droit au gros affaire où il servit merveilleusement bien. Entendre debvez que quant ces deux enseignes sortirent de la troppe et qu'ilz eurent deffaictz les Gascons, plusieurs s'enfuyrent, et aucuns jusques au lieu où estoit le vertueux duc de Nemours, lequel venant au devant d'eulx, demanda que c'estoit. Ung paillart respondit : « Ce sont les Espaignolz qui nous ont deffaictz. » Le povre prince, cuydant que ce feust la troppe de ses gens de pied, fut désespéré, et sans regarder qui le suyvoit, se va gecter sur ceste chaussée par laquelle se retiroient ses deux enseignes qui le vont rencontrer en leur chemin, et bien quatorze ou quinze hommes d'armes. Ilz avoient encores rechargé quelques hacquebutes qui vont deslascher, et puis à coups de picque [se ruent] sur ce gentil duc de Nemours et sur ceulx qui estoient avecques luy, lesquelz ne se povoient guères bien remuer, car la chaussée estoit estroicte, et d'ung costé le canal où on ne povoit descendre; de l'autre, y avoit ung merveilleux fossé que l'on ne povoit passer. Brief, tous ceux qui estoient avecques le duc de Nemours furent gectez en l'eaue ou tumbez dedans le fossé. Le bon duc eut les jarretz de son cheval couppez; si se mist à pied l'espée au poing, et oncques Rolant ne fist à Roncevaulx tant d'armes qu'il en fist là, ne pareillement son cousin le seigneur de Lautrec, lequel veit bien le grant dangier où il estoit, et cryoit tant qu'il povoit aux Espaignolz : « Ne le tuez pas, c'est nostre vis-roy, le frère à vostre royne. » Quoy que ce feust, le povre seigneur y demoura, après avoir eu plusieurs playes, car depuis le menton jusques au fronc en avoit quatorze ou quinze, et par là monstroit bien le gentil prince qu'il n'avoit pas tourné le doz. Dedans le canal fut noyé le filz du seigneur d'Alègre, nommé Viverolz[1], et son père tué à la deffaicte des gens de pied. Le seigneur de Lautrec y fut laissé pour mort, et assez d'autres. Ses deux enseignes se sauvèrent le long de la chaussée, qui duroit plus de dix mille, et quant ilz furent à cinq ou six mille du camp, rencontrèrent le bon chevalier qui venoit de la chasse avecques environ trente ou quarante hommes d'armes, tant las et travaillez que merveilles; toutesfois il se délibéra de charger ses ennemys, mais ung cappitaine sortit de la troppe, qui commencea à dire en son langaige : « Seigneur, que voulez-vous faire? Assez congnoissez n'estre pas puissant pour nous deffaire. Vous avez gaigné la bataille et tué tous noz gens, suffise vous de l'honneur que vous avez eu, et nous laissez aller la vie

---

1. Yves d'Alègre, qui avait perdu un autre fils l'année précédente, ne voulut pas survivre à ce nouveau malheur et chercha la mort au milieu des bataillons ennemis.

sauve, car par la voulenté de Dieu sommes eschappez. » Le bon chevalier congneut bien que l'Espaignol disoit vray ; aussi n'avoit-il cheval qui se peust soustenir ; toutesfois il demanda les enseignes qui luy furent baillées et puis ilz s'ouvrirent et il passa parmy eulx et les laissa aller. Las ! il ne sçavoit pas que le bon duc de Nemours feust mort, ne que ce feussent ceulx qui l'avoient tué, car il feust avant mort de dix mille mors qu'il ne l'eust vengé, s'il l'eust sceu.

Durant la bataille et avant la totale deffaicte, s'enfuyt domp Raymon de Cardonne, vis-roy de Naples[1], environ trois cens hommes d'armes, et le cappitaine Ramassot avecques ses gens de pied ; le demourant fut mort ou pris. Le bon chevalier et tous les François retournèrent de la chasse environ quatre heures après midy, et la bataille estoit commencée environ huyt heures de matin. Chascun fut adverty de la mort de ce vertueux et noble prince, le gentil duc de Nemours, dont ung dueil commença au camp des François, si merveilleux que je ne cuyde point, s'il feust arrivé deux mille hommes de pied fraiz et deux cens hommes d'armes, qu'ilz n'eussent tout deffaict, tant de la peine et fatigue que tout au long du jour avoient souffert, car nul ne fut exempté de combatre s'il voulut, que aussi la grande

---

1. Sur la fin de la bataille, le vice-roy de Naples vollust descendre de son cheval et monter sur ung aultre moult beau, mais le noble Bayard le suyvit si près qu'il n'eust loysir de monter et se bouta en fuyte, et print Bayard le cheval sur lequel il vouloyt monter, lequel depuis donna à monseigneur le duc de Lorraine (Champier, fol. xxxix).

et extresme douleur qu'ilz portoient en leur cueur de la mort de leur chef, lequel, par ses gentilzhommes, en grans pleurs et plains, fut porté à son logis. Il y a eu plusieurs batailles depuis que Dieu créa ciel et terre, mais jamais n'en fut veu, pour le nombre qu'il y avoit, de si cruelle, si furieuse ne mieulx combatue de toutes les deux parties que la bataille de Ravenne[1].

CHAPITRE LV.

Des nobles hommes qui moururent à la cruelle bataille de Ravenne, tant du costé des François que des Espaignolz, et des prisonniers. La prinse de la ville de Ravenne. Comment les François furent chassez deux moys après d'Ytalie, en l'an mil cinq cens et douze. De la griefve maladie du bon chevalier. D'une fort grande courtoysie qu'il fist. Du voyage qui fut fait au royaulme de Navarre, et de tout ce qui advint en ladicte année.

En ceste cruelle bataille fist le royaulme de France

---

1. On trouvera à l'appendice la lettre de Bayart plusieurs fois reproduite dans laquelle il fait à son oncle l'évêque de Grenoble le récit de la bataille de Ravenne. Nous signalerons encore un document curieux à consulter sur cette bataille ; il est peu connu quoiqu'imprimé; c'est le récit qu'en a fait le réformateur Zwingli, alors aumônier des Suisses à la solde de la France, intitulé : *De Gestis inter Gallos et Helvetios ad Ravennam, Papiam aliis que locis, et conventu apud thermos Helveticos anno* 1512. *Relatio Udalrici Zwinglii* (Œuvres de Zwingli. Zurich, 1841. Vol. IV (2ᵉ des Œuvres latines), p. 167).

grosse perte, car le nompareil en prouesse qui feust au monde pour son aage y mourut. Ce fut le gentil duc de Nemours, dont, tant que le monde aura durée, sera mémoire. Il y avoit quelque intelligence secrète pour le faire roy de Naples s'il eust vescu, et s'en fut trouvé pape Julles mauvais marchant; mais il ne pleut pas à Dieu le laisser plus avant vivre. Je croy que les neuf preux luy avoient fait ceste requeste, car s'il eust vescu aage compétant les eust tous passez.

Le gentil seigneur d'Alègre et son filz le seigneur de Viverolz y finèrent leurs jours; aussi firent le cappitaine la Crothe, le lieutenant du seigneur d'Ymbercourt, les cappitaines Molart, Jacob, Philippes de Fribourg, Maugiron, baron de Grantmont, Bardassan et plusieurs autres cappitaines. Des gens de pied environ trois mille hommes et quatrevingtz hommes d'armes des ordonnances du roy de France, avecques sept de ses gentilzhommes et neuf archiers de sa garde, et de ce qui en demoura la pluspart estoient blécez. Les Espaignolz y eurent perte dont de cent ans ne seront réparez, car ilz perdirent vingt cappitaines de gens de pied, dix mille hommes, ou peu s'en faillit, et leur cappitaine général le conte Pedro Navarre y fut prisonnier. Des gens de cheval furent tuez domp Menaldo de Cardonne, domp Pedro de Coignes, prieur de Messine, domp Diégo de Quynonnes, le cappitaine Alvarade, le cappitaine Alonce de l'Estreille, et plus de trente cappitaines ou chefz d'enseignes et bien huyt cens hommes d'armes, sans les prisonniers qui furent: domp Jehan de Cardonne[1],

1. Jean Folch de Cardonne, parent de Raymond Folch de Car-

qui mourut en prison, le marquis de Betonte, le marquis de Licite¹, le marquis de la Padule, le marquis de Pescare², le duc de Trayete³, le conte de Conche, le conte de Populo⁴, et ung cent d'autres gros seigneurs et cappitaines, avecques le cardinal de Médicis qui estoit légat du pape en leur camp. Ilz perdirent toute leur artillerie, hacquebutes et cariage. Brief de bien vingt mille hommes qu'ilz estoient à cheval et à pied, n'en eschappa jamais quatre mille que tous ne feussent mors ou pris.

Le lendemain les adventuriers françois et lansquenetz pillèrent la ville de Ravenne, et se retira le seigneur Marc-Anthoine Coulonne dedans la cytadelle, qui estoit bonne et forte. Le cappitaine Jacquyn, qui avoit si bien parlé à l'astrologue de Carpy, en fut cause⁵, par dessus la deffence qui estoit faicte, à l'occasion de quoy le seigneur de la Palisse le fist pendre et estrangler. Il y avoit bien entreprise d'aller plus avant, si le bon duc de Nemours feust demouré vif; mais par son trespas tout cessa, combien que Petre Morgant et le

---

donne, vice-roy de Naples, ainsi que Menaldo Cardonne, cité quelques lignes plus haut.

1. Le marquis de Bitetto était de la famille Caraffa, celui de Licito de la famille Piccolomini.

2. Ferdinand-François d'Avalos, marquis de Pescaire, fils d'Alphonse d'Avalos et d'Hippolyte de Cardonne; il épousa Victoria Colonna et mourut en 1525, à 32 ans.

3. Le duc de Traietto était un Caraffa.

4. Cornelio Pepoli, comte Pepoli, de Bologne.

5. Des pourparlers étaient près d'aboutir pour la reddition de la ville de Ravenne, lorsque Jacquin Caumont aperçut une porte mal gardée, y entra avec ses aventuriers et commença le pillage. Voir sur ce Jacquin et sur la mort qui lui avait été prédite par l'astrologue de Carpy, le chap. XLVII, p. 262.

seigneur Robert Ursin[1] avoient très-bien fait leur devoir de ce qu'ilz avoient promis ; aussi que le seigneur Jehan-Jacques escripvoit chascun jour que les Véniciens et les Suysses s'assembloient et vouloient descendre en la duché de Milan, et l'empereur Maximilian commençoit desjà secrètement à se révolter[2]. Parquoy l'armée des François se mist au retour vers ladicte duché de Milan, où tous les cappitaines se trouvèrent en la ville ; lesquelz firent enterrer dedans le dosme[3] le gentil duc de Nemours, en plus grant triumphe que jamais avoit esté enterré prince, car il y avoit plus de dix mille personnes portans le dueil, la pluspart à cheval, quarante enseignes prises sur ses ennemys, que l'on portoit devant son corps traynans en terre, et ses enseignes et guydons après et prochains de sa personne, en démonstrant que c'estoient ceulx qui avoient abatu l'orgueil des autres. En ce doloreux obsèque y eut grans pleurs et gémissemens.

Après sa mort tous les cappitaines avoient esleu le seigneur de la Palisse pour leur chef, comme très-vertueulx chevalier, aussi que le seigneur de Lau-

---

1. Robert Orsini, comte de Pacentro, fils de Mario Orsini et de Catherine Zurla; il épousa Béatrix de San Severino. Voici ce qu'écrit Paul Jove dans sa Vie de Léon X (chap. II), sur cette conspiration contre Jules II : « Robertus Ursinus et Petrus Magarinus summæ nobilitatis et opinionis romani juvenes, a pontifice scelerata conspiratione defecerant, pecuniam a Gallis acceperant ut Urbe sacrosanctum pontificem exturbarent, quando facile ab his utriusque factionis perditi seditiosique homines ad patrandum facinus concitari posse viderentur. »

2. *Se révolter*, faire volte-face.

3. La cathédrale.

trec estoit blessé à la mort, et avoit esté mené à
Ferrare pour se faire garir; où il eut si bon et gracieulx traictement du duc et de la duchesse que revint
en assez bonne santé. Le pape Julles, voulant tousjours continuer en son charitable vouloir, fist du tout
déclarer l'empereur ennemy des François; lequel
manda à si peu de lansquenetz qui estoient demourez
après la journée de Ravenne avecques les François
qu'ilz eussent à se retirer, dont le principal cappitaine estoit le frère du cappitaine Jacob, lequel à son
mandement s'en retourna et les emmena tous, excepté
sept ou huyt cens, que ung jeune cappitaine aven-
turier, qui n'avoit que perdre en Allemaigne, retint.
En ceste saison ainsi que les François cuydoient
emmener le cardinal de Médicis en France fut recoux
à Pietre de Qua[1], qui luy fut bonne fortune, et en fut
bien tenu[2] à messire Mathe de Becarya de Pavye qui
fist cest exploit, car depuis il fut pape.

Peu après, l'armée des Véniciens, Suysses et gens
de par le pape descendirent en gros nombre, qui trouvèrent celle des François deffaicte et ruynée; et combien
qu'ilz feissent résistance en plusieurs passaiges, toutesfois enfin furent contrainctz eulx venir retirer à Pavye,
qui délibérèrent garder. Et furent ordonnez les cappitaines par les portes à fortiffier, chascun son quar-

---

1. Le cardinal de Médicis, plus tard Léon X, fait prisonnier par
Frédéric de Gonzague-Bozzolo au moment où il allait être mis à
mort par des cavaliers albanais, fut enlevé par Rinaldo Zaccio,
au moment où les Français se préparaient à lui faire traverser le
Pô et à l'emmener en France. Tel est du moins le récit de Paul
Jove dans sa Vie de Léon X (chap. II).

2. *Tenu*, obligé.

tier, ce qu'ilz commencèrent très bien; mais peu y demourèrent, car les ennemys y furent deux jours après. Les François avoient fait faire ung pont sur bateaulx, combien qu'il y en eust ung de pierre audit Pavye, mais c'estoit afin que si aucun inconvénient leur advenoit eussent meilleure retraicte; ce qu'il advint bientost, car une journée je ne sçay par quel moyen ce fut, les Suysses entrèrent en la ville par le chasteau et vindrent jusques sur la place, où desjà, au moyen de l'alarme, estoient les gens de pied et plusieurs gens de cheval, comme le cappitaine Loys d'Ars, qui en estoit lors gouverneur, et y fist merveilles d'armes. Si fist aussi le seigneur de la Palisse et le gentil seigneur d'Ymbercourt. Mais sur tous, le bon chevalier fist choses non croyables, car il arresta avecques vingt ou trente de ses hommes d'armes les Suysses sur le cul plus de deulx heures, tousjours combatant, et durant ce temps luy fut tué deux chevaulx entre ses jambes. Cependant se retiroit l'artillerie pour passer le pont; et sur ses entrefaictes le cappitaine Pierrepont, qui alloit visitant les ennemys d'ung costé et d'autre, vint dire à la compaignie qui combatoit en la place : « Messeigneurs, retirez-vous, car au dessus de nostre pont de boys en force petiz bateaulx passent les Suysses, dix à dix, et si une fois passent quelque nombre compectant, ilz gaigneront le bout de nostre pont et nous serons enclos en ceste ville et tous mis en pièces. » C'estoit ung saige et vaillant cappitaine, parquoy, à sa parolle tousjours combatant se retirèrent les François jusques à leur pont, où pour estre vivement poursuyvis, y eut lourt et dur escarmouche. Toutesfois les gens de cheval passèrent; et demoura environ troys cens lansquenetz derrière, pour garder le bort dudit pont. Mais ung grant malleur y advint; car, ainsi que l'on achevoit de passer la dernière pièce d'artillerie, qui estoit une longue coulevryne nommée *Madame de Fourly*, et avoit esté regaignée sur les Espaignolz à Ravenne, elle enfondra[1] la première barque, parquoy les povres lansquenetz, voyant qu'ilz estoient perduz, se saulvèrent au mieulx qu'ilz peurent; toutesfois y en eut aucuns tuez, et d'autres qui se noyèrent au Tézin.

Quant les François eurent passé le pont, ilz le rompirent, parquoy ne furent plus poursuyviz; mais ung grant malleur advint au bon chevalier. Ce fut qu'ainsy qu'il estoit au bout du pont pour le garder, fut tiré ung coup de faulconneau de la ville, qui luy fraya[2] entre l'espaule et le col, de sorte que toute la chair luy fut emportée jusques à l'oz. Ceulx qui virent le coup cuydoient bien qu'il feust mort; mais luy, qui ne s'effraya jamais de chose qu'il veist, combien qu'il se sentist merveilleusement blessé, et par ce aussi qu'il congnoissoit bien n'estre pas à l'heure saison de faire l'estonné, dist à ses compaignons : « Messeigneurs, ce n'est riens. » On mist paine de l'estancher le mieulx qu'on peut avec mousse qu'on print aux arbres et linge que aucuns de ses souldars prindrent à leurs chemises, car il n'y avoit nul cyurgien là à l'occasion du mauvais temps. Ainsi se retira l'armée des François jusques à Alexandrie, où le seigneur Jehan-Jacques estoit allé devant leur faire faire

---

1. *Enfondrer*, effondrer.
2. *Fraya*, passa.

ung pont. Guères n'y séjournèrent, mais leur convint du tout habandonner la Lombardie, excepté les chasteaulx de Milan et Crémone, Lugan, Lucarne[1], la ville et le chasteau de Bresse, où estoit demouré le seigneur d'Aulbigny, et quelques autres places en la Vautelyne[2]. Les François repassèrent les mons et se logèrent quelque temps ès garnisons qui leur avoient esté ordonnées.

Le bon chevalier s'en retira droit à Grenoble, pour visiter l'évesque son bon oncle, lequel longtemps a n'avoit veu. C'estoit ung aussi vertueux et bien vivant prélat qu'il en feust pour lors ou monde. Il receut son nepveu tant honnestement que merveilles et le fist loger à l'évesché, où chascun jour estoit traicté comme la pierre en l'or ; et le venoient veoir les dames d'alentour Grenoble, mesmement celles de la ville, qui toutes ensemble ne se povoient saouller de le louer, dont il avoit grant honte. Or, en ces entrefaictes, ne sçay si ce fut par le grant labeur que le bon chevalier avoit souffert par plusieurs années, ou si ce fut par le coup du faulconneau qu'il eut à la retraicte de Pavye, mais une grosse fiebvre continue le va empoigner que luy dura dix-sept jours, de sorte que l'on n'y espéroit plus de vie[3]. Le povre gentilhomme, qui de maladie se voyoit ainsi abatu, faisoit les plus piteuses complainctes qu'on ouyt

1. *Lugano, Locarno,* canton du Tessin.
2. *Vautelyne,* Valteline.
3. On trouvera à l'appendice une lettre de l'évêque de Grenoble donnant des détails sur la maladie de Bayart et sur certains projets de mariage auxquels la reine s'était intéressée à cette époque.

jamais, et à l'ouyr parler il eust eu bien dur cueur à qui les larmes ne feussent tumbées des yeulx. « Las ! disoit-il, mon Dieu ! puisque c'estoit ton bon plaisir m'oster de ce monde si tost, que ne fiz-tu ceste grace de me faire mourir en la compaignie de ce gentil prince le duc de Nemours, et avecques mes autres compaignons à la journée de Ravenne, ou qu'il ne te pleut consentir que je finasse à l'assault de Bresse, où je fus si griefvement blessé[1]. Hélas ! j'en feusse beaucoup mort plus joyeulx, car au moins j'eusse ensuivy mes bons prédécesseurs, qui sont tousjours demourez aux batailles. Mon Dieu ! et j'ay passé tant de gros dangiers d'artilleries, en batailles, en assaulx et en rencontres dont tu m'as faict la grace d'estre eschappé, et il fault que présentement je meure en mon lict comme une pucelle. Toutesfois, combien que je le désirasse autrement, ta saincte voulenté soit faicte ! Je suis ung grant pécheur, mais j'ay espoir en ton infinie miséricorde. Hélas ! mon Créateur, je t'ay par le passé grandement offencé, mais si plus longuement eusse vescu, j'avoys bon espoir, avecques ta grace, de bien tost amender ma mauvaise vie. » Ainsi faisoit ses regretz le bon chevalier sans paour et sans reprouche ; et puis, parce qu'il brusloit de chaleur pour la grande fiebvre qui le tenoit, s'adressoit à monseigneur sainct Anthoyne[2], en disant : « Hé, glorieux confesseur et vray amy de Dieu, sainct Anthoyne,

---

1. Voir plus haut le chap. L, p. 281.
2. Saint Antoine était l'un des saints les plus vénérés en Dauphiné ; c'était dans cette province, à Saint-Antoine en Viennois, que se trouvait l'abbaye chef d'ordre des Antonins. L'intercession de saint Antoine passait pour souveraine contre la fièvre.

toute ma vie je t'ay tant aymé et tant eu de fiance en toy, et tu me laisses icy brusler en si extreme challeur que je ne désire fors que briefve mort me prengne. Hélas! et as-tu point de souvenance que, durant la guerre contre le pape en Ytalie, moy estant logé à Rubère[1] en une de tes maisons, je la garday de brusler, et sans moy y eust esté mis le feu; mais en commémoration de ton sainct nom, je me logé dedans, combien qu'elle feust hors de la forteresse, et ou dangier des ennemys, qui nuyt et jour me povoient venir visiter sans trouver chose qui les en eust sceu garder; et toutesfois j'aymé mieulx demourer ung moys en ceste façon que ta maison feust destruicte. Au moins je te supplie m'aléger de ceste grande challeur, et faire requeste à Dieu pour moy, ou que bientost il me oste de ce misérable monde, ou qu'il me donne santé. » Tant piteusement se dolosoit[2] le bon chevalier qu'il n'y avoit personne autour de luy qui ne fondist en larmes, mesmement son bon oncle l'évesque, qui sans cesse estoit en oraisons pour luy. Et non pas luy seullement, mais tous les nobles, bourgeois, marchans, religieux et religieuses, jour et nuyct estoient en prières et oraisons pour luy, et n'est possible qu'en tant de peuple n'y eust quelque bonne personne que Nostre-Seigneur voulut ouyr; comme assez apparut, car la fiebvre le laissa peu à peu, et commença à reposer et donner[3] goust aux viandes, de sorte qu'en quinze jours ou trois sepmaines, avecques le bon traictement, qu'il en fust du

1. *Rubbiera*, ville dans les environs de Reggio (Émilie).
2. *Dolosoit*, lamentait.
3. *Donner*, trouver.

tout guéry et aussi gaillart qu'il avoit jamais esté. Et se print à aller ung peu à l'esbat près de la ville, visitant ses amys et les dames de maison en maison, à qui il faisoit force bancquetz pour se resjouyr.

Et tellement que, comme assez povez entendre qu'il n'estoit pas sainct, ung jour luy print voulenté d'avoir compaignie françoyse. Si dist à ung sien varlet de chambre, qu'on nommoit le bastard Cordon : « Bastard ! je te prie que aujourd'huy à coucher avecques moy j'aye quelque belle fille ; je croy que je ne m'en trouveray que mieulx. » Le bastard qui estoit diligent et vouloit bien complaire à son maistre, s'alla adresser à une povre gentil-femme qui avoit une belle fille de l'aage de quinze ans, laquelle, pour la grande povreté en quoy elle estoit, consentit sa fille estre baillée quelque temps au bon chevalier, espérant aussi que après la marieroit. Si fut la fille langagée[1] par la mère, qui luy fist tant de remonstrances que, nonobstant le bon vouloir qu'elle avoit, se condescendit au marché, moytié par amour et moytié par force. Si fut emmenée secrèttement par le bastard au logis[2] du bon chevalier, et mise en une sienne garde-robbe. Le temps fut venu de se retirer pour dormir, si s'en retourna à son logis ledit bon chevalier, lequel avoit souppé en ung bancquet en la ville. Arrivé qu'il feust, le bastard luy dist qu'il avoit une des belles jeunes filles du monde et si estoit gentil-femme ; si le mena en la garde-robbe et la luy monstra. Belle estoit comme ung ange, mais tant avoit ploré que

1. *Langagée,* endoctrinée.
2. C'était à l'évêché que Bayart était logé, comme on l'a vu plus haut.

tous les yeux luy en estoient enflez. Quant le bon chevalier la veit en ceste sorte, luy dist : « Comment, ma mye, qu'avez-vous ? Ne sçavez-vous pas bien pourquoy vous estes venue icy ? » La povre fille se mist à genoulx et dist : « Hélas ! ouy, monseigneur ; ma mère m'a dit que je feisse ce que vouldriez ; toutesfois je suis vierge, et je ne feiz jamais mal de mon corps ; je n'avoys pas voulenté d'en faire si je n'y feusse contraincte ; mais nous sommes si povres, ma mère et moy, que nous mourons de faim. Et pleust à Dieu que je feusse bien morte ; au moins ne seroye point au nombre des malheureuses filles et en déshonneur toute ma vie ! » Et disant ces parolles ploroit si très fort qu'on ne la povoit appaiser. Quant le bon chevalier apperceut son noble courage, quasi larmoyant luy dist : « Vrayement, ma mye, je ne seray pas si meschant que je vous oste de vostre bon vouloir. » Et changeant vice à vertu, la prist par la main et luy fist affubler ung manteau, et au bastard prendre une torche, et la mena luy-mesme coucher sur[1] une gentil-femme sa parente, qui se tenoit près de son logis, et le lendemain matin envoya quérir la mère, à laquelle il dist : « Venez ça, ma mye, ne me mentez point. Vostre fille est-elle pucelle ? » Qui respondit : « Sur ma foy, monseigneur, quant le bastard la vint hier quérir jamais n'avoit eu congnoissance d'homme. — Et n'estes vous doncques bien malheureuse, dist le bon chevalier, de la vouloir faire meschante ? » La povre femme eut honte et paour, et ne sceut que respondre, sinon qu'elles estoient si povres

---

1. *Sur,* chez.

que riens plus[1]. « Or, dist le bon chevalier, ne faictes jamais ung si lasche tour que de vendre vostre fille ; qui estes gentil-femme, on vous en debveroit plus griefvement pugnir. Venez çà ; avez-vous personne qui la vous ait jamais demandée en mariage ? — Ouy bien, dist-elle, ung mien voisin honneste homme, mais il demande six cens florins, et je n'en ay pas vaillant la moytié. — Et s'il avoit cela, l'espouseroit-il ? dist le bon chevalier. — Ouy, seurement, dist-elle. » Alors il prist une bourse qu'il avoit fait prendre au bastard, et luy bailla trois cens escus, disant : « Tenez, ma mye, velà deux cens escus, qui vallent six cens florins de ce pays et mieulx, pour marier vostre fille, et cent escus pour l'abiller. » Et puis fist encores compter cent autres escus qu'il donna à la mère, et commanda au bastard qu'il ne les perdist jamais de veue qu'il n'eust veu la fille espousée ; qu'elle fut trois jours après, et a fait depuis ung très honorable mesnage. Elle retira sa mère en sa maison et ainsi par la grande courtoysie et libéralité du bon chevalier la chose fut ainsy menée qu'il est cy dessus récité, et je croy que vous n'avez guères leu en cronicque ny hystoire d'une plus grande honnesteté.

Icelluy bon chevalier fut encores quelque temps après ou Daulphiné, faisant grosse chère, jusques à ce que le roy de France son maistre envoya une armée en Guyenne, soubz la charge du duc de Longueville[2], pour

---

1. *Que riens plus,* que davantage n'était pas possible.
2. Cette armée, composée de vingt-cinq mille hommes, était sous les ordres de Charles, duc de Bourbon, et de Louis I, duc de Longueville, auxquels le roi avait adjoint comme chef nominal François d'Angoulême, son héritier présomptif. Elle devait

cuyder recouvrer le royaulme de Navarre, que depuis ung peu avoit usurpé par force le roy d'Arragon sur celluy qui le tenoit à juste tiltre et n'y trouva occasion sinon qu'il estoit du party du roy de France. Je ne sçay comment il alla de ce beau voyage, mais, après y avoir longuement esté sans riens exécuter, la grosse armée s'en retourna, et firent passer les montz Pirénées à une partie d'icelle, dont fut chief le seigneur de la Palisse. Et puis, aucun temps après, luy fut envoyé de renfort le bon chevalier sans paour et sans reprouche, qui luy mena quelques pièces de grosse artillerie. Le roi de Navarre déchassé estoit avecques eulx. Ilz prindrent quelques petis fortz, puis vindrent mettre le siége devant Pampelune. Cependant le bon chevalier alla prendre ung chasteau, où il eut gros honneur, comme vous entendrez.

CHAPITRE LVI.

Comment le bon chevalier prist ung chasteau d'assault ou royaulme de Navarre, cependant qu'on assist le siége devant la ville de Pampelune, où il fist ung tour de sage et appert chevalier.

Cependant que le gentil seigneur de la Palisse plantoit avecques le roy de Navarre le siége devant la ville de Pampelune, fut advisé qu'il seroit bon d'aller

---

faire rentrer Jean d'Albret, roi de Navarre par son mariage avec Catherine de Foix, en possession de son royaume, conquis en quelques jours par le duc d'Albe. Cette campagne fut une des plus malheureuses du règne de Louis XII.

prendre ung chasteau à quatre lieues de là, qui nuysoit merveilleusement au camp des François. Je croy bien qu'en la place n'y povoit pas y avoir grosse force, toutesfois, parce que l'on se doubtoit que dedans une petite ville près de là, appellée le Pont-la-Royne[1], y pourroient estre quelques gens qui peult-estre la vouldroient secourir, fut advisé qu'on mèneroit assez bonne bende de gens de cheval et de pied. Le roy de Navarre et seigneur de la Palisse prièrent au bon chevalier qu'il voulsist prendre ceste entreprinse en main; et luy qui jamais ne fut las de travail qu'on luy sceust bailler, l'accorda incontinent. Il prist sa compaignie et celle du cappitaine Bonneval, hardy chevalier, quelque nombre d'adventuriers et deux enseignes de lansquenetz, qui estoient de chascune quatre cens hommes, et ainsi s'en alla tout de plain jour devant ceste place. Il envoya ung trompette pour faire entendre à ceulx qui estoient dedans qu'ilz eussent à la mettre entre les mains de leur souverain, le roy de Navarre, et qu'il les prendroit à mercy et les laisseroit aller, leurs vies et bagues saufves; autrement, s'ilz estoient pris d'assault, seroient mis en pièces. Ceulx de la forteresse estoient gens de guerre, que le duc de Nagère[2] et l'alcado de las Donzelles[3], lieutenant oudit royaulme pour le roy d'Espaigne, y avoient mis, et estoient tous bons et loyaulx serviteurs à leur maistre; firent responce

---

1. Puente-de-la-Reyna, à 1 l. S. O. de Pampelune.
2. Pierre Manrique de Lara, dit le Fort, duc de Nagera, fils de Diego-Gomez Manrique et de Marie de Sandoval. Il naquit en 1443, épousa Guiomare de Castro et mourut en 1515.
3. Diego Fernandez de Cordova, alcade de Las Donzellas.

qu'ilz ne rendroient point la place et eulx encores moins. La trompète en vint faire son rapport, lequel ouy par le bon chevalier, ne fist autre délay, sinon de faire asseoir quatre grosses pièces d'artillerie qu'il avoit, et bien canonner la place et vivement. Ceulx de dedans, qui estoient environ cent hommes, avoient force hacquebutes à croc et deux faulconneaux qui firent très bien leur devoir de tirer à leurs ennemys; mais si bien ne sceurent jouer leur roolle qu'en moins d'une heure n'y eust berche à leur place assez grandete, mais mal aysée pour ce qu'il failloit monter. Or en telles matières fault autre chose que souhaiter. Si fist le bon chevalier sonner l'assault, et vint aux lansquenetz, les enhortant[1] d'y aller. Leur truchement parla pour eulx, et dist que c'estoit leur ordonnance que, toutesfois qu'il se prenoit place d'assault, qu'ilz devoient avoir double paye, et que, si on leur vouloit promettre yroient audit assault, autrement non. Le bon chevalier n'entendoit point ses ordonnances; toutesfois il leur fist responce que, sans nulle faulte, s'ilz prenoient la place, qu'ilz auroient ce qu'ilz demandoient et leur en répondoit pour ce qu'il ne vouloit pas demourer longuement là. Il eut beau promettre, mais au dyable le lansquenet qui monta jamais à la berche. Les adventuriers y allèrent gaillardement, mais ilz furent lourdement repoussez par deux ou trois fois; et de fait ceulx qui deffendoient monstroient bien qu'ilz estoient gens de guerre. Quant le bon chevalier congneut leur cueur, pensa bien qu'il ne les auroit jamais de ceste lute; si fist sonner la

---

1. *Enhortant,* exhortant.

retraicte, laquelle faicte, fist encores tirer dix ou douze coups d'artillerie, faisant myne qu'il vouloit agrandir la berche, mais il avoit autre chose en pensée ; car cependant qu'on tiroit l'artillerie, vint à ung de ses hommes d'armes, fort gentil compaignon, qu'on nommoit Petit Jehan de la Vergne[1], auquel il dist : « La Vergne, si vous voulez, ferez ung bon service et qui vous sera remuneré. Voyez vous bien ceste grosse tour qui est au coing de ce chasteau ; quant vous verrez que je feray recommencer l'assault, prenez deux ou trois eschelles, et, avecques trente ou quarante hommes, essayez de monter en ceste tour, car, sur ma vie ! n'y trouverrez personne pour la deffendre ; et si vous n'entrez en la place par là, dictes mal de moy. » L'autre entendit très bien le commandement. Si ne demoura guères que l'assault ne feust recommencé plus âpre que devant, où tous ceulx de la place vindrent pour deffendre la berche, et n'avoient regard ailleurs, car ilz n'eussent jamais pensé qu'on eust entré par autre lieu, dont ilz furent trompez ; car La Vergne fist très bien sa charge, et, sans estre d'eulx apperceu, dressa ses eschelles, par lesquelles il monta dedans ceste tour, et plus de cinquante compaignons avecques luy, lesquelz ne furent jamais veuz des ennemys qu'ilz ne feussent dedans la place, où ilz crièrent : « France, France ! Navarre, Navarre ! » et vindrent ruer par le derrière sur ceulx qui estoient à deffendre la berche, qui pour estre surpris furent estonnez à merveilles. Toutesfois ilz

1. Jean de la Vergne, s^r de la Valette, fils d'Antoine, s^r de Tressan. Il paraît dans la montre de la compagnie de Bayart sous le nom de Jean de la Bergnie.

se mirent en deffence et firent devoir de bien combatre; mais leur prouesse ne leur servit de guères, car les assaillans entrèrent dedans, qui misrent tout en pièces, ou peut s'en faillit, et fut toute la place courue[1] et pillée.

Ce fait, le bon chevalier y laissa ung des gentilzhommes du roy de Navarre, avecques quelques compaignons, puis se mist au retour droit au camp. Ainsi qu'il vouloit partir, deux ou trois cappitaines des lansquenetz vindrent devers luy, et par leur truchement luy firent dire qu'il leur tiensist sa promesse de leur faire bailler double paye, et que la place avoit esté prise. De ce propos fut le bon chevalier si fort fasché que merveilles, et respondit tout courroucé au truchement : « Dictes à voz coquins de lansquenetz que je leur ferois plus tost bailler chascun ung licol pour les pendre. Les meschans qu'ilz sont n'ont jamais voulu aller à l'assault, et ilz demandent double paye! J'en parleray à monseigneur de la Palisse et à monseigneur de Suffoc[2], leur cappitaine général, mais ce sera pour les faire casser; ilz ne vallent pas putains. » Le truchement leur dist le propos, et incontinent commencèrent ung bruit merveilleux; mais le bon chevalier fist sonner à l'estendart et assembla ses gens d'armes et adventuriers, de façon que s'ilz eussent fait semblant de rien, estoit délibéré de les mettre en pièces. Ilz s'appaisèrent

1. *Courue*, envahie.
2. Richard Poole, duc de Suffolk, commandant de six mille lansquenets et surnommé la Rose-Blanche. Il était fils de Jean Poole et d'Élisabeth d'Angleterre et fut tué à la bataille de Pavie (1524) au service de la France.

petit à petit et s'en vindrent au camp devant Pampelune, en troppe comme les autres. Il fault faire icy ung petit discours pour rire.

Quant le bon chevalier fut arrivé, eut grant chère du roy de Navarre, du seigneur de la Palisse, du duc de Suffoc, et de tous les cappitaines, ausquelz il compta la manière de faire des lansquenetz, dont il y eut assez ris. Le soir il donna à soupper à tout plain de cappitaines, et entre autres y estoit le duc de Suffoc, cappitaine général de tous les lansquenetz qui estoient au camp, dont il y avoit six ou sept mille. Ainsi qu'ilz achevoient de soupper, va arriver ung lansquenet qui avoit assez bien beu, et quant il entra ne sçavoit qu'il devoit dire, sinon qu'il cherchoit le cappitaine Bayart pour le tuer, pour ce qu'il ne leur vouloit point faire bailler d'argent. Il parloit quelque peu de françois et assez mauvais. Le cappitaine Pierrepont l'entendit, qui dist au bon chevalier en ryant : « Monseigneur, vecy ung lansquenet qui vous cherche pour vous tuer. » C'estoit la plus joyeuse et récréative personne qu'on eust sceu trouver. Si se leva de table, l'espée au poing, et s'adressa au lansquenet en luy disant : « Esse-vous qui voulez tuer le cappitaine Bayart ? Le vecy, deffendez-vous. » Le povre lansquenet, quelque yvre qu'il feust, eut belle paour, et respondit en assez mauvais langaige. « Ce n'est pas moy qui veulx tuer le cappitaine Bayart tout seul, mais ce sont tous les lansquenetz. — Ha ! sur mon ame ! dist le bon chevalier qui pasmoit de rire, je le quicte, et ne suis point délibéré moy seul de combatre sept mille lansquenetz. Appoinctement, compaignon, pour l'amour de Dieu ! »

Toute la compaignie se print si très fort à rire du propos que merveilles, et fut assis à table le lansquenet viz-à-viz du bon chevalier, qui le fist achever d'abiller[1], comme il estoit commencé, de sorte que, avant qu'il partist de là, promist que tant qu'il vivroit deffendroit le cappitaine Bayart envers et contre tous, et jura qu'il estoit homme de bien et qu'il avoit bon vin. Le roy de Navarre et le seigneur de la Palisse le sceurent le soir, qui en rirent comme les autres.

Le lendemain de l'arrivée du bon chevalier, commença l'artillerie à tirer contre la ville de Pampelune, qui fut batue assez bien, et y voulut-on donner l'assault, qui fut essayé; mais si bien se deffendirent ceulx de dedans qu'on la laissa là, et y eurent les François grosse perte. Dedans estoit ce gentil chevalier espaignol que l'on nommoit l'alcado de las Donzelles. Ce fut ung voyage assez malheureux; car les François à leur entrée en Navarre gastèrent et dissipèrent tous les biens, rompirent les moulins et firent beaucoup d'autres choses, dont ilz eurent depuis grande indigence; car la famine y fut si grosse que plusieurs gens en moururent, et si n'y eut jamais en armée si grande nécessité de souliers, car une meschante paire pour ung lacatz[2] coustoit ung escu. Brief, tous ses malheurs assemblez, et aussi que le duc de Nagère estoit arrivé au Pont-la-Reyne, près de Pampelune, avecques ung secours de huyt ou dix mille hommes, fut le roy de Navarre conseillé par le seigneur de la Palisse et tous les cappitaines de se retirer jusques

---

1. C'est-à-dire : qui acheva de l'enivrer.
2. *Lacatz,* laquais.

à une autre saison. Si fut levé le siége en plain jour de devant Pampelune, et l'artillerie mise à chemin ; mais peu de journées fut conduicte, car les montaignes par où elle devoit passer estoient trop estranges. Si furent contrainctz les François, après que à force de gens et d'argent l'eurent menée trois journées, la laisser au pied d'une montaigne où ilz la rompirent; au moins la misrent en sorte que leurs ennemys ne s'en feussent sceu ayder.

Il fault entendre que, au repasser des montaignes Pirénées, y eust de grandes povretez par le deffault des vivres, et si n'estoit heure au jour qu'il n'y eust alarme chault et aspre. Le duc de Suffoc, dit la Blanche Roze, cappitaine général des lansquenetz, y estoit, qui grande et parfaicte amytié avoit avecques le bon chevalier. Ung jour qu'il avoit tant travaillé que plus n'en povoit, car toute ceste journée n'avoit beu ne mangé, ainsi qu'on se vouloit retirer d'une escarmouche, sur le soir bien tard vint trouver icelluy bon chevalier, auquel il dist : « Cappitaine Bayart, mon amy, je meurs de faim; je vous prie, donnez-moy aujourd'huy à soupper, car mes gens m'ont dit qu'il n'y a riens à mon logis. » Le bon chevalier, qui ne s'estonna jamais de riens, respondit : « Ouy vrayement, monseigneur, et si serez bien traicté. » Puis devant luy appella son maistre d'hostel, auquel il dist : « Monseigneur de Mylieu[1], allez devant faire haster le soup-

---

[1]. Imbert de Vaux, sr de Milieu, gentilhomme dauphinois. Il fut tué au siége de Mézières (1521).

per, et que nous soyons ayses comme dedans Paris. »
De laquelle parolle le duc de Suffort rist ung quart
d'heure, car desjà y avoit deux jours qu'ilz ne mangeoient que du pain de milet.

Bien vous asseure que sans perdre gens que
de famyne les Françoys firent une aussi belle
retraicte que gens de guerre firent oncques, et sur
tous y acquist ung merveilleux honneur le bon
chevalier, qui tousjours demoura sur la queue tant
que le dangier fust passé; car voulentiers luy a l'on
tousjours fait cest honneur aux affaires, qu'en allant a
tousjours esté mis des premiers et aux retraictes des
derniers. Bien joyeulx furent les François quant par
leurs journées eurent gaigné Bayonne, car ilz mangèrent à leur ayse; mais plusieurs gens de pied qui
estoient affamez mangèrent tant qu'il en mourut tout
plain; ce fust ung assez fascheux voyage.

En ceste année mourut le pape Julles, ce bon François[1], et fut eslu en son lieu le cardinal de Médicis, pape
Léon nommé. Il vint aussi en la coste de Bretaigne quelque armée des Angloys, qui ne firent pas grant chose.
Ung jour, entre les autres, ung gros navire d'Angleterre dicte *la Régente*, et une nef de la royne de
France, duchesse de Bretaigne, nommée *la Cordelière*,
se trouvèrent et s'acrochèrent pour combatre. Durant
le combat, quelc'un gecta du feu dedans l'une des
nefz; mais finablement furent toutes deux bruslées. Les
Anglois y firent grosse et lourde perte, car sur ladicte
Régente y avoit gros nombre de gentilzhommes, qui

1. Le 18 février 1513.

y moururent sans leur estre possible trouver le moyen d'eschapper[1].

CHAPITRE LVII.

Comment le roy Henry d'Angleterre descendit en France et comment il mist le siége devant Thérouenne. D'une bataille dicte la Journée des Esperons, où le bon chevalier fist merveilles d'armes et gros services en France.

En l'an mil cinq cens et treize, vers le commencement, le roy de France renvoya une armée en Ytalie soubz la charge de la Trimoille. Jà avoit esté fait l'appoinctement entre le roy de France et les Véniciens qui y portoient faveur; toutesfois le cas alla assez mal pour les François, car ilz perdirent une journée contre les Suysses, et y furent les enfans de messire Robert de la Marche, qui avoient charge de lansquenetz, quasi laissez pour mors, et les alla quérir leur père dedans ung fossé[2]. Si convint encores aux Françoys habandonner la Lombardie pour ceste année. A leur retour fut adverty le roy de France comment Henry, roy d'Angleterre, alyé de l'empereur Maximilian, estoit descendu à Calays avecques

---

[1]. La flotte française était sous les ordres de Hervé Portzmoguer, dit Primauguet, amiral breton; plus de deux mille hommes périrent par le feu sur les deux navires amiraux enflammés. Voir sur Primauguet un intéressant article de M. Jal dans son *Dictionnaire de biographie et d'histoire*.

[2]. Voir pour les détails de cette bataille de Novare ou de Trecas le chap. xxxvii des Mémoires de Fleuranges.

grosse puissance pour entrer en son pays de Picardie, ouquel pour y résister envoya incontinent grosse puissance et fist son lieutenant général le seigneur de Pyennes[1], gouverneur oudit pays. Les Angloys, entrez qu'ilz feussent en la campaigne de pleine arrivée, allèrent planter le siége devant la ville de Théroenne, qui estoit bonne et forte, où pour icelle garder estoient commis deux très hardiz et gaillars gentilzhommes, l'ung le seigneur de Théligny, sénéchal de Rouergue, cappitaine saige et asseuré, et ung autre du pays mesmes, appellé le seigneur de Pontdormy[2], avecques leurs compaignies, quelques aventuriers françoys, avecques aucuns lansquenetz soubz la charge d'ung cappitaine Brandec. Ilz estoient tous gens de guerre et pour bien garder la ville longuement s'ilz eussent eu vivres; mais ordinairement en France ne se font pas voulentiers les provisions de saison ne de raison. Le siége assis par les Anglois devant ladicte ville de Théroenne, commencèrent à la canonner; encores n'y estoit pas la personne du roy d'Angleterre; ains, pour ses lieutenans y estoient le duc de Suffoc, messire Charles Brandon[3], et le cappi-

1. Philippe de Hallwyn, seigneur de Piennes, gouverneur de Picardie. Il était fils de Louis de Halwyn et de Jeanne de Chistelles, il épousa Françoise de Bourgogne et mourut vers 1517.

2. Antoine de Créqui, seigneur de Pont-de-Remy, dit Pondormy, bailli d'Amiens, fils de Jean de Créqui, seigneur de Canaples, et de Françoise de Rubempré. Il épousa Jeanne de Saveuse et fut tué au siége d'Hesdin (1521).

3. Charles Brandon, favori de Henri VIII, qui le créa duc de Suffolk après avoir dépouillé la famille des Poole, ducs de Suffolk, de ses titres et de ses biens. Il épousa la veuve de Louis XII, et après la mort de cette princesse se remaria pour la quatrième fois.

taine Talbot¹. Mais peu de jours après y arriva, qui ne fut pas sans avoir une grande frayeur, entre Calays et son siége de Théroenne, auprès d'ung village dit Tournehan², car bien cuyda là estre combatu par les François, qui estoient en nombre de douze cens hommes d'armes tous bien délibérez; mais avecques eulx n'avoient pour l'heure nulz de leurs gens de pied, qui leur fut gros malheur; et luy par le contraire n'avoit nulz gens de cheval, mais environ douze mille hommes de pied, duquel nombre estoient quatre mille lansquenetz. Si s'approchèrent les deux armées à une portée de canon l'une de l'autre. Quoy voyant par le roy d'Angleterre eut paour d'estre trahy, si descendit à pied et se mist au meillieu des lansquenetz. Les François vouloient donner dedans, et mesmement le bon chevalier, qui dist au seigneur de Piennes plusieurs fois : « Monseigneur, chargeons-les; il ne nous en peult advenir dommage sinon bien peu, car si à la première charge les ouvrons, ilz sont rompuz; s'ilz nous repoussent, nous nous retirerons tousjours; ilz sont à pied et nous à cheval. » Quasi tous les François furent de ceste oppinion; mais ledit seigneur de Piennes disoit : « Messeigneurs, j'ay charge sur ma vie du roy nostre maistre de ne riens hazarder, mais seullement garder son pays; faictes ce qu'il vous plaira, mais de ma part je ne m'y consentiray point. » Ainsi demoura ceste chose, et passa le

---

1. Georges Talbot, comte de Shrewsbury, autre favori de Henri VIII; il était fils de Jean Talbot et de Catherine Straffort. Il épousa Anne Hastings, puis Élisabeth Walden de Erithe, et mourut en 1541.

2. *Tournehem* (Pas-de-Calais).

roy d'Angleterre et sa bende au nez des François. Le bon chevalier, qui envis eust laissé départir la chose en ceste sorte¹, va donner sur la queue avecques sa compaignie, et les fist serrer si bien qu'il leur convint habandonner une pièce d'artillerie dicte *Saint-Jehan;* et en avoit le roy d'Angleterre encores unze autres de ceste façon, et les appelloit ses douze apostres ; ceste pièce fut gaignée et amenée au camp des François.

Quant le roy d'Angleterre fut arrivé au siége de Théroenne avecques ses gens, ne fault pas demander s'il y eut joye démenée, car il estoit gaillart prince et assez libéral. Trois ou quatre jours après arriva l'empereur Maximilian avecques quelque nombre de Hennuyers et de Bourguignons; si se firent les princes grant chère l'ung l'autre. Après ce furent faictes les approuches devant la ville et icelle canonnée furieusement. Ceulx de dedans respondoient de mesmes et faisoient leurs rampars au mieulx qu'ilz povoient, mais sans doubte ilz avoient nécessité de vivres. Le roy de France estoit marché jusques à Amyens, lequel mandoit tous les jours à son lieutenant général le seigneur de Piennes que, à quelque péril que ce feust, on advitaillast Théroenne. Cela ne se povoit faire sans grant hazart, car elle estoit toute enclose d'ennemys; toutesfois, pour complaire au maistre, fut conclud qu'on yroit avecques toute la gendarmerie dresser ung alarme au camp, et cependant que quelques-ungs ordonnez à porter des lartz

1. *Qui envis eust laissé départir la chose en ceste sorte,* qui eut bien malgré lui laissé la chose se terminer ainsi.

pour mettre dedans la ville les yroient gecter dedans les fossez et que après ceulx de la garnison les retireroient assez. Si fut pris le jour d'exécuter ceste entreprinse dont le roy d'Angleterre et l'empereur furent advertiz, comme povez entendre par quelques espies dont assez s'en trouve parmy les armées et y en avoit alors de doubles qui faignoient estre bons François et ilz estoient du contraire party.

Le jour ainsi ordonné d'aller advitailler la ville de Théroenne montèrent les cappitaines du roy de France à cheval avecques leurs gensdarmes. Dès le poinct du jour le roy d'Angleterre qui sçavoit ceste entreprinse avoit fait mectre au hault d'ung tertre dix ou douze mille archiers anglois et quatre ou cinq mille lansquenetz avecques huyt ou dix pièces d'artillerie, affin que, quant les François seroient passez oultre, ilz descendissent et leur couppassent chemin; et par le devant avoit ordonné tous les gens de cheval, tant Anglois, Bourguignons que Hennuyers, pour les assaillir. Il fault entendre une chose, que peu de gens ont sceu, et qui ont donné blasme de ceste journée aux gentilzhommes de France à grant tort; c'est que tous les cappitaines françois déclarèrent à leurs gens d'armes que ceste course qu'ilz faisoient estoit seulement pour refreschir ceulx de Théroenne et qu'ilz ne vouloient aucunement combatre, de sorte que s'ilz rencontroient les ennemys en grosse troppe, ilz vouloient qu'ilz retournassent au pas, et s'ilz estoient pressez, du pas au trot, et du trot au galop, car ilz ne vouloient riens hazarder. Or, commencèrent à marcher les François et approchèrent la ville de Théroenne d'une lieue près et plus, où commença l'escarmouche forte et rudde. Et très bien fist son devoir la gendarmerie françoise jusques à ce qu'ilz vont veoir sur le costeau ceste grosse troppe de gens de pied en deux bendes, qui estoient marchez plus avant qu'ilz n'estoient et vouloient descendre pour les enclorre ; quoy voyant fut la retraicte sonnée par les trompettes des François. Les gensdarmes, qui avoient leur leçon de leurs cappitaines, se misrent le grant pas au retour ; ilz furent pressez et allèrent le trot, puis au grant galop, tellement que les premiers se vindrent gecter sur le seigneur de la Palisse, qui estoit en la bataille avec le duc de Longueville[1], en si grande fureur qu'ilz misrent tout en désordre. Les chassans qui très bien poursuyvoient leur pointe, voyant si povre conduite, poussèrent tousjours oultre tellement qu'ilz firent du tout tourner le doz aux François. Le seigneur de la Palice et plusieurs autres y firent plus que leur debvoir, et cryoient à haulte voix : « Tourne, homme d'armes, tourne ; ce n'est riens. » Mais cela ne servoit de riens, ains chascun taschoit de venir gaigner leur camp où estoit demourée l'artillerie et les gens de pied. En ce grant désordre fut prins prisonnier le duc de Longueville et plusieurs autres, comme le seigneur de la Palice, mais il eschappa des mains de ceulx qui l'avoient pris[2]. Le bon chevalier sans

1. Louis I, marquis de Rothelin, puis duc de Longueville, fils de François I, comte de Dunois et de Longueville, et d'Agnès de Savoie. Il fut grand chambellan, gouverneur de Provence, et mourut en 1516. Il avait épousé Jeanne de Hochberg.

2. Parce que les esperons servirent plus que l'espée, fut nommée la journée des esperons. En ladicte roupte furent pris le duc Louis de Longueville, le seigneur de la Palice (mais ils furent rescous), le capitaine Bayart, le seigneur de Clermont d'Anjou,

paour et sans reproche se retiroit à grant regret et tousjours tournoit sur ses ennemys menu et souvent, avecques quatorze ou quinze hommes d'armes qui estoient demourez auprès de luy. Si vint en se retirant à trouver ung petit pont où il ne pouvoit passer que deux hommes à cheval de fronc, et y avoit ung gros fossé plain d'eaue, qui venoit de plus de demye-lieue loing et alloit à bien demy-quart de lieue plus bas faire mouldre ung moulin. Quant il fut sur ce pont, il dist à ceulx quy estoient avecques luy : « Messeigneurs, arrestons-nous icy, car d'une heure noz ennemys ne gaigneront ce pont sur nous ; » et puis il appela ung de ses archiers auquel il dist : « Allez vistement à nostre camp et dictes à monseigneur de la Palice que j'ay arresté les ennemys sur le cul, du moins d'icy à demye-heure, et que cependant il face chascun mettre en bataille et qu'on ne s'espovente point, ains qu'il me semble qu'il doibt tout bellement marcher en çà; car si les gens ainsi desroyez poussoient jusques là, ilz se trouveroient deffaictz. » L'archer va droit au camp, et laissa le bon chevalier, avecques si peu de gens qu'il avoit, gardant ce petit pont où il fist d'armes le possible. Les Bourguignons et Hennuyers y vindrent; mais là convint-il combatre, car bonnement ne povoient passer à leur aise, et l'arrest qu'ilz firent là donna loysir aux François qui estoient retournez en leur camp d'eulx mettre en ordre et en deffense si besoing en eust esté. Quant les Bourguignons veirent que si

lieutenant de Monsieur d'Angoulesme, le seigneur de Bussy d'Amboise et plusieurs autres tant cappitaines que soldats (Du Bellay, *Mémoires*, liv. I).

peu de gens leur faisoient barbe, commencèrent à crier qu'on fist venir des archiers en diligence, et aucuns d'eulx les allèrent haster. Cependant plus de deux cens chevaulx chevauchèrent le long de ce ruysseau et allèrent trouver le moulin où ilz passèrent. Ainsi fut encloz le bon chevalier des deux costez, lequel dist à ses gens : « Messeigneurs, rendons-nous à ces gentilzhommes, car nostre prouesse ne nous serviroit de riens. Noz chevaulx sont recreuz; ilz sont dix contre ung; noz gens sont à trois lieues d'icy; et si nous attendons encores ung peu, et les archiers anglois arrivent, ilz nous mettront en pièces. » Sur ces parolles vont arriver ces Bourguignons et Hennuyers, crians : « Bourgongne! Bourgongne! » et firent grosse envahye sur les François qui, pour n'avoir moyen d'eulx plus deffendre, se rendoient l'ung çà et l'autre là, aux plus apparens. Et ainsi que chascun taschoit à prendre son prisonnier, le bon chevalier va adviser ung gentilhomme bien en ordre soubz de petitz arbres, lequel, pour la grande et extresme chaleur qu'il avoit, de façon qu'il n'en povoit plus, avoit osté son armet, et estoit tellement affligé[1] et travaillé qu'il ne se daignoit amuser aux prisonniers. Si picqua son cheval droit à luy, l'espée au poing qu'il luy vient mettre sur la gorge, en luy disant : « Rendz-toy, homme d'armes, ou tu es mort. » Qui fut bien esbahy ? ce fut le gentilhomme, car il pensoit bien que tout feust prins. Toutesfois il eut paour de mourir, et dist : « Je me rends doncques, puisque prins suis en ceste sorte. Qui estes-vous ? — Je suis, dist

---

1. *Affligé*, épuisé.

le bon chevalier, le cappitaine Bayard, qui me rends à vous; et tenez mon espée, vous supliant que vostre plaisir soit moy emmener avecques vous; mais une courtoysie me ferez; si nous trouvons des Anglois en chemin qui nous voulsissent tuer, vous me la rendrez. » Ce que le gentilhomme luy promist, et le luy tint, car en tirant au camp, convint à tous deux jouer des cousteaulx contre aucuns Anglois qui vouloient tuer les prisonniers, où ilz ne gaignèrent riens.

Or, fut le bon chevalier mené au camp du roy d'Angleterre, en la tente de ce gentilhomme qui luy fist très bonne chère pour trois ou quatre jours; au cinquiesme le bon chevalier luy dist : « Mon gentilhomme, je vouldrois bien que me voulsissiez faire mener seurement au camp du roy mon maistre, car il m'ennuye desjà icy. — Comment, dist l'autre, encores n'avons-nous point advisé de vostre rançon. — De ma rançon? dist le bon chevalier, mais à moy de la vostre, car vous estes mon prisonnier; et si depuis que j'euz vostre foy me suis rendu à vous, ce a esté pour me sauver la vie et non autrement. » Qui fut bien estonné? ce fust le gentilhomme, car encores luy dist plus le bon chevalier : « Ce fut[1], mon gentilhomme; où ne me tiendrez promesse, je suis asseuré qu'en quelque sorte j'eschapperay, mais croyez après que j'auray le combat à vous. » Ce gentilhomme ne sçavoit que respondre, car il avoit assez ouy parler du cappitaine Bayart, et de combat n'en vouloit pas; toutesfois il estoit assez courtoys chevalier, et enfin dist : « Monseigneur de Bayart, je ne vous veulx faire

---

1. *Ce fut,* cela s'est passé ainsi.

que la raison ; j'en croiray les cappitaines. » Il fault entendre qu'on ne sceut si bien céler le bon chevalier qu'il ne feust sceu parmy le camp ; et sembloit advis, à ouyr parler les ennemys, qu'ilz eussent gaigné une bataille. L'empereur l'envoya quérir, et fut mené à son logis, qui luy fist une grande et merveilleuse chère, en luy disant : « Cappitaine Bayart, mon amy, j'ay très grant joye de vous veoir ; que pleust à Dieu que j'eusse beaucoup de telz hommes que vous ; je croy que avant qu'il feust guères de temps je me sçaurois bien venger des bons tours que le roy vostre maistre et les François m'ont faiz par le passé. » Encore luy dist-il en riant : « Il me semble, monseigneur de Bayart, que autresfois avons esté à la guerre ensemble, et m'est advis qu'on disoit dans ce temps-là que Bayard ne fuyoit jamais. » A quoy le bon chevalier respondit : « Sire, si j'eusse fuy, je ne feusse pas icy. » En ces entrefaictes arriva le roy d'Angleterre, à qui fist congnoistre le bon chevalier, qui luy fist fort bonne chère et il luy fist la révérence comme à tel prince appartenoit. Si commencèrent à parler de ceste retraicte, et disoit le roy d'Angleterre que jamais n'avoit veu gens si bien fuyr et en si gros nombre que les François qui n'estoient chassez que de quatre à cinq cens chevaulx ; et en parloient en assez povre façon l'empereur et luy. « Sur mon ame ! dist le bon chevalier, la gendarmerie de France n'en doit aucunement estre blasmée, car ilz avoient exprès commandement de leurs cappitaines de ne combatre point, parce qu'on se doubtoit bien, si veniez au combat, améneriez toute vostre puissance, comme avez fait, et nous n'avions ne gens de pied ny artillerie. Et jà sçavez, haulx et puissans seigneurs, que la noblesse de France est renommée par tout le monde. Je ne dis pas que je doive estre du nombre. — Vrayement, dist le roy d'Angleterre, monseigneur de Bayart, si tous estoient voz semblables, le siége que j'ay mis devant ceste ville me seroit bientost levé ; mais quoy que ce soit, vous estes prisonnier. — Sire, dist le bon chevalier, je ne le confesse pas, et en vouldrois bien croire l'empereur et vous. » Là présent estoit le gentilhomme qui l'avoit amené et à qui il s'estoit rendu depuis qu'il avoit eu sa foy. Si compta tout le faict ainsi que cy-dessus est récité ; à quoy le gentilhomme ne contredit en riens, ains dist : « Il est vray ainsi que le seigneur de Bayart le compte. » L'empereur et le roy d'Angleterre se regardèrent l'ung l'autre ; puis commença à parler l'empereur, et dist que à son oppinion le cappitaine Bayart n'estoit point prisonnier, mais plustost le seroit le gentilhomme de luy. Toutesfois, pour la courtoysie qu'il luy avoit faicte, demoureroient quictes l'ung envers l'autre de leur foy, et le bon chevalier s'en pourroit aller quant bon sembleroit au roy d'Angleterre[1], lequel dist qu'il estoit bien de son oppinion, et que s'il vouloit demourer six sepmaines sur sa foy sans porter armes, que après luy donnoit congé de s'en retourner, et que cependant il allast veoir les villes de Flandres. De ceste gracieuseté remercia le bon chevalier très-humblement l'empereur et le roy d'Angleterre, puis s'en alla esbatre par

1. Suivant Champier, dont le récit (f. XLIII) diffère sensiblement de celui du *Loyal serviteur,* l'empereur fixa la rançon de Bayart à mille écus que celui-ci paya avant de rentrer en France.

le pays jusques au jour qu'il avoit promis. Le roy d'Angleterre durant ce temps le fist praticquer pour estre à son service, luy faisant présenter beaucoup de biens ; mais il perdit sa peine, car son cueur estoit du tout françois[1]. Or, fault entendre une chose que, combien que le bon chevalier n'eust pas de grans biens, homme son pareil ne s'est trouvé de son temps qui ait tenu meilleure maison que luy ; et tant qu'il fut ès pays de l'empereur, la tint opulentement aux Hennuyers et Bourgongnons. Et néantmoins que le vin y soit fort cher, si ne leur failloit-il riens quant ilz s'alloient coucher ; et fut tel jour qu'il despendit vingt escus en vin. Plusieurs eussent bien voulu qu'il n'en feust jamais party ; toutesfois il s'en retourna en France quant il eut achevé son terme, et fut conduit et très bien accompaigné jusques à trois lieues du pays de son maistre.

Quelques jours demourèrent l'empereur et le roy d'Angleterre devant Théroenne, qui enfin se rendit faulte de vivres ; et fut la composition : que les cappitaines et gens de guerre sortiroient, vies et bagues sauves, et que mal ne seroit faict aux habitans de la ville, ni icelle desmolie. Ce qu'on promist aux gens de guerre fut bien tenu, mais non pas à ceulx de la ville, car le roy d'Angleterre

1. Le roi d'Angleterre ne fut pas le seul prince qui chercha à s'attacher Bayart : « Au retour de Garillan, écrit Champier, le pappe Julles II voulut faire capitaine de l'Église le noble chevalier Bayard, mais oncques ne le voulut accepter ; si respondit qu'il remercioit le pappe de son bon vouloir grandement, mais qu'il avoit un seigneur au ciel et un autre en terre. C'estoit Dieu au ciel et le roy de France en terre et que autre ne serviroit en ce monde. Dont fut très desplaisant le pappe Jules. »

fist abatre les murailles et mettre le feu en plusieurs
lieux, qui fut grosse pitié; toutesfois, depuis, les
François la remisrent en bonne ordre et plus forte
que jamais. De là levèrent leur siége l'empereur et le
roy d'Angleterre et l'allèrent planter devant la ville
de Tournay, qui se feust assez deffendue si les habitans eussent voulu accepter le secours des François
qu'on leur vouloit bailler; mais ilz dirent qu'ilz se
deffendroient bien d'eulx-mesmes, dont mal leur en
print, car leur ville fut prinse et mise ès mains du
roy d'Angleterre qui la fortiffia à merveilles. L'yver
estoit desjà avancé, parquoy fut l'armée rompue, et se
retira le roy d'Angleterre en son royaulme et l'empereur en Almaigne. Pareillement le camp du roy de
France se deffist, et se logea l'on par les garnisons
sur les frontières de Picardie.

Il fault sçavoir une chose qui est digne d'estre
mis par escript; c'est que, durant le camp du
roy d'Angleterre et de l'empereur en Picardie, les
Suysses, ennemys pour lors du roy de France,
le seigneur du Vergy[1], et plusieurs lansquenetz,
en nombre de bien trente mille hommes de guerre,
descendirent en Bourgongne, où gouverneur estoit
le vertueux seigneur de la Trimoille, qui pour
l'heure estoit au pays; et pour n'avoir puissance à les
combatre aux champs, fut contrainct se retirer dedans
Dyjon, devant laquelle ville il espéroit arrester ceste

1. Guillaume de Vergi, seigneur de Vergi, baron de Bourbon-
Lanci, maréchal de Bourgogne, fils de Jean de Vergi et de Paule
de Miolans; il épousa Marguerite de Vergi, sa cousine, puis Anne
de Rochechouart-Mortemart, et mourut en 1520.

grosse armée, qui peu après y vint mettre le siége en deux lieux, et icelluy assis, la canonnèrent furieusement. Le bon seigneur de la Trimoille faisoit son devoir en ce qui estoit possible, et luy-mesmes jour et nuyt estoit aux rempars; mais quant il veit les berches faictes, et si mal garny de gens de guerre qu'il estoit, congneut à l'œil que la ville s'en alloit perdue, et par conséquent le royaulme de France en gros dangier, car si Dyjon eust esté prins ilz feussent allez jusques à Paris. Si fist secrètement traicter avecques les Suysses, et leur fist faire plusieurs belles remonstrances des biens et honneurs qu'ilz avoient receuz de la maison de France, et qu'il espéroit qu'en brief seroient encores amys plus que jamais, et que, quant ilz entendroient bien leurs affaires, la ruyne de la maison de France estoit à leur grant désavantage. Ilz entendirent à ces propos, et encores sur sauf-conduit furent d'accord qu'il allast parler à eulx, ce qu'il fist; et si bien les mena et de si belles parolles, aussi moyennant certaine grosse somme de deniers qu'il leur promist (pour seureté de laquelle leur bailla pour hostaiges son nepveu le seigneur de Maizières, le seigneur de Rochefort, filz du chancelier de France[1], et plusieurs bourgeois de la ville) qu'ilz s'en retour-

---

1. René d'Anjou, sieur de Mézières, né en 1483, fils de Louis d'Anjou et d'Anne de la Trémouille; il épousa Antoinette de Chabannes et mourut vers 1521.

Jean de Rochefort, seigneur de Pleuvaut, bailli de Dijon, écuyer du roi, ambassadeur à Rome et à Venise, fils de Guy de Rochefort, chancelier de France, et de Marie Chambellan; il épousa Antoinette de Châteauneuf et mourut en 1536.

nèrent. De ceste composition fut blasmé ledit seigneur de la Trimoille de plusieurs ; mais ce fut à grant tort, car jamais homme ne fist si grant service en France pour ung jour que quant il fist retourner les Suysses de devant Dyjon ; et depuis l'a-on bien congneu en plusieurs manières[1].

Le bon roy Loys douziesme, en ceste année mil cinq cens et treize eut de terribles affaires, et de ses alliez aussi, dont l'ung des plus apparans estoit le roy d'Escosse, qui en une bataille, cuydant entrer en Angleterre, fut deffaict par le duc de Norfort[2], lieutenant du roy d'Angleterre, et luy-mesmes y fut tué. Or, quelque chose qu'il y eust, le roy de France estoit tant aymé de ses subjectz que à leur requeste Dieu luy ayda ; et combien que la pluspart des princes d'Europe eussent juré sa ruyne, et mesmement tous ses voisins, garda très-bien son royaulme. Du partement de Picardie s'en retourna par ses petites journées en la ville de Bloys, qu'il aymoit fort parce qu'il y avoit prins sa naissance ; mais guères n'y séjourna que ung grant et irréparable malheur luy advint, comme vous orrez.

1. Le traité conclu avec les Suisses par La Trémouille stipulait que le roi de France renoncerait au Milanais, promettrait de ne rien attenter contre le pape et donnerait quatre cent mille écus à l'armée assaillante. Ce traité imposé à La Trémouille par les circonstances était tellement onéreux que Louis XII refusa absolument de le ratifier.

2. Thomas Howard, comte de Sutry, duc de Norfolk. Il vainquit à la bataille de Flodden, le 9 septembre 1513, Jacques IV, roi d'Écosse, qui perdit la vie dans le combat. Il était fils de Jean Howard et mourut en 1524 à l'âge de 70 ans.

CHAPITRE LVIII.

Du trespas de la magnanyme et vertueuse princesse Anne, royne de France et duchesse de Bretaigne. Du mariage du roy Loys XIIe avecques Marie d'Angleterre, et de la mort dudit roy Loys.

Le bon roy de France Louis XIIe, après avoir passé toutes ses fortunes en ceste année mil cinq cens et treize et qu'il eut fait asseoir ses garnisons en Picardie, s'en retourna en sa ville de Bloys où il se vouloit resjouyr quelque peu, mais le plaisir qu'il y pensoit prendre luy tourna en grande douleur et tristesse; car, environ le commencement de janvier, sa bonne compaigne et espouse Anne, royne de France et duchesse de Bretaigne, tumba malade fort grièvement, car, quelques médecins que le roy son mary ny elle eussent pour luy ayder à recouvrer santé, en moins de huyt jours rendit l'ame à Dieu, qui fut dommage nom-pareil pour le royaulme de France et dueil perpétuel pour les Bretons. La noblesse des deux pays y fist perte inestimable, car de plus magnanyme, plus vertueuse, plus sage, plus libéralle ne plus acomplie princesse n'avoit porté couronne de France depuis qu'il y a eu tiltre de royne[1]. Les François et Bretons ne plaignirent pas seullement son trespas, mais ès

---

1. Anne de Bretagne mourut le 13 février 1513. Dans la cérémonie des funérailles, Bayart marcha près du corps de la reine (Godefroy, *Cérémonial de France*, 1619, p. 124).

Almaignes, Espaignes, Angleterre, Escosse, et en tout le reste de l'Europe fut plaincte et plorée. Le roy son mary ne donnoit pas les grans sommes de deniers de paour de fouller son peuple, mais ceste bonne dame y satisfaisoit; et y avoit peu de gens de vertus en ses pays à qui une fois en sa vie n'eust fait quelque présent. Pas n'avoit trente et huyt ans acomplis la gentille princesse, quant cruelle mort en fist si grant dommage à toute noblesse. Et qui vouldroit ses vertus et sa vie descripre comme elle a mérité, il fauldroit que Dieu fist ressusciter Cicero pour le latin et maistre Jehan de Meung pour le françois, car les modernes n'y sçauroient attaindre. De ce tant lamentable et très piteux trespas en fut le bon roy Loys si affligé que huyt jours durant ne faisoit que larmoyer, souhaitant à toute heure que le plaisir de Nostre-Seigneur feust luy aller tenir compaignie. Tout le reconfort qui luy demoura, c'estoit que de luy et de la bonne trespassée estoient demourées deux bonnes et belles princesses, Claude et Renée, qui avoit environ trois ans. Elle fut menée à Sainct-Denys, et là enterrée; et luy fut fait son service tant audit Bloys que audit lieu de Sainct-Denys, autant sollempnel qu'il fut possible, plus de trois moys entiers par tout le royaulme de France; et par la duché de Bretaigne n'eust-on ouy parler d'autre chose que de ce lacrymable trespas. Et croy certainement qu'il en souvient encores à plusieurs; car les grans dons, le doulx recueil et gracieulx parler qu'elle faisoit à chascun la rendront immortelle.

Environ le moys de may après, qu'on disoit mil cinq cens et quatorze, épousa monseigneur François, duc de Valois et d'Angolesme, prochain héritier de la couronne, madame Claude, aisnée fille de France et duchesse de Bretaigne, au lieu de Sainct-Germain-en-Laye.

En ladicte année, et environ le moys d'octobre, par le moyen du seigneur de Longueville, luy estant prisonnier, qui avoit traicté le mariage en Angleterre du roy Loys et de madame Marie, seur audit roy d'Angleterre, fut icelle dame amenée à Abbeville, où ledit seigneur l'espousa. Il n'avoit pas grant besoing d'estre marié, pour beaucoup de raisons et aussi n'en avoit-il pas grant vouloir ; mais parce qu'il se voyoit en guerre de tous costez, qu'il n'eust peu soustenir sans grandement fouller son peuple, ressembla au pellican ; car, après que la royne Marie eut fait son entrée à Paris, qui fut fort triumphante, et que plusieurs joustes et tournois furent achevez, qui durèrent plus de six sepmaines [1], le bon roy, qui à cause de sa femme avoit changé toute manière de vivre, car où il souloit disner à huyt heures convenoit qu'il disnast à midy, où il se souloit coucher à six heures du soir, souvent se couchoit à minuyt, tumba malade à la fin du moys de décembre, de laquelle maladie tout remède humain ne le peult garantir qu'il ne rendist son ame à Dieu le premier de janvier ensuyvant, après la mi-nuyct. Ce fut en son

---

1. Bayart prit part aux tournois donnés à l'entrée de la reine Marie à Paris : le *Livre des Joutes qui furent faictes à Paris à l'entrée de la royne Marie d'Angleterre* constate qu'il rompit dix lances (Bibl. nation., Ms. Fr. 5103). Ses principaux adversaires dans ces tournois furent Montmorency, Maugiron, Dampierre, la Baume, Chandos, etc.

vivant ung bon prince, saige et vertueux, qui maintint son peuple en paix sans le fouller aucunement fors que par contraincte. Il eut en son temps du bien et du mal beaucoup, parquoy il avoit ample congnoissance du monde; plusieurs victoires obtint sur ses ennemys, mais sur la fin de ses jours fortune luy tourna ung peu son effrayé visaige. Le bon prince fut plainct et ploré de tous ses subjectz, et non sans cause, car il les avoit tenuz en paix et en grande justice, de façon que après sa mort et toutes louenges dictes de luy, fut appellé *père du peuple;* ce tiltre luy fut donné à bonne raison. Il n'avoit pas encores cinquante-six ans quant il paya le tribut de nature. On le porta enterrer à Sainct-Denys, avecques ses bons prédécesseurs, en grans pleurs et criz, et au grant regret de ses subjectz.

Après luy succéda à la couronne Françoys, premier de ce nom, en l'aage de vingt ans, beau prince autant qu'il en y eust point au monde, lequel avoit espousé madame Claude de France, fille aisnée du roy son prédécesseur et duchesse de Bretaigne. Jamais n'avoit esté veu roy en France de qui la noblesse s'esjouyst autant. Et fut mené sacrer à Reims, acompaigné de tous ses princes, gentilzhommes et officiers, dont il y avoit si grant nombre que c'est quasi chose incroyable. Et fault dire que les logis estoient pressez, car il n'y avoit grant, moyen ne petit qu'ilz ne voulsissent estre de la feste.

CHAPITRE LIX.

Comment le roy de France Françoys, premier de ce nom, passa les montz, et comment il envoya devant

*le bon chevalier sans paour et sans reprouche, et de
la prinse du seigneur Prospre Coulonne par sa subtilité.*

Après le sacre du roy François, premier de ce nom, et sa couronne prinse à Sainct-Denys, s'en revint faire son entrée à Paris, qui fut la plus gorgiase et triumphante qu'on ait jamais veu en France; car de princes, ducz, contes et gentilzhommes en armes, y avoit plus de mille ou douze cens. L'entrée faicte, y eut plusieurs joustes et tournoiz en la rue Sainct-Antoine, où chascun fist le mieulx qu'il peut. Ledit seigneur s'y tint jusques après Pasques, où cependant se traicta l'appoinctement de luy et de l'archeduc conte de Flandres[1], moyennant le mariage de luy et de madame Renée de France, belle-seur du roy. Il y fut aussi fait d'aultres mariages, comme de madame Marie d'Angleterre, lors vefve du feu roy Loys douziesme et douairière de France, avec le duc de Suffort, messire Charles Brandon[2], qui estoit fort aymé du roy d'Angleterre, son maistre, et du conte de Nansso à la seur du prince d'Orenge[3]. Le duc de Bourbon fut faict connestable de France[4], et environ le

1. Depuis empereur sous le nom de Charles-Quint.
2. Charles Brandon, duc de Suffolk, avait accompagné Marie lorsqu'elle vint en France épouser Louis XII; lorsque cette princesse fut retournée en Angleterre après la mort du roi, elle épousa secrètement Charles Brandon. Le roi Henri VIII, d'abord mécontent de cette union, finit par la ratifier. La reine Marie mourut en 1533.
3. Henri de Nassau épousa Philiberte, fille de Jean, prince d'Orange.
4. Charles de Bourbon, fils de Gilbert, duc de Montpensier,

mois de may partirent de Paris, en l'an mil cinq
cens xv, et s'en vindrent leurs belles petites journées
à Amboise, où le gentil duc de Lorraine[1] espousa la
seur germaine dudit duc de Bourbon.

Durant toutes ces choses, faisoit le roi de
France secrètement préparer son voyage pour la
conqueste de sa duché de Milan, et peu à peu
envoyoit son armée vers le Lyonnois et le Daulphiné, où desjà estoit le bon chevalier, lors son
lieutenant au pays, ouquel il estoit autant aymé
que s'il eust esté leur naturel seigneur. Or, comme
par cy-devant avez entendu en plusieurs passaiges,
tousjours en allant sur les ennemys estoit voulentiers le bon chevalier mis devant, et au retourner
derrière, comme encores il fut en ce voyage; car il
fut envoyé avecques sa compaignie et troys ou quatre
mille hommes de pied sur les confins du Daulphiné et
des terres du marquis de Saluces, lesquelles il avoit
toutes perdues, excepté ung chasteau appellé Ravel[2],
assez fort. Ès places du marquis de Saluces y avoit
gros nombre de Suysses en garnison; et mesmement
y faisoit résidence le seigneur Prospre Coulonne[3], lors

---

né en 1489, tué à l'assaut de Rome le 6 mai 1527, fut pourvu en
1515 de l'office de connétable; nommé gouverneur du Milanais,
il fut rappelé par suite des intrigues de Louise de Savoie, qui lui
disputait un héritage. Il ourdit alors une vaste conspiration qui
fut découverte, ce qui le força à se réfugier près de l'empereur.

1. Antoine, qui épousa Renée de Bourbon, sœur du connétable.

2. *Revello,* à une lieue de Saluces.

3. Prospero Colonna, duc de Trajetto, comte de Fondi, fils
d'Antoine, prince de Salerne, épousa Isabelle Caraffa et mourut
en 1523.

lieutenant général du pape, qui tenoit tout le pays en apatis[1] et en faisoit ce qu'il vouloit. Fort bien estoit acompaigné, comme de trois cens hommes d'armes d'eslite, montez comme Sainct-George, et si avoit quelques chevaulx légiers. Le bon chevalier secrètement sentoit[2] par ses espies ouquel lieu ce seigneur Prospre repairoit[3] le plus souvent ; et tant en enquist qu'il congneut à la vérité que, s'il avoit puissance pareille à la sienne, quant aux gens de cheval, il luy feroit une mauvaise compaignie. Si en advertit le duc de Bourbon, connestable de France, qui estoit à Brianson ou Daulphiné, lequel le fist entendre au roy qui desjà estoit à Grenoble pour parachever son voyage. Et selon la demande que faisoit le bon chevalier, furent soubdainement envoyez trois cappitaines triumphans avec leurs bendes, les seigneurs de la Palisse, d'Ymbercourt et d'Aubigny. Il estoit venu quelques bonnes nouvelles au bon chevalier, parquoy, par ung lieu appellé Dronyez[4], descendit en la playne du Pyémont, dont fut adverty ce seigneur Prospre ; mais parce qu'il entendit qu'il n'avoit que sa compaignie, n'en fist pas grosse estime, et disoit souvent en son langaige : « *Quoesto Bayardo a passato gly monte*[5]*;* .... *de l'avro como uno pipione in la gabbia.* » De toutes ces parolles estoit bien adverty le

1. *En apatis*, à contribution.
2. *Sentoit*, entendait.
3. *Repairoit*, faisait sa résidence, se retirait.
4. *Dronero*, province de Coni.
5. Pour : *Questo Baiardo passato a gli monti : in poco l'avro come un pippione in gabbia.* Nous avons cru devoir remplacer par des points les mots *ynanee poco de* que donne le texte et qui n'ont aucun sens.

bon chevalier, et aussi estoit acertené comment les bons cappitaines marchoient pour parachever l'entreprise. Le seigneur de Moréte, de la maison du Solier[1] et ung sien cousin pymontois, s'enmesloient d'une grande ruse et en faisoient très bien leur debvoir; de sorte que la chose feut conclute que l'on yroit trouver le seigneur Prospre dedans la ville de Carmaignolle, en laquelle de nuyt on entroit par le chasteau, ouquel on avoit intelligence, mais que les cappitaines françois feussent arrivez, qui ne séjournèrent guères. Et se vindrent tous rendre en la plaine du Pymont, en une petite ville dicte Saveillan[2], en laquelle ilz trouvèrent le bon chevalier qui les receut au mieulx qu'il peut. Bien leur dist : « Messeigneurs, il ne nous fault pas reposer icy ; car si le seigneur Prospre scet vostre arrivée, nostre entreprise s'en va rompue ; car il se retirera ou bien il appellera les Suysses à son secours, dont il y a bon nombre à Pynerol et à Saluces. Je suis d'advis que nous facions bien repaistre noz chevaulx ceste nuyt, et puis, au point du jour, nous paracheverons nostre affaire. Il y a grosse eaue à passer ; mais le seigneur de Morete que vecy présent, scet ung gué où il nous mènera sans dangier. » Ainsi fut la chose conclute, et s'en alla chascun reposer ung petit, mais on regarda premier si riens failloit aux chevaulx ; et quant se vint deux ou trois heures après la my-nuyt, tout homme monta à cheval sans grant bruyt. Le seigneur Prospre estoit dedans Carmai-

---

1. Charles de Solar, seigneur de Moretto.
2. *Savigliano*, à trois lieues de Saluces.

gnolle[1], et avoit bien entendu par ses espies, que les François estoient à la campaigne. Il ne s'en effrayoit guères, car pas ne cuydoit qu'il y eust autre compaignie en la plaine que celle du bon chevalier, et n'estoit point délibéré de desloger de Carmaignolle, n'eust esté que le soir, dont les François luy cuydoient trouver le matin, il eut des nouvelles pour se retirer à Pynerol, affin d'entendre aux affaires, parce qu'on sçavoit au vray que les François estoient aux passages. Si deslogea non pas trop matin, et se mist à chemin très bien en ordre pour s'en aller disner à une petite villette à sept ou huit mille de là, appellée Villefranche[2]. Quant les François furent arrivez devant le chasteau de Carmaignolle, parlèrent au castelan[3], qui leur dist comment il n'y avoit pas ung quart d'heure que le seigneur Prospre et ses gens estoient deslogez; dont ilz furent si très marriz qu'on ne pourroit penser, et se misrent en conseil qu'ilz devoient faire. Les ungs vouloient aller après, autres faisoient des doubtes; mais quant chascun eut parlé, le bon chevalier dist : « Messeigneurs, puisque nous sommes si avant, je suis d'advis que nous poursuyvons. Si nous les rencontrons à la campaigne, il y aura beau hutin, s'il ne nous en demoure quelcun. — Par Dieu! dist le seigneur d'Ymbercourt, oncques homme ne dist mieulx. » Les seigneurs de la Palisse et d'Aubigny n'allèrent pas à l'encontre, et commencèrent à marcher; mais devant envoyèrent, en habit dissimulé, le

1. *Carmagnola*, à 6 lieues de Turin.
2. *Villafranca-Piemonte*, dans le marquisat de Saluces.
3. *Castelan*, châtelain.

seigneur de Morete, pour entendre en quel estat seroient leurs ennemys. Si fist si bonne diligence qu'il sceut au vray que le seigneur Prospre et sa bende disnoient à Villefranche. Ilz furent bien aises, et conclurent en leur affaire qui fut tel : c'est que le seigneur d'Ymbercourt marcheroit devant, avec cent archiers, et, ung ject d'arc après, le suyvroit le bon chevalier avec cent hommes d'armes ; et les seigneurs de la Palisse et d'Aubigny yroient après, avec tout le reste de leurs gens. Or entendez qu'il advint ; le seigneur Prospre avoit bonnes espies, et fut adverty en allant à la messe, dedans ceste petite ville de Villefranche, que les François estoient aux champs en gros nombre. Il fist response en son langage qu'il sçavoit bien qu'il n'y avoit que le cappitaine Bayart et sa bende, si les autres ne sont vollez par dessus les montaignes. Ainsi qu'il retournoit de la messe, vindrent encores d'autres espies qui luy dirent : « Seigneur, je vous advertyz que j'ay laissé près d'icy plus de mille chevaulx des François, et vous viennent trouver icy. » Il fut ung peu esbahy ; si regarda ung gentilhomme des siens auquel il dist : « Prenez vingt chevaulx et allez le chemin de Carmaignolle jusques à deux ou trois mille d'icy et regardez si verrez riens qui puisse nuyre. » Cependant il commanda au mareschal des logis de ses bendes qu'il fist sonner la trompette et qu'il allast faire le logis à Pynerol où il le suyvroit, mais qu'il eust mangé ung morceau. Il fist son commandement sur l'heure. Les François marchoient tousjours, selon l'ordonnance cy devant dicte, et approchèrent Villefranche d'environ mille et demy où en sortant d'ung petit taillyz vont rencontrer ceulx que le seigneur Prospre envoyoit pour les descouvrir. Lesquelz quant ilz les advisèrent commencèrent à tourner le doz et à bride abatue retourner devers Villefranche. Le gentil seigneur d'Ymbercourt leur donna la chasse à tire de cheval, et manda au bon chevalier, par ung archer, qu'il se hastast. Il ne luy convint pas dire deux fois. Avant que les gens du seigneur Prospre eussent gaigné Villefranche, ou tout le moins ainsi qu'ilz vouloient rentrer en la porte, les ataignit le seigneur d'Ymbercourt qui commença à crier : « France! France! » On voulut serrer la porte, mais il les en garda tant qu'il peut, et y fist d'armes le possible, sans estre blessé, fors ung peu au visaige. Cependant va arriver le bon chevalier qui fist ung bruyt merveilleux, en sorte qu'ilz gaignèrent la porte. Ce mareschal des logis qui jà estoit monté à cheval avecques aucuns gens d'armes, et s'en cuydoit aller à Pynerol, ouyt le bruyt; si se va gecter en la place et se voulut mettre en deffence, mais tout cela fut poussé par terre et en fut tué une partie. Les seigneurs de la Palisse et d'Aubigny arrivèrent, qui misrent garde à la première porte, et en allèrent garder une autre affin que personne ne s'eschappast, car il n'y en avoit que ses deux en la ville; mais il ne fut possible de si bien les garder que, par dessus la petite planchete qui est joignant du pont leviz, ne se sauvassent deux Albanoys, qui, comme si tous les dyables les eussent emportez, coururent dire à une troppe de quatre mille Suysses, qui n'estoient que à trois mille de là, le meschief[1] qui estoit advenu au seigneur Prospre,

1. *Meschief*, malheur.

lequel cependant fut assailly en son logis où il disnoit et se voulut deffendre comme homme de guerre qu'il estoit ; mais quant il congneut que peu luy vauldroit son effort et qu'il entendit les noms des cappitaines qui estoient là assemblez, se rendit au plus grant regret du monde, mauldissant sa fortune d'avoir ainsi esté surpris, et que Dieu ne luy avoit fait ceste grace d'avoir trouvé les François aux champs. Le bon chevalier oyans ces parolles le réconfortoit le mieulx qu'il povoit, en lui disant : « Seigneur Prospre, c'est l'heur de la guerre ! une fois perdre et l'autre gaigner. » Mais tousjours y avoit-il meslé quelque mot joyeulx ; et disoit encores : « Seigneur Prospre, vous souhaitez nous avoir trouvez à la campaigne ; je vous prometz ma foy que ne le devriez pas vouloir pour la moytié de vostre bien, car à la fureur et ou talent de bien combatre qu'estoient noz gens, eust esté bien difficille que vous, ne nulz des vostres feussiez eschappez vifz. » Le seigneur Prospre respondoit froidement : « J'eusse bien voulu, s'il eust pleu à Nostre Seigneur, prendre sur ce hazard, l'adventure. »

Quant et le seigneur Prospre furent pris le conte Policastre[1], Petre Morgant et Charles Cadamosto, lesquelz estoient cappitaines des gens de guerre estans là, qui furent aussi prisonniers. Et puis chascun se mist au pillage, qui fut fort grant pour si petite compagnie, car s'il eust esté bien mené on en eust tiré cent cinquante mille ducatz. Et entre autres choses c'estoit ung trésor des chevaulx qui y furent gaignez, où il y en

---

1. Frédéric Caraffa, comte de Policastro, fils de Jean Caraffa. Il mourut assassiné à Naples.

avoit six ou sept cens, dont les quatre cens estoient de pris, tous coursiers ou chevaulx d'Espaigne. Et a l'on depuis ouy dire au seigneur Prospre que ceste prinse luy cousta cinquante mille escus, tant en vaisselle d'or et d'argent, argent monnoyé, que autres meubles[1]. Les François n'eurent pas loysir de tout

1. Arrivé [à Ambrun, le roy] eut advertissement comme Prospere Colonne, grand capitaine romain qui estoit venu avec quinze cens chevaux envoyés par le pape Léon au secours des Suisses, estoit logé au pied des montagnes dans le Piedmont, ne se doubtant de rien, parce que les Suisses tenoient tous les destroits et passages des montagnes. Mais il fut rapporté par quelques bons guides qui estoient à messire Charles de Soliers, seigneur de Morette, qu'il y avoit un passage près de Rocque-Esparvière, auquel les Suisses ne faisoient point de garde parce qu'on n'y avoit jamais veu passer gens de cheval, et que par là on pourroit surprendre ledict Prospere Colonne. Ledict rapport faict le roy despescha le mareschal de Chabannes, le seigneur d'Imbercourt, le seigneur d'Aubigny, le seigneur de Bayart, le seigneur de Bussy d'Amboise et le seigneur de Montmorency, pour lors lieutenant de la compagnie du grant maistre de Boisy, pour exécuter ladicte entreprinse sous la conduicte dudit seigneur de Morette et de ses guides. Ayant nos gens descendus à la plaine sans allarme furent advertis que ledict Prospere et sa cavalerie estoient à Villeneufve de Soliers, parquoi prindrent leur chemin, auquel lieu arrivé trouvèrent qu'ils estoient allés à Villefranche, qui est une petite ville assise sur le Pau à deux milles de là... Le seigneur d'Imbercourt, qui avoit charge des coureurs, arriva à la porte de Villefranche sur l'heure du disner; quelques-uns estans dedans la ville voyans approcher lesdicts gens de cheval coururent fermer les portes, mais deux hommes d'armes dudict d'Imbercourt, l'un nommé Beauvais le Brave, Normant, et l'autre Hallancourt, Picard, donnèrent contre la porte à bride abbatue de cul et de teste, de sorte que iceluy Hallancourt du choq de son cheval tomba dans les fossés. Si est-ce qu'il esbranla ceux qui vouloient fermer la porte, tellement que Beauvais eut loysir de jetter sa lance dedans la porte et empescha qu'elle ne peust soudain estre fermée, car incontinant arriva le seigneur d'Imbercourt, lequel mettant pied

emporter, car nouvelles vindrent que les Suysses, devers lesquelz ses deux Albanoys estoient allez, marchoient le grant trot et estoient desjà bien près ; si furent entre eulx-mesmes conseillez d'eulx mettre au retour, et sonna la trompette à ceste fin. Chascun prist le meilleur de son butin, misrent leurs prisonniers devant eulx, puis s'en retournèrent ; et comme ilz sortoient par une porte, les Suysses entroient par l'autre, mais les ungs estoient à pied et les autres à cheval qui ne s'en soucyoient guères. Ce fut une des belles entreprinses qui deux cens ans devant eust esté faicte, et le seigneur Prospre qui se ventoit qu'il prendroit le bon chevalier comme le pyjon dedans la caige, eut le contraire sur luy-mesmes, et tout par la vigilance d'icelluy bon chevalier.

Le roy de France estoit desjà par les montaignes où jamais n'avoit passé armée, et eut les nouvelles de ceste belle deffaicte à la montaigne de Sainct-Pol [1], dont il fut joyeulx à merveilles ; si fut toute sa compaignie. Or n'est-il riens si certain que la prinse de Prospre Coulonne fist moult de service aux François ; car sans cela se feust trouvé à la bataille qui fut quelque temps après, et par son moyen s'i feussent trouvez tous les Espaignolz et le reste de l'armée du

---

à terre força la porte. Pendant ce temps arriva le mareschal de Chabannes et tout le reste et entrèrent tous à cheval dedans la ville où fut surpris ledit Prospere Colonne estant à table... Ce faict, nos gens craignant les Suisses, qui estoient à Cosny, avec leurs prisonniers et chevaulx se retirèrent à Fossan (Du Bellay, liv. I). On trouve des détails peu différents sur cette affaire, qui se passa le 15 août 1515, dans Marillac (Vie du connétable de Bourbon), Champier (fol. XLVIII) et Aymar du Rivail (fol. 559).

1. Saint-Paul-sur-Ubaye (Basses-Alpes).

pape, qui eulx assemblez eussent fait nombre de mille hommes d'armes, qui estoient pour faire de l'ennuy et de la fascherie, dont on se passa bien.

CHAPITRE LX.

De la bataille que le roy de France François, premier de ce nom, eut contre les Suysses à la conqueste de sa duché de Milan, où il demoura victorieux; et comment, après la bataille gaignée, voulut estre fait chevalier de la main du bon chevalier sans paour et sans reprouche.

Le roy de France, qui fut bien joyeulx de la prinse du seigneur Prospre, aussi avoit-il raison, marcha avecques son armée le plus légièrement qu'il peut; et vint par dedans le Pymont à Thurin, où le duc de Savoye, son oncle, le receut honnestement. Les Suysses qui s'estoient mis sur les passages, quant ilz sceurent la prinse du seigneur Prospre et la rotte de sa bende, les habandonnèrent et se retirèrent vers Milan, où ilz furent tousjours poursuyviz. Quelque propos d'appoinctement se mist sus[1], et le tenoit l'on quasi conclud; parquoy le duc de Gueldres[2], alyé et tousjours loyal serviteur de la maison de France, lequel avoit amené une troppe de dix mille

---

1. *Se mist sus,* survint.
2. Charles d'Egmont, duc de Gueldre, fils d'Adolphe d'Egmont et de Catherine de Bourbon; il épousa Élisabeth de Brunswick et mourut sans postérité en 1538.

lansquenetz au service du roy, s'en retourna en ses pays, mais il laissa ses gens à son nepveu le seigneur de Guyse[1], frère de ce gentil prince le duc de Lorraine, et à ung sien lieutenant qu'on appelloit le cappitaine Miquel. Ce propos continua tousjours que l'appoinctement se feroit, tant que l'armée du roy approcha à douze ou quinze mille de Milan, où s'estoient retirez les Suysses avecques se bon prophète le cardinal de Syon, qui toute sa vie a esté ennemy mortel des François, comme encores bien le monstra à ceste fois; car néantmoins que le seigneur de Lautrec feust allé porter les deniers à Galezas pour satisfaire au pourparlé appoinctement, ung jeudy au soir prescha si bien ses Suysses et leur remonstra tant de choses que, comme gens désespérez, sortirent de Milan et vindrent ruer sur le camp du roy de France[2]. Le connestable duc de Bourbon qui menoit l'avantgarde, se mist en ordre incontinent, et advertit le roy qui se vouloit mettre au soupper; mais il laissa là, et s'en vint droit, vers ses ennemys qui estoient desjà meslez à l'escarmouche, qui dura longuement devant qu'ilz feussent au grant jeu. Le roy de France avoit gros nombre de lansquenetz, et voulurent faire

---

1. Claude de Lorraine, duc de Guise, fils de René et frère d'Antoine, tous deux ducs de Lorraine. Il naquit en 1496, épousa Antoinette de Bourbon et mourut en 1550.

2. On avait offert aux Suisses sept cent mille écus s'ils voulaient retourner dans leur pays; ce traité était accepté et Lautrec portait la somme promise lorsque les Suisses, changeant d'avis après une vigoureuse harangue du cardinal de Sion, attaquèrent l'armée française et furent même sur le point de s'emparer de Lautrec et de l'argent dont il était porteur. La bataille de Marignan eut lieu les 13 et 14 septembre 1515.

une hardiesse de passer ung fossé pour aller trouver les Suysses, qui en laissèrent passer sept ou huyt rencs, puis les vous poussèrent de sorte que tout ce qui estoit passé fut gecté dedans le fossé, et furent fort effrayez lesditz lansquenetz. Et n'eust esté le seigneur de Guyse qui résista à merveilles et enfin fut laissé pour mort, le duc de Bourbon, connestable, le gentil conte de Sainct-Pol[1], le bon chevalier et plusieurs autres, qui donnèrent au travers de ceste bende des Suysses, ilz eussent fait grosse fascherie, car il estoit jà nuyt, et la nuyt n'a point de honte. Par la gendarmerie de l'avant-garde fut le soir rompue ceste bende de Suysses, où une partie d'environ deux mille vint passer viz-à-viz du roy qui gaillardement les chargea; et y eut lourt combat, de sorte qu'il fut en gros dangier de sa personne, car sa grant buffe y fut percée à jour d'ung coup de picque. Il estoit desjà si tard que l'on ne voyoit pas l'ung l'autre, et furent contrainctz pour ce soir les Suysses se retirer d'ung costé et les François d'ung autre, et se logèrent comme ilz peurent; mais je croy bien que chascun ne reposa pas à son ayse. Et y prist aussi bien en gré la fortune, le roy de France, que le moindre de ses souldars, car il demoura toute la nuyt à cheval comme les autres.

Il fault sçavoir une chose du bon chevalier sans paour et sans reprouche, qui fut bien estrange et très dangereuse pour luy. A la dernière charge

---

1. François de Bourbon, comte de Saint-Pol, grand-oncle de Henri IV, fils de François de Bourbon et de Marie de Luxembourg, comtesse de Saint-Pol. Il épousa Adrienne d'Estouteville et mourut en 1545.

qu'on fist sur les Suysses le soir, il estoit monté sur ung gaillart coursier qui estoit le second, car à la première charge luy en fut tué ung entre ses jambes. Ainsi qu'il voulut donner dedans, fut tout enferré de picques, de façon que sondit cheval fut desbridé. Quant il se sentit sans frain, se mist à la course, et en despit de tous les Suysses ne de leur ordre passa tout oultre, et emportoit le bon chevalier droit en une autre troppe de Suysses, n'eust esté qu'il rencontra en ung champ de seps de vigne qui tiennent d'arbre en arbre, où il par force s'arresta. Le bon chevalier fut bien effrayé, et non sans cause, car il estoit mort sans nul remède s'il feust tumbé entre les mains des ennemys. Il ne perdit toutesfoyes point le sens, mais tout doulcement se descendit et gecta son armet et ses cuyssotz, et puis le long des fossez, à quatre beaulx piedz, se retira à son oppinion vers le camp des François, où il oyoit crier « France! » Dieu luy fist la grace qu'il y parvint sans dangier; et encores, qui mieulx fut pour luy, c'est que le premier homme qu'il trouva fut le gentil duc de Lorraine, l'ung de ses maistres, qui fut bien esbahy de le veoir ainsi à pied. Si luy fist ledit duc incontinent bailler ung gaillart cheval qu'on nommoit *le Carman*, dont luy-mesmes autresfois luy avoit fait présent, et fut gaigné à la prinse de Bresse; et à la journée de Ravenne fut laissé pour mort, et en descendit le bon chevalier, parce que il avoit deux coups de pique aux flancs et en la teste plus de vingtz coups d'espée; mais le lendemain quelc'un le trouva qu'il paissoit, et commença à hannir; parquoy fut ramené au logis du bon chevalier, qui le fist guarir;

mais c'estoit une chose non croyable que de son faict, car comme une personne se laissoit coucher et mettre tentes en ses playes sans remuer aucunement. Et depuis, quant il voyoit une espée, couroit l'empoigner à belles dens; ne jamais ne fut veu ung plus hardy cheval, et y feust Bucifal, celluy de Alexandre. Quoy que ce soit, le bon chevalier fut bien joyeulx de se veoir eschappé de si gros dangier et remonté sur ung si bon cheval; mais il luy faschoit qu'il n'avoit point d'armet, car en telz affaires fait moult fort dangereux avoir la teste nue. Il advisa ung gentilhomme fort son amy, qui faisoit porter le sien à son paige, auquel il dist : « J'ay paour de me morfondre pour ce que j'ay sué d'avoir si longuement esté à pied; je vous prie, faictes-moy bailler vostre armet, que vostre homme porte, pour une heure ou deux. » Le gentilhomme, qui ne pensoit pas à ce que le bon chevalier entendoit, le luy fist bailler, dont il fut bien ayse, car, depuis ne le laissa que la bataille ne feust finye, qui fut le vendredy environ dix ou unze heures.

Car dès le point du jour, les Suysses voulurent recommencer, et vindrent droit à l'artillerie des François, dont ilz furent bien serviz. Toutesfois, jamais gens ne combatirent mieulx, et dura l'affaire trois ou quatre bonnes heures ; enfin furent rompuz et deffaictz, et en mourut sur le camp dix ou douze mille. Le demourant, en assez bon ordre, le long d'ung grant chemin se retirèrent à Milan, où ilz furent conduytz à coups d'espée, tant par les François que par le cappitaine général de la seigneurie de Venise, messire Barthelomé d'Alvyano, qui peu devant estoit arrivé avecques le secours des Véniciens, et y perdit, en une charge qu'il fist, deux ou trois cappitaines, entre lesquelz fut le filz du conte Petilano¹. Les François y firent grosse perte, car du jeudy ou du vendredy moururent François monsieur de Bourbon, le gentil cappitaine Ymbercourt, le comte de Sanxerre et le seigneur de Mouy, et y furent blessez le prince de Talmont² et le seigneur de Bucy, dont depuis moururent.

Le roy se mist en conseil pour veoir si l'on poursuyvroit les Suysses ou non. Plusieurs furent de diverses oppinions; enfin il fut advisé pour le mieulx que on les laisseroit aller, car on en pourroit bien avoir à faire le temps advenir. Le jour qu'ilz deslogèrent du camp demourèrent à Milan, et le lendemain en partirent tirans en leurs pays; ilz furent poursuyviz de quelques gens; mais non pas à l'extrémité, car si le roy eust voulu, ne s'en feust pas sauvé ung. Le soir du vendredy, dont fina la bataille à l'honneur du roy de France, fut joye démenée parmy le camp, et en parla l'on en plusieurs manières, et s'en trouva de mieulx faisans les ungs que les autres; mais sur tous fut trouvé que le bon chevalier par toutes les deux journées s'estoit monstré tel qu'il avoit acoustumé ès autres lieux où il avoit esté en pareil cas. Le roy le voulut grandement honorer, car il print l'ordre de

1. Chiapino Orsini, fils naturel de Nicolas Orsini, comte de Petigliano et de Nole.

2. Charles du Bueil, comte de Sancerre, fils de Jacques du Bueil.

Jean de Mouy, seigneur de la Meilleraye, qui portait la cornette blanche.

Charles de la Trémouille, prince de Talmont, fils de Louis de la Trémouille et de Gabrielle de Bourbon; il épousa Louise de Coëtivi, comtesse de Taillebourg.

chevalerie de sa main; il avoit bien raison, car de meilleur ne l'eust sceu prendre[1]. Le seigneur Maximilian Sforce[2], qui occupoit la duché, comme son père le seigneur Ludovic avoit fait autresfois, demoura ou chasteau de Milan, où on mist le siége, mais guères

---

[1]. Le roi avant de créer les chevaliers appella le noble chevalier Bayard, si luy dist : « Bayard, mon amy, je veulx que aujourd'huy soye faict chevalier par voz mains pour ce que le chevalier qui a combatu à pied et à cheval en plusieurs batailles entres tous aultres est tenu et réputé le plus digne chevalier... » Aulx parolles du roy respond Bayard : « Sire, celluy qu'est couronné, loué et oing de l'uyle envoyé du ciel et est roy d'un si noble reaulme, le premier fils de l'Église, est chevalier sur tous aultres chevaliers. » Si dist le roy : « Bayard, despeschez-vous. » Alors print son espée Bayard et dict : « Sire, autant vaille que si estoit Roland ou Olivier, Godefroy ou Baudoin son frère. Certes, vous estes le premier prince que oncques fist chevalier; Dieu veuille que en guerre ne preniez la fuyte. » Et puys après par manière de jeu il cria aultement l'espée en la main dextre : « Tu es bien heureuse d'avoir aujourd'huy à ung si beau et puissant roy donné l'ordre de chevalerie. Certes, ma bonne espée, vous serez moult bien comme reliques gardée et sur toutes aultres honnorée et ne vous porteray jamais si ce n'est contre Turcs, Sarrasins ou Mores. » Et puys fist deulx saults et après remist au fourreau son espée (Champier, fol. XLIX).

Finito conflictu rex a Bayardo fieri miles voluit..... et de more, ipsius Francisci regis humeros ter nudo ense percussit et licet in castris essent Carolus, dux Borbonius conestabilis, et Vendocinensis comes, ac Sabaudiæ, Ferrarræ que duces et fere omnes Galliæ et Italiæ principes ac proceres quorum intererat regem creare militem, hoc tamen honore Franciscus Bayardum ob insignem ejus virtutem donavit (Du Rivail, p. 561).

Paul Jove (*Vie de Gonsalve de Cordoue*, lib. II et V) et Du Bellay (*Mémoires*, l. I) racontent également le même fait avec peu de différences.

[2]. Maximilien Sforce, fils de Ludovic le More et de Béatrix d'Este, né en 1491, s'empara un instant du Milanais, mais bientôt fut obligé de se remettre entre les mains du roi de France. Il mourut à Paris en 1530, sans alliance.

ne demoura qu'il ne se rendist, et luy fut faicte composition dont il se contenta ; et s'en allèrent ceulx qui estoient dedans, leurs bagues saufves.

Je laisseray à parler de tout ce qui advint en deux moys, mais ou moys de décembre alla le roy de France visiter le pape en la cité de Boulongne, qui luy fist gros recueil. Ilz eurent devis ensemble de plusieurs choses dont je n'empescheray[1] aucunement ceste histoire.

CHAPITRE LXI.

De plusieurs incidences qui advindrent en France, Ytalie et Espaigne, en l'espace de trois ou quatre ans.

Au retour de Bolongne, le roy de France vint à Milan, où après avoir laissé le duc de Bourbon, connestable de France, son lieutenant général, s'en retourna en ses pays ; et alla droit en Prouvence, où il trouva sa bonne et loyalle espouse et madame sa mère, qu'il avoit à son partement laissée régente en son royaulme.

Vers ceste saison trespassa Ferrande, roy d'Arragon[2], qui en son vivant a eu de belles et grosses victoires. Il estoit vigilant, cault et subtil, et ne

---

1. *Empescher*, encombrer.
2. Ferdinand le Catholique mourut le 13 janvier 1516 d'une hydropisie causée par un philtre que lui avait fait prendre Germaine de Foix, sa seconde femme.

trouve l'on guères d'histoires qui facent mention qu'on l'aye trompé en sa vie ; ains durant icelle augmenta merveilleusement les biens de son successeur. Le seigneur Julian de Médicis, qu'on appella duc de Modène, frère du pape Léon, alla aussi de vie à trespas[1]. Il eut espouse la duchesse de Nemours, fille de Savoye et tante du roy de France.

L'empereur Maximilian, desplaisant de la belle victoire qu'avoit eue le roy de France sur les Suysses et de ce qu'il avoit conquesté sa duché de Milan, assembla gros nombre de lansquenetz et quelques Suysses des cantons de Zuric et de la ligue Grise et s'en vint en personne oudit duché de Milan, où, pour la grosse puissance qu'il avoit, le connestable ne fut pas conseillé de l'attendre à la campaigne, et se retira avecques son armée dedans la ville de Milan, où peu de jours après luy vindrent huyt ou dix mille Suysses de secours. Quoy voyant par l'empereur, qui estoit le plus souspeçonneux homme du monde, se retira en ses pays. Il n'eust pas grant honneur en son entreprinse, et le connestable y acquist gros renom[2]. Le bon chevalier fist plusieurs courses sur les Almans et en print de

---

[1]. Julien de Médicis, duc de Nemours, gonfalonnier et lieutenant général des armées du pape, fils de Laurent de Médicis et de Clarisse Orsini. Frère du pape Léon X, il épousa Philiberte de Savoie, sœur de Louise de Savoie, mère de François I, et mourut en 1516.

[2]. Les dix mille Suisses qui vinrent rejoindre l'armée française retournèrent dans leur pays après avoir touché leur solde, mais sans avoir pris part à aucun engagement. Cependant l'empereur, effrayé de leur seule arrivée, rebroussa chemin en toute hâte. Peu après, le connétable fut rappelé en France à son grand déplaisir et remplacé par Lautrec.

prisonniers beaucoup, mais jamais n'en avoit que la picque et la dague[1].

L'année ensuyvant, Jehan, roy de Navarre, qui en avoit été spolié par Ferrande, roy d'Arragon, alla de vie à trespas[2]. Oudit an, environ le moys de juillet, fut faict certain appoinctement entre le roy de France et le roy de Castille, Charles, paravant archiduc d'Austriche, moyennant le mariage de luy et de Loyse, fille aisnée de France; il fut conclud en la ville de Noyon, mais il ne dura guères. Je ne feray nul discours dudit traicté, car il est assez escript ailleurs[3]. Environ le moys d'octobre fut donné le pardon de la croisade en France par le pape Léon, dont il sortit beaucoup de scandalles et de mocqueries à l'occasion des prédicateurs, qui disoient beaucoup plus que la bulle ne portoit.

Le dernier jour de février mil cinq cens dix sept, la bonne, sage et très parfaicte royne de France, Claude, accoucha de son premier filz, François, daulphin du Viennoys, en la ville d'Amboise, qui fut gros esjouyssement par tout le royaulme de France. Et entre autres villes, celle d'Orléans fist merveilles; car durant ung jour entier y eut devant la maison de la ville deux fontaines qui gectoient vin cleret et blanc, et par ung petit tuyau sortoit de l'ypocras, auquel beaucoup de gens après qu'ilz en avoient tasté, se tenoient. Le daulphin fut bap-

---

1. C'est-à-dire qu'ils étaient trop pauvres pour payer rançon.
2. Jean d'Albret mourut le 17 juin 1516.
3. Deux traités entre François I et Charles-Quint furent, à cette occasion, conclus à Noyon les 13 août et 29 septembre 1516.

tisé en ladicte ville d'Amboise[1], et furent parrains pape Léon (mais son nepveu, le magnificque Laurens de Médicis, le tint pour luy), le duc de Lorraine, et madame la duchesse d'Alençon[2], commère. Il y fut fait fort grosse chère. Ce seigneur Laurens de Médicis en ce temps espousa une des filles de Boulongne et l'emmena en Ytalie, mais elle n'y vesquit guères ne luy après elle; toutesfois d'eulx deux est demourée une fille[3].

L'an mil cinq cens dix-neuf, alla de vie à trespas l'empereur Maximilian[4], qui mist beaucoup de gens en peine. Il avoit esté en son vivant de bonne nature, libéral autant que le fut jamais prince, et s'il eust esté puissant de biens, eust achevé beaucoup de choses, mais il estoit povre selon son cueur. Le filz de son filz, Charles, roy des Espaignes, fut esleu empereur après luy.

CHAPITRE LXII.

Comment messire Robert de la Marche fist quelques

---

1. François, dauphin, duc de Bretagne, naquit le 28 février 1517, et mourut le 10 août 1536.
2. Marguerite d'Orléans, fille de Charles d'Orléans, comte d'Angoulême, et de Louise de Savoie, épousa Charles de Bourbon, duc d'Alençon, se remaria en 1527 avec Henri d'Albret, roi de Navarre, et mourut en 1549.
3. Laurent II de Médicis épousa en 1513 Madelaine de la Tour-Boulogne, qui mourut en 1519. Il mourut lui-même le 4 mai de la même année, ne laissant qu'une fille, qui fut Catherine de Médicis.
4. Le 12 janvier.

courses sur les pays de l'esleu empereur, qui dressa grosse armée, et ce qu'il en advint.

Peu de temps après, ne sçay qui en donna le conseil, le seigneur de Sedan, qu'on nomme messire Robert de la Marche, qui pour lors estoit au service du roy de France, fist quelques courses sur les pays de l'esleu empereur, qui commença à lever grosse armée, et telle qu'il fut maistre et seigneur de la campaigne. Les chiefz de son armée estoient le conte de Nansso[1] et ung autre cappitaine Francisque[2], gaillart homme à la guerre, et avoit bon crédit parmy les compaignons. Ilz estoient bien en nombre, tant de cheval que de pied, quarante mille hommes ou plus. Durant cest affaire, le roy de France et ledit esleu empereur estoient en paix, et ne demandoient riens l'ung à l'autre; parquoy l'armée des Almans tira droit aux places dudit seigneur de Sedan, et en furent les aucunes assiégés et deffendues. Toutesfois enfin s'en perdirent quatre, c'est à savoir : Floranges, Buillon, Loigne et Messancourt, et peu de gens eschappèrent vifz desdictes places. Ledit seigneur de Sedan estoit dedans sa place de Sedan, qui est quasi impre-

---

1. Henri de Nassau-Dillembourg, né en 1483, fils de Jean III et d'Élisabeth de Hesse; il mourut en 1538 après s'être marié trois fois.
2. Frantz de Sickingen, fils de Schweichart, grand maréchal du Palatinat et de Marguerite de Hohemburg. Il naquit en 1481, épousa Hedwige de Flersheim et mourut en 1523 d'une blessure reçue au siége de Landstahl. Albert Dürer l'a représenté sous les traits du Chevalier de la Mort, dans la célèbre gravure de ce nom; Goëthe en a fait un des personnages de son drame de *Goëtz de Berlichingen*.

nable; parquoy fut exempte de siége. Et pareillement ceulx qui estoient dedans une de ses autres places nommée Jamais[1].

Le roy de France, deuement acertené de ceste grosse armée qui costoyoit sa conté de Champaigne, eut doubte qu'on luy jouast quelque finesse. Si envoya son beau-frère, le duc d'Alençon[2], avecques quelque nombre de gens d'armes sur la frontière, et tira jusques à Reims. Les Almans usoient d'une subtilité pour parvenir à leurs attainctes; car ilz ne prenoient riens ès pays du roy de France sans bien payer, et faisoit semer parmy son camp le conte de Nansso que l'empereur son maistre le luy avoit ainsi enchargé, comme délibéré de demourer tousjours en l'amytié qu'il avoit avecques France. Ce néantmoins, sans faire autrement sommation de guerre, s'en vint planter le siége devant une petite ville appellée Mozon[3], de laquelle estoit gouverneur et cappitaine le seigneur de Montmor[4], grant-escuyer de Bretaigne pour le roy de France; et avoit quelques

---

1. *Jametz* (Ardennes).
2. Charles de Bourbon, duc d'Alençon, gouverneur de Champagne, Perche et Normandie, pair de France, fils de René de Bourbon et de Marguerite de Lorraine, épousa Marguerite d'Orléans et mourut en 1525.
3. Le siége de Mouzon commença le 21 août 1521. On trouvera à l'appendice les lettres échangées à cette occasion par les capitaines français et allemands.
4. Louis de Hangest, s^r de Montmor et Chaleranges, grand écuyer de Bretagne, capitaine de 30 lances, fils de Jean de Hangest et de Marie d'Amboise. Sa conduite à propos du siége de Mouzon fut discutée; les uns l'accusèrent d'impéritie ou de lâcheté, les autres le plaignirent de n'avoir pas pu se faire obéir de ses soldats. Voir à l'appendice plusieurs lettres à ce sujet.

gens de pied avecques sa compaignie en la ville, qui n'estoit guères bien munye d'artillerie ny de vivres, et qui pis est les compaignies qui estoient dedans ne se trouvèrent pas du vouloir de leur cappitaine et gouverneur, qui délibéroit jusques à la mort garder la ville; et quelques remonstrances qu'il sceust faire aux gens de pied, se trouva en dangier dedans et dehors; parquoy, pour éviter plus gros inconvénient, rendit la ville, leurs vies saufves. On en murmura en beaucoup de sorte, et disoient aucuns que le cappitaine ne s'estoit pas bien porté; mais les gens d'honneur et de vertu congneurent bien qu'il ne se povoit faire autrement, et qu'il n'avoit pas tenu audit seigneur de Montmor qu'il n'estoit mort sur la berche; car si tous ceulx qui estoient avec luy eussent esté de son cueur, les Almans ne fussent pas tirez plus oultre. Or, la ville de Mozon rendue si soubdainement donna quelque tiltre d'esbahyssement aux François, qui ne pensoient jamais que l'empereur eust voulu rompre la trefve. Toutesfois en telles choses le souverain remède est de prompte provision. On regarda que Maizières estoit la plus prochaine ville, après Mozon, et qu'il failloit entendre à la garder et deffendre; car si elle se perdoit, la Champaigne s'en alloit en mauvais party. Le roy de France en fut adverty, lequel manda soubdainement qu'on envoyast le bon chevalier sans paour et sans reprouche dedans ladicte ville de Maizières, et qu'il ne congnoissoit homme en son royaulme en qui il se fiast plus; davantage que son espoir estoit qu'il la garderoit si bien et si longuement que sa puissance seroit assemblée pour résister aux surprinses que l'empereur luy vouloit faire. De ce commandement n'eust pas voulu tenir le bon chevalier sans paour et sans reprouche cent mille escuz, car tout son désir estoit de faire service à son maistre et d'acquérir honneur. Il s'en alla gecter dedans Maizières, avecques le jeune seigneur de Montmorency[1] et quelques autres jeunes gentilzhommes qui de leur gré l'acompaignèrent, et d'ung nombre de gens de pied, soubz la charge de deux jeunes gentilzhommes, l'ung nommé le cappitaine Boncal, de la maison de Reffuge, et l'autre le seigneur Montmoreau.

CHAPITRE LXIII.

Comment le bon chevalier sans paour et sans reprouche garda la ville de Maizières contre la puissance de l'empereur, où il acquist gros honneur.

Quant le bon chevalier fut entré dedans Maizières, trouva la ville assez mal en ordre pour attendre siége, ce qu'il espéroit avoir du jour à lendemain. Si voulut user de diligence, qui en telle nécessité passe tout sens

---

1. Bayart, Anne de Montmorency, futur connétable de France, Jacques de Silly, bailli de Caen, Jean d'Albret, seigneur d'Orval, Pierrepont, Boncal, Antoine de Clermont, Guigo Guiffrey de Boutières, François de Sassenage, Montmoreau, etc., entrèrent dans Mézières les premiers jours du mois d'août. On trouvera à l'appendice des lettres de Bayart, du duc d'Alençon, de d'Orval et de Châtillon donnant des renseignements détaillés sur la composition de la garnison et les travaux de fortification auxquels elle se livra avec une extrême ardeur en attendant l'arrivée de l'ennemi.

humain, et commença à faire ramparer jour et nuyt, et n'y avoit homme d'armes ny homme de pied qu'il ne mist en besongne ; et luy mesmes pour leur donner courage, y travailloit ordinairement et disoit aux compaignons de guerre : « Comment, Messieurs, nous sera-il reprouché que par nostre faulte ceste ville soit perdue, veu que nous sommes si belle compaignie ensemble et si gens de bien. Il me semble que quant nous serions en ung pré, et que devant nous eussions fossé de quatre piedz, que encores combatrions-nous ung jour entier avant que estre deffaictz. Et Dieu mercy ! nous avons fossé, muraille et rampart, où je croy, avant que les ennemys mettent le pied, beaucoup de leurs compaignies dormiront aux fossez. » Bref, il donnoit tel courage à ses gens qu'ilz pensoient tous estre en la meilleur et plus forte place du monde.

Deux jours après fut le siége assis devant Maizières en deux lieux, l'ung deça de l'eaue et l'autre delà. L'ung des siéges tenoit le conte Francisque, qui avecques luy avoit quatorze ou quinze mille hommes, et en l'autre estoit le conte de Nansso avec plus de vingt mille. Le lendemain du siége lesditz conte de Nansso et seigneur Francisque envoyèrent ung hérault devers le bon chevalier, pour luy remonstrer qu'il eust à rendre la ville de Maizières, qui n'estoit pas tenable contre leur puissance, et que, pour la grande et louable chevalerie qui estoit en luy, seroient merveilleusement desplaisans s'il estoit prins d'assault, car son honneur grandement en amoindriroit, et par adventure luy cousteroit-il la vie ; et qu'il ne failloit que ung malheur en ce monde venir à ung homme pour faire oublier tous les beaulx faictz qu'il auroit menez à fin en son vivant; et que, là où il vouldroit entendre à raison, luy feroient si bonne composition qu'il se deveroit contenter. Plusieurs autres beaulx propos luy mandèrent par ce hérault, qui, après avoir esté ouy et bien entendu par le bon chevalier, se print[1] à soubzrire et ne demanda conseil pour respondre à homme vivant; mais tout soubdain luy dist : « Mon amy, je m'esbays de la gracieuseté que me font et présentent monseigneur[2] de Nansso et le seigneur Francisque, considéré que jamais n'euz praticque ny grande congnoissance avecques eulx, et ilz ont si grant paour de ma personne. Hérault, mon amy, vous vous en retournerez, et leur direz : que le roy mon maistre avoit beaucoup plus de suffisans personnages en son royaulme que moy pour envoyer garder ceste ville qui vous fait frontière; mais, puisqu'il m'a fait cest honneur de s'en fier en moy, j'espère, avecques l'ayde de Nostre-Seigneur, la luy conserver si longuement qu'il ennuyra beaucoup plus à voz maistres d'estre au siége que à moy d'estre assiégé; et que je ne suis plus enfant qu'on estonne de parolles. » Si commanda qu'on festoya fort bien le hérault, et qu'on le mist hors de la ville. Il s'en retourna au camp et rapporta la responce que le bon chevalier luy avoit faicte, qui ne fut guères plaisante aux seigneurs, en présence desquelz estoit ung cappitaine nommé Grant-Jehan Picart[3], qui toute sa vie avoit esté au service des roys de France en Ytalie, et

1. *Se print,* Bayart se prit.
2. Le texte porte par erreur *messeigneurs.*
3. Voyez sur ce personnage le chapitre xxxiii, p. 160.

mesmement où le bon chevalier avoit eu charge, qui dist tout hault adressant sa parolle au conte de Nansso et au seigneur Francisque : « Messeigneurs, ne vous attendez pas, tant que vive monseigneur de Bayart, d'entrer dedans Maizières ; je le congnois, et plusieurs fois m'a mené à la guerre, mais il est d'une condition que, s'il avoit les plus couars gens du monde en sa compaignie, il les fait hardis. Et sachez que tous ceulx qui sont avecques luy mourront à la berche, et luy le premier, devant que nous mections le pied dedans la ville ; et quant à moy je vouldrois qu'il y eust deux mille hommes de guerre davantage et sa personne n'y feust point. » Le conte de Nansso respondit : « Cappitaine Grant-Jehan, le seigneur de Bayart n'est de fer ny d'acier nem plus que ung autre ; s'il est gentil compaignon, qu'il le monstre, car devant qu'il soit quatre jours, je luy feray tant donner de coups de canon qu'il ne sçaura de quel costé se tourner. — Or, on verra que ce sera, dist le cappitaine Grant-Jehan, mais vous ne l'aurez pas ainsi que vous entendez. » Ces parolles cessèrent et ordonnèrent le conte de Nansso et seigneur Francisque leurs bateries chascun en son endroit et de faire tous les effors qu'on pourroit pour prendre la ville ; ce qui fut fait, et en moins de quatre jours, il fut tiré plus de cinq mille coups d'artillerie[1] ; ceulx de la ville respondoient

---

1. Les péripéties du siége de Mézières sont décrites dans Du Bellay (*Mémoires*, l. I), S. Champier (f. L), Aymar du Rivail (p. 567).

Ce fut surtout dans les derniers jours de l'investissement que les ennemis firent contre la ville un feu terrible. Voir à l'appendice la lettre que Robert de la Marck écrit à ce sujet.

Dans le cours même du siége, le roi de France témoigna son

fort bien selon l'artillerie qu'ilz avoient, mais du camp de Francisque se faisoit grant dommage en la ville parce qu'il estoit logé sur ung hault et batoit beaucoup plus à son ayse que ne faisoit le conte de Nansso.

Le bon chevalier, combien qu'il feust tenu ung des plus hardis hommes du monde, avoit bien une autre chose en luy autant à louer, car c'estoit ung des vigillans et subtilz guerroyeurs qu'on sceu trouver. Si advisa en soy-mesmes comme il pourroit trouver moyen de faire repasser l'eaue au seigneur Francisque, car de son camp estoit-il fort dommagé. Si fist escripre unes lettres à messire Robert de la Marche, qui estoit à Sedan, lesquelles estoient en ceste substance[1] : « Monseigneur mon cappitaine, je croy qu'estes assez adverty comme je suis assiégé en ceste ville par deux endrois, car d'ung costé est le conte de Nansso, et deçà la rivière le seigneur Francisque. Il me semble que puis demy an m'avez dit que voulez trouver moyen de le faire venir au service du roy

---

contentement aux défenseurs de Mézières par une lettre que l'on trouvera également à l'appendice.

1. Nous ferons remarquer que le *Loyal serviteur* est le seul des auteurs contemporains qui ait parlé de cette ruse de guerre employée par Bayart. Champier lui-même, panégyriste souvent exagéré de son héros et généralement bien informé, n'en dit pas un mot. La levée du siége de Mézières doit être attribuée non pas seulement à cette lettre de Bayart, mais à la défense acharnée des assiégés, aux préparatifs considérables du roi de France pour les secourir, à la saison froide qui s'approchait et à la jalousie qui n'avait pas tardé à éclater entre les deux chefs de l'armée impériale. Le siége fut levé le 27 septembre; depuis quelques jours déjà on prévoyait ce résultat. Voir à l'appendice une lettre du bâtard de Savoie sur ce sujet.

nostre maistre, et qu'il estoit votre alyé. Pour ce qu'il a bruyt d'estre très gentil galant, je le désirerois à merveilles ; mais si vous cognoissez que cela se puisse conduyre, vous ferez bien de le sçavoir de luy, mais plustost aujourd'huy que demain. S'il en a le vouloir, j'en seray très ayse, et s'il l'a autre, je vous advertiz que, devant qu'il soit vingt et quatre heures, luy et tout ce qui est en son camp sera mis en pièces ; car à trois petites lieues d'icy viennent coucher douze mille Suysses et huyt cens hommes d'armes, et demain à la pointe du jour doivent donner sur son camp, et je feray une saillye de ceste ville par ung des costez, de façon qu'il sera bien habille homme s'il se sauve. Je vous en ay bien voulu advertir, mais je vous prie que la chose soit tenue secrète. » Quant la lectre fut escripte, prist ung paysant auquel il donna ung escu, et luy dist : « Va-t'en à Sedan, il n'y a que trois lieues d'icy, porter ceste lectre à messire Robert, et luy dis que c'est le cappitaine Bayart qui luy envoye. » Le bon homme s'en va incontinent. Or sçavoit bien le bon chevalier que impossible seroit qu'il passast sans estre pris des gens du seigneur Francisque, comme il fut, avant qu'il feust à deux gectz d'arc de la ville. Incontinent fut amené devant ledit seigneur Francisque, qui luy demanda où il alloit. Le povre homme eut belle paour de mourir, aussi estoit-il en grant dangier, si dist : « Monseigneur, le grant cappitaine qui est dedans nostre ville m'envoye à Sedan porter unes lettres à messire Robert, » que le bon homme tira d'une boursette où il l'avoit mise. Quant le seigneur Francisque tint ceste lettre, l'ouvrit et commença à lire ; et fut bien esbahy quant il eut veu le contenu. Si se commença à doubter que par envye le conte de Nansso luy avoit fait passer l'eaue affin qu'il feust deffaict, car auparavant y avoit eu quelque peu de picque entre eulx, parce que icelluy seigneur Francisque ne vouloit pas bien obéyr au conte. A grant peine eut-il achevé de lyre la lectre qu'il commença à dire tout hault : « Je congnois bien à ceste heure que monseigneur de Nansso ne tasche que à me perdre, mais, par le sang Dieu ! il n'en sera pas ainsi. » Si appella cinq ou six de ses plus privez et leur déclaira le contenu en la lectre, qui furent aussi estonnez que luy. Il ne demanda point de conseil mais fait sonner le tabourin et à l'estandart, charger tout le bagaige et se mist au passage de l'eaue. Quant le conte de Nansso ouyt le bruit, fut bien estonné, et envoya sçavoir que c'estoit par ung gentilhomme, lequel, quant il arriva, trouva le camp du seigneur Francisque en armes. Il s'enquist que c'estoit. On luy dist qu'il vouloit passer du costé du conte de Nansso. Le gentilhomme le luy alla dire ; dont il fut bien esbahy, car en ceste sorte se levoit le siége de devant la ville. Si envoya ung de ses plus privez dire au seigneur Francisque qu'il ne remuast point son camp que premier n'eussent parlé ensemble, et que s'il le faisoit autrement, ne feroit pas bien le service de son maistre. Le messagier luy alla dire sa charge, mais Francisque, tout esmeu et courroucé, luy respondit : « Retournez dire au conte de Nansso, que je n'en feray riens, et que à son appétit je ne demoureray pas à la boucherie. Et s'il me veult garder de loger auprès de luy, nous verrons par le combat à quy demourera le camp, à luy ou à moy. » Le gentilhomme du conte de Nansso s'en retourna, et luy dist ce qu'il avoit ouy de la bouche du seigneur Francisque. Jamais homme ne fut si esbahy qu'il fut; toutesfois pour n'estre point surpris, fist mettre tous ses gens en bataille. Cependant passèrent les gens du seigneur Francisque, et eulx passez, se misrent pareillement en bataille ; et à les veoir sembloit qu'ilz voulsissent combatre les ungs les autres, et sonnoient tabourins impétueusement. Le povre homme qui avoit porté la lectre à l'occasion de laquelle c'estoit élevé ce bruit, ne sçay comme Dieu le voulut, eschappa, et s'en retourna bien esbahy, comme ung homme qui pensoit estre eschappé de mort, dedans Maizières devers le bon chevalier, auquel il alla faire ses excuses, disant qu'il n'avoit peu aller à Sedan, qu'on l'avoit pris en chemin, et mené devant le seigneur Francisque qui avoit veu ses lectres, et que incontinent s'estoit deslogé. Le bon chevalier se prist à rire à plaine gorge, et congneut bien que sa lectre l'avoit mis en pensement. Il s'en alla sur le rampart avecques quelques gentilzhommes, et veit ses deux camps en bataille l'ung devant l'autre. « Par ma foy, dist-il, puisqu'ilz ne veullent commencer à combatre, je vois[1] moy-mesmes commencer. » Si fist tirer cinq ou six coups de canon au travers des ennemys, qui, par gens lesquelz allèrent d'ung costé, puis d'autre, se rapaisèrent et se logèrent. Le lendemain troussèrent leurs quilles, et levèrent le siége sans jamais y oser donner assault, et tout pour la crainte du bon chevalier. Si tost ne

---

1. *Vois,* vais.

se fist pas la paix du costé du conte de Nansso et du seigneur Francisque, car plus de huyt jours furent sans loger ensemble; et s'en alla Francisque vers la Picardie, du costé de Guyse, mettant le feu partout, et plus hault marchoit le conte de Nansso; mais peu après se rapaisèrent et furent amys.

Ainsi, par la manière que dessus avez ouy, fut levé le siége de devant Maizières, où le bon chevalier sans paour et sans reprouche acquist couronne de laurier[1]; car bien qu'on ne livrast nul assault, il tint les ennemys trois sepmaines durant en aboy[2]. Pendant lequel tems, le roy de France leva grosse armée, et assez puissante pour combatre ses ennemys, et vint luy-mesmes en personne dedans son camp, où le bon chevalier luy alla faire la révérence, et en passant reprist la ville de Mozon. Le roy son maistre luy fist recueil merveilleux, et ne se povoit saouller de le louer devant tout le monde. Il le voulut honnestement récompencer du grant et recommandable service qu'il luy venoit freschement de faire. Il le fist chevalier de son ordre, et luy donna cent hommes d'armes en chef; puis marcha après ses ennemys, qu'il expulsa hors de ses pays, et les chassa jusques dedans Valenciennes,

---

[1]. On trouvera à l'appendice la lettre circulaire adressée par le roi aux parlements à l'occasion du siége de Mézières et une autre lettre de la reine Louise de Savoie où elle parle avec les plus grands éloges de Bayart et de Montmorency et des récompenses qui leur sont destinées. En ce qui concerne Bayart, ces promesses ne reçurent pas d'exécution et il ne retira de son fait d'armes que l'ordre de Saint-Michel, beaucoup d'honneur et la jalousie des courtisans.

[2]. *Tenir en aboy,* tenir en suspens.

où le bon chevalier se porta, comme il avoit tousjours de coustume[1]. Les Almans firent en Picardie beaucoup de mal par le feu, mais les François ne furent point ingratz, et le leur rendirent au double en Hainault[2].

1. « Après que les Allemans eurent levé le siége de devant Mézières, le noble Bayard bouta garnison pour garder la ville, et veint devant Mouzon qui incontinent se rendit au roy sans aucune résistance. Après preint son chemin Bayard devers le roy et feut moult bien receu de luy et de toute la court, et luy donna à celle heure le roy cent hommes d'armes en chef, car par avant estoit lieutenant de la compagnie de monseigneur de Lorraine, et outre plus luy donna en signe de mémoire des nobles gestes qu'il avoit faicts l'ordre de chevalerie de Sainct-Michel... Le roy avec toute sa gendarmerie passa une rivière fort estroicte mais moult profonde et fist faire ung petit pont de bateaulx là où passarent tous en armes et allèrent bien deulx lieulx oultre la rivière, et estoit Bayard tousjours des premiers, lequel courut jusques à Valencienne, et s'il eust esté suyvy, le roy, comme l'on disoit, eust prins Valencienne, mais à l'apétit d'aucuns print un autre chemin... Aucuns cappitaines estoient desplaisans de ce que Bayard estoit aymé et loué d'ung chascun et que l'on disoit plus de bien de Bayard que des aultres, et aulcuns dès lors conceurent contre Bayard grosse rencune. Et depuis eust les longs voyages, nonobstant ce que le roy l'aymoit moult fort sur tous aultres, comme bien il méritoit... Depuis la chasse des Ennuyers et Brabançons, le noble Bayard n'eust grant charge ny crédit et despuis ne fust chief en aulcun lieu de guerre » (Champier, fol. LII). Il faut attribuer la disgrâce de Bayart dans les dernières années de sa vie non seulement à son succès à Mézières et dans la Flandre, comme le prétend Champier, mais à sa liaison avec le connétable de Bourbon, dont tous les amis, même les plus fidèles au roi, étaient alors devenus suspects. Bayart était très-lié avec le connétable et avait même armé chevalier son fils aîné : « Sedatis in Italia rebus, écrit Aymar du Rivail, Bayardus ad regem profectus est et Molini ducis Borbonii primogenitum in cunabulis, militem, iter transeuntem, creavit. Magni enim dux Borbonius ipsum Bayardum faciebat, et bonum omen esse credebat si ab ipso Bayardo filius miles fieret » (A. du Rivail, p. 564).

2. Voir dans l'appendice une lettre de Bayart à ce sujet.

Au retour que le roy fist en la ville de Compiègne, eut quelques nouvelles de Gennes, et qu'il estoit besoing y envoyer quelque sage, hardy et advisé chevalier; parquoy ledit seigneur sachant la bonne nature du bon chevalier sans paour et sans reprouche, et que jamais ne se lassoit de faire service, luy en bailla la commission, le priant très fort que, pour l'amour de luy, voulsist faire ce voyage, car il avoit grant espoir en sa personne. Il l'accepta d'aussi bon cueur qu'on le luy bailla, puis passa les montz, et fut à Gennes très bien receu, tant du gouverneur, des gentilzhommes, que de tous les habitans; et tant qu'il y demoura, fut honnoré et prisé d'ung chascun[1].

Il y eut plusieurs affaires en Ytalie, dont ne vous feray aucune mention pour beaucoup de raisons; mais vous viendray à déclairer le trespas du bon chevalier sans paour et sans reprouche, qui fut ung grief irréparable. Dolente et malheureuse la journée pour toute la noblesse de France[2]!

---

1. On trouvera à l'appendice plusieurs lettres de Bayart datées de Gênes et écrites au roi. Hieronimo Adorno, banni de Gênes, avait tenté avec quelques-uns de ses amis et trois mille Espagnols d'y faire éclater une sédition contre les Français, telle fut la cause de l'envoi de Bayart dans cette ville. Parti de Grenoble le 17 janvier, il arriva à Gênes le 21 du même mois, accompagné de Charles Alleman, Gumin de Romanche, Balthazard de Beaumont, etc. (A. du Rivail.)

2. Le *Loyal serviteur*, peut-être parce qu'il avait quitté à cette époque le service de Bayart, passe ici sous silence les actions de son héros pendant près de deux ans. Il nous suffira de dire qu'après son voyage à Gênes Bayart alla dans le Milanais, assista au combat de la Bicoque (29 avril 1522) et revint en Dauphiné avec les débris des troupes françaises. Vers le

CHAPITRE LXIV.

Comment le bon chevalier sans paour et sans reprouche, en une retraicte qu'il fist en Ytalie, fut tué d'ung coup d'artillerie.

Au commencement de l'an mil cinq cens XXIIII, le roy de France avoit une grosse armée en Ytalie, soubz la charge de son admiral, le seigneur de Bonnyvet[1], à qui il en avoit donné la charge, car il luy vouloit beaucoup de bien. Il avoit en sa compaignie force bons cappitaines; mesmement y estoit nouvellement arrivé ung jeune prince de la maison de Lorraine, nommé le conte de Vaudemont[2], lequel désiroit à merveilles sçavoir les armes, et suyvre par œuvres vertueuses ses ancestres. Or le camp du roy de France se tenoit pour lors en une petite ville nommée Biagras[3],

mois de septembre 1523 il écrivit au roi pour lui demander de faire partie de la nouvelle expédition qui se préparait pour reconquérir le Milanais. François Ier lui répondit par une lettre dont la traduction latine nous a été conservée par Aymar du Rivail et qu'on pourra lire à l'appendice. Sous les ordres de Bonnivet, au commencement de l'année 1524, Bayart s'empara de Lodi, de Trevi, assiégea inutilement Crémone, prit une part active à tous les combats de cette désastreuse campagne et fut blessé devant Milan.

1. Guillaume Gouffier, seigneur de Bonnivet, grand amiral de France, tué à Pavie (1524), fils de Guillaume Gouffier et de Philippe de Montmorency.
2. Louis de Lorraine, comte de Vaudemont, fils de René, duc de Lorraine; il mourut en 1528.
3. *Biagrasso*, hameau de la commune de Groppo, province d'Alexandrie.

où eulx estans là, le chef de l'armée qui estoit l'admiral, appella ung jour le bon chevalier et luy dist : « Monseigneur de Bayart, il fault que vous allez loger à Rebec[1], avec deux cens hommes d'armes et les gens de pied de Lorges[2], car par ce moyen, travaillerons merveilleusement ceulx de Milan, tant pour les vivres, que pour mieulx entendre de leurs affaires. » Il fault sçavoir que, combien que le bon chevalier ne murmurast jamais de commission qu'on luy baillast, ne se povoit bonnement contenter de ceste là pour la congnoistre dangereuse et doubteuse, et respondit comme[3] à son lieutenant de roy : « Monseigneur, je ne sçay comment vous l'entendez, car pour garder Rebec, au lieu où il est assis, la moytié des gens qui sont en nostre camp y feroient bien besoing. Je congnois noz ennemys; ilz sont vigilans, et suis bien asseuré qu'il est quasi difficile que je n'y reçoive de la honte. Car il m'est bien advis que, si quelque nombre de noz ennemys y estoient, par une nuyt les yrois resveiller à leur désavantage. Et pour ce, Monseigneur, je vous supplie que vous advisez bien où vous me voulez envoyer. » L'admiral luy tint plusieurs propos qu'il ne se souciast point, car il ne sortiroit pas une soris de Milan qu'il n'en feust adverty, et tant luy en dist d'unes et d'autres, que le bon chevalier, avecques grosse fascherie, s'en alla avecques les gens qu'on luy avoit baillez, dedans Rebec; mais il n'y mena que deux grans chevaulx, car ses muletz

---

1. *Robecco sul Naviglio,* province de Milan.
2. Jacques de Montgommery, seigneur de Lorges, colonel de l'infanterie française, capitaine des gardes du roi.
3. *Comme,* voici comment.

et tout le reste de son train envoya dedans Novare, quasi prévoyant perdu ce qu'il détenoit avec luy.

Venuz qu'ilz feussent en ce village de Rebec, advisèrent comment ilz le fortiffieroient, mais nul moyen n'y trouvèrent, sinon faire barrières aux venues; mais par tous les costez on y povoit entrer. Le bon chevalier escripvit plusieurs fois à l'admiral qu'il estoit en lieu très dangereux, et que s'il vouloit qu'il s'i tiensist longuement, luy envoyast du secours; mais il n'en eut point de response. Les ennemys qui estoient dedans Milan, en nombre de quatorze ou quinze mille hommes, furent advertiz par leurs espies que le bon chevalier estoit dedans Rebec, à petite compaignie, dont ilz furent très joyeulx. Si délibérèrent par une nuyt l'aller surprendre et deffaire. Et suyvant ce vouloir se misrent aux champs environ mynuyt, en nombre de six à sept mille hommes de pied, et quatre à cinq cens hommes d'armes. Ilz estoient guydez par des gens qui sçavoient le village et les logis des plus apparans. Le bon chevalier, qui tousjours se doubtoit, mettoit quasi toutes les nuyctz la moytié de ses gens au guet et aux escoutes, et luy-mesmes y passa deux ou trois nuytz, tellement qu'il tumba malade tant de mélencolie que de froidure, beaucoup plus fort qu'il n'en faisoit le semblant; toutesfois contrainct fut de garder la chambre ce jour. Quant se vint sur le soir, il ordonna à quelques cappitaines qui estoient avecques luy aller au guet, et adviser bien de tous costez à ce qu'ilz ne feussent surpris. Ilz y allèrent ou firent semblant d'y aller; mais par ce qu'il plouvinoit ung peu, se retirèrent tous ceulx qui estoient au guet, réservé trois ou quatre povres archiers. Les

Espaignolz marchoient tousjours, et avoient, pour mieulx se congnoistre la nuyt, chascun une chemise vestue par dessus leur harnois. Quant ilz approchèrent d'ung gect d'arc du village, furent bien esbahis qu'ilz ne trouvèrent personne, et eurent pensement que le bon chevalier avoit esté adverty de leur entreprinse, et qu'il s'estoit retiré à Byagras. Toutesfois ilz marchoient tousjours, et ne furent pas cent pas loing, qu'ilz ne trouvassent ce peu d'archiers qui estoient demourez au guet, lesquelz sans escrier commencèrent à charger. Les povres gens ne firent point de résistence, ains se misrent à la fuyte, en criant : « Alarme! alarme! » Mais ilz furent si vivement suyviz, que lesditz ennemys furent aux barrières aussi tost que eulx. Le bon chevalier, qui en tel dangier ne dormoit jamais que vestu, garny de ses avanbraz et cuyssolz, et sa cuyrasse auprès de luy, se leva soubdainement et fist brider ung coursier qui jà estoit sellé, sur lequel il monta, et s'en vint avecques cinq ou six hommes d'armes des siens, droit à la barrière, où incontinent survint le cappitaine Lorges et quelque nombre de ses gens de pied qui se portèrent[1] très bien. Les ennemys estoient à l'entour du village, cherchant le logis du bon chevalier, car s'ilz l'eussent prins, peu leur estoit le demourant; mais encores ne le tenoient-ilz pas. La huée fut grosse et l'alarme chault. Durant ce combat, à la barrière, le bon chevalier va ouyr les tabourins des gens de pied aux ennemys, qui sonnoient l'alarme tant dru que merveilles. Alors il dist au cappitaine Lorges :

1. *Portèrent,* comportèrent.

« Lorges, mon amy, vecy jeu mal party. S'ilz passent ceste barrière nous sommes fricassez; je vous prie, retirez voz gens, et serrez le mieulx que pourrez, marchez droit à Byagras, car, avecques les gens de cheval que j'ay, demoureray sur le derrière; il fault laisser nostre bagage aux ennemys, il n'y a remède, saulvons les personnes s'il est possible. » Incontinent que le bon chevalier eut parlé, le cappitaine Lorges fist son commandement et se retira cependant qu'ilz faisoient ceste résistance à la barrière. La pluspart de tous les François montèrent à cheval et se retirèrent selon la fortune très-gaillardement, et ne perdirent point dix hommes. Les ennemys estoient descenduz la pluspart et par les maisons, et de tous costez cherchoient le bon chevalier, mais il estoit desjà à Byagras, où luy arrivé, eut quelques parolles fascheuses à l'admiral. Toutesfois je n'en feray aucune mention; mais si tous deux eussent vescu plus longuement qu'ilz ne firent, feussent peult-estre allez plus avant. Le bon chevalier cuyda mourir de dueil du malheur qui luy estoit advenu, mesmement que ce n'estoit pas par sa faulte; mais en guerre y a de l'heur et du malheur plus qu'en toutes autres choses[1].

1. Erat in Rabecca vico juxta emissarium ex Ticino amne Baiardus, inter Gallos duces pugnacissimus, cum equitibus utriusque armaturæ circiter mille et tribus peditum vexillis, quatuor fere miliarum intervallo a majoribus disjunctus castris..... Qua fretus propinquitate castrorum Baiardus, per se vir impiger et elatus, valido que innixus præsidio, ut plerunque strenuis accidit, negligentius excubebat. Hunc cum opprimere statuisset [Pescarius] tria milia Hispanorum delecta Mediolano de prima vigilia educit; iis imperat ut tunicas linteas thoracibus superinduant ut eo candore per tenebras ab hostibus dinoscantur... Porro Caro-

Quelque peu de temps après ceste retraicte de Rebec, le seigneur admiral congnoissant son camp admoin-

lum Lanoium monet ut instructa acie cum reliquis copiis ad sextum usque lapidem diluculo subsequatur, ut si Bonivettus Baiardo auxilium ferre velit, Hispanis ad integram aciem detur receptus... Itaque Piscarius noctu confecto itinere paulo ante lucem Rabeccam pervenit, Joannem Medicem cum equitatu vias egressusque omnes ita obsidere jubet ut silentio equites ad Abiatum excurrant, ne Bonivettus, si quid fortasse senserit, ad ferendam opem improvisus adveniat. Ipse ante alios scuto gladioque contentus stationem adoritur : Galli semisomnes arma capiunt, ad portam tumultuariæ munitionis Egidius Cortonensis cum vexillo Corsorum impigre resistit. Sed dum frenantur equi, dum e stratis, tuba exciti, sese equites ejiciunt et in omnes vici partes discurrunt, irrumpente Piscario, Egidius interficitur, cœduntur Corsi, Galli inermes fœda fuga undique dilabentes capiuntur. Baiardus uti erat discinctus, relictis signis militaribus, evasit; reliqui ferme omnes equites aut in vico capti sunt, aut in Medices turmas, dum profugerent, inciderunt (Paul Jove, *Vie de Pescaire*, l. III, p. 357).

Los Franceses medio adormidos toman las armas; el capitan Egidio de Cortono con una vandera de Corços, animosamente resistio a la puerta con un reparo, pero en tanto que se enfrenavan los caballos y la gente de arma despertada por las trompetas se levantava de las camas y discurria por todas partes, entrando el marques de Pescara con furia, fue muerto el capitan Egidio y los Corços rompidos, y los Franceses desarmados huyendo afrentosamente por todas partes fueron presos. El capitan Bayardo assi desarmado como estava se salvó dexando las vanderas militares, y los otros cavalleros casi todos fueron prendidos en la ciudad, o huyendo cayeron en la gente del capitan Juanis de Medicis (*Historia del fortissimo y prudentissimo capitan don Hernando de Avalos, marques de Pescara..... recopilada por el maestro Valles*. Anvers, 1578, in-8°, p. 95).

Le village estoit plein des ennemys; si combatirent bien deulx heures de nuyt, qui fust cause que plusieurs Françoys eurent loisir soy armer et se saulver. Quant les Espaignols virent que il n'estoit possible avoir Bayard, si ce renforcèrent de plus fort que jamais. Quant Bayard veist que les Espaignolz estoient tous

drir de jour en jour, tant par faulte de vivres que de maladie qui couroit parmy ses gens, tint conseil avecques les cappitaines, où pour le mieulx fut délibéré qu'on se retireroit, et ordonna ses batailles, où en l'arrière-garde, comme tousjours estoit sa coutume aux retraictes, demoura le bon chevalier[1]. Les

après luy et que il les avoit abusés affin que les Françoys eussent loisir de eulx saulver, si se retira tousjours se deffendant d'eulx... si faisoit son cousin [Gaspard du Terrail de Bernin] qui estoit fort jeune, puissant et hardy, et firent tant qu'ilz se deffirent de leurs ennemys (Champier, fol. LV).

Il marchese de Pescara... avendo notitia che nella terra di Rebecco allogiavano con monsignore di Bayardo trecento cavalli leggieri e molti fanti, chiamato in compagnia Giovanni de Medici, assaltatigli improvisamente, presa la maggior parte de gli uomini e de cavalli, dissipati e missi in fuga gli altri, ritorno subito a Milano per non dar tempo a nimici ch' erano in Biagrassa de segutarlo (Guichardin, l. VI, p. 458).

Pauci, in quibus Baiardus et Egidius Cortonensis, memores pristinæ virtutis hosti occurrere, multos dejecere; reliqui fuga sibi consulere. Ita factum ut multis cæsis Robecho hostes potirentur. Terralius, qui se unum peti non ignorabat, cum duodecim equitibus, ferro via aperta, viam sibi fecit et ad Gouffierum pervenit (Ferron., l. VII, p. 140).

1. Bonnivet blessé abandonna le commandement de l'armée en retraite à Bayart et à Vandenesse : « Bonivetus, écrit Beaucaire, ne in Borbonii, hominis inimicissimi, manus incideret veritus, imperio se abdicavit ac Baiardo reducendi exercitus munus delegavit; quem Baiardus militari libertate excipiens : « Si rebus integris, inquit, munus hoc mihi delegasses ne gallicæ existimationi, exercituique melius consulisses; quantumvis autem res nostræ afflictæ sunt, eam nihilhominus quam debeo patriæ fortem operam præstabo. » Bonivetus statim ex acie excessit ac mox lectita vectus se subduxit. Baiardus ac Vendenessius, Palicii frater, cum fortissimis equitum, postremam aciem clauserunt. Fœderati, numero aucti, altera impressione in nostros invaserunt; sed ita Baiardo ac Vendenessio, Gallis que equitibus repulsi sunt ut nostris in posterum negotium facessere ausi non sunt; verum

Espaignolz les suyvirent de jour en jour, et marchoient en belle bataille après les François, et souvent s'escarmouchoient; mais quant venoit à charger, tousjours trouvoient en barbe le bon chevalier avecques quelque nombre de gens d'armes, qui leur monstroit ung visage si asseuré qu'il les faisoit demourer tout coy, et menu et souvent les rembarroit[1] dedans leur grosse troppe. Ilz gectèrent aux deux esles d'ung grant chemin, force hacquebutiers et hacquebouziers, qui portent pierres aussi grosses que une hacquebute à croc, dont ilz tirèrent plusieurs coups, et de l'ung fut frappé le gentil seigneur de Vendenesse[2], dont il mourut quelque temps après, qui fut ung gros dommage pour la France. Il estoit de petite corpulence, mais de haultesse de cueur et de hardiesse personne ne le passoit. Ce jeune seigneur

uterque in eo conflictu sclopetorum furcis impositorum glandibus caesus est (Beaucaire, *Comment.*, p. 542).

Estonces el capitan Boniveto porque con el dolor de la herida yendo en una litera no podia hazer el officio de capitan, dio todo el cargo y govierno al capitan Bayardo y le rogó muy encarescïendamente que, por la honra de la nacion francesa, quisiesse defender la artilleria y vanderas que estavan encomandadas a su fe y virtud, pues en todo el exercito no avia ninguno que fuesse mejor que el de manos ni en conseio. Respondio el diziendo : « Bien quisiera oy, monsegnor capitan, que uvierades entregado esse cargo honroso en fortuna mas favorable a nosotros : pero como quiera que la ventura se tratare comigo, yo alomenos hare lo que en mi fuere, denfendiendola valerosamente y entretanto que yo viviere, ella no vendra en manos del enemigo. » (Valles, p. 105).

Voyez en outre Brantôme, sur la mort de Bayart (Édit. de la Soc. de l'Hist. de France, vol. II, p. 382).

1. *Rembarroit,* rejetait.
2. Jean de Chabannes, seigneur de Vandenesse, capitaine de mille hommes de pied, frère du maréchal de la Palisse.

de Vaudemont, qui de nouvel estoit au mestier des armes, s'i porta tant gaillardement que merveille, et fist tout plein de belles charges, tant qu'il sembloit que jamais n'eust fait autre chose. En ces entrefaictes, le bon chevalier, asseuré comme s'il eust esté en sa maison, faisoit marcher les gens d'armes, et se retiroit le beau pas, tousjours le visage droit aux ennemys, et l'espée au poing, leur donnoit plus de craincte que ung cent d'autres; mais comme Dieu le voulut permettre, fut tiré ung coup de hacquebouze, dont la pierre le vint frapper au travers des rains, et luy rompit tout le gros os de l'eschine. Quant il sentit le coup, se print à crier : « Jésus! » et puis dist : « Hélas! mon Dieu, je suis mort. » Si print son espée par la poignée et baisa la croisée en signe de la croix, et en disant tout hault : « *Miserere mei, Deus, secundum magnam misericordiam tuam;* » et devint incontinent tout blesme, comme failly des esperitz, et cuyda tumber; mais il eust encores le cueur de prendre l'arson de la selle, et demoura en estant[1] jusques à ce que ung jeune gentilhomme, son maistre d'hostel[2], luy ayda à descendre et le mist soubz ung arbre. Ne demoura guères qu'il ne feust sceu parmy les amys et les ennemys que le cappitaine Bayart avoit esté tué d'ung coup d'artillerie, dont tous ceulx qui en eurent les nouvelles furent à merveilles desplaisans[3].

1. *En estant*, debout.
2. Maître d'hôtel ou prévôt de sa maison; il se nommait Jacques Joffrey, était de Saint-Chef en Viennois (Aymar du Rivail, p. 577) et avait remplacé Ymbert de Vaux-Milieu.
3. Si vint un coupt par le vouloir de Dieu, frappa le noble Bayart par le my du corps : quant le noble chevalier sentit qu'il estoit

CHAPITRE LXV.

Du grant dueil qui fut demené pour le trespas du bon chevalier sans paour et sans reprouche.

Quant les nouvelles furent espandues parmy les deux armées, que le bon chevalier avoit esté tué ou ainsi blecé, si ce fist descendre de cheval soubz ung arbre, si demanda ung prestre pour soy confesser et ordonna son testament estre faict ensuyvant celluy de son père Aymé Terrail, lequel avoit substitué après ses frères son cousin Gaspard Terrail; si fist son éxéquatur testamentaire le seigneur d'Alègre qui estoit présent (Champier, fol. LVI).

En qual rencuentro mienta que el capitan Bayardo hazia bolver la cavalleria para retirarse poco a poco, fue herido de un tiro de arcabuz en un lado, y cayo... Fue tomado de los cavalleros vizinos para llevarlo en medio de la batalla de la infanteria, pero el luego que entendio, rompidas las entrañas, que estava cercano al fin de su vida, les rogó que lo dexassen en aquel campo en donde avia combatido : porque, como convenia a hombre de guerra y el antes siempre lo avia desseado, muriesse armado (Valles, p. 105).

Baiardus dum equitum alas ad suos se recipiat volubilis circumagit, se sub latere dextro glande plumbea ictus corruit, ac sese circa vicinam quercum proternens christum optimum maximum obtestatus est (Ferron., l. VII, p. 143).

Le capitaine Bayard et le seigneur de Vandenesse estans demourez sur la queue, soustindrent l'effort de ceste charge, mais tous deux y demourèrent. Le seigneur de Vandenesse mourut sur le champ et le capitaine Bayard fut blessé d'une arquebouzade au travers du corps, lequel, persuadé de ses gens de se retirer, ne le voulut consentir, disant n'avoir jamais tourné le derrière à l'ennemy. Et après les avoir repoulsés se feit descendre par ung sien maistre d'hostel, lequel jamais ne l'abandonna, et se feit coucher au pied d'ung arbre le visaige devers l'ennemy (Du Bellay, liv. I).

Ce fut à dix heures du matin que Bayart fut frappé du coup mortel (**Aym. du Rivail**, *ibid.*).

pour le moins blessé à mort, mesmement au camp des Espaignolz, combien que se feust l'ung des hommes du monde dont ilz eussent greigneur[1] craincte, en furent tous, gentilzhommes et souldars, desplaisans merveilleusement pour beaucoup de raisons; car quant en son vivant faisoit courses et il en prenoit aucuns prisonniers, les traictoit tant humainement que merveilles, et de rançon tant doulcement que tout homme se contentoit de luy. Ilz congnoissoient que par sa mort noblesse estoit grandement affoiblie; car sans blasmer les autres, il a esté parfaict chevalier en ce monde. Faisant la guerre avec luy, s'adressoient leurs jeunes gentilzhommes[2]. Et dist ung de leurs principaulx cappitaines, qui le vint veoir devant qu'il rendist l'ame, nommé le marquis de Pescare, une haulte parolle à sa louenge, qui fut telle, en son langage: « Pleust à Dieu, gentil seigneur de Bayart, qu'il m'eust cousté une quarte de mon sang, sans mort recevoir, je ne deusse manger chair de deux ans, et je vous tiensisse en santé mon prisonnier, car par le traictement que je vous feroye, auriez congnoissance de combien j'ay estimé la haulte prouesse qui estoit en vous. Le premier loz que vous donnèrent ceulx de ma nation quant ont dist : *Mouches Grisonnes et paucos Bayardos*[3], ne vous fut pas donné

---

1. *Greigneur,* plus grande.
2. C'est-à-dire que les jeunes gentilshommes ennemis se dressaient parfaitement à l'art de la guerre en combattant contre Bayart.
3. Pour : « *Muchos Grisones e pocos Bayardos.* » Il y a beaucoup de grisons, mais peu de bayards.

à tort; car depuis que j'ay congnoissance des armes, n'ay veu ne ouy parler de chevalier qui en toutes vertus vous ait approuché. Et combien que je deusse estre bien aise vous veoir ainsi, estant asseuré que l'empereur, mon maistre, en ses guerres n'avoit point de plus grant ne rude ennemy, toutesfois, quant je considère la grosse perte que fait aujourd'huy toute chevalerie, Dieu ne me soit jamais en ayde si je ne vouldroys avoir donné la moytié de mon vaillant[1], et il feust autrement. Mais puisque à la mort n'a nul remède, je requiers cil qui tous nous a créez à sa semblance, qu'il vueille retirer vostre ame auprès de luy. » Telz piteux et lachrymables regretz faisoit le gentil marquis de Pescare et plusieurs autres cappitaines sur le corps du bon chevalier sans paour et sans reprouche, et croy qu'il n'y en eut pas six de toute l'armée des Espaignolz qui ne le viensissent veoir l'ung après l'autre[2]. Or, puisqu'ainsi est que les ennemys si efforcéement ploroient sa mort, peult-on assez considérer la grande desplaisance qui en fut

1. *Mon vaillant,* mon bien.
2. Le *Loyal serviteur* ne parle pas de la célèbre rencontre de Bayart et du connétable de Bourbon. « Le duc de Bourbon, » dit Du Bellay (liv. I), « lequel estoit à la poursuite de nostre camp, le vint trouver et dict audict Bayart qu'il avoit grant pitié de luy le voyant en cest estat, pour avoir esté si vertueux chevalier. Le capitaine Bayart luy feit responce : « Monsieur, il n'y a point de « pitié pour moy; car je meurs en homme de bien, mais j'ay pitié « de vous, de vous veoir servir contre vostre prince et vostre patrie « et vostre serment. » Et peu après ledict Bayart rendit l'esprit. »
Semianimis adhuc venienti Borbonio ejusque consolanti nihil aliud respondit quam : « Sero et ubinam fides, here ? » (Ferron., LVII, p. 143).

par tout le camp des François, tant des cappitaines, gens d'armes que gens de pied; car de chascun en sa qualité se faisoit aymer à merveilles! Vous eussiez dit qu'il n'y avoit celluy qui n'eust perdu son père ou sa mère. Mesmement les povres gentilzhommes de sa compaignie faisoient dueil inestimable. « Las! disoient-ilz parlans à la mort, desloyalle furie! que t'avoit meffaict ce tant parfaict et vertueux chevalier? tu ne t'es pas vengée de luy tout seul; mais nous tous as mis en douleur, jusques à ce que tu ayes fait ton chef-d'œuvre sur nous comme sur luy. Soubz quel pasteur yrons-nous plus aux champs! Quelle guyde nous pourra désormais Dieu donner, où nous feussions en telle seureté que quant nous estions avecques luy? car il n'y avoit celluy qui en sa présence ne feust aussi asseuré qu'en la plus forte place du monde. Où trouverrons-nous doresnavant cappitaine qui nous rachapte quant nous serons prisonniers, qui nous remonte quant serons desmontez, et qui nous nourrisse comme il le faisoit? Il est impossible. O cruelle mort! c'est tousjours ta façon que tant plus est ung homme parfait, de tant plus prens-tu tes esbas à le destruire et le deffaire. Mais si ne sçaurois-tu si bien jouer qu'en despit de toy, combien que tu luy ayes osté la vie en ce monde, que renommée et gloire ne luy demoure immortelle tant qu'il durera, car sa vie a esté si vertueuse qu'elle laissera souvenir à tous les preux et vertueux chevaliers qui viendront après luy. » Tant piteusement se démenoient les povres gentilzhommes que, si le plus dur cueur du monde eust esté en présence, l'eussent contrainct partir¹ à leur dueil. Ses povres serviteurs domesticques estoient tous transsiz ; entre lesquelz estoit son povre maistre d'ostel, qui ne l'abandonna jamais, et se confessa le bon chevalier à luy par faulte de prestre. Le povre gentilhomme fondoit en larmes, voyant son bon maistre si mortellement navré que nul remède en sa vie n'y avoit. Mais tant doulcement le réconfortoit icelluy bon chevalier, en luy disant : « Jaques, mon amy, laisse ton dueil ; c'est le vouloir de Dieu de m'oster de ce monde ; je y ay, la sienne grace, longuement demouré, et y ay receu des biens et des honneurs plus que à moy n'appartient ; tout le regret que j'ay à mourir, c'est que je n'ay pas si bien fait mon devoir que je devoys, et bien estoit mon espérance, si plus longuement eusse vescu, d'amender les faultes passées. Mais puisqu'ainsi est, je supplie mon Créateur avoir pitié, par son infinie miséricorde, de ma povre ame, et j'ay espérance qu'il le fera, et que, par sa grande et incompréhensible bonté n'usera point envers moy de rigueur de justice. Je te prie, Jaques mon amy, qu'on ne m'enliève point de ce lieu ; car quant je me remue, je sens toutes les douleurs que possible est de sentir, hors la mort, laquelle me prendra bientost. »

Peu devant que les Espaignolz arrivassent au lieu où avoit esté blessé le bon chevalier, le seigneur d'Alègre, prévost de Paris, parla à luy, et luy² déclaira quelque chose de son testament.

1. *Partir à*, partager.
2. *Et luy*, et Bayart lui...

Aussi y vint ung cappitaine des Suysses, nommé Jehan Dyesbac[1], qui l'avoit voulu emporter sur des picques, avecques cinq ou six de ses gens, pour le cuyder sauver; mais le bon chevalier, qui congnoissoit bien comment il luy estoit, le pria qu'il le laissast pour ung peu penser à sa conscience, car de l'oster de là ne seroit que abrégement de sa vie. Si convint aux deux gentilzhommes en grans pleurs et gémissemens, le laisser entre les mains de leurs ennemys; mais croyez que ce ne fut pas sans faire grans regretz, car à toutes forces ne le vouloient habandonner; mais il leur dist : « Messeigneurs, je vous supplie, allez-vous-en; autrement vous tumberiez entre les mains des ennemys, et cela ne me prouffiteroit de riens, car il est fait de moy. A Dieu vous command', mes bons seigneurs et amys. Je vous recommande ma povre ame, vous suppliant, au surplus (adressant sa parolle au seigneur d'Alègre), que me saluez le roy nostre maistre, et que desplaisant suis que plus longuement ne luy puis faire service, car j'en avois bonne voulenté; à messeigneurs les princes de France, et à tous messeigneurs mes compaignons, et généralement à tous les gentilzhommes du très honnoré royaulme de France, quant les verrez. » En disant lesquelles parolles, le noble seigneur d'Alègre ploroit tant piteusement que merveilles, et print en cest estat congé de luy[2]. Il demoura encores en vie deux ou trois heures;

1. Jean de Diesbach, fils de Guillaume, avoier de Berne, commandant des bandes suisses.
2. Quant le noble Bayard sentit que les ennemis venoient droict à luy si dict à Monsieur d'Alègre et à ceulx qui estoient présens : « Monsieur, je vous prie, saulvez vous et vostre compaignie, que

et par les ennemys luy fut tendu ung beau pavillon et ung lict de camp sur quoy il fut couché[1] et luy fut amené ung prestre auquel dévotement se confessa, et en disant ces propres motz : « Mon Dieu, estant asseuré que tu as dit que celluy qui de bon cueur retournera vers toy, quelque pécheur qu'il ait esté, tu es tousjours prest de le recevoir à mercy et luy pardonner. Hélas! mon Dieu, créateur et rédempteur, je t'ay offencé durant ma vie griefvement, dont il me desplaist de tout mon cueur; je congnois bien que quant je serois aux désers mille ans, au pain et à l'eaue, encores n'esse pas pour avoir entrée en ton royaulme de paradis, si par ta grande et infinie bonté ne t'y plaisoit me recevoir ; car nulle créature ne peult mériter en ce monde si hault loyer. Mon Père et Sauveur, je te supplie qu'il te plaise n'avoir nul regard aux faultes par moy commises, et que ta grande miséricorde me soit préférée à la rigueur de ta justice. » Sur la fin de ces parolles, le bon chevalier sans paour

---

ne soyez prins des ennemys. — Certes, dist le seigneur d'Alègre, ne feray, capitaine, car je ne vous laisseray point. — Alors, luy dict Bayard, si ne le faictes me ferez très grant desplaisir, car je suys mort et en moy n'a nul remède fors que de recommander mon âme à Dieu et si ne veulx personne avecques moy, car bientost rendray l'âme à Dieu auquel je prie que, par sa saincte passion, vueille avoir mercy de mon âme et à ma fin vueille pardonner comme il fit au bon larron qui pendoit en croix avecques luy. » Alors print Monsieur d'Alègre congié du noble Bayard les larmes aulx yeulx (Champier, f. LVI).

1. El marques [de Pescara] despues que recibio al capitan Bayardo diputandole gardas que le serviessen diligentemente quando espirasse y trabaiassen que no recibesse ninguna fuerça ni injuria de ningun soldado avariento o ignorante..... (Valles, p. 105.)

et sans reprouche rendit son ame à Dieu, dont tous les ennemys eurent dueil non croyable.

Par les chiefz de l'armée des Espaignolz, furent commis certains gentilzhommes pour le porter à l'église, où luy fut fait solennel service durant deux jours, puis par ses serviteurs fut mené en Daulphiné[1]. Et en passant par les terres du duc de Savoye, où son corps reposoit, luy fist faire autant d'honneur que s'il eust esté son frère. Quant les nouvelles de la mort du bon chevalier furent sceues ou Daulphiné, ne fault point particulièrement descripre le dueil qui y fut fait, car les prelatz, gens d'église, nobles et populaire le faisoient également ; et croy qu'il y a mille ans qu'il ne mourut gentilhomme du pays plainct de la sorte. On alla au-devant du corps jusques au pied de la montaigne, et fut amené d'église en église en grant honneur jusques auprès de Grenoble[2], où au-devant du corps une

---

[1]. Fut baillé un sauf conduict à son maistre d'hostel pour porter son corps en Dauphiné, dont il estoit natif (Du Bellay, liv. I).

[2]. Quelque temps après le corps de Bayard fut porté à Grenoble et fut par messieurs de justice et les gentilzhommes du pays et par ceulx de la ville receu en moult honneur et grant dueil, plain d'ung chascun tant de la noblesse que de messieurs de justice que du populaire, et ne fust de vie d'homme tant regretté seigneur ny aultre d'ung chascun que le noble Bayard. Après que fust le corps porté à Grenoble, fust mys au couvent et monastère des Minimes, lequel avoit fondé et faict édiffier monseigneur Laurens des Allemans, oncle dudict Bayard, seigneur et evesque de Grenoble, et pour ce que en son trespas le seigneur de Bayard avoit ordonné estre sepulturé avec son père et mère au lieu de Grenion, furent assemblés les parens là où il devoit estre inhumé et fust dict que pour ce qu'il avoit esté lieutenant du

demye lieue furent messeigneurs de la court de parlement du Daulphiné, messeigneurs des comptes, quasi tous les nobles du pays, et la plus part de tous les bourgeois, manans et habitans de Grenoble, lesquelz convoyèrent le trespassé jusques en l'église Nostre-Dame dudit Grenoble, où le corps reposa ung jour et une nuyt, et luy fut fait service fort solennel. Le lendemain, ou mesme honneur qu'on l'avoit fait entrer en Grenoble, fut conduit jusques à une religion de Mynymes, à demye lieue de la ville, que autresfois avoit fait fonder son bon oncle, l'évesque dudit Grenoble, Laurens Alment, où il fut honnorablement enterré, puis chascun se retira en sa maison; mais on eust dit durant ung moys que le peuple du Daulphiné n'attendoit que ruyne prochaine, car on ne faisoit que plorer et larmoyer, et cessèrent festes, dances, bancquetz, et tous autres passetemps. Las! ilz avoient bien raison, car plus grosse perte n'eust sceu advenir pour le pays. Et quiconques en eut dueil au cueur, croyez qu'il touchoit de bien près aux povres gentilzhommes, gentilzfemmes, vefves et aux povres orphelins, à qui secrètement il donnoit et départoit de ses biens. Mais avecques le temps toutes choses se passent, fors Dieu aymer. Le bon chevalier sans paour et sans reprouche l'a craint et aymé durant sa vie; après sa mort renommée luy demeure,

gouverneur du pays et que Grenoble estoit le chief de la justice Daulphinale seroit meilleur qu'il fut en sépulture au couvent des Minimes... Et furent les obsèques et funérailles faictes comme s'il eust esté non ung lieutenant ou gouverneur, mais ung prince (Champier, fol. LVIII).

comme il a vescu en ce monde, entre toutes manières de gens[1].

CHAPITRE LXVI ET DERNIER.

Des vertus qui estoient au bon chevalier sans paour et sans reprouche.

Toute noblesse se debvoit bien vestir de dueil le jour du trespas du bon chevalier sans paour et sans reprouche, car je croy que depuis la création du monde, tant en la loy chrestienne que payenne, ne s'en est trouvé ung seul qui moins luy ait fait de déshonneur ne plus d'honneur. Il y a ung commun proverbe qui dit que nul ne veit sans vice ; ceste reigle a failly à l'endroit du bon chevalier, car j'en prens à tesmoing tous ceulx qui l'ont veu, parlans à la vérité, s'ilz en congneurent jamais ung seul en luy ; mais au contraire, Dieu l'avoit doué de toutes les vertus qui pourroient estre en parfaict homme, èsquelles chascune par ordre se sçavoit très bien conduyre. Il aymoit et craignoit Dieu sur toutes choses ; ne jamais ne le juroit ne blasphesmoit, et en tous ses affaires et nécessitez avoit à luy seul son recours, estant bien certain que de luy et de sa grande et infinie bonté procèdent toutes choses. Il aymoit son prochain

[1]. Les ennemis de la France eux-mêmes rendirent justice à Bayart après sa mort, ainsi que le témoigne une lettre écrite par Adrien de Croy, seigneur de Beaurain, à l'empereur Charles-Quint. On la trouvera à l'appendice : c'est un des plus éclatants hommages rendus à la mémoire du bon chevalier.

comme soy-mesmes ; et bien l'a monstré toute sa vie, car oncques n'eut escu qui ne feust au commandement du premier qui en avoit à besongner, et sans en demander. Bien souvent en secret en faisoit bailler aux povres gentilzhommes, qui en avoient nécessité, selon sa puissance.

Il a suivy les guerres soubz les roys Charles VIIIe, Louis XIIe et François premier de ce nom, roys de France, par l'espace de xxxiii ans, où durant le temps ne s'est trouvé homme qui l'ait passé en toutes choses servans au noble exercice des armes ; car de hardiesse, peu de gens l'ont approché ; de conduyte, c'estoit ung Fabius Maximus ; d'entreprinses subtiles, ung Coriolanus ; et de force et magnanimité, ung second Hector, furieux aux ennemys, doulx, paisible et courtois aux amys. Jamais souldart qu'il eust soubz sa charge, ne fut démonté, qu'il ne remontast ; et pour plus honnestement donner ces choses, bien souvent changeoit ung coursier ou cheval d'Espaigne, qui valloit deux ou trois cens escuz, à ung de ses hommes d'armes, contre ung courtault de six escuz, et donnoit à entendre au gentilhomme que le cheval qu'il luy bailloit luy estoit merveilleusement propre. Une robe de veloux, satin ou damas changeoit tous les coups contre une petite cape, affin que plus gracieusement et au contentement d'ung chascun il peust faire ses dons. On pourroit dire : il ne povoit pas donner de grans choses, car il estoit povre ; autant estoit-il honnoré d'estre parfaictement libéral selon sa puissance que le plus grant prince du monde, et si a gaigné durant les guerres en sa vie cent mille francz en prisonniers qu'il a départis à tous ceulx qui en ont eu besoing. Il estoit grant aumosnier et faisoit ses aulmosnes secrètement. Il n'est riens si certain qu'il a marié en sa vie, sans en faire bruyt, cent povres filles orphelines, gentilz-femmes ou autres. Les povres veufves consoloit et leur départoit de ses biens. Avant que jamais sortir de sa chambre, se recommandoit à Dieu, disoit ses heures à deux genoulx, en grande humilité, mais ce faisant ne vouloit qu'il y eust personne. Le soir quant il estoit couché, et il congnoissoit que ses varletz de chambre estoient endormis, feust yver ou esté, se levoit en sa chemise, et tout le long de son corps s'estendoit et baisoit la terre. Jamais ne fut en pays de conqueste que, s'il a esté possible de trouver homme ou femme de la maison où il logeoit, qu'il ne payast ce qu'il pensoit avoir despendu. Et plusieurs fois luy a l'on dit : « Monseigneur, c'est argent perdu ce que vous baillez; car au partir d'icy, on mettra le feu céans, et ostera l'on ce que vous avez donné. » Il respondoit : « Messeigneurs, je fais ce que je doy. Dieu ne m'a pas mis en ce monde pour vivre de pillage, ne de rapine; et davantage ce povre homme pourra aller cacher son argent au pied de quelque arbre, et quant la guerre sera hors de ce pays, il s'en pourra ayder et priera Dieu pour moy. » Il a esté en plusieurs guerres où il y avoit des Almans, qui au desloger mectent voulentiers le feu en leurs logis : le bon chevalier ne partit jamais du sien qu'il ne sceust que tout feust passé, ou qu'il n'y laissast gardes affin qu'on n'y mist point le feu. Entre toutes manières de gens, c'estoit la plus gracieuse personne du monde, qui plus honnoroit gens de vertu, et qui moins parloit des vicieux. Il estoit fort mauvais flateur et adulateur ; tout son cas estoit fondé en vérité, et à quelque personne que ce feust, grant prince ou autre, ne fléchissoit jamais pour dire autre chose que la raison. Des biens mondains, il n'y pensa en sa vie ; et bien l'a montré, car à sa mort il n'estoit guères plus riche que quant il fut né[1]. Quant on luy parloit des gens puissans et riches où il pensoit qu'il n'y eust pas grande vertu faisoit le sourt et en respondoit peu, et par le contraire ne se pouvoit saouller de parler des vertueux. Il estimoit en son cueur ung gentilhomme parfait, qui n'avoit que cent francs de rente, autant que ung prince de cent mille, et avoit cela en son entendement que les biens n'anoblissent point le cueur.

Le cappitaine Loys d'Ars le nourrit en jeunesse, et croy bien que soubz luy aprist le commencement des armes. Aussi toute sa vie lui a-il porté autant d'honneur que s'il eust esté le plus grant roy du monde ; et quant on parloit de luy, le bon chevalier y prenoit plaisir merveilleux, et n'estoit jamais las d'en bien dire. Il ne fut jamais homme suyvant les armes qui mieulx en congneust l'ypocrisie, et souvent

---

1. Il y a quelque exagération dans cette affirmation si absolue du *Loyal serviteur*. Bayart quitta la maison paternelle sans aucun bien. Il acheta plus tard les terres de Grignon et Saint-Maximin, ainsi qu'il résulte d'un acte d'acquisition daté du 31 octobre 1521 et conservé aux Archives de l'Isère (*Quartus liber alienationum*. Pièce 40), et laissa entre les mains de ses frères des sommes assez fortes pour que, après sa mort, ils pussent donner en dot à sa fille naturelle quatorze cents écus d'or, ce qui représente une valeur intrinsèque de dix-sept mille francs et une valeur dix fois supérieure à la puissance actuelle de l'argent.

disoit que c'est la chose en ce monde où les gens sont plus abusez, car tel fait le hardy breneux en une chambre, qui, aux champs devant les ennemys, est doulx comme une pucelle. Peu a prisé en son temps gens d'armes qui habandonnent leurs enseignes pour contrefaire les hardis, ou aller au pillage. C'estoit le plus asseuré en guerre qu'on ait jamais congneu, et à ses parolles eust fait combatre le plus couart homme du monde. Il a fait de belles victoires en son temps, mais jamais on ne l'en ouyt venter, et s'il convenoit qu'il en parlast, en donnoit tousjours la louenge à quelque autre. Durant sa vie a esté à la guerre avecques Anglois, Espaignolz, Almans, Ytaliens et autres nations, et en plusieurs batailles gaignées et perdues; mais où elles ont esté gaignées, Bayart en estoit tousjours en partie cause, et où elles se sont perdues, s'est trouvé tousjours si bien faisant que gros honneur luy en est demouré. Oncques ne voulut servir que son prince, soubz lequel n'avoit pas de grans biens, et luy en a on présenté beaucoup plus d'ailleurs en son vivant; mais tousjours disoit qu'il mourroit pour soustenir le bien public de ses pays. Jamais on ne luy sceut bailler commission qu'il refusast; et si luy en a on baillé de bien estranges. Mais pour ce que tousjours a eu Dieu devant les yeulx, luy a aydé à maintenir son honneur, et jusques au jour de son trespas, on n'en avoit pas osté le fer d'une esguillette.

Il fut lieutenant pour le roy son maistre ou Daulphiné, ouquel si bien gaigna le cueur tant des nobles que des roturiers, qu'ilz feussent tous mors pour luy. S'il a esté prisé et honnoré en ses pays ne se fault pas esmerveiller; car trop plus l'a esté par toutes autres nations, et cela ne luy a pas duré ung ne deux ans mais tant qu'il a vescu, et dure encores après sa mort, car la bonne et vertueuse vie qu'il a menée luy rend louenge immortelle. Oncques ne fut veu qu'il ait voulu soustenir le plus grant amy qu'il eust eu ou monde contre la raison; et tousjours disoit le bon gentilhomme que tous empires, royaulmes et provinces sans justice sont forestz pleines de brigans. Es guerres a eu tousjours trois excellentes choses et qui bien affièrent[1] à parfaict chevalier : assault de levrier, deffense de sanglier et fuyte de loup.

Brief, qui toutes ses vertus vouldroit descripre il y conviendroit bien la vie d'ung bon orateur, car moy qui suis débile et peu garny de science n'y sçauroy attaindre; mais de ce que j'en ay dit supplie humblement à tous lecteurs de ceste présente histoire le vouloir prendre en gré, car j'ay faict le mieulx que j'ay peu, mais non pas ce qui estoit bien deu pour la louenge d'ung si parfaict et vertueux personnage que le bon chevalier sans paour et sans reprouche, le gentil seigneur de Bayart, duquel Dieu par sa grace vueille avoir l'ame en paradis. Amen.

1. *Affièrent,* conviennent.

APPENDICE

I.

(Voir p. 3.)

La famille de Bayart.

La famille Terrail n'est pas d'une illustration fort ancienne ; les généalogistes n'en trouvent pas de traces avant le xive siècle : elle appartenait à cette petite noblesse héroïque et pauvre dont le principal privilége fut de verser son sang pour la France pendant tout le moyen-âge. Voici, d'après Chorier, la liste des aïeux de Bayart : Aubert ou Albert, tué à la bataille de Varey (1326) ; — Robert, châtelain de la Buissière, combat à Varey (1326-1333) ; — Philippe, tué à la bataille de Poitiers (1350) ; — Pierre, fait construire le château de Bayart (1404), est tué à Azincourt (1415) ; — Pierre, combat à la bataille d'Anthon (1430), est tué à celle de Montlhéry (1465) ; — Aymon, blessé à la bataille de Guinegate, épousa Hélène Alleman et fut père de Bayart.

Bayart eut trois frères et quatre sœurs : Jacques et Philippe entrèrent dans les ordres et devinrent successivement évêques de Glandevez ; Catherine fut religieuse au monastère de Prémol ; Jeanne devint abbesse de celui de N.-D. des Haïes ; Marie épousa Jacques du Pont et fut mère du capitaine Pierrepont, dont il est parlé si souvent dans les récits du *Loyal Serviteur ;* Claudie épousa Antoine de Theys. Georges, frère aîné de Bayart, épousa Claudie d'Arvillars et eut deux filles : Barbe, qui ne se maria pas, et Françoise, qui épousa Charles Copier.

Bayart eut de Barbe de Tresca, appartenant à une noble famille de Lombardie, une fille naturelle nommée Jeanne qui épousa en 1525 François de Bocsozel ; nous publierons plus loin son contrat de mariage.

Une autre branche de la famille Terrail est issue de Jacques, fils de Philippe ; elle prit le surnom de Bernin, de même que la branche aînée avait pris celui de Bayart. Elle finit en 1660 par Thomas, seigneur de Bernin, et François, seigneur de Saussan et Pignan, morts tous deux sans alliances. Cette branche avait embrassé le protestantisme. La famille Terrail est entièrement éteinte aujourd'hui ; ses armoiries étaient : *d'azur au chef d'argent chargé d'un lion naissant de gueules, au filet d'or mis en bande brochant sur le tout.*

Parmi les pièces relatives à la famille Terrail nous citerons les lettres patentes du gouverneur du Dauphiné en date du 4 mars 1404 autorisant Pierre Terrail à construire une maison forte au lieu de Bayart, au mandement d'Avalon ; l'hommage prêté par le même le 31 octobre 1413 pour les biens qu'il possédait dans le mandement d'Avalon ; ces deux actes sont conservés aux archives de l'Isère. Dans les pièces originales du cabinet des titres de la Bibliothèque nationale nous trouvons une ordonnance du gouverneur du Dauphiné du 15 octobre 1424 enjoignant au receveur de l'aide de la province de payer à Pierre Terrail ses gages et ceux de sa compagnie, qui se composait de quatre hommes d'armes, lui compris. Cette ordonnance est accompagnée de la montre de cette compagnie contenant les noms de Pierre Terrail, écuyer banneret, Anthoine Acquent, Jehan Ronde et le bâtard Terrail, et de la quittance avec signature autographe donnée par le même Pierre Terrail le 18 octobre 1424 au trésorier qui l'a payé.

II.

(Voir p. 139.)

Ordonnance du roi de France du 12 janvier 1508 relative à la conduite des gens de pied et promesse des capitaines de l'observer[1].

C'est l'ordre que le roy veult estre observée et gardée par les

---

1. Bibl. nat., ms. Dupuy, vol. 85, p. 26. Original.

cappitaines des gens de pié que ledict seigneur a retenuz pour la conduite desdits gens de pié en l'armée qu'il fait présentement pour aller delà les monts.

Et premièrement, que lesdictz cappitaines ne prandront que tous bons compaignons de guerre et que soient pour bien servir ledict seigneur.

Item, et après que lesdicts compaignons seront levez, lesdicts cappitaines les conduiront et méneront sans les habandonner et ne souffreront qu'ilz pillent et facent maulx au peuple ainsi que par cy-devant c'est fait, et si aucuns desdicts gens de pié faisoient le contraire, lesdicts cappitaines seront tenuz les mectre entre les mains de la justice pour en faire faire réparation telle qu'il appartient, et s'ilz en estoient reffusans ledict seigneur s'en prandra à eulx et en respondront sur leur vie.

Item, la montre desdicts gens de pié faicte et qu'ilz auront eu paiement, lesdicts cappitaines les feront vivre en bon ordre et police et paier les vivres qu'ilz prandront à pris raisonnable.

Item, et ne bailleront lesdicts cappitaines aucunes charges ou commissions à gens qu'ilz soient, pour lever lesdicts compaignons et les conduire, qu'ilz ne soient gens de bien et dont ilz respondent s'ilz faisoient aucuns abbuz ou pilleries.

Item, et ne lèveront ou mectront sus plus grant nombre de compaignons que leur sera ordonné sur peine de s'en prandre à eulx.

Item, lesdicts cappitaines desdicts gens de pié pour chascune compaignie de cinq cens hommes auront davantaige xxv payes pour départir à leurs lieutenans, porteurs d'enseignes, chefz et autres bons personnages de leurs bendes à la discrétion desdicts cappitaines, et ainsi des autres bendes de plus plus et de moints moints à ladicte raison ; et seront baillez lesdictes payes à ceulx qui seront nommés par lesdicts cappitaines sans mectre l'argent ès mains d'iceulx cappitaines.

Item, quant la monstre desdicts gens de pié se fera, les cappitaines feront sérement ès mains des commissaires qu'ilz ne feront point de faulces monstres et qu'ilz ne présenteront personnages qu'ilz ne sachent véritablement avoir servy et estre pour servir pour le temps que seront paiez; et s'il est trouvé le contrère ledict seigneur s'en prandra ausdicts cappitaines.

Item, et ne pourront lesdicts cappitaines remplir leurs roolles de ceulx qui seront morts ou absens; mais si ou lieu d'iceulx on y en mectoit d'autres, ilz les feront enrooller par les comissaires et contrerolleurs à la dernière monstre pour estre payez à la monstre ensuivant.

Fait à Bloys, le xij[e] jour de janvier l'an mil cinq cens et huit.

Loys. — Gedoyn.

Nous, cappitaines cy-dessoubz nommez, confessons avoir veu et entendu l'ordonnance qu'il a pleu au roy faire sur le fait de ses gens de pié, laquelle chascun en nostre endroit nous promectons entretenir selon ladicte ordonnance et le voulloir et intention dudict seigneur. En tesmoing de ce nous avons signé ces présentes de noz mains le xvme jour de janvier l'an mil cinq cens et huit.

Gallet d'Aydye. — Raimon de Daillon. — Ph. de Rychemont. — Olivier de Silly. — Bayart. — Uriage[1].

III.

(Voir p. 311.)

Lettre de Bayart relative à la bataille de Ravenne (1512).

[A Monsieur l'évêque de Grenoble[2].]

Monsieur, si très humblement que faire je puis à vostre

---

1. La signature qui suit le nom de Bayart est celle de Soffrey Alleman, s[r] d'Uriage, plus connu sous le nom de capitaine Molart, dont il est parlé à plusieurs reprises dans notre chronique. Les autres sont celles de Gallet d'Aydie, s[r] de Lescun, surnommé le capitaine Odet, d'Olivier de Silly, s[r] de la Chapelle, et enfin de Raymond de Daillon, fils du seigneur du Lude. Nous ignorons l'origine de Philippe de Richemont.

2. Archives de l'Isère, B 2906, n° 364. Copie. Publié dans les

bonne grâce me recommande. Depuis que dernièrement vous ay écrit, avons eu, comme jà avez peu savoir, la bataille contre noz ennemis, mais pour vous en advertir bien au long, la chose fut telle.

C'est que nostre armée vint loger auprès de ceste ville de Ravenne; noz ennemis y furent aussi tost que nous afin de donner cœur à ladicte ville et au moyen tant d'aucunes nouvelles qui couroient chaque jour de la descente des Suisses, qu'aussi le manque de vivres qu'avions en nostre camp, Monsieur de Nemours se délibéra de donner la bataille et dimanche dernier passa une petite rivière qui estoit entre nosdits ennemis et nous. Si les vinsmes rencontrer; ils marchoient en très-bel ordre et estoient plus de dix-sept cens hommes d'armes, les plus gorgias et triomphans qu'on vit jamais, et bien quatorze mille de pied aussi gentils galands qu'on sçauroit dire. Si vindrent environ mille hommes d'armes des leurs comme gens désespérés de ce que nostre artillerie les affoloit, ruer sur nostre bataille en laquelle estoit Monsieur de Nemours en personne, sa compagnie, celle de Monsieur de Lorraine, de Monsieur d'Ars et autres jusques au nombre de quatre cens hommes d'armes ou environ, qui receurent lesdits ennemis de si grand cœur, qu'on ne vit jamais mieux combatre. Entre nostre avant-garde qui estoit de mille hommes d'armes et nous il y avoit de grands fossez et aussi elle avoit affaire ailleurs que nous pouvoir secourir. Si conveint à ladite bataille de porter le faiz desdits mille hommes ou environ; en cet endroit Monsieur de Nemours rompit sa lance entre les deux batailles et perça un homme d'armes des leurs tout à travers et demie brassée davantage. Si furent lesdits mille hommes d'armes deffaits et mis en fuite et ainsi que leur donnions la chasse vinsmes rencontrer leurs gens de pied auprès de leur artillerie avec cinq ou six cens hommes d'armes qui estoient parquez et au devant d'eux avoient des charretes à deux roues sur lesquelles il y avoit un grand fer à deux aisles de la longueur de deux ou trois brasses et estoient nos gens de pied combattus

notes d'Expilly sur la vie de Bayart. Grenoble. Jean Nicolas, 1650.

main à main. Leursdits gens de pied avoient tant d'arquebutes que quand ce vint à l'aborder ilz tuèrent quasi tous nos capitaines de gens de pied en voye d'esbranler et tourner le dos. Mais ils furent si bien secourus des gens d'armes qu'après bien combatre nosdits ennemis furent deffaits, perdirent leur artillerie et sept ou huit cens hommes d'armes qui leur furent tuez et la plupart de leurs capitaines avec sept ou huict mille hommes de pied. Et ne sçait-on point qu'il se soit sauvé aucuns capitaines que le vice-roi, car nous avons prisonniers les seigneurs Fabrice Colonne, le cardinal de Médicis, légat du pape, Petro Navarre, le marquis de Pesquiere, le marquis de Padule, le fils du prince de Melfe, dom Jean de Cardonne, le fils du marquis de Betonde, qui est blessé à mort, et d'autres dont je ne sçais le nom ; et ceux qui se sauvèrent furent chassez huict ou dix mille et s'en vont par les montagnes écartez et encore, dit-on, que les vilains les ont mis en pièces.

Monsieur, si le Roy a gagné la bataille je vous jure que les pauvres gentilhommes l'ont bien perdue, car ainsi que nous donnions la chasse, Monsieur de Nemours vint trouver quelques gens de pied qui se rallioient, si voulut donner dedans, mais le gentil prince se trouva si mal accompagné qu'il y fut tué, dont toutes les desplaisances et dueils qui furent jamais faits ne fut pareil que celuy qu'on a démené et qu'on démène encore en nostre camp ; car il semble que nous ayons perdu la bataille. Bien vous promets-je, Monsieur, que c'est le plus grand dommage que de prince qui mourut de cent ans a ; et s'il eust vescu âge d'homme il eust fait des choses que oncques prince ne fît, et peuvent bien dire ceux de deça qu'ils ont perdu leur père, et de moi, Monsieur, je ne sçaurois vivre qu'en mélancholie, car j'ai tant perdu que je ne le sçaurois escrire.

En d'autres lieux furent tuez Monsieur d'Alègre et son fils, Monsieur du Molar, six capitaines alemands et le capitaine Jacob, leur colonel ; le capitaine Maugiron, le baron de Grand-Mont et plus de deux cens gentilshommes de nom et tous d'estime, sans plus de deux mille hommes de pied des nostres, et vous asseure que de cent ans le royaume de France ne recouvrera la perte qu'y avons eue.

Monsieur, hier matin fut amené le corps de feu Monsieur à

Milan avec deux cens hommes d'armes au plus grand honneur qu'on a sçeu adviser, car on porte devant lui dix-huict ou vingt enseignes les plus triumphantes qu'on vid jamais qui ont esté en cette bataille gagnée. Il demeurera à Milan jusques à ce que le Roy ayt mandé s'il veut qu'il soit porté en France ou non.

Monsieur, nostre armée s'en va temporisant par cette Romagne en prenant toutes les villes pour le concile[1]; ils ne se font point prier d'eux rendre au moyen de ce qu'ils ont peur d'estre pillez comme a esté cette ville de Ravenne, en laquelle n'est rien demeuré, et ne bougerons de ce quartier que le Roy n'ayt mandé ce qu'il veut que son armée face.

Monsieur, touchant le frère du Poste dont m'avez écrit, incontinent que l'envoyerez il n'y aura point de faute que je ne le pourvoye. Puisque cecy est despéché je croy qu'aurons abstinence de guerres; toutesfois les Suisses font quelque bruict tousjours; mais quand ils sçauront cette deffaite peut-être ils mettront quelque peu d'eau en leur vin. Incontinent que les choses seront un peu appaisées je vous iray voir. Priant Dieu, Monsieur, qu'il vous donne très-bonne vie et longue. Escrit au camp de Ravenne ce 14e jour d'avril.

Vostre humble serviteur,
BAYART.

IV.

(Voir p. 336.)

Lettre de Laurent Alleman, évêque de Grenoble, à la reine Anne de Bretagne, relative à la maladie de Bayart (1512).

A la Royne ma souveraine dame[2].

Madame, j'ay receu les lettres qu'il vous a pleu m'envoyer

---

1. Pour le concile convoqué par Louis XII à Pise en opposition à celui que Jules II réunit à Rome à Saint-Jean-de-Latran, et qui, transféré à Milan, fut dissous après avoir déposé le pape. Ses décisions n'eurent aucune autorité et ne furent pas mises à exécution.

2. Cabinet de M. de Terrebasse. Original. Publié dans la *Vie de Bayart* par M. de Terrebasse. Vienne, 1870, in-8°, p. 461.

par maistre Pierre, vostre médecin, et entendu par luy vostre vouloir et commandement. Madame, soyez toute asseurée que en toutes les heures, prières et suffrages qu'il se dist journellement à nostre seigneur Dieu en vostre pays de Graysivodan et mesme par les gens réformez avec grans abstinences, le roy et vous, Madame, avec l'estat de voz royaulme et seigneurie, estes singulièrement et affectueusement recommandez et n'est possible, Madame, que tant de prières et larmes gectées ne soyent exaulcez pour vous profiter en ce monde et en l'autre. Madame, la venue de vostredit médecin est cause de guérir mon nepveu Bayart, car les médecins d'icy n'avyont cognoissance d'une fievre lante qu'il avoit en l'estomac et tellement l'a secouru que dedens trois ou quatre jours s'en va en Guyenne en vostre service.

Madame, j'ay parlé audit Bayart du mariaige duquel il vous a pleu parler au vicomte de Rodes[1], dont luy et moy avons bien cause d'estre très que adonnez et soigneulx de vous faire service agréable, quant il vous plaist entendre à l'affaire d'un si petit vostre serviteur comme luy. Il m'a dit qu'il est encore bien mal fondé en biens pour supporter les charges de ce mariaige et que encores il ne vous a faict quelque bon service ainsi qu'il a bien espoir de faire, mais que il s'en ira en Guyenne pour se mectre en debvoir d'obeyr au commandement du roy et de vous et pour ayder à résister aux gros affaires et vous y faire quelque bon service ainsi qu'il a bien espoir, car il n'a comme il dit, aultre désir en ce monde; et comme que l'on vous ayt dit d'ung fils, il n'y a que troys filles qui sont de deux mères donct l'aynée est seule de la première; et à ce que j'entens de luy il ne scet encores que veult dire se marier. Mais s'il vous plaist, Madame, vous l'aurez pour recommandé. Madame, je prie au benoit fils de Dieu vous donner très bonne et très longue vie. A la Plaine[2], ce vj^e de septembre.

Vostre très humble et très obéissant subget et serviteur,

L'ÉVESQUE DE GRENOBLE.

1. Il s'agit probablement ici de Guillaume de Carmain, vicomte de Rodez.

2. Château des évêques de Grenoble.

V.

(Voir p. 392.)

Lettres de Frantz de Sickingen, de Louis de Hangest, seigneur de Montmor, de Charles de Bourbon, duc d'Alençon, et de Gaspard de Coligny, maréchal de Châtillon, relatives au siége de Mouzon (1521).

[Au Roi[1].]

Monseigneur, j'ay veu les lettres qu'il vous a pleu m'escripre par lesquelles me mandez adviser avec Messieurs d'Orval et mareschal de Chastillon quelle provision l'on pourroit promptement donner au fait de Tournay. Monseigneur, comme hier je vous feis entendre par Fors monsieur d'Orval est à Mézières devers lequel j'ay envoyé le capitayne Bayard, le bailly de Caen, Boucal, Pierrepont et Suzanne, lieutenant de l'artillerie, pour veoir ce qui luy est nécessaire pour ledict Mézières et n'y a de ceste heure icy que messieurs de Saint-Pol, mareschal de Chastillon et moy. Toutesfois ledict mareschal lequel a ce jour d'huy depesché le messagier de Tournay, vous escript au long ce qui luy en semble. Au demeurant je vous advise, Monseigneur, que tout à ceste heure ay veu lettres par lesquelles l'on advertit monsieur de Montmor que le bruict est que le siége s'en va devant Mouzon, et pour ce qu'il m'escript donner provision à ce qui luy est nécessaire je luy fais response, pour le doubte que j'ay de ne luy pouvoir bailler gens qui assez tost peussent estre vers luy, qu'il lieve en toute diligence ce qu'il congnoistra qu'il luy en fault, ou s'il voyt que une bande de gens de pyé d'icy peust estre assez à temps vers luy qu'il le mande et incontinent je les y feray marcher, et que au demeurant il fasse retirer dedans la ville tant de vivres qu'il pourra. Monseigneur, de ce que j'entendray vous advertyray tousjours incontinent pour y pourveoir selon le bon plaisir de vous,

1. Bibl. nat., mss. Clairambault, vol. 319, p. 5995. Copie.

Monseigneur. Pryant le créateur vous donner, Monseigneur, très longue vie et très bonne santé.

De Reims, ce dernier juillet.

Vostre très humble et très hobéyssant suget et serviteur,

Charles.

Au cappitaine de Mouzon, sieur de Montmor[1].

Cappitaine, je vous adverty que me suis trouvé hier devers monseigneur de Nassau et autres gens du conseil de guerre de la très sacrée majesté de l'empereur, entre lesquelz a esté advisé et conclu de vous assiéger. Et pour ce que, à mon retour du Roy vostre maistre, me feistes en vostre maison de Chavronge de l'honneur, bonne chère beaucoup, et de bonnes offres et des présentations, je seray mary estre ingrat envers moy[2]; et pour ce que je considère, et qu'il est vraysemblable que la ville de Mouzon estant à présent soubz vostre charge, comme en suis vérifié, n'est à résister contre telle foule, vous prie que ayez la considération de la puissance dudict seigneur empereur et de ma présente armée, que ne mectez aucune difficulté de vous départir, ensemble et voz gens de guerre avec leur bagage, de ladicte ville en la mectant en mes mains; et je vous asseure de vous en laisser départir, ensemble et voz gens comment dict est; autrement la diligation à laquelle sera faicte, et par tel ordre et debvoir que n'est à présupposer estre à vous possible de la garder, et ne sera à moy, vous, ne à voz gens rendre aucunement gratuite, dont me déplairoit, espérant que ma trompette porteur par ces présentes, me ferez responce.

Escript au camp auprès de Stanay-sur-Mouzon, ce xxj° jour d'aoust l'an v° xxi.

Franciscus de Sicingen, manu propria.

---

1. Bibl. nat., mss. français, vol. 3092, p. 121. Copie du temps. On ne s'étonnera pas du style de cette lettre en se rappelant qu'elle est écrite par un Allemand.

2. Il y a bien *moy* dans le texte; mais c'est *vous* qu'il faudrait.

Au cappitaine le seigneur Francisque[1].

Cappitaine, j'ay à ceste heure veu vostre lettre datlée du xxj° d'aoust v° xxi par vostre messager et trompette, par laquelle vous dictes que du jour d'hier vous estes trouvé avecques monsieur de Nassau et autres gens du conseil de l'empereur entre lesquelz dictes avoir esté advisé de me assiéger, et que pour quelque bonne chère que dictes que vous ay fait à ma maison de Chaberonges et plusieurs bonnes offres et presentations, et à l'occasion de ce, me vouldriez fere plaisir à moy et aux cappitaines et gens de guerre qui sont en ceste ville et autres choses contenues en vostre dicte lettre dont vous tiens assez recouz. Pour responce : il a pleu au roy très chrestien mon souverain seigneur de me bailler la garde de ceste ville de Mouzon, avecques beaucoup de bons cappitaines et gens de guerre qui sont icy, lesquelz eulx et moy sommes délibérez de faire nostre debvoir et le bien et loyaument servir en actendant son bon plaisir, et du contenu de vos dictes lettres l'advertiray à toute diligence. Bien est vray que je trouve estrange, veu anciènes lettres que m'a escript monsieur de Nassau, par lesquelles il m'a toujours escript qu'il n'avoit charge de l'empereur faire guerre sur les pays et subgetz du roy mondict souverain seigneur et n'ay point entendu qu'il y ayt aucune déclaration de guerre entre nos princes et souverains seigneurs. Quant à moy, où je vous pourrois faire plaisir je le ferey de bon cueur, mon honneur saulve.

Escript à Mouzon, ce xxj° jour d'aoust v° xxi.

LOUIS DE HANGEST.

Au Roy mon souverain seigneur[2].

Sire, je vous escripviz hier comme j'avois mandé tous les

---

1. Bibl. nat., mss. français, vol. 3092, p. 120. Copie du temps.
2. Bibl. nat., mss. français, vol. 2967, p. 18. Original.

chefz des bendes qui furent mises dedans Mouzon pour entendre au vray la manière de la reddition de la ville. Sire, je les ay ouyz parler, présens plusieurs gens de bien de la compaignie qui est par deça, lesquelz m'ont dit l'inconvénient estre advenu par les gens de pyed qu'ilz se mutinèrent disans qu'ilz ne combatroient ny ne se mectroient en deffence, s'ilz n'estoient payez d'un mois; et voyant, monsieur de Montmor, ensemble les gens de bien qui estoient avecques luy, estre en ceste nécessité, et que sans lesdicts gens de pyed qui estoient la plus grosse force qu'ilz eussent ilz ne pouvoient faire résistance à l'encontre de la puissance qui estoit devant eulx, fut ledict sieur de Montmor contrainct de rendre ladicte ville à telle composition que avez esté adverty. Sire, ledit sieur de Montmor, avecques le plus de ses gens qu'il a peu remonter et armer, s'en va vers Saincte-Ménéhoult sur les passaiges et le long de la lizière de Lorraine pour faire et donner tout l'ennuy et empeschement qu'il pourra aux Bourgongnons et à leurs vivres principallement, et croy, Sire, qu'il vous y fera ung grant service, car luy et la pluspart de ses gens congnoissent ce pays là. Sire, quant au fait de Mezières, il ne nous est venu aucunes nouvelles de ceulx de dedans, car les ennemys les pressent et batent merveilleusement de deux coustez et les tiennent si bien encloz qu'il n'en peut sortir personne. Sire, je prie Nostre-Seigneur qu'il vous doint très bonne vie et longue.

A Reims, le iij[e] jour de septembre.

Vostre très humble et très hobéissant suget et servyteur,

CHASTILLON.

A mon très redoubté et souverain seigneur[1].

Monseigneur, par Poton[2] avez entendu la composition de Mouzon et depuis est icy venu le sieur de Montmor qui a prié que, en la présence des gens de bien qui y sont, les cappitaines

---

1. Bibl. nat., mss. français, vol. 2967, p. 6. Original.
2. Antoine Raffin, dit Poton, écuyer, s[r] de Puychaunais.

et chefz des bandes estans audict Mouzon avecques luy fussent oyz, ce que j'ay bien voulu; et après avoir le tout entendu vous asseure qu'ilz n'en ont dit chose dont il sceust avoir reprouche ne blasme, mais y a fait tout ce que homme de bien peut, s'offrant tousjours de mourir le premier à la bresche, et sans estre contrainct par les gens de pyé ne fust point venu là de ceste sorte, mais d'avoir à combatre ceulx de dedans et de dehors luy estoit trop difficile; car nomméement la pluspart des gens de pyé et presque tous, luy dirent que sans estre paiez d'un moys après le premier coup de canon tyré ilz ne combatroient point et ne feroient guect ne escoute, ne iroyent sur la muraille, quelque remonstrance que leur peussent faire leurs cappitaines, lesquelz y ont fait ce qu'ilz ont peu. Et à ceste cause voyant par ledict sieur de Montmor que impossible luy estoit de résister, ne plus tenir, par l'opinyon de tous les gentilzhommes et gens de bien estans avecques luy y a fait ce que voyez et avez peu savoir. Au demeurant, Monseigneur, voyant qu'il est merveilleusement en bonne voulenté de vous faire bon service et se revancher luy ay donné commission d'assembler de sa compaignie ceulx qui pourront recouvrer harnois et chevaulx à Saincte-Menehoust, et avecques celle de monsieur de Florenges se retirer vers la rivière, sur les passaiges et au quartier de Lorrayne, dont viennent les vivres des Bourguignons, pour leur rompre chemyn et faire le plus d'ennuy qu'il pourra. Monseigneur, je supplye le Créateur vous donner très longue vye en très bonne santé.

De Reyms, ce iiij^e jour de septembre.

Vostre très humble et très hobeyssant suget et servyteur,

CHARLES.

VI.

(Voir p. 393.)

Lettres du Roi, de Louise de Savoie, de Bayart, de Montmorency, du maréchal de Châtillon, de Charles duc d'Alençon, de Jean d'Albret, seigneur d'Or-

val, *de Robert de la Marck et de René, grand bâtard de Savoie, relatives au siége de Mézières* (1521).

A mon très redouté et souverain seigneur[1].

Monseigneur, pour ce que je n'ay point encores eu de responce de monsieur d'Orval s'il viendroit ou non, doubtant que par faulte de donner prompte provision aux places l'on peut estre surprins, j'ay ce matin assemblé messeigneurs le mareschal de Chastillon, cappitaine Bayart et les autres, lesquelz j'avoyz envoyez visiter Mezières, et après avoir ouy leur rapport combien que de ceste heure elle ne soit en estat d'attendre ung siége, ledit sieur de Bayard pense que estant dedans avecques sa compagnie, celle de monsieur d'Orval, qui y est, et les bandes du baron de Montmoreau et Boucal, qu'il la pourra garder. A ceste cause les ay incontinent depeschez pour les y envoyer, saichant que si les Bourguignons passent oultre on pourra tousjours retirer ses bandes. Monseigneur, j'euz hier soir nouvelles que leur siége est devant Bouillon, mais ce ne sont que les Lyegois; toutesfois aux gens qui sont dedans la place, je ne fais nul doubte qu'elle ne soit incontinant prinse. D'avantaige l'autre bande de leur armée devoyt aujourd'huy venir coucher à Donzy[2], qui n'est que à une bonne lieue de Mouzon, qui sont toutes les nouvelles que j'ay entendu, fors ce que vous dira ce porteur qui en vyent, auquel j'ay fait bailler la poste afin que, s'il vous plaist de l'ouyr, vous entendez à la vérité où est le roy catholicque et de ses entreprinses. Monseigneur, quant au surplus j'ay envoyé la bande de Poiffou à Mouzon, où il y a bien deux cens cinquante hommes et aujourd'huy ay mandé au sieur de Montmor lever jusques à mille hommes de pyé parce que des gens de cheval il ne peut avoir que sa compagnie. Qui sera pour la fin, après vous avoir supplyé, Monseigneur, vouloir donner ordre au fait de l'argent car nous en sommes fort pressez icy et n'a l'on envoyé à mon-

---

[1]. Bibl. nat., mss. français, vol. 2962, p. 99. Original.
[2]. *Donzy*, arrondissement de Sedan (Ardennes).

sieur le général que des parties en papier qui ne sont aysées à recouvrer soubdainement. Monseigneur, je supplye le Créateur vous donner très longue vie en très bonne santé.

De Reims, ce iiije jour d'aoust.

Vostre très humble et très hobéyssant suget et serviteur,

CHARLES.

[Au Roi¹.]

Sire, j'ay receu à ce soir les lettres qu'il vous a pleu m'escripre du premier jour de ce mois, par lesquelles, Sire, je vois bien qu'on vous a donné à entendre que ceste ville de Maisières n'est pas tenable ni gardable. Toutesfois, Sire, il me semble que je suis aussy creable de ceste affaire, qui suis gouverneur et vostre lieutenant en ce pays passé a xxxvi ans, que ceulx qui n'y furent jamais, et croy que vous avez bien ceste fiance en moy que ne vouldroys perdre voz gens ne vostre artillerie ne moy avecques, ne les mettre en hasard que ne feust à bonne cause et qu'il soit ainsi que je dis vray, Sire, et qu'en ce qu'on vous a escript c'est par des gens qui ne congnoissent pas la ville ne le pays. Il a pleu à Monseigneur² envoyer en cestedicte ville depuis quatre ou cinq jours messieurs de Bayart, le bailly de Caen, Pierrepont et maistre de l'artillerye Suzanne qui l'ont trouvée telle qu'elle ne se doibt habandonner, mais chèrement garder pour l'importance de vostre royaume et qu'elle le vault et est bien tenable avecques les réparations qu'on y faict et avecques les gens et artillerie que j'ay demandez, et tel a esté leur rapport faict à mondict seigneur comme pourrez veoir par ses lettres qu'il m'a depuis escriptes après avoir ouy leur dit rapport et croy qu'il ne tiendra à mondict seigneur qu'il ne soit pourvu à toutes choses comme il appartient et que cestedicte ville ne soit bien gardée. Toutesfois, Sire, vostre bon plaisir en soit faict, car, supposé que je y perde, la perte sera trop plus grande pour vous

---

1. Bibl. nat., mss. Clairambault, vol. 319, p. 6089. Copie.
2. Le duc d'Alençon.

que pour moy, et s'il vous plaist ainsy il me doibt bien plaire. Sire, vous saurez le demourant par ce gentilhomme présent porteur que j'envoye pour ceste cause vers vous lequel il vous plaise croire. Sire, je prie à Dieu qu'il vous doint très bonne vie et longue.

Escript de Maizières, le iiij^e jour d'aoust.

Vostre très humble et très hobeissant subject et serviteur,

D'Alberet.

[Au Roi[1].]

. . . .

Sire, il se fait diligence extresme en ceste ville de Maizières de la pourveoir et remparer en telle manière que j'espère que si nous avons encores loisir de dix ou douze jours elle nous fera tel service que vous en contenterez aultant que de lieu où vous ayez mis vostre argent. Monseigneur m'a envoyé l'artillerie que je demandoys et les gens pareillement qui seront icy aujourd'huy ou demain, et dès hyer arrivèrent messieurs de Bayard et baron de Montmoreau, et vous advertis, Sire, que vous avez icy une compagnie de gens qui sont bien délibérez de vous faire service. Sire, j'ay souvent adverty mondict seigneur de tout ce qu'il m'est venu depuis que je suis icy pour vous en advertir encores promptement, luy envoye quelques autres advertissements pour les vous envoyer. Sire, je prie à Dieu qu'il vous doint très bonne vie et longue.

Escript à Maizières, ce 8e jour d'aoust.

Vostre très humble et très obeissant subget et serviteur,

D'Alebret.

[Au Roi[2].]

. . . .

Sire, l'on a mis dedans Mézières ii^c hommes d'armes et ii^m hommes de pied qui est au plus qu'on y sauroit mectre pour

1. Bibl. nat., mss. Clairambault, vol. 319, p. 6153. Copie.
2. Bibl. nat., mss. français, vol. 2975, p. 17. Original.

la deffendre sans espérance de secours, car ilz sçavent bien que nous ne les sçaurions secourir de ce que nous aurons icy ; et à ce qu'ilz mandent tous les jours je pense qu'elle se deffendra et qu'ilz[1] ne l'emporteront point qui ne leur couste du temps beaucoup, et cependant si voz Suysses venoient je ne ditz pas que on ne essayast bien de les lever[2]. Quant à Mouzon, il n'est si bien equippé, car il n'a sceu avoir que III ou IIII^c aventuriers, le reste jusque à mil hommes ce sont gens du pays, et n'a compaignie de gens d'armes que la sienne. Pour ceste raison je feiz hier partir la gendarmerie qui pourront estre environ III^c hommes d'armes et iront jusques aux portes dudict Mouzon qui les favorisera fort, et d'adventaige ilz mectront XXX hommes d'armes de la bende de Monseigneur, de monseigneur de Guyze et de la myenne, et ne sçauroient venir audict Mouzon que les Bourgongnons ne les veoient entrer dedans, mais la rivière de Meuze est entre deux et ne bougeront lesdicts gens d'armes de là autour qu'ilz ne veoient ce que lesdicts Bourgongnons vouldront faire. Et s'ilz passent la rivière leur rompront les vivres et feront tous les ennuyz que possible leur sera. Mondict sieur de la Roche[3] s'en va demain au matin après qui aydera à conduire cela. . . . .

Sire, je prie Nostre-Seigneur qu'il vous doint très bonne vie et longue.

A Reims, le xiij^e jour d'aoust.

Vostre très humble et très hobeyssant suget et servyteur,

CHASTILLON.

Au Roy, mon souverain seigneur[4].

Sire, tant et si très humblement que je puis me recommande à vostre bonne grace. Sire, j'ay receu la lettre qu'il

1. Les ennemis.
2. De faire lever le siège.
3. Anne de Montmorency, s^r de la Rochepot ou de la Roche du Maine.
4. Bibl. nat., mss. français, vol. 2975, p. 21. Original. Publié dans la *Vie de Bayart* par M. de Terrebasse.

vous a pleu m'escripre par laquelle me faictes sçavoir que monseigneur d'Alençon vous a escript la bonne volonté que j'ay à vous faire service et mesmement en l'affere de Mesières, là où je suis venu, où j'ay treuvé monsieur d'Orval, lequel n'en a point bougé et y a donné si bon ordre que je n'y auray pas grant peyne : toutesfois si l'affere y venoit là où ailleurs vous me treuverez vray gentilhomme. Sire, je prie à Dieu qu'il vous doint très bonne vie et longue.

A Mesières, le xiij d'aoust.

Vostre très humble et très obeissant subget et serviteur,

BAYART.

A Monseigneur, Monseigneur duc d'Alençon[1].

Monseigneur, ce jourd'uy, environ l'heure de mydy, sont venuz quinze ou seize enseignes de messieurs les Bourguignons devant ceste ville à ung gect d'arc près de nous, toutesfoiz ne nous ont point encores salluez d'artillerye, combien qu'ilz nous ont assiégez de deux costez, et croy que si n'eussions brullé les faulxbourgs qu'ilz feussent de ceste heure dedans. Nous vous en avons bien voullu advertir pour vous fère tousjours entendre de noz nouvelles, vous advisant, Monseigneur, que l'argent est venu si bien à point qui n'y a celluy en la compaignye qui n'ait merveilleusement bonne volonté de bien servir le roy. Monseigneur, nous mectr[ons peine] d'enctendre tousjours nouvelles de noz ennemys pour vous en advertir, ensemble de ce qui surviendra, le plus souvent que nous pourrons. Qui sera fin de lettre, suppliant Nostre-Seigneur, Monseigneur, vous donner très bonne et longue vie.

A Mesuères, ce vendredy au soir[2].

Vos très humbles et très obeissans serviteurs,

BAYART. — MONTMORANCY.

1. Bibl. nat., ms. français, vol. 2967, p. 32. Original publié par M. de Terrebasse, p. 465.

2. C'est le vendredi 30 août 1521 que commença le siège de Mézières et que cette lettre fut adressée au duc d'Alençon.

Au Roy, mon souverain seigneur[1].

. . . .

Sire, j'ay presentement eu lettres venues de Mezières de monsieur de la Roche et de Bayard où ilz m'escripvent que dès vendredy les Bourgongnons les sont venuz assiéger, mais encores ne tire leur artillerie à cause que le feu est dedans les faulxbourgs qui les garde de aproucher. J'ay eu à ceste heure lettres de mon lieutenant qui est à Rethel que ceste nuyt sont parties deux bendes de noz gensdarmes, l'une va droit audict Mezières pour entendre des nouvelles s'il est possible et l'autre va entre Sedan et ledict Mezières pour veoir s'ilz departiroient point leur armée pour aller en quelque autre endroit; et sans point de faulte, avecques le peu de gens qu'on a, on fait ce qu'on peut, mais ce n'est pas que la pouvre gendarmerie ne soit fort foullée, parquoy, Sire, s'il vous plaist ferez haster celle qui est ordonnée venir par deça . . . .

Sire, je prie Nostre-Seigneur qu'il vous doint très bonne vie et longue.

A Reims, le premier jour de septembre.

Vostre très humble et très hobeissant suget et servyteur,

CHASTILLON.

A Monsieur, Monsieur le mareschal[2].

Monsieur, nous avons receu vostre lettre et sommes très aises de ce que les forces du roy sont ensemble, vous advertissans que depuys deux ou troys jours noz ennemys ne nous ont pas tant pressez d'artillerye comme ilz faisoient par avant et ne savons si c'est par faulte d'amonycion[3] ou de craincte

---

1. Bibl. nat., mss. français, vol. 2968, p. 11. Original. Publié par M. de Terrebasse.

2. Bibl. nat., mss. français, vol. 2962, p. 18. Original. C'est au maréchal de Châtillon qu'est adressée cette lettre; elle a été publiée par M. de Terrebasse comme adressée au duc d'Alençon (p. 464).

3. *Amonycion*, munition.

qu'ilz ont de l'armée dudict seigneur. Au surplus, Monsieur, quant à ce que nous mandez si nous pouvions tenir jusques vers l'affin de ceste sepmaine, nous ne vous y mectrons point de terme, mais vous supplions croire que ce sera tant que nostre honneur et noz vies se pourront estandre pour le service du maistre. Qui sera l'affin de lettre, suppliant Nostre-Seigneur, Monsieur, vous donnez bien bonne et longue vie.

A Mesuères, ce mardy à dix heures de nuyt[1].

Voz plus humbles serviteurs,

MONTMORANCY. — BAYART.

[A Monsieur le baillif de Caen[2].]

Monsieur le baillif, je me recommande bien fort à vostre bonne grace. Je vous advise pour le commencement de ma lettre que nous la ferons assez courte pour ce que nous escripvons au Roy tout au long comme vous voirez, mais bien vous veuil advertir que nos ennemis ont dejà bien grant faim aux dents et ne leur vient plus de vivres par terre, c'il ne leur en vient par mer; et contraignons de faire dilligence tant de batterie que d'autre chose, de diligenter de leurs affaires, et espère que tout viendra si bien à l'honneur du maistre que ses ennemis et les nostres y auront dommaige et honte, et ne sçavent pas bien comment entendre cette famine icy et l'ennuy qu'on leur fait. Des[3] nouvelles de Mezières, ilz ont faict une merveil-

---

1. Le maréchal de Châtillon envoya la lettre précédente, à lui adressée, au roi en l'accompagnant d'une lettre dont nous extrayons le passage suivant :

« Sire, à ce matin ay eu lettre du bailly de Caen et mon lieutenant de quelque petite exécution qui fut faicte hier ainsi que pourrez voir par les lettres dudict bailly que monseigneur vous envoye; pareillement celle de messieurs de la Roche et de Bayard par lesquelles pourrez aussi entendre comme ils se portent dedans leur ville qui n'ont que bien, Dieu mercy. » 9 septembre. (Bibl. nat. mss. Clairambault, 320, p. 6747.)

2. Bibl. nat., mss. Clairambault, vol. 321, p. 6871. Copie.

3. *Des*, quant aux.

leuse batterie toute ceste nuit et tout ce jour, mais en récompense de cela ilz ont eu de la pluye tout leur sou, que je croy que, s'il continue dans ce pays, ce ne sera pas leur avantaige. Ils ont esté toute ceste nuyt icy nous faire une alarme, la plus grosse qu'ils se sont pu adviser, mais ce qu'ils y ont gangné ne leur coustera guères à emporter. Monsieur le bailly, je vous prie que me mandez de voz nouvelles, qui sera la fin de ma lettre, en vous disant à Dieu, qui vous doint tout ce que désirez.

A Sedan, ce xxe jour de septembre.

Celuy qui est et sera le meilleur de vos amis,
Robert de la Marche.

A Monsieur de la Rochepot, mon bon frère et ami [1].

Mon bon frère, j'ay reçeu voz lettres par ce porteur et auparavant vous en avois escript unes que ay depuis sçeu ne vous ont encores esté envoyées et baillées avec ces présentes. Mon bon frère, je vous asseure que avez faict très aise le Roy et la compaignie des bonnes nouvelles que luy avez mandées, et est à croire que les ennemys, veu la constance et preudhommie qu'ilz voyent en ceulx à qui ilz ont affaire, qui ne les craignent guières, qu'ilz se retireront, et y a de l'apparence puis qu'ilz commencent à deslouger leur artillerie comme escripvez. Vous sçaurez, mon bon frère, toutes nouvelles par ce pourteur qui me gardera vous faire plus longue lettre et à tant prie à Dieu vous donner ce que désirez.

A ce matin est arrivé Monsieur le connestable qui s'en est retourné pour haster sa compagnie qui de brief sera icy et nostre force assemblée pour vous aller veoir de plus près.

Escript à Sainct-Thierry, le xxvj^e jour de septembre.

Vostre bon frère et amy,
Le bastard de Savoye [2].

---

1. Bibl. nat., mss. Clairambault, vol. 321, p. 6947. Copie.
2. René de Savoie, grand bâtard de Savoie, comte de Villars, fils de Philippe II, duc de Savoie, et de Liberia Portoneria. Il épousa Anne Lascaris, dame de Tenda, et mourut en 1524.

[A Messieurs de Montmorency et Bayart[1].]

Montmorency et vous Bayart, j'ay veu ce que vous m'avez escript et faict sçavoir par le cappitaine Pierrepont, lequel je vous renvoye, et sachant que vous le croirez de ce qu'il vous dira je ne vous diray autre, fors que je vous advertis que non seullement je suis content de vous, mais povez estre seurs que j'en feray telle démonstration que tout le monde le cognoistra. Priant Dieu qu'il vous ait en sa saincte garde.

Escript à Sainct-Thierry, ce xxvj^e jour de septembre.

Françoys. — Robertet.

[Au Roi[2].]

Sire, à ce matin est arrivé l'une des espies que la Roche du Mayne a accoustumé tousjours d'envoyer, qui est bien seur, qui dit que hier environ neuf heures du matin les deux bandes, c'est à savoir le comte de Nanssou et Francisque se jettèrent aux champs en bataille et parlèrent ensemble, ledict sieur de Nanssou et Francisque ayans grosses parolles ensemble et reproches, en façon que le comte de Horn et le comte de Felix furent contraints eulx getter entre deux, autrement se vouloient courir sus, et dirent tous deux que jamais ne seroient au service de l'empereur l'un avecques l'autre, et ledict espie dit qu'il vit ledit Francisque marcher droit à Donchery. Sire, ledict espie dit davantage que au camp dudit sieur de Nanssou le bruit est tout commun qu'ils s'en vont à Tournay, disant que l'empereur l'a assiégé, et ce ne fust cela qu'ils ne se fussent encore levez de devant Mezières..... Ce sont nouvelles d'espies ; vous les prendrez pour le poix qu'on le mes a baillées..... Sire, je prie Nostre-Seigneur qu'il vous doint très bonne vie et longue.

De Rhetel, le 26e jour de septembre.

Vostre très humble et très obéissant serviteur,

Chastillon.

---

1. Bibl. nat., mss. Clairambault, vol. 321, p. 6945. Copie.
2. Bibl. nat., mss. Clairambault, vol. 321, p. 6949. Copie.

APPENDICE.   451

[Au Roi[1].]

Sire, présentement est arrivé ung homme que messieurs de la Roche et Bayard m'ont envoyé, par lequel m'ont mandé que le camp des Bourguignons s'en va tirant le chemin de Guyse et que la bende de Francisque s'est revenue joindre avecques eulx, et n'y a riens plus vray que hier ilz se séparèrent et qu'ils eurent les parolles que vous ai escriptes et en sçavent nos gens la vérité par deux hommes de la bende des Espaignolz qui sont venus en leur camp. Sire, au chemyn qu'ils prennent il semble qu'ils veullent tenir le chemyn dudict Guyse, toutesfois ledict sieur de la Roche et Bayard m'ont mandé que à ce qu'ils ont entendu qu'ils ont entreprinse sur Sainct-Quentin, par quoy, Sire, adviserez d'y faire pourvoir. Sire, ils ont envoyé dedans Mouzon quatre enseignes de gens de pyed, c'est à savoir Grant-Jehan le Picard, Grant-Jehan des Bordes, le beau Vauldray et le bailly de Haynault. Sire, il me semble qu'ilz ont mis ces bendes là dedans que c'est pensant que vous y veuillez amuser pour la reprendre et cependant qu'ils aillent faire leur effort audict Sainct-Quentin ou à Tournay; parquoy, Sire, me semble que y devez prendre une bonne résolution, car je ne crains que le temps qui vous contraigne. Vous manderez vostre bon plaisir et on mectra peine de l'accomplir.

A Rethel, le xxvij[e] jour de septembre.

Vostre très humble et très obeyssant suget et serviteur,
CHASTILLON.

De par le Roy[2].

Très chers et bien amez, nous avons esté présentement advertis que nos ennemys et de nostre royaume estans en grand nombre tant de cheval que de pyé et grosse bande d'ar-

1. Bibl. nat., mss. Clairambault, vol. 321, p. 6955. Copie.
2. Bibl. nat., mss. Clairambault, vol. 321, p. 6975. Copie.

tillerie devant Mezières et l'avoir ung mois durant tenue assiégée, voyans les provisions par nous faictes pour assembler en toute diligence toute nostre force et autres choses nécessaires à la conduite d'icelle, et ayant à leur barbe mys dedans ladicte ville de Mezières le sieur de Lorges avec mil hommes de pyé desquels il a la charge sans ce qu'ils ayent fait aucun semblant de le vouloir empescher, ayant pareillement eu nouvelles par leurs espies de la délibération par nous prise de marcher et nous mettre en camp pour nous approucher et que pour ce faire avons fait dresser ledict camp et pris en icelluy logeiz pour toute nostredicte force et armée qui est de deux mil hommes d'armes, douze mille Souysses et vingt quatre mil hommes de pyé françois avecques grosse bende d'artillerie, et ayant fait lesdicts ennemis le plus grand et le plus gros effort qu'il est possible de faire contre icelle ville et y avoir tiré quatre mil coups de canon et longues couleuvrines et fait bresche raisonnable pour y donner l'assault, n'ayant jamais l'osé entreprendre ne exécuter, quelque apprest que ils eussent fait sur le bord du foussé, tant d'eschelles, de fagots que autres choses à ce requises; et après avoir fait tout ce que faire se pouvoit jusques à les assaillir et essayer d'y entrer, hier matin sçachans que nous estions sur nostre partement pour aller en nostredit camp et les approucher, ils se sont levez, deslogez et retirez honteusement, habandonnant leur siége, au plus grand désordre et confusion que feirent oncques gens de guerre et se sont séparez en deux bandes et pris deux chemins, c'est asçavoir le sieur de Nanssou le chemin de Dynan et Francisque celluy qu'il avoit fait quant il vint et s'en vont en grand murmure et malcontantement les ungs des autres, mourans de faim sans victuailles ne payement; vous advisant que s'ils eussent encore demouré deux jours nous les eussions approuchez de si près que pour le moins leur artillerie y fust demourée. Desquelles choses nous avons bien voulu vous advertir pour estre nouvelles telles que de leur cousté se peut tenir la guerre faillie et qu'il touche maintenant à nous pour le leur rendre si bon nous semble. Et pour ce que non-seulement devant ledict Mezières mais devant nostre ville et cité de Parme nous avons eu et obtenu victoire sur nosdicts ennemys et que nous tenons et reputons procéder de Dieu nostre créateur qui est servateur de nostre cueur et qui congnoist nostre bonne intencion et juste querelle, nous vous prions, requérons et mandons que incontinant ces présentes receues vous vueillez envers nostredit Créateur en rendre et faire rendre graces, louenges et mercys et par prières, oraisons et autres démonstrations de joye accoustumées estre faictes en tel cas inciter nostre peuple à continuer lesdictes prières en manière qu'il plaise à nostredict Créateur préserver et garder nous et nos armées, nous donner victoire contre nos ennemys ou les humilier de venir à paix honnorable, seure, prouffitable pour nous et nostre royaume, à l'honneur, prouffit, repos, utilité et soulagement d'icelluy et de nostre peuple qui est la chose de ce monde que plus désirons.

Donné à Sainct-Thierry, le xxviij° jour de septembre.

FRANÇOYS.

A Monsieur le trésorier Robertet[1].

Monsieur le trésorier, j'euz hier deux lettres de vous, l'une escripte à Athygny et l'autre à Rethel : par la première vous me faictes savoir comme les ennemys sont encores vers Vervins, de la bonne santé du roy, ce qu'il a faict au camp des Suisses et ce que vous a dit votre nepveu de ma part, la venue de Baiard et Montmorency vers ledict seigneur; par l'autre l'arrivée dudict seigneur à Rethel, ce qu'il a sceu de la nécessité de Tournay et le renvoy qu'il a fait du cordelier et prestre secullier, comme ledict seigneur a ordonné que lesdictz Baiard et Montmorency courroient la part que estoient les ennemys, les propoz que ledict seigneur a tenuz du bon traictement qu'il veut faire audict Baiard, du fait de monsieur d'Albanye, ce que ledict seigneur avoit sceu d'Ytalie et des Suisses . . . . .

Monsieur le trésorier, vous congnoissez la bonne nature du roy et suis bien asseuré que pour recueillir gens qui luy ont

---

1. Bibl. nat., mss. français, vol. 2962. p. 23. Original. Publié en partie par M. de Terrebasse.

fait tel service que Baiard et Montmorency qu'il n'a riens oublié de ce qu'il y fault faire; et au regard du bon traictement qu'il tient propoz faire audict Baiard en suis très aise et sçay bien qu'il le fera tel qu'il pourra et aussi est-ce en endroit ou ledict seigneur ne sçauroit rien perdre d'y user de sa debonnaire et grande libéralité, car c'est pour ung personnaige qui vault et mérite tant et tant que pour luy l'on ne sçauroit trop faire...

A tant vous direy adieu, Monsieur le trésorier, lequel je prye vous avoir en sa saincte garde.

Escript de Meaulx, ce xij[e] jour d'octobre.

LOYSE.

VII.

(Voir p. 403.)

Lettre de Bayart au Roi, relative à la campagne de Picardie (1521).

Au Roy, mon souverain seigneur [1].

Sire, j'ay reçeu les lettres qu'il vous a pleu me mander, datées du viie de ce moys par lesquelles me mandes que je assamble le plus gros nombre de gensd'armes que je pourray pour aller faire une grosse course au pays de Henault, ce que je ne puis faire sans gens de pié car il fault passer par boys et par passaiges fort estroitz et en desca estre en quelque endroict la ou il me failloit laisser aux passaiges quelque nombre de gensd'armes, comme je vous ay adverti par monsieur de Barbezieux; et si n'ay des bandes qu'il vous a pleu ordonner icy que celle de monsieur de Lorraine, et monsieur de Mullebert avecques celle de monsieur [de] Guyse, et Sepoys qui a quarante ou cinquante chevaulx, qui est la plus grosse bande de chevaux legiers qui soit en ce quartier icy. Demain je partiray d'icy deux heures devant jour avecques le nombre que j'ay pour

---

1. Bibl. nat., mss. fr., vol. 2962, p. 22. Original. Publié par M. de Terrebasse, p. 466.

aller de l'autre costé et feray le plus gros bruyct que je pourray mais de grand dommaige ne leur puis-je pas faire. J'avoys amené icy la bande de gens de pié de Longueval pour m'en cuider aider et quant je leur ay parlé de les mener aux champs pour vous faire service ils m'ont respondu qu'ilz n'yroient point sans argent et s'en sont allez, et n'y a pas grand perte car ilz n'estoient que soixante ou quatre vings qui ne valoient riens. Sire, il y a dans le Quesnoy huit cens chevaulx et de pietons de sept à huict cens Namuroys et IIII c. lansquenets et d'autres gens du pays jusques au nombre de trois ou quatre mille et vouloient faire quelque course en ce pays mais jusques icy ilz n'ont encores riens fait et ay sceu cecy par quelques paysans qui ont esté prins en un villaige des leurs et par ung homme de cheval et ung varlet. Sire, en passant par Bapames je vis les gens de monsieur de Sorce qui estoient si nymces[1] et si petit nombre que je luy ay mandé qu'il ne bougeast de Saint-Quentin. Sire, je prie à Dieu qu'il vous doint très bonne vie et longue.

A Guyse, ce IXe de novembre.

Vostre très humble et très obeissant subget et serviteur.

BAYART.

VIII.

(Voir p. 404.)

Lettres de Bayart et de Lautrec, relatives au voyage de Gênes (1521-1522).

Au Roy mon souverain seigneur[2].

Sire, a cest' heure j'ay receu deux paires de voz lettres, la premiere du IIIe de ce moys, l'autre du IIIIe et par la premiere

1. *Nymces,* mal équipés.
2. Bibl. nat., mss. français, vol. 3005, p. 97. Original. Publié par M. de Terrebasse. C'est peut-être de la lettre précédente que parle Bonnivet dans une lettre à Montmorancy, dont nous extrayons ce qui suit : « Je vous envoye ce que Monsieur de Bayard escript au roy, et par cela congnoistrez la

me faictes scavoir que je m'en aille à Saluces et par l'autre que je m'en aille à Gennes devers les Gouverneur et Arcevesque dudict lieu pour leur aider à garder et conserver la ville et le pays, et que je face marcher ma compaignie le plus dilligemment qu'il me sera possible sur les confins dudict Gennes. Sire, vous scavez que de la compaignie vous m'en donnastes cinquante de ceulx de monseigneur de Lorraine quant je partis d'avecques vous lesquelz estoient encores pour lors à Saint-Quentin et les autres cinquante ne sont pas encores faitz et ne voy point qu'il y ait ordre soubdainement de vous pouvoir faire service de ladicte compaignie veu que la moitié est encores audict Saint-Quentin ou par chemin qui s'en alloient en Champaigne en leur garnison, et que l'autre moitié n'est pas encores de tout dressée et à cestuy-la qui meyne les cinquante je luy avoys donné charge de dresser le demeurant. Je luy escripz qu'il s'en vienne à la meilleur dilligence qu'il pourra sur les confins dudict Gennes. Sire, pour ce que par voz premieres lettres me mandiez que je m'en allasse à Saluces pour garder les passaiges, et que avant mon partement du Daulphiné je dressasse quelques cappitaines de gens de pié et que je leur fisse tenir prestz troys ou quatre mil hommes des meilleurs qu'ilz pourront recouvrer pour vous en servir au lieu et ainsi que leur ferez scavoir, à ceste cause je m'en vois passer par le Daulphiné pour y donner le plus brief et meilleur ordre qu'il sera possible et ce fait je partiray incontinent pour m'en aller audict Gennes ou je me essaieray d'y faire ce qu'il vous a pleu me mander en actendant ma compagnie que ne porra estre là si tost. Sire, je prie à Dieu qu'il vous doint très bonne vie et longue.

A Lyon, le viie de decembre.

Vostre très humble et très obéissant subget et serviteur.
Bayart.

bonne voulenté de mes Daulphynois que je vous prie faire entendre au roy, afin qu'il soit asseuré qu'ilz n'ont moindre vouloir de luy faire service que leur gouverneur. Faictes commander les lectres qu'il escript pour le faict de l'arrière-ban de Daulphiné, aussy pour leur faire avoir des picques et hallebardes. » Bibl. nat., mss. Clairambault, vol. 314, p. 3403. Copie.

A monsieur l'escuyer Francisque, conte de Pontremuly[1].

Monsieur l'escuyer, je vous escripvys hier par vostre homme et vous feiz response à ce que vous m'avez par luy escript, et afin que ne faillez d'estre adverty du contenu en mesdictes lettres je veulx bien vous prier derechef que de vostre cousté sollicitiez la venue des lansquenets en la plus grand diligence que faire se pourra et que, des incontinent qu'ils seront arrivez de Gennes, Monsieur de Bayart les m'amène, sans les laisser sejourner la ne autre part, par la voye de Pontremuly ou Valdenevre, et m'advertissez soigneusement, soudainement et par divers messaigiers, de leur arrivée et du chemin qu'ils auront advisé de tenir affin que je les aille recueillir et me joindre avec eulx. J'escripts à monsieur le gouverneur de Gennes que des trois mille hommes qu'il a presentement à la solde il m'en envoye les deux mille avecques la personne du capitaine Nicolo Furgoso, à quoy vous le conforterez de vostre cousté luy faisant entendre qu'il a du cousté de la marine et qu'il ne scauroit faire plus grant ne meilleur service au Roy pour ceste heure que de m'envoyer lesdicts deux mille hommes avecques lesdicts lansquenets, car si une fois nous sommes ensemble non seullement nous recouvrerons Millan mais ferons que le Roy pourra commander par toute l'Ytalie, laquelle nous luy nettoyerons de ses ennemis. Vous tiendrez la main que monsieur de Bayart m'amene lesdicts lansquenets incontinent qu'ils seront

---

[1]. Bibl. nat., mss. Clairambault, vol. 323, p. 8043. Copie. Lautrec avait également informé le roi des espérances qu'il avait conçues à la venue de Bayart en Italie ainsi que le témoigne l'extrait suivant d'une lettre qu'il lui adressa à ce sujet : « Sire, incontinent que j'ai sceu que monsieur de Bayart estoit venu à Gennes, j'ay envoyé cinq ou six messaigers devers luy pour le solliciter de me amener les lansquenets, par la voye de Pontremuly ou du val de Nure, aussi tost qu'ils seront arrivés et je passeray le pont que j'ay fait faire sur le Pau à l'endroit de cette ville et m'en iray joindre avecques luy. » (Bibl. nat., mss. Clairambault, vol. 323, p. 8127.)

aryvés et monsieur le gouverneur de Gennes de m'envoyer quantité desdicts lansquenets, le capitaine Nicolo Furgoso avec les deux mille hommes dont dessus est faict mention. Priant Dieu, monsieur l'écuyer qu'il vous doint ce que plus desirez.

Il me semble que vous ferez bien de vous envenir avecques monsieur de Bayart et lesdicts lansquenets et vous me ferez grant plaisir; j'escripts presentement au Roy et envoye le pacquet de mes lettres à monsieur le Gouverneur lequel vous solliciterez de les envoyer incontinent par courrier exprès ou par la poste.

Escript à Crémonne, le vi^e jour de janvier.

Le tout vostre
Odet de Foix.

Au Roy, mon souverain seigneur [1].

Sire, dernierement je escripvis qu'il n'y avoit point d'afferes en vostre pays de Gennes et depuys n'y est riens survenu comme vous dira Clémens, present pourteur, qui vient de Romme et de voz autres afferes d'Ytalie. Le Gouverneur de ceste ville vous en escript tous les jours ce qu'il en peult scavoir de tous costez; parquoy je ne vous en mande riens. Sire, je prie à Dieu qu'il vous doint très bonne vie et longue.

A Gennes, le XXII de janvier.

Vostre très humble et très obeissant subget et serviteur.
Bayart.

Au Roy, mon souverain seigneur [2].

Sire, j'ai reçeu la lettre qu'il vous a pleu m'escripre faisant mention que depuis que je suis par decà n'avez point heu de mes lettres et que je vous escripve là ou je suis. Sire, il vous pleust me mander que je m'en vinsse incontinent en ceste ville

---

1. Bibl. nat., mss. français, vol. 2930, p. 166. Original. Publié par M. de Terrebasse.

2. Bibl. nat., mss. français, vol. 2992, p. 2. Original. Publié par M. de Terrebasse.

pour aider au Gouverneur et à l'Arcevesque à conduyre leurs gens de pié pour la garde de ceste ville et du pays de Gennes et n'en fusse pas bougé que je n'en eusse esté chassé par force ou que m'eussiez mandé quelque autre chose. Sire, je vous ay escript plusieurs fois qu'il n'y avoit point d'afferes icy et que j'estoys bien marry de ce que je me sejournoys et que je n'aves quelques gens pour aller trouver monsieur de Lautrec et vous faire quelque service en vostre duché de Myllan, et m'en suis plaint à Clémens quant il passa par cy pour le vous dire; car se j'eusse heu deux ou troys mil hommes de pié françoys je vous eusse fait quelque bon service, car de ceulx qui estoient en ceste ville on ne les vouloit point bouger pour la garde de la ville. Aussi, Sire, je vous ay escript que, si les Soysses mectoient vos afferes à la longue, qu'il estoit necessere que envoissiez cinq ou six mil hommes de pié à monsieur de Lautrec, car s'ils fussent venus il y a quinze jours, ou s'ils y estoient à ceste heure, vous recouvreriez vostre duché de Myllan bien toust, et le principal est de y faire toute dilligence qu'il vous sera possible et cependant j'ay toujours fait gros bruyt de sorte que le cardinal de Medicis et vos ennemys auront grand crainte qu'il n'y eust quelques gens en ceste ville pour aller à Florence, tellement que ledict Cardinal a habandonné Romme pour venir garder ledict Florence et y a fait venir les gens qui estoient à Bonlougne tant pour la crainte du duc d'Urbin que de celle de ceste ville. Sire, par vos lettres me mandes qu'avez escript à monsieur le Grand maistre qu'il face bonne dilligence de fere marcher ung nombre de Soysses droict à Myllan en actendant le demourant, et avez merveilleusement bien fait. Aussi j'ay veu par vos lettres le bon ordre qu'avez donné en vos bonnes villes pour la preservation de vostre royaulme qui est une très bonne chose et vous mercie très humblement de ce que vous a pleu le me fere scavoir. Sire, de tout plein d'autres afferes de par decà monsieur le Gouverneur d'icy et monsieur l'Arcevesque son frere m'en parlent souvent et m'ont dict qu'ils vous en escripvent; aussi fait l'escuyer Francisque. Sire, je rescripvis dernierement à Sucie puis qu'il n'avoit point de maistre que s'il vouloit estre à vous que vous le traicteriez bien, et que si ainsi il le vouloit qu'il le me fist scavoir et que je vous en advertiroys. L'abé du Bourgueul m'en a escript une lettre que je vous envoye. Sire, je prie à Dieu qu'il vous doint très bonne vie et longue.

A Gennes, le dernier jour de janvier.

Vostre très humble et très obeissant subget et serviteur.

BAYART.

IX.

Lettres écrites par Bayart pendant son séjour en Dauphiné (1522-1523).

A Monsieur, Monsieur le mareschal de Montmorancy[1].

Monsieur, je me recommande bien humblement à vostre bonne grace. Monsieur, monsieur de Grenoble a une abbaye à Tholose qui s'appelle Saint-Sernyn, et pour ce que, quant il va là, il ne se veut point amuser d'aller à la chasse ny estre amoureux, sinon de continuer et hanter gens de bien, sçavans et pleins de bonne volanté, à ceste cause il m'a prié, Monsieur, vous vouloir escripre qu'il vous plaise vous employer à luy faire avoir du Roy une place de conseiller audict Tholose quant

1. Bibl. nat., mss. français, vol. 3005, p. 100. Original. Publié par M. de Terrebasse, p. 467.

Cette lettre et les trois suivantes, écrites toutes quatre de Grenoble, nous paraissent avoir été écrites pendant le séjour de près de deux ans que fit Bayart en Dauphiné, en 1522-1523. Il était à cette époque lieutenant du gouverneur de cette province. Cet éloignement des affaires était un véritable exil; Bayart en effet était alors tombé en disgrâce à cause de ses relations amicales avec le connétable de Bourbon, poursuivi par la haine de Louise de Savoie. Il avait été à plusieurs reprises visiter le connétable dans ses terres du Bourbonnais et il avait même eu l'honneur d'armer chevalier son fils aîné; c'en était assez pour que les courtisans, jaloux de la gloire qu'il avait acquise au siège de Mézières, le fissent reléguer dans sa province. Il n'en sortit que pour aller mourir sur le champ de bataille de Biagrassa.

il y yra afin qu'il puisse entrer audict parlement et en icelluy oppiner et avoir sa voix tout ainsi que fait monsieur l'abbé de Saint-Denys au parlement de Paris sans aucuns gaiges. Monsieur, je vous supplie que pour amour de moy la luy veuillez faire avoir suivant le memoire que je vous envoye. Monsieur, je prie à Dieu qu'il vous doint très bonne vie et longue.

A Grenoble, le iij^e de février.

Vostre humble et bien bon serviteur,
BAYART.

A Monseigneur, Monseigneur le mareschal
de Montmorency[1].

Monseigneur, je me recommande bien humblement à vostre bonne grace. Monseigneur, j'ay receu les lettres que m'avez escriptes par Monsieur de Monteynard[2] et vous mercie de la bonne souvenance qu'avez de moy et vous promets ma foy, Monseigneur, que vous n'avez pas tort, car je suis aussi fidelle pour la case[3] de Montmorency que vous mesmes. Monseigneur, monsieur de la Val[4] a prins fantesie de s'en aller en court pour vous voir et remercier de tout plein d'onnestes propoz que vous avez tins de luy et pour vous parler de ses afferes, s'il y en a point; il vous dira beaucoup de choses, mais je croy que vous ne le croirez pas de tout. Monseigneur, je prie à Dieu qu'il vous doint bonne vie et longue.

A Grenoble, le xxiij^e de février.

Vostre bon soudart et bien bon serviteur,
BAYART.

A Monsieur du Chastellard[5].

Monsieur du Chastellard, aux estatz dernièrement tenuz,

---

1. Bibl. nat., mss. français, vol. 3014, p. 53. Original. Publié par M. de Terrebasse.
2. Louis de Monteynard, d'une illustre famille dauphinoise, mort en 1549.
3. *Case*, maison.
4. Personnage de la famille dauphinoise des Alleman.
5. Appartient à M. Veyron-Lacroix, à Grenoble. Original.

ceulx du pays accordarent mectre sus dix mil hommes embastionnez[1] pour la deffence du pays, qui est à raison de deux hommes pour feu; et pour ce qu'il est plus que nécessaire que lesdicts x mil hommes soyent bientost prestz, je escriptz par tous les baillages qu'ilz fassent faire leurs monstres et péréquations à deux hommes par feu et qu'ilz choisissent des plus gentilz compaignons et myeulx embastionnez sans nul espargner, et leur escriptz que quant ils feront lesdictz montrez qu'ilz vous y appellent ainsi qu'il a esté conclud par lesdictz estatz, qui vous ont esleu pour avoir la conduite de ceulx que montrera votre parti. Je vous prie d'en faire ung roulle et les faire tenir prestz pour les mener là ont je vous manderay, sans toutesfoys les mectre ne faire gecter aux champs jusques à ce que je le vous mande pour obvier à la foulle du peuple. Vous disant à Dieu, Monsieur du Chastellard, qui vous doint ce que vous désirez.

Je vous advertiz que quant l'affaire viendra que je serey quant et quel[2] vous, et espère que à l'ayde de Dieu nous ferons quelque bon service au Roy pour la deffence du pays et quelque honorable effect.

A Grenoble, le iij^e de mars.

Vostre bon amy,
Bayart.

A Monsieur de Vantollet[3].

Monsieur de Vantollet, j'ay donné charge à Monsieur de

Publié dans le Bulletin de l'Académie delphinale, année 1866, p. 25. Cette lettre est probablement adressée à François de Bocsozel, s^r du Châtelart, qui deux ans après épousa la fille naturelle de Bayart; elle est, avec la suivante, la seule lettre authentique de lui qui existe en dehors de celles que l'on trouve à la Bibliothèque nationale.

1. *Embastionnez,* armés.
2. *Quant et quel,* avec et comme vous.
3. Appartient à M. Veyron-Lacroix, à Grenoble. Original. Publié dans le Bulletin de l'Académie delphinale. Année 1867, p. 26. Cette lettre est adressée à Jean Ventolet, greffier du parlement de Grenoble (1498-15.....), fils de Claude Ventolet, huissier du même parlement (1483) et père de François Ventolet, auditeur à la chambre des comptes (1544).

Glandèves mon frère, vous soliciter pour estre rambourcé des mil escuz que je prestis à feu Monsieur l'esleu de Valence, jà comme sçavez. Je vous prie vouloir fere dilligence ad ce que ladicte somme me soit rendue ; et je m'en vois prier Dieu, Monsieur de Vantollet, qu'il vous doint ce que désirez.

A Grenoble, le xxiiii d'aoust.

Vostre bon amy,
Bayart.

X.

(Voir p. 404.)

Lettre de François Ier à Bayart, lui promettant de l'emmener avec lui en Italie (1523)[1].

Bayarde, recepi tuas breves litteras quæ mihi singulariter placuere, et tibi gratias agimus vehementer, quod semper sis bonæ voluntatis ; et longe antequam tuas litteras recepissemus, deliberaveram, si belli occasio occurreret, te non relinquere tam otiosum sicut ab reditu tuo ex Italia fuisti. Et propono quod, durante negotio, non distabimus longo intervallo, et semper compertum habebis hominem armorum quem tua manu militem fecisti, ita bono corde valebit, quod non erit tibi dedecori. Et vale.

Scriptum Parisiis, decima nona decembris.

Franciscus.

Amanuensis, Brito.

XI.

(Voir p. 423.)

Lettre d'Adrien de Croy sur la mort de Bayart.

[A l'Empereur[2].]

Sire, nostre camp se logea ledit jour sur le bort de la Seze,

---

1. Cette lettre nous est connue seulement par la traduction latine qu'en a donnée Aymar du Rivail *(De Allobrogibus,* 1844, p. 578); il n'y a néanmoins, croyons-nous, aucune raison d'en suspecter l'authenticité.

2. Archives de Belgique. Documents historiques, t. II, p. 130.

lequel partit le lendemain devant le jour pour les suivre, mais avant povoir passer ladicte rivière, ilz estoient jà loing. Nos chevaulx légiers et quelques gens de piet Espaignolz, sans ordre, les syevirent et ruèrent sur la queue de si bonne sorte qu'ils destroussèrent force bagaiges et municions d'artillerie, tuèrent quelque deux cens Suysses et deffirent la bende des Escochois. Ils avoient gaignet deux autres pièces d'artillerye; quoy voyant, le capitaine Bayart retourna avec aucuns chevaucheurs françois et quatre ou cinq enseignes de gens de piet. Si rebouta noz gens et rescouvrit lesdites pièces d'artillerie que mieulx luy eut vallu laisser perdre; car, ainsi qu'il se cuidoit retourner, il eut ung cop de harquebuse, duquel il mourut le soir mesme, et fut monsieur de Vandenesse qui luy tenoit compaignye fort blessé. Sire, combien que ledit sieur Bayart fust serviteur de vostre ennemy, si a ce esté dommaige de sa mort, car c'estoit ung gentil chevalier, bien aymé d'ung chascun et qui avoit aussi bien vescu que fit jamais homme de son estat. Et, à la vérité, il a bien monstré à sa fin, car ce a esté la plus belle que je ouys oncques parler. La perte n'est point petite pour les François et aussi s'entournèrent-ilz bien estonnez, de tant plus que tous ou la pluspart de leurs capitaines sont malades ou blessez.

Du camp de Biroux, le 5 mai 1524.

Sire,
De Vostre Majesté,
Vostre bien humble et obeissant subgect et serviteur,
Adrien de Croy.

XII.

Quittances de Bayart.

Nous, Pierre de Terrel, seigneur de Bayart, chevalier de

Copie incomplète. Publié dans le Bulletin de la Commission royale de Belgique, t. V, p. 320. L'auteur de cette lettre est Adrien de Croy, sr de Beaurain. Elle est écrite du camp de Perosa (val Pérouse) sur les frontières de la France et du marquisat de Saluces.

l'ordre du roy nostre sire et cappitaine de cent lances fournies de ses ordonnances, confessons avoir eu, receu comptant de maistre Jehan de Ponchier, conseiller et trésorier des guerres dudit seigneur, la somme de troys cens livres tournois ainsi ordonnées pour nostre estat et devoir de cappitaine desdictes cent lances pour le quartier d'avril, may et juing dernier passé, qui est au feurs de xx sols pour chascune lance fournye par moys. De laquelle somme de iii^c livres tournois nous tenons contant et en quictons ledict maistre Jehan de Ponchier et tous autres, tesmoing nostre seing et scel de noz armes icy mis le xij^{me} jour de décembre l'an mil cinq cens vingt et deux.

BAYART [1].

Nous, Pierre de Bayart, chevalier de l'ordre, confessons avoir receu de maistre Jehan Testu, conseiller du roy, nostre sei-

---

1. Bibl. nat. Cabinet des titres. Pièces originales. Art. Terrail. Le désir de publier tous les autographes de Bayart nous a engagé à faire imprimer cette quittance et les quatre suivantes malgré leur peu de valeur au point de vue historique. On ne connait en effet jusqu'à présent aucun autographe authentique de Bayart en dehors de ceux que nous publions, et cette rareté a précisément engagé les faussaires à exercer leur coupable industrie. Nous signalerons parmi les plus curieuses lettres fausses de Bayart celle qui se trouve à Grenoble entre les mains de M. Veyron-Lacroix. Cette pièce, adressée à l'évêque de Grenoble, a été fabriquée à la fin du xvie siècle pour favoriser certaines prétentions de la famille de Bocsozel, dont un membre avait épousé, comme nous venons de le dire, la fille naturelle de Bayart. Celui-ci y apprend à l'évêque son oncle qu'il a contracté un mariage secret avec Barbe de Tresca, mère de cette fille, mais qu'il ne croit pas devoir encore le rendre public. Les Bocsozel, en faisant composer cette lettre, espéraient effacer la tache imprimée à leur nom par un mariage avec une bâtarde et peut-être aussi se ménager des droits à la succession de la famille de Tresca. Un assez grand nombre d'autres faux autographes de Bayart ont été jetés dans la circulation il y a quelques années. Plusieurs sont assez habilement faits pour tromper même de fins connaisseurs. Nous signalons comme sortant de cette officine trois lettres de Bayart à Louis XII, deux à d'Alègre et deux à Robertet.

gneur, trésorier et receveur général de ses finances es pays de Languedoc, Lyonnois, Forestz et Beaujeulet, la somme de cinq mil cent livres tournois, en deux décharges, escriptes du xvj^e jour du présent moys de juillet, levées ainsi qu'il s'ensuit. C'est asçavoir unners equivallente deux mil livres et unners octroy prochain trois mil cent livres, qui est ladite somme de cinq mil cent livres à nous ordonnée par le roy, nostredict seigneur, pour nostre pension et entretenement en son service durant ceste présente année, commençant le premier jour de janvier dernier passé; de laquelle somme de cinq mil cent livres nous tenons pour content et acquictons ledict Testu, trésorier susdict. En tesmoing de ce nous avons signé ces présentes de nostre main et faict seeler du scel de nos armes le xixe jour de juillet l'an mil cinq cens vint trois.

BAYART[1].

1. Bibl. nat., mss. Clairambault, vol. 120, publiée par M. de Terrebasse, p. 472. — A cette quittance, ainsi qu'aux trois suivantes, est suspendu, sur double queue de parchemin, le sceau de Bayart en cire rouge, revêtue de papier.

Sa forme est orbiculaire et le type représente l'écu de la famille Terrail, penché, timbré d'un heaume de profil, orné de lambrequins et surmonté, comme cimier, de la partie antérieure d'un lion. La légende est MES^{re} PIERRE DE BAYART CHLR S^r DVD^t LIEV. Cette légende est singulière en ce qu'elle qualifie Bayart de *messire*, titre fort rare sur les sceaux, quoique non sans exemple, et en ce qu'elle le nomme *Pierre de Bayart* et non *Pierre Terrail* : le nom de *Terrail* s'était effacé devant celui de *Bayart*, entouré d'une si légitime illustration. Nous ajouterons une observation

Nous, Pierre de Terrail, chevalier, seigneur de Bayart, cappitaine de cent lances fournies des ordonnances du roy nostre sire, confessons avoir eu et receu de maistre René Thizart, conseiller d'icelluy seigneur et trésorier de ses guerres, la somme de trois cens livres tournois à nous ordonnée par ledict seigneur pour nostre estat et droict de cappitaine desdictes cent lances du quartier de juillet, aoust et septembre l'an mil cinq cens vingt deux derrenier passé, qui est au feur de vingt sols tournois pour chascune lance fournie par mois. De laquelle somme de trois cens livres tournois nous tenons content et bien paié et en avons quicté et quictons ledict maistre René Thizard, trésorier des guerres dessusdict et tous autres. En tesmoing de ce nous avons signé ces présentes de nostre main et fait seeler du seel de nos armes le dernier jour d'aoust l'an mil cinq cens et vingt trois.

BAYART[1].

Nous, Pierre de Terrail, chevalier, seigneur de Bayart, cappitaine de cent lances fournies des ordonnances du roy nostre sire, confessons avoir et receu de maistre René Thizart, conseiller du Roy nostre sire et trésorier de ses guerres, la somme de trois cens livres tournois à nous ordonnées par ledict seigneur pour nostre estat et droit de cappitaine desdits cent lances du quartier de janvier, février et mars mil cinq cens et vingt deux dernier passé qui est au feur de vingt solz tournois pour chascune lance fournie par moys. De laquelle somme de III^c livres tournois nous tenons content et bien payé et en avons quicté et quictons ledict maistre René Thizart, trésorier desdictes guerres, devant nommé, et tous autres; en tesmoing de ce nous avons signé ces présentes de nostre main et faict

---

sur le titre de *seigneur de Bayart* qui lui est donné dans son sceau et dans la plupart de ses quittances : le véritable seigneur du château de Bayart était Georges Terrail, son frère ainé; tout au plus Bayart avait-il une faible part dans cette seigneurie et encore cela est-il loin d'être certain.

1. Bibl. nat. Cab. des Titres. Pièces originales. Art. Terrail.

sceller du seel de noz armes, le xxviije jour d'octobre l'an mil cinq cens et vingt trois.

BAYART [1].

Nous, Pierre de Terrail, chevalier de l'ordre, seigneur de Bayart et cappitaine de cent lances fournies des ordonnances du roy nostre sire, confessons avoir eu et receu de maistre René Thizart, aussi conseiller dudict seigneur et trésorier de ses guerres, la somme de trois cens livres tournois à nous ordonnée par icelluy seigneur pour nostre estat et droict de cappitaine desdictes cent lances, du quartier d'avril, may et juing mil cinq cens et vingt trois dernier passé, qui est au feur de vingt solz tournois pour chascune lance fournie par moys. De laquelle somme de iii^c livres tournois nous tenons autant et bien payé, en avons quicté et quictons ledict maistre René Thizard, trésorier des guerres dessusdict et tous autres. En tesmoing de ce nous avons signé ces présentes de nostre main et fait seeler du seel de nos armes, le premier jour de novembre l'an mil cinq cens et vingt trois.

BAYART [2].

XIII.

Montre de la compagnie de Bayart [3].

Roole de monstre et reveue faicte à Cassan en Italie le vingt et quatriesme jour d'octobre l'an mil cinq cens vingt trois, de quatre vingt dix neuf hommes d'armes et deux cens archiers du nombre de cent lances fournies de l'ordonnance du roy nostre seigneur, estans soubs la charge et conduicte de messire Pierre de Bayart, seigneur dudict lieu, chevalier de l'ordre dudict seigneur, leur cappitaine, sa personne y comprinse, par

---

1. Bibl. nat. Cab. des Titres. Pièces originales. Art. Terrail.
2. Bibl. nat. Cab. des Titres. Pièces originales. Art. Terrail.
3. Bibl. nat., mss. Clairambault, vol. 247. Original.

nous, Pierre de Berard, conte de Dizenne et seigneur de la Foucaudière, commis et ordonné, ladicte monstre et reveue servant à l'acquit de maistre René Tizart, conseiller du Roy et trésorier de sa guerre pour le quartier de janvier, février et mars dernier passé. Desdicts hommes d'armes et archiers les noms et surnoms s'ensuivent.

Hommes d'armes.

Monsieur de Bayart
Guigo Guiffrey
Germain d'Eurre
Jacques du Pont
Anthoine de la Villette
Gaspard Terrel (Terrail)
Jacques de Corbon
Le bastard Turpin
Tybault Ronan
Jacques de Monteynart
Georges de Saint-Gilles
Anthoine de Bazincourt
Michel le Blanc
Charles de l'Artaudière
Dizimieu
Anthoine de Clermont
Le baron de Sassonnaige
Anthoine de Rommaneche
Benoist de Montorcier
La Bastide
Jehan de la Bergnie
Jehan de la Roche
François de Chissey
Gabriel Genton
Bertrand de la Barme
Sebastien de Vescq
Pierre le Blanc
Estienne du Puys
Pierre de la Cardonnière

Humbert d'Anconne
Jacques le Blanc
Georges de Boulle
Henri du Moustier
Geoffrey Bovan
René de Rouedde
Gracien de Chigoye
Bernard de Sainte-Columbe
Guillem de Mousse
Claude de Musset
Pierre de la Rocque
Claude Genton
Mericq de Gensac
Maynault de la Rocque
François de Crennes
Adrien de Lestic
Hurban Surtet
Pierre de Pagas
François de Rissac
Gaillard de Mortaigne
Claude de Vachières
Claude de Vaulx
Guigo Francque
Anthoine de Beaumont
Anthoine de Ruyn
Anthoine de la Grune
Bertrande de Modins
Françoys l'Alement de Champs
André Arnault
Guillem d'Ières
Jehan de Suze

Saint-André
Jehan le Mestral
Anthoine Roux
Claude de Loras
Philibert Vallier
Jehan Fauveau
Jacques de Pys
Claude de Marrieu
Jehan-Françoys de Corbières
Françoys Lotier
Claude de Musse
Laurent de Beaufort
Pierre de Beaufort
Ambroise de la Croix
Pierre de Montfort
Lyonnet de Thèze (Theys)
Charles Bernier
Jehan de Ternay
René d'Aubigny
Charles de Cordon
Claude Baronnat
Girard de Florenville
Jehan de Fleury
Phelix de Gennas
Georges de Cordon
Tallebart
Jehan de Saint-Jehan
Gaspard de Froussas
Claude de la Croix
Constans de Trennes
Françoys l'Allement
Charles de Conillien
Claude Perier
Guillem de Chastillon
Balthazar de Beaumont
Pierre Gley
Jacques Geoffrey
Humbert de la Cardonnière

Michel Galbert.

Archiers.

Benoist de Reyn
Guillaume Columbeau
Vincent de Surich
Humbert de la Vallée
Jehan de Montbrun
Jehan Vigier
Le bastard de Cordon
Alexandre Bernart
Claude Mroin (Morin)
Claude Chaffart
Loys Bernard
Claude Chapponay
Françoys Berrion
Christofle de Torcy
Anthoine de Champotieu
Pierre Jaquelin
Rostaing Esperendieu
Loys Sans Layne
La Trompete
Le bastart de Sernests
Jacques du Pré
Balthazar de Moustier
Pierre Martin
Françoys de Brisac
Le cirurgien
Le bastart du Gast
Georges Poignant
Pierre Salignon
Claude Girard
Jehan Gay
Jehan Bernier
Jacques de la Maladière
Guigo de Montbourd
Barrochin Martin

APPENDICE. 471

Le bastart de Revet
Michel le Moyne
Grand-Jehan Ollier
Anthoine de la Barme
Jacques de Barrault
Jean de Chissey
Jacques de Longpois
Jehan Doulcet
Jacques de Marnis
Pont d'Amours
Claude de Commiers
Claude de Chazeron
Claude de Sainte-Agathe
Michel de Montaigne
Gabriel de la Roche
Guillem d'Arse
René le Conte
Michel Arpoillant
Pierre d'Aubigny
Charles de Plantes
Bernard de Moreul
Pierre Chivalet
Loys Tournet
Charles de Chazey
Jehan le Vieulx
Nicolas Planson
Jehan de Syon
Guillem Boys
Gaspard de Saint-Germain pour
 1 mois
Vibraye pour le reste
Jehan le Mareschal
Pierre de Blacon
Lancellot Blocet
Balthezar Vaultierhault
Raymonnet de Lericq
Guillem de Mouzon
Françoys Maistre

Balthezar du Mas
Jehan Faure
Jehan de Muz
Jehan Mauvigne
François Pigron
Esme Pigron
Bertrand de Lagier
Pierre de Arrensac
Le bastart de Vaunière
Guillem de Pujoz
Jehan de Luppé
Nicolas Chavaigne
Jehan Carle
Barberinquin
Françoys de la Ferrière
Michel de Belzonce
Jehan Garnier
Theodor de Medolienne
Jacques Bertholier
Enymon Baille
Jehan de Noyret
Pierre de Teuffles
Jehan de la Croix
Françoys de Pressin
Claude Myonnet
Enymont Mondon
Colin Allement
Eymard de la Tullière
Gracien de Modins
Jehan de Tourneville
Jehan de Bornes
Bastien de Bocherolles
Guillem de Lére
Françoys Sieure
Ozias l'Avantureux
Pierre Sauret pour xvi jours
Claude Bossozel pour le reste
Girault Chenac

Jehan de Vigne
Jacques de Mailles
Jehan Armant
Mathieu Merlier
Pierre Roux
Arnault de Lescq
Allevet
Faulquet Roussieux
Lienard Steole
Sauvaige
Clerevaulx
Jehan de Fresnoy
Françoys du Truc
Françoys Verbon
Jehan Roybon
Amyot d'Ières
Anthoine Marcel
Anthoine de la Thonnière
Jehan Taulmont
Françoys Charbonneau
Claude Flocte
Claude de Stanville
Rouvene
Labaillye
Mathieu Guiguenon
Guillem de la Valle
Claude Anthoine
Jehannot de Saulx
Anthoine de la Croix
Nycolas de Beaudmont
Jehan Menyer
Estiene de Souran
Josse
Jehan Papet
Laurens Bergue
Guigon Nonail
Jehan Gaultier
Pierre Policart

Guillaume du Pré
Jehan Blanchart
Jehan Faulquier
Thomas du Font
Le bastart du Pont
Estienne Armant
Pierre Bertrand
Jehan du Faur
Jacques Maccaire
Pierre de Moras
Jehan de Saint-Barthelemy
Guillem de la Cheize
Le bastart de la Bataille
Martin du Fort
Le bastart de Beauregard
Rogier Villete
Jehan Quart
Jehan Racle
Jehan de la Touche
Colin Françoys
Jacques de Pradines
Jehan Tournemine
Jehan de la Plume
Le bastart de la Barme
Jehan de Mortaing
Barthélemy de Quincent
Le bastart de Bernys
Françoys le Blanc
Pierre de Bordeaulx
Le bastart de Jensac
Guillaume de Corsant
Bernard l'Ardent
Françoys de Tassin
Michel de Flory
Jehan de Fougières
Jehan de Saint-Germain
Grant-Jehan d'Arc
Le Bernuoys

APPENDICE. 473

Jehan de Palerme
Christofle de Parme
Michel Maistre
Le bastart d'Ornyn
Le bastard de Francque
Le bastart de Beaufort
Le bastart de Chavesteing
Melchior Poignant
Humbert de Pillon

Pierre Paris
Le bastart de Montmartre
Esmé le Blanc
Jullien Hardif
Pierre Sabley
Anthoine de Tur
Jehan de Montruc
Hercules de Vienne [1]

Nous, Pierre de Berard, conte de Dizenne et seigneur de la Foucaudière, commissaire dessusnommé, certifffions à nosseigneurs des comptes à Paris et autres qu'il appartiendra avoir veu et visité par forme de monstre et reveue tous les dessusdicts quatre vingts dix neuf hommes d'armes et deux cens archiers du nombre desdicts cent lances fournies de l'ordon-

1. Nous n'essaierons pas de faire un travail généalogique sur les hommes d'armes et les archers qui composaient la compagnie de Bayart, cela nous entraînerait trop loin ; nous appellerons seulement l'attention sur quelques noms qui nous paraissent particulièrement dignes de remarque. Ce sont, en première ligne, Jacques de Mailles, secrétaire de Bayart, celui que l'on considère avec tant de vraisemblance comme l'auteur de l'histoire de Bayart, ainsi que nous croyons l'avoir démontré dans notre préface ; puis Guigo Guiffrey, sr de Boutières, et Antoine de Clermont, vicomte de Tallard, qui furent, successivement après lui, lieutenants du gouverneur du Dauphiné ; Jacques Jeoffrey, son maître d'hôtel, qui assista à ses derniers moments et ramena son corps à Grenoble ; Jean de la Bergnie (de la Vergne) et le bâtard de Cordon, dont il est fait mention dans l'histoire de Bayart (voy. p. 173-339 et 345) ; Gaspard de Froussas (Frussasco), fils de la dame qui avait été le premier amour de Bayart, ainsi que le raconte le *Loyal Serviteur* (p. 64 à 70). Nous signalerons encore Gaspard Terrail, sr de Bernin, cousin de Bayart, et Pierre de Blacons, qui vécut assez pour prendre part aux premières guerres de religion dans les rangs des protestants dauphinois. Nous ferons enfin remarquer que près de cent des hommes d'armes et archers de Bayart appartiennent à des familles du Dauphiné et que les plus illustres maisons, telles que les Alleman, Montaynard, Sassenage, Clermont, Beaumont, Moustiers, Loras, La Vilette, Flotte, Arces, Commiers, etc., y sont représentées.

nance du roy nostre dict seigneur estans soubz la charge et conduicte de mondict sieur de Bayart, chevalier de l'ordre dudict seigneur, leur cappitaine, sa personne y comprinse, lesquelz avons trouvez en bon estat et souffisant habillement de guerre pour servir le Roy nostre dict seigneur au fait de ses guerres et partout ailleurs où il luy plaira, cappables d'avoir et prendre les gaiges et souldes que icelluy seigneur leur a ordonnées pour le quartier de janvier, février et mars dernier passé. En tesmoing de ce nous avons signé ce présent roole de nostre main et mis le seel de noz armes le jour et an dessusdicts.

De Berard.

XIV.

Contrat de mariage de François de Bocsozel, seigneur du Châtelard de Champier, avec Jeanne Terrail, fille naturelle de Bayart[1].

In nomine Domini, amen : cunctis, tam presentibus quam futuris, pateat et liquide fiat manifestum, quod cum tractatum fieret de matrimonio contrahendo per verba de futuro inter nobilem Franciscum de Boczosello, dominum de Chastelario-Champiaci, Viennensis diocesis, ex una ; et nobilem domicelam Johannam, filiam magniffici quondam domini Petri Terralii, domini de Baiardo, militis ordinis regii, et locumtenentis Dalphinatus ac cappitanei centum regis armorum, ex alia ; hinc est, quod anno nativitatis ejusdem Domini currente millesimo quingentesimo vicesimo quinto, et die vicesima quarta mensis augusti, coram me notario publico subsignato, et testibus inferius nominatis, prefatus nobilis Franciscus de Boczoselo, sponsus futurus, promisit et juravit disponsare in facie sancte matris ecclesie et in uxorem suam accipere prefatam nobilem Johannam Terralie, toties quoties fuerit requisitus ; et reverendi domini episcopus Glandatensis et abbas de Josaphat, avunculi dicte sponse, promiserunt nomine eorum neptis, disponsari facere per eam dictum nobilem Franciscum de Boczo-

---

[1]. Cabinet de M. Morin-Pons à Lyon. Copie. Publié par M. Morin-Pons dans les Mémoires de l'Académie de Lyon, 1876.

sello toties quoties fuerint requisiti. Et favore et contemplacione hujusmodi futuri matrimonii, et ut facilius onera illius melius supportari possint et valeant, personaliter constituti prefati reverendi in Christo patres et domini dominus Philippus Terralii, episcopus Glandatensis, et Jacobus Terralii, abbas de Josaphat, avunculi dicte nobilis Johanne Terrallie, tam nomine proprio, quam uti procuratores ad infrascripta peragenda nobilis et potentis Georgii Terralii, domini de Baiardo, eorum fratris, heredis dicti quondam domini de Baiardo, prout de hujusmodi procuratorio constat instrumento super hoc confecto, recepto per me jam dictum notarium subsignatum, hic inserto, cujus tenor est talis :

Noverint universi et singuli, quod anno Domini millesimo quingentesimo vicesimo quinto, et die quindecima mensis augusti, coram me notario publico subsignato, et testibus inferius nominatis, constitutus personaliter nobilis et potens Georgius Terralii, dominus de Baiardo, qui actendens quod nobilis Johanna Terrallie, filia quondam magniffici et illustris domini Petri Terralii, militis ordinis regii, et locumtenentis Dalphinatus, fratris sui, est nubilis, et quod tractatur matrimonium inter eam et nobilem Franciscum de Boczosello, dominum de Chastelario-Champiaci, Viennensis diocesis, gaudens de hujusmodi matrimonio contrahendo, gratis igitur et sponte; non vi, non cohactus, sed ex ejus mera voluntate, vult et consentit quod domus fortis Edochie cum juribus suis, censibus, redditibus, reacheptis et aliis juribus suis et pertinenciis, constituatur in dotem et nomine dotis dicte nobilis Johanne ejus neptis erga prefatum nobilem Franciscum de Boczosello, pro precio duodecim centum scutorum auri ad solem, quos prefatus magnifficus frater suus dederat pro dote ipsius nobilis Johanne, inclusis vestibus nuptialibus, et ex nunc, prout ex tunc, ut supra consentit constituendo per presentes ejus certos et indubitatos procuratores ac nuncios expressos, reverendos patres dominos dominum Philippum Terrallii, episcopum Glandatensem, et Jacobum Terrallii, abbatem de Josaphat, fratres suos abscentes tanquam presentes, et ipsorum quemlibet in solidum, ad presentandum et faciendum similem conscensum nomine suo, quando celebrabitur matrimonium dicte sue neptis cum eodem nobili de

Boczosello, et ad faciendum pacta in dicto matrimonio que sibi ipsis dominis procuratoribus suis videbuntur necessaria, ac si presens et personaliter interesset. Promittens ideo prefatus nobilis Georgius Terrallii constituens, per ejus juramentum super sacrosanctis scripturis prestitum, bona sua quecumque mobilia et immobilia propter hoc obligando et ypothecando, premissa actendere et observare et non contravenire; supponens se et omnia sua bone quibuscumque curiis dalphinalibus tam spiritualibus quam temporalibus, pro observacione premissorum cum relevacionibus, titullis et aliis clausulis in talibus necessariis et opportunis. De quibus premissis, prefatus nobilis constituens precepit mihi jamdicto notario, fieri presens publicum instrumentum. Actum apud Baiardum in aula bassa domus dicti loci, presentibus venerabilibus viris dominis Guichardo Orseti et Martino de Torneno, presbiteris, et Urbano, filio Francisci Gaberi, testibus ad premissa vocatis et rogatis.

Ipsi, inquam, reverendi domini nominibus quibus supra, gratis et eorum spontaneis voluntatibus, dederunt et constituerunt in dotem et pro dote dicte nobilis Johanne, eorum neptis, dicto nobili Francisco de Boczosello, sponso futuro, presenti, stipulanti et recipienti, pro se et suis heredibus et successoribus quibuscumque, quatuordecim centum scuta auri ad solem in modum qui sequitur. Videlicet quod constituerunt pro suma duodecim centum scutorum auri ad solem, per supperius nominatum quondam dominum de Baiardo datorum et constitutorum pro dote dicte sue filie in ejus ultima voluntate, inclusis vestibus nuptialibus, domum fortem Edochie, que sit pro ejus dote, et que domus olim pertinebat dicto quondam strenuo milliti domino de Baiardo, et ex post per ejus mortem dicto nobili Georgio de Baiardo, una cum suis ipsius Eydochie juribus et pertinenciis universis, sive sint, domus, terre, prata, pascua, vinee, nemora, silve, molendina, stagna, aque, aquarumque decursus, garene, actiones, census, redditus, reachepta et alia quecumque jura ad dictam domum fortem Eydochie pertinencia, cum tamen oneribus omnibus et chargiis que reperientur fore et esse in et super dicta domo forti Eydochie et pertinenciis ejusdem, sicuti legatis fondacionibus, summis dotuum, reparationibus et aliis quibuscumque debitis et chargiis, et maxime de satisfaciendo nobili Loysie de Boczosello, domine Prati Rotondi, restam summe quatercentum scutorum auri ad solem sibi debitorum ex accordio cum ipsa facto per dictum quondam dominum de Baiardo, tunc dominum dicte domus fortis Eydochie, et etiam de solvendo restam centum scutorum dotis Anthonie, filie naturalis quondam nobilis Arthaudi de Boczosello, uxoris Ludovici Vincendon, et generaliter de solvendo omnia et quecumque debita que reperirentur in et super dicta domo Eydochie. Item plus, superius nominati reverendi domini episcopus Glandatensis et abbas de Josaphat, fratres, et avunculi dicte Johanne, sponse future, gratis et eorum propriis voluntatibus, favore et contemplacione hujusmodi matrimonii, et in dotem dicte eorum neptis, de eorum propriis bonis, dederunt et constituerunt in augmentum dotis dicte nobilis Johanne, eorum neptis, videlicet quilibet ipsorum centum scuta auri ad solem, que centum scuta promisit solvere pro sua parte dictus reverendus dominus episcopus Glandatensis ad requestam dicti nobilis Francisci de Boczoselo, post consummationem hujusmodi matrimonii. Quo vero ad centum scuta constituta per prefatum dominum abbatem de Josaphat, prefatus nobilis Franciscus de Boczosello confessus fuit et confitetur illa habuisse et realiter recepisse ab eodem domino abbate; sicque de eisdem centum scutis se tenuit pro bene contento et soluto, et de quibus quictavit et quictat dictum dominum abbatem cum pacto de non ulterius quicumque plus petendo seu peti faciendo. Item quod etiam prefati reverendi domini episcopus et abbas constituentes, dederunt dicte sponse future, eorum nepti, quilibet ipsorum centum libras turonenses pro suis vestibus nuptialibus, necnon reverendus in Christo pater et dominus dominus Laurencius Alamandi, episcopus et princeps Gratianopolis, etiam dedit dicte nobili sponse future pro suis vestibus nuptialibus centum libras turonenses, per ipsum nobilem sponsum futurum habitas et receptas, et etiam dictas centum libras per dictum dominum abbatem de Josaphat ut supra donatas, sicque de eisdem ducentum libris, se tenuit pro bene contento et soluto et de quibus quictavit ipsum reverendum dominum episcopum Gratianopolis et abbatem de Josaphat, et reverendus dominus episcopus Glandatensis promisit solvere dictas centum libras per ipsum ut supra donatas, ad requestam dicti nobilis Francisci de Boczosello. Et premissis mediantibus, constitutus personaliter prefatus nobilis Franciscus de Boczosello, sponsus futurus, qui gratis et sponte, pro se et suis heredibus et successoribus quibuscumque, dedit et donavit dicte nobili Johanne, ejus sponse future, presenti et pro se et suis stipulanti et recipienti, in augmentum supradicte dotis, ascendentis in universo ad quatuordecim centum scuta auri, videlicet summam septem centum scutorum similium. Item, plus dedit et donavit prefatus nobilis sponsus futurus dicte nobili Johanne, ejus sponse future, stipulanti ut supra, pro suis ornamentis et jocalibus, tercentum scuta similia, de quibus ipsa nobilis sponsa futura disponere possit ad ejus voluntatem maritata vel non maritata, et quo ad dictum augmentum dotis fuit actum, quod dissoluto hujusmodi matrimonio per mortem ipsius nobilis sponse future, dicta septem centum scuta dicti augmenti remaneant dicto nobili sponso futuro et suis. Item ultra premissa prefatus nobilis Franciscus de Boczosello, sponsus futurus, gratis ut supra, dedit de doario annuo dicte sponse future, in et super omnibus suis bonis, et maxime in et super quadam sua domo appelata de Charpenes, sita in mandamento Coste et parrochia de Nantuy, cum censibus, redditibus et pertinenciis dicte domus, usque ad valorem dictarum centum librarum annualium, et quam domum, una cum grangiis et plassagiis ejusdem reliquid idem nobilis Franciscus de Boczosello dicte nobili Johanne, ejus sponse, pro ejus mansione et habitacione, casu quo non posset vivere et manere in dicta domo Edochie cum liberis eorumdem conjugum, dumtamen vitam honestam et vidualem duxerit ut supra. Item fuit actum et conventum inter ipsas partes quod casu quo hujusmodi matrimonium dissolveretur per mortem dicti nobilis Francisci de Boczosello, susceptis ex eodem liberis cum dicta ejus sponsa futura, quod restituendo dicte nobili Johanne, sponse, dicta duodecim centum scuta in unica solutione supradicta, domus Eydochie, cum pertinenciis suis supradictis, et ipsis liberis remanebit; et casu quo non haberint ipsi futuri conjuges liberos ex hoc matrimonio et superviveret dicta nobilis Johanna, sponsa, dicto ejus sponso, quod ad eam revertatur et restituatur dicta domus Eydochie cum suis pertinenciis; acto tamen quod si ipse nobilis de Boczosello forsam fecerit, sive sui fecerint, aliquas necessarias et utiles reparationes, vel aliqua bona reacheptaverint, quod ipse reparationes et bona reacheptata deducantur vel solvantur heredibus ejusdem de Boczosello, necnon etiam debita que reperientur fuisse soluta per prefatum dominum de Boczosello vel suos. Item plus fuit actum et conventum inter ipsas partes, quod supervivens eorumdem lucretur duocentum scuta super bonis premorientis, de quibus in morte pariter et in vita disponere possit, sive convolaverit ad secundas nuptias sive abstinuerit. Item plus fuit actum et conventum inter ipsas partes, quod supradicte dos una cum dicto augmento et aliis que restitui debebunt, soluto matrimonio, per mortem dicti nobilis de Boczosello, restituantur et solvantur incontinenti sicut reperientur fuisse soluta. Et mediantibus premissis, prefatus nobilis de Boczosello, sponsus futurus, celebrato hujusmodi matrimonio, promisit quictari facere per dictam nobilem Johannam, ejus sponsam, omnia et quecumque bona paterna, juraque et actiones que habet et habere posset in eisdem bonis nunc vel in futurum; hoc acto quod si forsan ipsa nobilis Johanna in preteritum fecisset aliquam donationem vel quictacionem de bonis suis ante presentem contractum, quod eo in casu illa donacio seu quictacio sint nullius momenti et valoris. Promictentes propterea superius nominate partes, ipsarum quelibet in quantum eam tangit, per eorum juramenta, videlicet ipsi reverendus dominus episcopus Glandatensis et abbas de Josaphat, nominibus quibus supra, manus ad pectus eorum more prelatorum ponendo, et dictus nobilis de Boczosello tactis manualiter sacrosanctis scripturis, et sub omnium bonorum suorum expressa obligacione et ypothecacione bonorum mobilium, immobilium presentium et futurorum, premissa omnia superius et inferius scripta actendere, complereque et inviolabiliter observare absque contradictione quacumque, et nunquam per se vel per alium contra ire, nec alicui contra ire seu venire volenti in aliquo quovismodo consentire; dictique reverendi domini constituentes, nominibus quibus supra, dictam domum Edochie, cum dictis suis juribus et pertinenciis, dictis futuris conjugibus manutenere et deffendere adversus et contra omnes, et stare de omni evictione universali et particulari, tam in proprietate quam in possessione; necnon premissa ratifficari facere per dominam de Baieta ac dominas religiosas una de Hays et alia de Prato-Mollo, eorumdem duorum constituentium sorores quathenus opus erit. Et etiam promisit prefatus dominus episcopus Glandatensis tradire et expedire dicto nobili de Boczosello instrumenta et documenta que habet penes se, facientia ad opus dicte domus Eydochie. Renunciantes prenominate partes, et ipsarum quelibet, omnibus et singulis juribus, juriumque exceptionibus tam canonicis quam civilibus quibus mediantibus contra premissa aut premissorum aliqua facere, dicere, exponere vel contravenire possent, aut in aliquo se tuheri quomodolibet vel deffendere, et maxime juri dicenti generalem renunciationem non valere nisi speciali precedente. Acta fuerunt premissa Gratianopoli in domo episcopali ipsius loci, presentibus spectabilibus dominis Falcone de Auriliaco, presidente Dalphinatus, Jacobo Galiani, Georgio de Sancto Marcello, Aymaro Rivalli, consiliariis dalphinalibus, nobilibus Bartholomeo de Monteforti, milite et receptore Scalarum, Petro de Legaz et Jacobo de Buffevent testibus ad premissa vocatis et rogatis. Et me Jacobo de Mailles, diocesis Gracianopolis auctoritate dalphinali notario publico, qui in premissis omnibus et singulis, dum sic ut premictitur agerentur et fierent, una cum prenominatis testibus presens interfui, eaque omnia et singula sic fieri vidi et audivi, ac in notam sumpsi et recitavi a quaquidem nota, hoc presens publicum instrumentum, manu fidelis coadjutoris mei fideliter scriptum, extrahi et grossari feci, ac ibidem me suscripsi manu propria signavi in robur et fidem omnium et singulorum premissorum.

De Mailles[1].

1. Nous ferons remarquer la signature du notaire : c'est Jacques de Mailles, l'auteur présumé de la présente histoire.

Jeanne Terrail fut mère de l'infortuné Pierre de Bocsozel, s[r] du Chatelart, célèbre par son amour pour Marie Stuart et sa fin tragique (1562). Chatelart était poète; Le Laboureur nous a transmis une poésie charmante adressée par lui à sa maitresse.

SUPPLÉMENT.

La rareté des autographes de Bayart donne un certain intérêt aux quatre quittances suivantes, encore inédites. Elles font partie du recueil de *Pièces originales* de la Bibliothèque nationale, vol. 234, au mot Bayart; je n'ai pu en avoir connaissance en temps utile pour les insérer dans l'Appendice de l'*Histoire de Bayart par le Loyal Serviteur*, ces manuscrits n'étant pas alors à la disposition du public.

On remarquera le nom de Piquet de Bayart que prend le Bon chevalier, dans la dernière quittance; c'est le seul document où il soit fait mention de ce surnom, dont on peut voir l'origine au chapitre V de l'*Histoire du Loyal Serviteur*. C'est une preuve nouvelle de la véracité de l'historien, dont toutes les affirmations se trouvent peu à peu confirmées par des pièces authentiques.

Le sceau de Bayart est appendu à ces quatre quittances. Celui que l'on voit aux trois premières est un peu différent de celui que j'ai décrit et fait graver dans l'*Histoire de Bayart* (Appendice, p. 466); la tête du lion qui sert de cimier est plus petite. La légende : †. MES . PIERRE . BAYART . CHLR . [S.] DV . LIEV, offre également quelques variantes.

I.

Nous Pierre de Bayart, chevalier, seigneur dudit lieu, confessons avoir eu et receu de sire Jehan Lalemant, conseiller du Roy nostre seigneur et receveur general de ses finances es pays et duché de Normandie, la somme de deux mil livres tournois, en quatre descharges, dactées du xxviij° jour d'avril derrenier passé, levées sur le receveur des tailles en l'ellection de Gisors ; les deux, montans xv° livres tournois, sur les deniers de ceste presente année commencée le premier jour de janvier dernier passé, et les deux autres, montans v° livres tournois, sur les deniers de l'année prochaine ; lesquelles parties montent ensemble ladicte somme de ij^m livres tournois, à nous ordonnées par le Roy nostre seigneur pour nostre pension et entretenement en son service durant ceste dicte presente année. De laquelle somme de ij^m livres tournois nous nous tenons pour contant et bien payé, et en avons quicté et quictons ledict receveur général et tous autres. En tesmoing de ce nous avons signé ces presentes de nostre main, et scellées de nostre scel, le quinziesme jour de may, l'an mil cinq cens et quinze.

BAYART.

II.

Nous [Pierre] de Bayart, chevalier, seigneur dudict lieu, conceiller et chamberean ordinaire du Roy nostre seigneur, confessons avoir [eu] et receu de Jehan Lalemant le jeune, aussi conceiller dudict seigneur, tresorier et receveur general de ses finances es pays de Languedoc, Lyonnois, Forestz et Beaujeulois, la somme de six mil cent cinquante livres tournois, en trois mil escus sols, à raison de xlj sols tournois piece, dont le Roy nous a fait don pour les causes contenues en ses lettres patentes. De laquelle somme nous nous tenons pour contant et en quictons ledict tresorier de Languedoc et tous autres. En tesmoing de ce nous avons signé ceste presente de nostre main, et scellée du sel de noz armes, le vj⁰ jour de janvier, l'an mil cinq cent et seize.

BAYART.

III.

Nous Pierre, seigneur de Bayart, confessons avoir eu et receu de sire Jehan Lalement, conseiller du Roy nostre seigneur et receveur general de ses finances es pais et duché de Normandie, la somme de quatre mil livres tournois, en une descharge dactée du xij⁰ jour de ce present mois, levée sur le receveur des tailles en l'ellection de Gisors, sur les deniers de sadicte recepte de ceste presente année, commancée le premier jour de janvier dernier passé, à nous ordonnée par le Roy nostre dict seigneur pour nostre pension et entretenement en son service durant ceste dicte année. De laquelle somme de iiij^m livres tournois nous tenons content et bien payé, et en quictons ledict receveur general. En tesmoing de ce nous avons signé ces presentes de nostre main, et scellées de nostre seel, le xv⁰ jour de fevrier, l'an mil cinq cens seize.

BAYART.

IV.

Nous Picquet de Bayart, chevalier, seigneur dudict lieu, confessons avoir receu de maistre Guillaume Preudomme, conseiller du Roy nostre seigneur et receveur general de ses finances es pais et duché de Normandie, la somme de sept mil trois cens livres tournois, en cinq descharges levées sur les receveurs des tailles des ellections de Gisors et Evreux et sur ce qu'il peut et pourra estre deu de leursdictes receptes, tant de l'année dernière passée, de la presente, que de l'année finissant mil cinq cens vingt : c'est assavoir, taille Gisors, année finie mil cinq cens dix huit, м livres tournois; taille Evreux, sur ladicte année, pareille somme de м livres tournois; taille Gisors, sur l'année presente, xvi^c livres tournois ; taille Evreux, sur la dicte année presente, pareille somme de xvi^c livres tournois, et taille Gisors, sur l'année finissant mil cinq cens et vingt, ii^m livres tournois; dont nous avons esté assignés en ladicte recepte generale sur la somme de viii^m livres tournois à nous ordonnée par le Roy nostre dict seigneur pour nostre pension et entretenement ou service dudict seigneur, tant de ladicte année dernière passée que de la presente. De laquelle somme de vii^m iii^c livres nous tenons contant et bien paiés, et en quictons ledict maistre Guillaume Preudomme, receveur general dessusdict, et tous autres. En tesmoing de ce nous avons signé ces presentes de nostre main, et scellées du scel de noz armes, le derrenier jour de janvier, l'an mil cinq cens et dix huit.

BAYART.

GLOSSAIRE

A

à, avec, 143.
aboys, suspens, 402.
abreuvé, triste, 78.
abstrainct, dépourvu, 312.
acertené, instruit, rendu certain, 164.
à coup, pour cette fois, à coup sûr, 32.
acquerre, acquérir, 40.
acteur, auteur, 1.
adresse, dédicace, 1.
advitailler, ravitailler, 355.
affiérer, convenir, 428.
affoler, effrayer, blesser, 9.
ainçois, avant, 18.
ains, mais, 14.
à l'emblée, d'emblée, 2.
apatis, contribution, 362.
à poux de lance, à longueur de lance, 46.
appert, habile, 24.
appertise, exploit, 283.
appoincter, solder, 23.
arrivée (d'), dès le début, 321.
asseuréement, avec assurance, 232.
assiète (d'), assis, 136.
attainctes, desseins, but, 241.
avoir à besongner, avoir besoin, 30.

B

bagues, bagages, 80.
baller, danser, 16.
bastillon, fortin, 132.
baston, arme, 21.
benoit, béni.
berche, brèche, 156.
blasonner, louer, 65.
bouge, valise, 116.
bruyt, renommée, 3.

C

canonnière, pièce de canon, 245.
cariage, bagage, 42.
castelan, châtelain, 374.
cault, rusé, 136.
ce, si, 102.
c'est mon, vraiment, 14.
chailloir, importer, 27.
chapelet, petit chapeau, 49.
chassement, expulsion, 71.
cil, celui, 416.
commander, recommander, 33.
comme, ainsi, 406.
comparer, payer, 271.
conquester, conquérir, 55.
contenir, comporter, 8.
convoyer, convier, 68.
cordelle (tirer à sa), séduire, entraîner, 216.
courserot, petit cheval, 35.
cronicqué, mentionné dans les chroniques, 204.
cropir, croupir, 91.
crote, grotte, 207.
cuyder, croire, 49.

D

davantage, de plus, 31.
daxes, taxes, 62.
déchassé, chassé, 342.
deffaillir, manquer, 4.
deffensible, défenseur, 2.
deffortune, infortune, 228.
deffroy, entretien, 134.
délayer, retarder, 312.
délibérer, décider, 120.
démené (le), ce qui se prépare, 200.
démener, mener, 298.
demeure, délai, 116.
départir, séparer, 52.
depescher, débarrasser, 31.
desduire, parler, 97.
deslacher, lâcher, 274.
desroter, mettre en déroute, 201.
desservir, mériter, 199.
devise, livrée, 321.
devise, devis, entretien, 52.
dilation, retard, 22.
doint (qu'il), qu'il donne, 10.
dommager, endommager, 398.
donner garde (se), avoir la garde, 314.
doubte, crainte, 318.
doubter, redouter, 123.
droit, vrai, 143.
durer, résister, 110.
duyt, habile, 38.

E

eleu, d'élite, 92.
embattre, abattre, 111.
embattre (s'), s'ébattre, 309.
embuscher, embusquer, 140.
empescher, embarrasser, 387.
empris, entrepris, 1.
emprise, entreprise, 37.
encharger, charger, 11.
encloueure, piège, 34.
enfondrer, effondrer, 335.
enroser, arroser, 163.
enseignes, indications, 242.
ensépulturé, enseveli, 57.
envahie, charge de cavalerie, 190.
envis, malgré, 24.

ès, au, 14.
eschapins de chausse, chaussure légère, 280.
escoute, guetteur, 116.
esjouissement, réjouissance, 48.
esle, aile, 280.
espérer, attendre, 223.
esperit, esprit, 413.
estant (en), se tenant debout, 413.
estoffe (gens d'), troupe de résistance, 278.
estradiote, cimeterre, 211.
évader, éviter, 320.
exterminer, chasser.

F

faigner, être fainéant, 305.
failloir, falloir, 312.
fascherie, inconvénient, 154.
fenestre, armoire, 29.
fès, faix.
finer, financer, 85.
finer, finir, 80.
flote, flot, 282.
foncer, financer, 27.
frayer, passer, 335.
fuytif, fugitif, 63.

G

garnir, pourvoir, 8.
gecter, jeter, 309.
genétaires, cavalerie légère, 115.
genète (à la), en chevau-léger, 253.
gentilfemme, femme noble, 339.
gentillesse, noblesse, 258.
graigneur, plus grand, 415.
grenète, marché aux grains, 35.
grisle, grille, 270.
gorgias, beau, 199.
guerpir, déguerpir, 133.
guerroyable (guerre), guerre sérieuse, 90.
guete, alarme, 97.

H

habiller, panser, raccommoder, 98.

GLOSSAIRE. 483

hacquebute, arquebuse, 126.
halecret, corselet, 274.
haridelle, cavalier, 264.
harnoys, armure, 25.
hoc, haie, 325.
hutin, choc, 322.

I

intrade, revenu, 244.

J

joinct, en outre, 9.

L

lacrymable, digne de larmes, 367.
léans, céans, 31.
loge, hutte, 322.
luyte, luyter, lutte, lutter, 107.
luz, luth, 295.
lyément, joyeusement, 124.
lyonicque, de lion, 105.

M

mais que, dès que, 172.
mais que, pourvu que, 58.
maldisant, médisant, 11.
malheureté, désastre, 250.
maltalent, colère, 84.
manchon, manchette, 66.
mercyer, remercier, 21.
meschanceté, misère, 250.
meschief, malheur, 376.
meshuy, aujourd'hui, 124.
mesmement, même, 259.
mestier, besoin, 303.
mettre sus, survenir, 380.

N

navrer, tuer, 324.
nem plus, non plus, 198.
notice, connaissance, 300.
nourriture, éducation, 66.
nouvel (de), nouvellement, 306.

O

oppressé, écrasé, 8.

ou, au, 127.
oyseux, oisif, 100.

P

paillart, lâche, 326.
paour, peur, 1.
paravant, auparavant, 389.
parfond, profond, 263.
parfournir, fournir, 49.
parquoy, pourquoi, 24.
partir, partager, séparer, 35.
pas, joute, 5.
picquer un cheval, le faire sauter, caracoler, 22.
plains, plaintes, 110.
pluviner, pleuvoir, 265.
piteux, ayant de la pitié, 2.
poignant, pointant, 306.
poindre, course, 49.
pointe, première attaque, 155.
portatif (évêque), évêque *in partibus,* 228.
porter (se), se comporter, 293.
prée, pré, 22.
privaulté, honneur, estime particulière, 261.
procès, discussion, 272.
puissance, force militaire, 352.

Q

quant et, en même temps que, avec, 200.
quant et quant, ensuite, 214.
quatrin, menue monnaie, 293.
que, comme, 176.
quereller, réclamer, 145.
qui, qu'il, 154.
quilles (trousser ses), se retirer, 401.

R

rabiller, rétablir, 102.
rebatre, parer, 255.
recharger, revenir à la charge, 51.
recompenser, dédommager, 95.
recours, secouru, 124.
recoux, recouvré, 187.
recru, fourbu, 94.

recueil, accueil, 27.
religion, couvent, 287.
rementavoir, remémorer, 65.
reperer, se retirer, 372.
resolution, solution, 52.
retirer, conserver, 244.
revolter (se), faire volte-face, se retourner, 332.
riote, querelle, 111.
ronçon, épieu, 148.
rooller, rouler, 318.
rotte, déroute, 157.
rotte, troupe, 143.
rouer, rôder, 288.

S

saillie, saillir, sortie, sortir, 4.
saisir, posséder, 118.
saulte-buisson, fantassin, 264.
saulveté, salut, 201.
sçavoir mon, c'est à savoir, 262.
secrète, casque rond, 116.
secrétain, sacristain, 31.
semondre, engager, inviter, 25.
sentir, entendre, 372.
seoir, siéger, 57.
serréement, en ordre serré, 122.
se, ce, 51.
soris, souris, 406.
souldar, soldat, 50.
soulde, solde, 50.
souller, souiller, 102.

T

targuète, petit bouclier, 256.
tascher, viser, 113.
taudis, amas, 153.
tenir bataille, être rangé en bataille, 186.
tenu, ayant de l'obligation, 333.
terayeul, trisaïeul, 4.
tiensist (qu'il), qu'il tînt, 306.
tirer à une part, aller d'un côté, 207.
trafique, affaire, 245.
travaillé, malade, 206.
trépasser, dépasser, 189.
triumphamment, triomphalement, 10.
troppe, troupe, 113.
trousse, mauvais tour, 251.
trousser son cas, préparer ses bagages, 272.

V

vaillant (le), l'avoir, la fortune, 288.
valloir, mériter, 85.
véla, voilà, 17.
venue, réception, 199.
veue, entrevue, 135.
veue, visière du casque, 49.
vois (je), je vais, 401.
voulsist (qu'il), qu'il voulût, 12.

INDEX ALPHABÉTIQUE

A

Agnadel (bataille d'), 142.
Ainay (abbaye d'). Le cousin de Bayart y est abbé, 5. Le roi y voit Bayart à cheval, 21.
Aire. Bayart y arrive, 41. Il y donne un tournoi, 46.
Albret. Voy. Avennes.
Aldano. Son duel avec Peralte, 256.
Alègre (Yves d'), au siège de Legnano, 204; à celui de Montselice, 208; à la reprise de Brescia, 277. Fait prisonnier André Gritti, 283; combat à Ravenne, 314. Fait avancer l'artillerie, 318; et la gendarmerie, 321. Est tué, 327-330.
Alègre (d'). Voy. Milhau.
Alençon (Charles de Bourbon, duc d'), surveille de Reims l'armée des impériaux, 392.
Alençon (Marguerite d'Orléans, duchesse d'), est marraine du dauphin, 390.
Alexandrie. Le s^r de Ligny y vient, 82.
Allemagne. Ludovic le More s'y retire, 61. Il en revient, 71.
Alpopos fortifié par le duc de Ferrare, 157.
Altamura (Aliénor de Beaux, duchesse d'), épouse le s^r de Ligny. Sa mort, 87.
Altemeze (Francisque d'), est témoin du combat entre Bayart et Soto Mayor, 106.
Alleman (Guigues), s^r d'Uriage, donne un cheval à l'évêque de Grenoble, 9.
Alleman (Hélène), mère de Bayart, sœur de l'évêque de Grenoble, 4. Ses adieux à son fils, 10.
Alleman (Laurent I), évêque de Grenoble, 4. Se rend au château de Bayart, 7. Conseille d'envoyer Bayart au duc de Savoie, 8. Lui fait cadeau d'un cheval et d'habits, 9. Le conduit à la cour de Savoie où il le donne au duc, 12-15. Retourne à Grenoble, 15. Reçoit Bayart à son retour d'Italie, 336.
Alvarade, tué à Ravenne, 330.
Alviano (Barthélemy d'), général des Vénitiens, 141; est battu à Agnadel, 142; blessé et fait prisonnier, 143. Amène aux Français du renfort à Marignan, 384.
Amboise. Charles VIII y meurt, 58. Le dauphin François y est baptisé, 390.

Amboise (Georges d'), cardinal, lieutenant-général en Milanais, 86. Ambassadeur vers l'empereur, 146. Meurt, 205.

Amboise, voy. Chaumont.

Anhalt (Rudolphe, prince d'). Rejoint l'armée française, 152. Va au siège de Padoue, 159. Veut aller à l'assaut, 185. Accompagne les Français après le siège de Padoue, 186. Prête des lansquenets à Bayart, 199. Assiste au siège de Legnano, 204.

Andria. Bayart y fait une course, 91.

Angleterre (Marie d'), épouse Louis XII, 368.

Anjou (duché d'), donné à Frédéric, roi de Naples, en compensation de son royaume, 88.

Anne de Bretagne. Aide à bâtir un couvent de Cordeliers, 19. Séjourne à Lyon avec Charles VIII, 57. Épouse Louis XII, 59. Sa mort, son éloge, 366-367.

Annona, mise à sac, 61.

Anton (Jean d'), cité, 80, 104, 108, 114.

Aragon (Pierre d'). Extinction de sa famille, 127.

Arbresle (l'). Bayart y est accompagné par Bellabre, 43.

Arces (Antoine de Morard d'), combat à Agnadel, 141.

Argenta, ville d'Italie; son importance, 231.

Ars (Louis d'). Lieutenant du s^r de Ligny, permet aux jeunes gens de faire des tournois, 45. En est nommé juge, 48. Intercède pour les sujets révoltés du s^r de Ligny, 83, 84. Rend ses places au royaume de Naples par ordre de Louis XII et rentre en France, 125, 126. Loué du roi d'Espagne, 135. Assiste au siège de Legnano, 204. Opine pour la bataille à Ravenne, 312. Poursuit les ennemis, 323. A Pavie, 334.

Astesan (l'), traversé par l'armée française, 60.

Ascanio (le cardinal). Laissé dans Milan par son frère Ludovic le More, 79. Est fait prisonnier et livré aux Français, 81.

Avennes (Gabriel d'Albret, s^r d'), reçoit le duc de Savoie; son arrivée à Lyon, 18.

Avogaro (Louis). Sa querelle avec Gambara, 269. Il livre Brescia aux Vénitiens, *ibid*. A la tête tranchée, 283.

Aubigny (Robert Stuart, s^r d'). Conduit l'armée française en Italie, 60. Est envoyé à la conquête de Naples, 88-89. Est chassé de Naples par Gonsalve de Cordoue, 89. Fait couper la tête à Augustin Guerlo, 241. Gouverneur de Brescia, 336. Entre en Italie, 372. Poursuit Prospero Colonna, 375.

Aydie (Gallet d'), surnommé le capitaine Odet; à Agnadel, 139; à Ravenne, 313.

Azevedo. Sa querelle et son duel avec Sainte-Croix, où il est vainqueur, 252-256.

B

Baglione (Jean-Paul). Va au secours de Brescia, 273. Met le siège devant Valeggio, 273. Est battu par les Français, 274.

Baobdil, voy. Chico.

Bardassan. Combat à Ravenne, 313; y est tué, 325-330.

Barletta. Bayart y fait une course, 91.

Basque (Pierre de Tardes, dit le). Envoyé à la poursuite de Soto-Mayor, 97. Le reprend, 98. Combat au pont de Garigliano, 120, 121. Renverse Salvator de Borgia de son cheval, 124.

INDEX ALPHABÉTIQUE.

Bassano. L'empereur y arrive, 152. La garnison inquiète le camp de l'empereur, 171. Rendu à Bayart, 177.

Bastida di fossa Geniolo, attaqué par le pape, 231. Le gouverneur demande du secours, 232. Bataille qui s'y livre, 237. Déroute de l'armée du pape, 238.

Baulme (La), fait trois prisonniers quoique ayant une jambe de bois, 251.

Bayart (château de). L'évêque de Grenoble y vient, 7.

Bayart (Pierre Terrail, s^r de). Son extraction, 3. Déclare à son père qu'il veut suivre la carrière des armes, 4. Ses adieux à sa famille, 9. Est conduit à la cour de Savoie, 12. Est présenté au duc, 14. L'accompagne à Lyon, 16. Se prépare à être présenté à Charles VIII, 21. Fait sous ses yeux l'exercice du cheval, 23. Entre à son service, 24. Se fait inscrire pour prendre part au pas d'armes du s^r de Vauldray, 26. Obtient de l'abbé d'Ainay les moyens d'y figurer, 27. Prend chez son fournisseur pour une grosse somme d'étoffes, 31. Lutte avec honneur au tournoi, 38. Va en garnison en Picardie, 38. Ses adieux au roi et au s^r de Ligny, 40. Sa générosité envers leurs gens, son voyage, 42. Arrive à Aire, 43. Donne un tournoi, 45. Son combat avec Tartarin, 48. Avec Hannotin de Sucker, 51. Distribue les prix, 53. Sa libéralité envers ses compagnons, 54. Il se signale à Fornoue et reçoit 500 écus du roi, 56. Va visiter la veuve du duc de Savoie, 63. Retrouve à sa cour son ancienne amie la dame de Frussasco, 64. Donne un tournoi, 65. Combat contre le s^r de Rovastre, 67. Fait décerner les prix par la dame de Frussasco, 68. Sa libéralité, 70. Retourne en Italie, 72. Son expédition contre le capitaine Cazache, 73. Il entre à Milan avec les ennemis et est fait prisonnier, 74. Son entretien avec Ludovic le More, 75. On lui rend la liberté, 77. Il reçoit en cadeau du s^r de Ligny l'argenterie que lui offrent ses sujets rebelles et la distribue à ses compagnons, 85. Ses adieux au s^r de Ligny, 88. Commande à Minervino, 91. Bat et fait prisonnier Soto-Mayor, 92. Lui donne le château pour prison, 95. Le fait enfermer après sa tentative d'évasion, 99. Lui demande raison des méchants propos qu'il tenait sur lui, 101. Le tue en combat singulier, 104. Rend son corps à ses compagnons, 109. Son combat avec 12 compagnons contre 13 Espagnols, 111. S'empare d'un trésorier espagnol; ses démêlés avec Tardieu pour le partage du butin; sa générosité envers lui et ses soldats, 115. Défend seul un pont contre 200 ennemis, 120. Est fait prisonnier, puis délivré, 122. Rentre en France, 125. Part pour Gênes, quoique malade, 130. S'empare d'un fort, 132. Reçoit le commandement de 500 hommes de pied, 140. S'empare des avenues de Padoue, 159. Dresse une embûche à Lucio Malvezza, 165. Le défait, 168. Dresse une embûche à Rinaldo Contarini, 171. Le défait, 174. Le force à lui faire rendre le château de Bassano, 176. Son avis sur l'assaut projeté de Padoue, 182. Son humanité à la levée du siège de Padoue, 186. Il tient garnison à Vérone, 187. Il se retire avec honneur de l'embûche que lui tend Jean-Paul Manfroni, 189. Défait une bande de gens de pied, 193. Déjoue la trahison d'un espion, 196. Défait le capitaine Manfroni, 201. Fait pendre des pillards, 207. Conduit un renfort à la Mirandole, 224. Tente sans succès de s'emparer du pape, 225. Apprend le siège de la Bastide, 232. Plan qu'il propose au duc de Ferrare pour la secourir, 233. Succès de son exécution, 238. S'oppose à ce que le duc fasse assassiner le pape, 245. Est fait lieutenant du duc de Lorraine, 249. Prend Gradisca et Gorizia, 249. Loué de Trivulce pour sa conduite à Bologne, 251. Venge la mort du s^r de Conti, 258. Se fait dire la bonne aventure, 261. Demande à marcher le premier à l'assaut de Brescia, 277. Est blessé, porté dans un palais et soigné, 284. Il protège les habitants du palais, 285. Obtient de rejoindre l'armée, 292. Reçoit de son hôtesse 2,500 ducats et les distribue à ses filles et aux pauvres, 295. Ses adieux, 296. Il arrive à l'armée devant Ravenne, 298. Opine pour la bataille, 302. Envoyé en escarmouche contre les Espagnols, 306. Secourt le baron de Béarn, 309. Se promène avec Nemours avant la bataille, 315. Ses pourparlers avec les Espagnols, 316. Fait avancer l'artillerie, 318, et diviser la cavalerie en deux troupes, 320. Poursuit les fuyards, 323. S'empare des enseignes ennemies, 328. Est blessé à Pavie, 335. Rentré à Grenoble, y tombe malade, 336. Guérit, 338. Son aventure avec une jeune fille noble et pauvre qu'il dote, 339. Va en Navarre, 341. S'empare par ruse d'une place forte, 343. Refuse de donner aux lansquenets double paie, 346. Un lansquenet ivre veut le tuer; il lui pardonne et le fait asseoir à sa table, 347. Donne à dîner au duc de Suffolk, 349. Engage le s^r de Piennes à charger à Tournehem le roi d'Angleterre et ses troupes, 353. S'empare d'une pièce d'artillerie, 354. A la journée des Eperons arrête les ennemis au passage d'un pont, 357. Fait prisonnier un Anglais, puis se rend à lui, 358. Le roi d'Angleterre le fait délivrer sans rançon, 361. Est envoyé en Piémont, 371. Parvient à s'emparer de Prospero Colonna, 372. Sa conversation avec lui après sa capture, 377. Charge les Suisses à Marignan, 382. Son cheval s'emporte, et il se sauve à grand'peine des mains des ennemis, 383. Il arme François Ier chevalier, 385. Est désigné pour défendre Mézières, 393. Ses préparatifs, 394. Sa réponse aux propositions des ennemis, 396. Ruse qu'il emploie pour brouiller les deux chefs des ennemis, 398. Succès de sa ruse, levée du siège, 401. Il est fait chevalier de Saint-Michel, 402. Va à Gênes, 404. Est envoyé par Bonnivet pour garder Robecco, 406. Y tombe malade, 407. Est surpris par les ennemis, 408. Bonnivet lui remet le commandement de l'armée, 412. Il est blessé à mort, 413. Ses derniers moments, 414-420. Ses funérailles, 421. Son éloge, 423-428.

INDEX ALPHABÉTIQUE. 489

Bazillac (Pierre de), blessé à Ravenne, 308.

Béarn (François de). Est témoin du combat de Bayart contre Soto-Mayor, 105. Va au secours de l'empereur, 149. Son rôle dans un duel entre deux Espagnols, 252. Battu dans une escarmouche, 306. Est sauvé par Bayart, 308.

Beaucaire, cité, 108, 114, 411.

Beaudinar (François de Crussol, s^r de), au siège de Gênes, 133.

Beaumont (François de), témoin du duel de Sainte-Croix, 253.

Bellabre (Pierre de Pocquières, s^r de). Engage Bayart à prendre part au tournoi du s^r de Vauldray, 25 ; à demander de l'argent à l'abbé d'Ainay, 27, 28 ; à se faire remettre des étoffes pour une grosse somme, 30. Le mène acheter des chevaux, 35. Arrive à Aire, 48 ; combat contre David de Fougas, 49 ; contre Arnauton de Pierre-Forade, 51. Emporte le prix du tournoi, 53. Choisi pour témoin de Bayart dans son duel contre Soto-Mayor, 103.

Bellay (Martin du), cité 356, 378, 386, 397, 414, 416, 421.

Bentivoglio (Jean), chassé de Bologne par les Français, 128.

Bergame, pris par les Français, 145.

Bersaques (Philippe de), à Ravenne, 308.

Bessey, voy. Dijon.

Betonte (marquis de), fait prisonnier à Ravenne, 331.

Biagrasso. Les Français y ont leur camp, 405. Bayart, surpris à Rebecco, y ramène les restes de sa troupe, 409.

Binasco. Combat de Bayart avec la garnison de Binasco, 72.

Bisaigne (Diego de), défie Bayart, 111.

Bisegna, fief du s^r de Ligny, 87.

Blanche Paléologue, duchesse de Savoie, reçoit la visite de Bayart, 63. Sa joie de ce qu'il donne un tournoi, 67. Convie les combattants à souper, 68.

Blois. Louis XII y tombe malade, 126.

Bologne. Prise par les Français et donnée au pape, 128. Les Espagnols y mettent le siège, 257. Nemours le fait lever, 272. Le roi de France y visite le pape, 387.

Bonnet (Jacques), s^r de Mazuel. Va en Italie combattre pour l'empereur, 150. Prend part à l'expédition contre Lucio Malvezza, 166 ; à celle contre la garnison de Bassano, 173 ; à la reprise de Brescia, 277 ; à la bataille de Ravenne, 313. Y est tué, 325.

Bonneval (Germain de), prend part au tournoi de Vauldray, 37.

Bonnivet (Guillaume Gouffier, s^r de). Commande l'armée française en Italie, 405. Envoie Bayart à Rebec en lui promettant secours, 406. Se querelle avec lui, 409. Il lui cède le commandement, 411.

Borgia (Salvator de), renversé de son cheval par le Basque, 124.

Bories (le chevalier des), combat à Ravenne, 324.

Borsa Calcagnini, emprisonné à Ferrare, 241.

Bourbon (Anne de), dame de Beaujeu, séjourne à Lyon, 57.

Bourbon (Charles, duc de). Est envoyé en Navarre avec une armée, 341. Est fait connétable de France, 370. Est averti à Briançon de la présence de Prospero Colonna, 372. Conduit l'avant-garde à la bataille de Marignan,

381. Charge les Suisses, 382.
Bourbon (François, duc de), tué à Marignan, 385.
Bourbon (Renée de), épouse le duc de Lorraine, 371.
Bourdillon (Philibert de la Platière, sr de), prend part au tournoi de Vauldray, 37.
Bourgeois (Jean), persuade à Charles VIII de bâtir un couvent de Cordeliers, 19.
Boutières (Guigo Guiffrey, sr de). Fait prisonnier un enseigne ennemi, 175. Félicité par Bayart. Propose le combat à son prisonnier, 177.
Bouvans (Janus de), prend part au tournoi de Carignan, 67.
Bozzolo (Frédéric de Gonzague, sr de). Témoin dans le duel d'Azevedo, 253. Prend part à l'attaque de Ravenne, 305.
Brantôme, cité 110, 412.
Brescia. Pris par les Français, 145. Repris par les Vénitiens, 267. Repris par les Français, 279. Butin qu'ils y font, 284.
Brezon, prend part à l'expédition contre Lucio Malvezza, 166.
Brindisi, rendu au roi d'Espagne par les Français, 145.
Bussy (Jean d'Amboise, sr de). Va en Italie combattre pour l'empereur, 150. Est tué à Marignan, 385.

C

Cadamosto (Charles), est pris par les Français, 377.
Cambrai. Ligue qui s'y conclut contre les Vénitiens, 137.
Camican, blessé à l'assaut de Montselice, 210.
Canosa de Puglia, fief du sr de Ligny, 87.
Cantiers (Guion de). Est trompé par un espion, 214. Fait une sortie, 217. Est battu et tué, 218.
Caravaggio, pris, 144.
Cardonne (Jean Folch de), fait prisonnier à Ravenne, 330.
Cardonne (Menaldo Folch de), tué à Ravenne, 330.
Cardonne (Raymond Folch de). Commande l'armée espagnole, 289. Est battu à Ravenne, 319. S'enfuit, 328.
Carignan, ville du douaire de la duchesse Blanche de Savoie. Bayart y va, 63. Tournoi qui s'y fait, 66.
Carmagnole. Séjour qu'y fait Prospero Colonna, 374.
Carpi. Les Français y campent, 259. Prédictions qu'un astrologue y fait à divers capitaines, 260.
Castel-Franco. Les Français y campent, 152.
Castel-San-Pietro dell' Emilia. L'armée espagnole y campe, 289.
Cazache (Jean-Bernardin). Commandant à Binasco. Va au-devant des Français. Les combat, 73. Obligé de reculer, rentre dans Milan. Fait Bayart prisonnier, 74. Le mène à Ludovic le More, 75.
Cerignole (bataille de), 89.
Chambéry. Bayart y est conduit, 13.
Champier, cité 6, 92, 94, 103, 108, 121, 131, 134, 234, 235, 279, 282, 287, 297, 328, 361, 362, 379, 386, 397, 403, 410, 414, 420, 421.
Chantemerle (Marc de), va au secours de la Mirandole, 224.
Charles I, duc de Savoie. Séjourne à Chambéry, 8. Reçoit honorablement l'évêque de Grenoble, 13. Accepte Bayart comme page, 14. Va voir à Lyon Charles VIII, 15. Sa rencontre avec lui, 19. Lui présente Bayart, 22. Le lui donne, 23. Retourne en Savoie, 24.
Charles III, duc de Savoie, rend des honneurs au corps de Bayart, 421.
Charles VIII, roi de France.

INDEX ALPHABÉTIQUE.

Séjourne à Lyon, 15. Ses vertus, 16. Envoie à la rencontre du duc de Savoie, 16. Fonde un couvent de Cordeliers. Reçoit le duc de Savoie, 19. Remarque Bayart, 20. L'accepte du duc de Savoie et le donne au sr de Ligny, 23. Quitte Lyon et y revient, 24. Approuve Bayart de vouloir prendre part au tournoi du sr de Vauldray, 26. Le loue de sa conduite au tournoi, 39. Reçoit ses adieux, 40. Entreprend le voyage de Naples, 54. Est vainqueur à Fornoue, 55. Séjourne à Lyon. Va à Saint-Denis, 57. Projette une nouvelle conquête de Naples. Meurt à Amboise. Son éloge, 58.

Charles-Quint. Projet de mariage entre lui et Renée de France, 370. Traité de mariage entre lui et Louise de France, 389. Est élu empereur, 390.

Chatellart (Jean de Lay, sr de), sa mort, 139.

Châtillon (Jacques de Coligny, sr de). Prend part au tournoi de Vauldray, 37. Est blessé à Ravenne et meurt, 304.

Chaumont (Charles d'Amboise, sr de). S'empare de Bologne, 128. De Legnano, 204. Défend le Milanais contre les Suisses, 212. Sa mort, son éloge, 257.

Chiara d'Adda, usurpée par les Vénitiens, 139.

Chiozza. La flotte vénitienne y passe, 157.

Chevron, combat contre Montdragon, 68.

Chico (Baobdil, dit le roi), roi de Grenade, 127.

Chimay (bâtard de), combat contre Tardieu, 50.

Claude de France. Sa naissance, 62. Épouse François Ier, 367. Accouche d'un fils, 389.

Claude, chirurgien du duc de Nemours, panse Bayart, 286.

Clayette (Marc de Chantemerle, sr de la). Va en Italie combattre pour l'empereur, 150. Prend part à l'entreprise contre Lucio Malvezza, 165; à celle contre la garnison de Bassano, 171.

Clèves (bâtard de), prend part à la reprise de Brescia, 277.

Coignes (Pedro de), prieur de Messine. Témoin dans le duel de Sainte-Croix, 253. Se rend pour lui, 255. Tué à Ravenne, 330.

Colonna (Fabricio), combat à Ravenne, 303, 319.

Colonna (Marc-Antoine), défend Ravenne, 302, 305.

Colonna (Prospero). Tient garnison au marquisat de Saluces, 371. Ses bravades à propos de Bayart, 372. Son séjour à Carmagnole, 373. S'en va à Villafranca, 374. Est averti de l'approche de Bayart et envoie à la découverte, 375. Les Français entrent dans Villafranca en même temps que ceux qu'il envoyait à la découverte, 376. Colonna est pris, Villefranche pillé, 377. Service que cette prise rend aux Français, 379.

Conche (comte), fait prisonnier à Ravenne, 331.

Concordia. Le pape y passe, 222.

Constantin Paléologue, lieutenant de l'empereur, 155. Est soupçonné de trahison, 163.

Contarini (Rinaldo), commandant le château de Bassano, 171. Défait et pris par Bayart, 174. Fait rendre Bassano, 176.

Conti (Frédéric de Mailly, baron de). Va en Italie combattre pour l'empereur, 149. Prend part au combat contre Manfroni, 200.

Tué par les Suisses, 258.
Cordon (bâtard de), singulière commission que lui donne Bayart, 339.
Cordoue (Gonzales Ferrande de). Envoyé par le roi d'Espagne à la conquête de Naples, 89. En chasse les Français, 90. Un de ses trésoriers est fait prisonnier, 115.
Cossé (René de), s^r de Brissac, prend part à l'expédition contre Lucio Malvezza, 166.
Crécy (bataille de), 4.
Crema, pris, 145.
Crémone, pris, 145.
Crote (François de Daillon, s^r de la); combat à Agnadel, 139. Va en Italie combattre pour l'empereur, 150. Prend part à l'expédition contre Lucio Malvezza, 165. A celle contre la garnison de Bassano, 171. Gouverneur de Legnano, 205. Autorise une sortie, 216. En est blâmé, 221; combat à Ravenne, 313, 330.
Crussol (Jacques de), opine pour livrer la bataille de Ravenne, 304, 312.

D

David de Fougas. Combat contre Bellabre, 49. Contre Tardieu, 52. Emporte le prix du tournoi, 53.
Dijon (Antoine de Bessey, bailli de), son crédit sur les Suisses, 80.
Donzellas (Diego de Cordova, alcade de las), commande pour le roi d'Espagne en Navarre, 343.
Dronero. Passage que prend Bayart pour aller en Piémont, 372.
Dunois (François d'Orléans, comte de), chef d'une expédition en Roussillon, 125. Lieutenant général en Milanais, 257.

Duras (Jean de Durfort, s^r de). Combat à Agnadel, 139, et à Ravenne, 313.

E

Écosse (Jacques IV, roi d'), tué à la bataille de Flodden, 365.
Empser (Jacob). Veut aller à l'assaut de Padoue, 185. Combat à la reprise de Brescia, 277. Reçoit une lettre de l'empereur lui ordonnant de quitter l'armée française, 299. La communique à Bayart et la cache à ses compagnons, 300. Est tué à Ravenne, 324-330.
Éperons (journée des), 356.
Espagne (Ferdinand, roi d'). Épouse Germaine de Foix, 120. Son entrevue avec Louis XII, 135. Reçoit Brindisi et Otrante des Français, 145. Meurt, 387.
Espy (Paul de Beusserade, s^r d'). Nommé gouverneur du château de Milan, 62. Est blessé à Ravenne et meurt, 304.
Estançon (Jean d'), combat à Agnadel, 141.
Estoges (René d'Anglure, s^r d'), prend part à l'attaque de Ravenne, 305.
Estreille (Alonso de l'), tué à Ravenne, 330.

F

Faenza, remis au pape par les Français, 145.
Fay (Antoine, bâtard du). Guidon de Bayart. Prend part à l'expédition contre la garnison de Bassano, 173. A celle contre Jean-Paul Manfroni, 191, 201; à la bataille de la Bastide, 236; à celle de Ravenne, 307, 326.
Ferdinand d'Aragon, roi de Naples. Reconquiert son royaume, 58. Il meurt, 87.

Ferdinand, voy. Espagne.
Ferrare. Occupé par les Français, 222. Menacé du siège par le pape, 230. Délivré, 240.
Ferrare (Alphonse Ier, duc de). Bat les Vénitiens, 157. Attaqué par le pape, secouru par le roi de France, 221. Ses craintes à la nouvelle du siège de la Bastide, 233. Demande l'avis des capitaines, 234. Ses préparatifs, 235. Sa victoire, 239. Reçoit du pape des propositions pour trahir les Français, 241. Les repousse, 242. Veut faire tuer le pape par son envoyé, 243, 245. Part qu'il prend à la bataille de Ravenne, 313.
Ferrare (Lucrèce Borgia, duchesse de). Son accueil aux Français, son éloge, 239. Demande qu'on sépare Azevedo et Sainte-Croix, 255.
Ferrare (Hippolyte d'Este, cardinal de). Amène un secours à l'empereur, 154. Va au siège de Padoue, 158.
Ferron (Arnaud), cité 92, 95, 100, 103, 108, 109, 114, 411, 414, 416.
Fiesque (Jean-Louis), avertit la France de la révolte de Gênes, 130.
Finale nell' Emilia. Les Français y campent, 259.
Fleuranges (Robert de la Marck, s^r de), cité 203, 315, 319, 321.
Foix (Germaine de), épouse Ferdinand d'Aragon, 129.
Fontrailles (Michel d'Astarac, s^r de). Est témoin du duel de Bayart contre Soto-Mayor, 105. Envoyé au secours du duc de Ferrare, 211. Combat à la Bastide, 238. Avec Bayart en Frioul, 249.
Forli, remis au pape par les Français, 145.
Fornoue (bataille de), 55.
Fort (Jean). Ses conseils au pape, 230. Envoyé au siège de la Bastide, 231.

Fossa. Les Français y campent, 256.
Fougas, voy. David.
Francisque de Sickingen. Attaque Robert de la Marck, 391. Envoie un héraut à Bayart pour le sommer de rendre Mézières, 395. Place ses batteries, 397. Se croit trahi par Nassau, 400. Lève le siège, 401.
François Ier. Est envoyé, lorsqu'il n'était que duc d'Angoulême, en Navarre avec une armée, 341. Épouse Claude de France, 367. Monte sur le trône, 370. Se décide à conquérir le Milanais, 371. Passe les monts, 377. Fait chevalier par Bayart, 385. Visite le pape à Bologne, 387. Son accueil à Bayart. Il le crée chevalier, 402.
François, dauphin, sa naissance, 389.
Francolino. La flotte vénitienne y arrive, 157.
Frédéric d'Aragon, roi de Naples. Succède à son neveu, 87. Est chassé de son royaume. Reçoit en compensation le duché d'Anjou. Sa mort, 88, 127.
Fribourg (Philippe de), est tué à Ravenne, 319, 330.
Frussasco (le s^r de). Juge du tournoi de Carignan, 68. Annonce à sa femme que Bayart lui remet le soin de distribuer les prix, 69.
Frussasco (la dame de). Aimée de Bayart, 64. L'engage à donner un tournoi, 65. Lui donne une de ses manchettes comme prix du tournoi, 66. Distribue les prix du tournoi, 69.

G

Galeazzo, ravagé par les Suisses, 212.
Galiot (Jacques de Genouillac de). Prend part au tournoi de Vauldray, 37.

Gambara (Jean-François). Partisan des Français dans Brescia, 269. Sa querelle avec Avogaro, *ibid*. Sa femme se réfugie au château, 270. Ses biens sont pillés, 271.

Garigliano. Bataille et combat livrés sur ses bords, 90, 119.

Gênes. Conquis par les Français, 62. Se révolte, 129. Est repris par les Français, 132, 135. Le roi y envoie Bayart, 404.

Gié (Pierre de Rohan, s^r de), reçoit le duc de Savoie à son arrivée à Lyon, 18.

Gioi (bataille de), 89.

Giustiniani (Demetrio), a la tête tranchée, 135.

Godefroy (Théodore), cité 366.

Gondelmarre (Antonio), ambassadeur de Venise près de Louis XII, 136.

Gonzague (Soussin de), fait le cardinal Ascanio prisonnier et le livre aux Français, 81.

Godefa (tour de), à Gênes, 135.

Gorizia, pris par Bayart, 249.

Gradisca, pris par Bayart, 249.

Grammont (Claude de). Donne un cheval à Bayart, 190. Combat à Ravenne, 313. Y est tué, 325-330.

Grammont (Pierre Barthélemy, s^r de), juge du tournoi de Carignan, 68.

Grand-Jean le Picard. Prend part au siège de Padoue, 160. Apprend aux impériaux quel ennemi ils ont dans la personne de Bayart, 397.

Grenoble. Séjour qu'y fait Bayart, 336. Le roi y passe, 372. Le corps de Bayart y est transporté et enseveli, 421.

Gritti (André). S'empare de Padoue, 146. Blâme le capitaine Manfroni, 194. Dresse des embûches à la garnison de Legnano, 215. La détruit en partie, 218. Veut s'emparer, mais sans succès, de la ville par un stratagème, 219. S'empare de Brescia, 270. Assiège le château, 271. Attaqué dans Brescia, battu et fait prisonnier, 279.

Gueldres (Charles d'Egmont, duc de), quitte l'armée française, 380.

Guerlo (Augustin). Est exécuté, 241. Envoyé par le pape à Ferrare pour brouiller le duc avec les Français, *ibid*. Son entrevue avec le duc auquel il promet d'empoisonner le pape, 243. Il est renvoyé à Rome, 246.

Guichardin, cité 134-143, 411.

Guiffrey (Pierre). S'aperçoit que Bayart a été fait prisonnier, 123. Le délivre avec ses compagnons, 124.

Guinegate (bataille de), 4.

Gurk (Mathieu Langen, évêque de), ambassadeur près de Louis XII, 146.

Guise (Claude de Lorraine, duc de). Prend le commandement de la compagnie du duc de Gueldres, 381. Laissé pour mort à Marignan, 382.

H

Haldes (Pedro de), est témoin du combat entre Bayart et Soto-Mayor, 106.

Hannotin de Sucker. Combat contre Bayart, 51. L'avertit de la perfidie d'un espion, 196. Prend part au combat contre Manfroni, 199.

Haubourdin. Ses paroles au duc de Nemours, 315.

Henri VIII, roi d'Angleterre. Se prépare à descendre en France, 289. Fait une expédition dans la Picardie, 351. Entre en France, 353. Arrive à Thérouenne, 354. Accueille Bayart prisonnier et le renvoie sans rançon, 361. Prend Thérouenne, 362. Met le siège devant Tournay et

retourne en Angleterre, 363.
Hérigoie, commandant du château de Brescia, 268.
Hérisson (l'), fait partie de la garnison de Legnano, 205.
Humbercourt (Adrien de Brimeu, s^r d'). Est témoin du combat de Bayart contre Soto-Mayor, 105. Va au secours de l'empereur, 149. Est d'avis que les Français aillent à l'assaut de Padoue, 181. Un astrologue lui prédit son sort, 260. A Ravenne, 313. A Pavie, 334. Entre en Italie, 372. Poursuit Prospero Colonna, 376. Est tué à Marignan, 385.

I

Imola, remis au pape par les Français, 145.
Isabelle la Catholique. Sa mort, 127.
Isola della Scala, théâtre du combat entre Bayart et Manfroni, 195.

J

Jacomo, fait partie de la garnison de Legnano, 205.
Jacquin Caumont. Se dispute avec l'astrologue Carpi, qui lui annonce qu'il sera pendu, 262. Il veut fournir une lance en présence de Nemours, la nuit, 263; il tombe à l'eau avec son cheval, 265; est raillé par ses compagnons, 266. Pille Ravenne et est pendu, 331.
Jametz, est garanti d'un siège par sa position, 392.
Jean II, roi de France, perd la bataille de Poitiers, 4.
Jeanne de France, duchesse de Berry, est répudiée par Louis XII, 59. Sa mort, 126.
Jove (Paul), cité 92, 100, 103, 108, 325, 332, 333, 386, 409.

Jules II. Accueille les Français revenant de Naples, 125. Reçoit Bologne des Français, 128. Fait révolter les Génois, 130. Reçoit Ravenne et Forly des Français, 145. Attaque le duc de Ferrare, 211. Somme la comtesse de la Mirandole de lui remettre cette ville, 222. Y met le siège, 224. Sur le point d'être pris par Bayart, 227. Prend la Mirandole, 229. Fait attaquer la Bastide, 231. Renonce au siège de Ferrare, 240. Veut brouiller les Français et le duc de Ferrare, 241. Est battu par Trivulce, 251. Excite l'empereur et les Suisses contre la France, 333.

L

Las (le s^r de), commandant le châtelet de Gênes, 130.
Laurencin. Reçoit la visite de Bayart envoyé par l'abbé d'Ainay pour choisir des étoffes, 30, 31.
Lautrec (Odet de Foix, s^r de). Au siège de Gênes, 133. Opine pour la bataille à Ravenne, 303, 311. Y est laissé pour mort, 327. Porte aux Suisses les sommes convenues; est sur le point d'être fait prisonnier par eux, 381.
Legnano. Occupé par les Vénitiens, 187. Est assiégé, 203, et pris, 204. Sa garnison est décimée par trahison, 213.
Léon X. Voit François Ier à Bologne, 387. Projette une croisade, 389. Est parrain du dauphin, 390 (voy. cardinal de Médicis).
Lesparre (André de Foix, s^r de), au siège de Gênes, 133.
Lezzola, fortifié par le duc de Ferrare, 157.
Licite (marquis de). Est témoin

du combat de Bayart contre Soto-Mayor, 106. Fait prisonnier à Ravenne, 331.

Ligny (Louis de Luxembourg, comte de). Conseille au duc de Savoie de donner Bayart au roi de France, 16, 17. Charles VIII lui confie Bayart, 23. Il l'envoie à Aire en garnison, 39. Ses adieux, 41. Accompagne Charles VIII à la conquête de Naples, 54. Est envoyé pour reconquérir le duché de Milan, 72. Sa joie de revoir Bayart délivré, 78. Fait Ludovic le More prisonnier, 80. Va visiter les terres que le roi lui avait données en Milanais et dont les habitants s'étaient révoltés; sa colère contre eux; finit par leur pardonner, 82-86. Épouse la princesse d'Altamura, 87. N'est pas envoyé à la conquête de Naples. Ses derniers adieux à Bayart, 88.

Loches. Ludovic le More y est enfermé. Il y meurt, 80.

Lombardie, occupée par les troupes françaises, 63.

Longaro. Les personnes réfugiées dans les grottes de Longaro y sont enfumées, 207. Les assassins sont pendus, 208. Un seul enfant échappe à la mort, 208.

Longueville (Louis d'Orléans, duc de). Est envoyé avec une armée en Navarre, 341. Est fait prisonnier à la journée des éperons, 356. Traite le mariage de Louis XII et de Marie d'Angleterre, 368.

Lorges (Jacques de Montgommery, s^r de), remplace son frère tué à Trevise, 249. Accompagne Bayart à Rebecco, 406. Sauve les gens de pied et se retire à Biagrasso, 409.

Lorraine (Antoine, duc de). Reçoit une compagnie d'hommes d'armes avec Bayart pour lieutenant, 249. Épouse Renée de Bourbon, 371. Rencontre Bayart à Marignan, 383.

Louis XII. Assiégé par Ludovic Sforce dans Novare, 57. Monte sur le trône; répudie Jeanne de France; épouse Anne de Bretagne, 59. Songe à recouvrer le Milanais. Arrive à Lyon. Fait passer son armée en Italie, 60. Ses succès, 61. Naissance de sa fille Claude, 62. Allège les impôts, 62. Retourne en France, 62. Accorde les ducs de Clèves et de Juliers, 62. Envoie une expédition en Roussillon, 125. Sa maladie et sa guérison, 126. Assiège Gênes, 131. Son entrevue avec le roi d'Espagne, 135. Son entrée à Rouen, 137. Sa joie de la prise de Brescia, 288. Écrit à Nemours de livrer bataille, 311. Épouse Marie d'Angleterre et meurt, 368. Son éloge, 369.

Louise de France. Traité de mariage entre elle et Charles-Quint, 389.

Lude (Jacques de Daillon, s^r du). Envoyé au secours du duc de Ferrare, 211. Combat à la Bastide, 238. Commande dans Brescia qui est prise par les Vénitiens, 268. Se réfugie au château qui est assiégé, 271. Demande du secours, *ibid.*

Ludovic le More. Assiège le duc d'Orléans dans Novare, 57. Perd le duché de Milan. Fuit en Allemagne, 61. Revient d'Allemagne. Reprend Milan, 71. Demande à voir Bayart prisonnier, 74. Son entretien avec lui, 75. Lui rend son cheval, ses armes, et la liberté, 76. Se retire à No-

vare, 79. Est fait prisonnier, finit ses jours en France, 80.
Lune (la), trompette. Porte le défi de Bayart à Soto-Mayor, 102. Rapporte la réponse de ce dernier, 103. Est l'intermédiaire entre les deux adversaires pour les conditions du combat, 104.
Luppé (Jean de Gaste, bâtard de), au siège de Gênes, 133.
Lyon. Charles VIII y séjourne, 15. Charles Ier de Savoie y arrive, 16. Tournoi qu'y fait Claude de Vauldray, 24. Charles VIII y va, 57. Louis XII y passe, 60. Ludovic le More y est mené prisonnier, 80. La paix y est signée entre la France, l'Espagne et le roi des Romains, 89.
Lys-Saint-Georges (le). Ludovic le More y est prisonnier, 80.

M

Magurin (Geralde), fait révolter les Padouans, 147.
Malespina (Alberic), à Ravenne, 314.
Malherbe (Jacques de), est pris dans une sortie de la garnison de Legnano, 218.
Malvezza (Luccio). S'empare de Padoue, 146. Inquiète le camp de l'empereur, 165. Est battu par Bayart, 169.
Manfroni (Jean-Paul). Inquiète l'armée française, 188. Tend sans succès une embuscade à Bayart, 189, 192. Envoie un espion pour tromper Bayart, qui reconnait le piège, 195. Est battu par Bayart, 199. Fait pendre l'espion, 203.
Mantoue (Jean de Gonzague, s^r de). Sa place au siège de Padoue, 158.
Mantoue (Sigismond de Gonzague, cardinal de), amène du secours à l'empereur, 154. Va au siège de Padoue, 158.

Mantoue (Charles-François de Gonzague, marquis de). Vaincu à Fornoue, 56.
Marck (Robert de la). Ses enfants sont blessés à Novare, 351. Il attaque l'empereur. Ses villes sont prises. Il s'enferme dans Sedan, 391.
Marignan (bataille de), 381.
Marillac, cité 379.
Martinengo (Jean-Marie), mis à mort pour trahison, 268.
Maugiron (Perrot de). Au siège de Gênes, 132; à la reprise de Brescia, 277; à Ravenne, 313. Y est tué, 325-330.
Maulevrier (Louis de Brezé, comte de). Au siège de Padoue, 161; à la reprise de Brescia, 277. Opine pour la bataille à Ravenne, 303, 311.
Maximilien Ier, empereur. Reçoit Ludovic le More fugitif, 61. Arrive à Bassano, 152. Son équipage de guerre, 153. Complimente Bayart sur la défaite de Malevezza, 170. Se décide à faire donner l'assaut à Padoue, 179. Ses pourparlers avec les seigneurs allemands, 183. Il lève le siège, 184. Demande secours au roi de France pour conquérir le Frioul, 248. Ordonne aux lansquenets de quitter l'armée française, 299. Abandonne l'alliance de Louis XII, 332. Fait avec le roi d'Angleterre une expédition en Picardie, 351. Met le siège devant Thérouenne, 354. Accueille Bayart prisonnier, 360. Prend Thérouenne, 362. Met le siège devant Tournay et retourne en Allemagne, 363. Envahit le duché de Milan, et en est chassé, 388. Meurt, 390.
Médicis (cardinal de), fait prisonnier à Ravenne, 331; est délivré, 333 (voy. Léon X).

Médicis (Julien de). Sa mort, ses alliances, 388.

Médicis (Laurent de), épouse Madelaine de la Tour-Boulogne; meurt ainsi que sa femme. Leur fille survit, 390.

Mercurio Rona. Fait tuer ses prisonniers, 209. En veut au seigneur du Ru et est soupçonné de l'avoir trahi, 251.

Meung (Jean de), cité 129, 367.

Mézières. Menacée, 393. Défendue par Bayart, elle est délivrée, 394, 401.

Mézières (René d'Anjou, sr de), donné en otage aux Suisses par la Trémouille, 364.

Milan (duché de). Droits des rois de France sur ce duché, 60. Louis XII en fait la conquête, 61. Repris par Ludovic le More, 71. Ludovic le More l'abandonne, 79. Il revient aux Français, 81. François Ier en tente la conquête, 371.

Milan (ville de). Prise par les Français, 61. Reprise par Ludovic le More, 71. Bayart y est mené prisonnier, 74. Abandonnée par Ludovic le More, 79. Le cardinal Ascanio en sort, 81. Les Français s'y retirent et y sont assiégés par les Suisses, 258. Les Suisses s'y retirent, 381, 384. Est prise par Maximilien Sforce et reprise sur lui, 386.

Milhau (Gabriel d'Alègre, sr de). Amène ses aventuriers à l'empereur, 154. Prend Montselice, 156. Va au siège de Padoue, 160. Il reçoit le testament de Bayart, 418. Sa douleur à la mort de celui-ci, 419.

Milieu (Imbert de Vaux, sr de), maître d'hôtel de Bayart, 349.

Minervino-Murge, fief du sr de Ligny, 87. Commandé par Bayart, 90.

Miquel, lieutenant du duc de Guise, 381.

Mirandole (la). Assiégé par le pape, 222; pris, 229; repris par Trivulce, 251.

Mirandole (Ludovic Pic de la), tué, 158.

Mirandole (Albert Pic de la), reçoit le duc de Nemours, 259.

Molart (Soffrey Alleman, sr du). A Agnadel, 139. Au siège de Legnano, 204. Témoin du duel de Péralte, 256. A la reprise de Brescia, 276. A Ravenne, 413-314. Est tué d'un coup de canon, 319-330.

Monart, guetteur de Bayart, 167.

Monselice, pris, 155; repris par les Vénitiens, puis par les Français, 208, 210.

Montagnana. Un espion de cette ville trompe Malherbe et Guyon de Cantiers, 214.

Montcavrel (Jean de Monchy, sr de), combat à Ravenne, 323.

Montchenu (Marin de). Va au secours de la Mirandole, 223.

Montdragon (Jacques de). Prend part au tournoi de Carignan, 67. Combat contre le sr de Chevron, 68. Reçoit le prix du tournoi, 69.

Montfaucon (Gabriel de), blessé à l'assaut de Montselice, 210.

Montlhéry (bataille de), 4.

Montmor (Louis de Hangest, sr de), capitule à Mouzon, 393.

Montmorency (Anne de), contribue avec Bayart à la défense de Mézières, 394.

Montoison (Philibert de Clermont, sr de). Envoyé au secours du duc de Ferrare, 211. Rend courage au duc, 235. Sa mort, 239.

Montpensier (Gilbert de Bour-

INDEX ALPHABÉTIQUE. 499

bon, duc de). Nommé viceroi de Naples, 55. Meurt à Pouzzoles, 58-86.

Moretto (Charles de Solar, sr de). Indique aux Français la marche des ennemis, 373. Se déguise pour savoir où est Prospero Colonna, 374.

Morgant (Pierre). Tente d'introduire les Français à Rome, 331. Est pris par les Français, 377.

Mouy (Jean de), tué à Marignan, 385.

Mouzon, assiégé, 392; pris, 393; repris par Bayart, 402.

Mypont. Va en Italie combattre pour l'empereur, 150. Prend part à l'expédition contre Lucio Malvezza, 166.

N

Nagera (Pierre-Manrique de Lara, duc de), commandant pour le roi d'Espagne en Navarre, 343.

Naples (royaume de). Conquis par Charles VIII, 55; se révolte, 58-87. Louis XII envoie des troupes pour le conquérir, 88. Les Français le reperdent, 89.

Nassau (Henri de). Épouse Philiberte d'Orange, 370. Attaque Robert de la Marck, 391. S'empare de Mouzon, 393. (Voy. Francisque de Sickingen.)

Navarre (Jean d'Albret, roi de), est envoyé avec une armée française en Navarre pour en faire la conquête, 342; meurt, 389.

Navarro (Pedro), commandant l'infanterie espagnole, 290; à Ravenne, 320; est fait prisonnier, 326-330.

Nemours (Gaston de Foix, duc de). Arrive en Italie, 203. Va voir la duchesse de Ferrare, 252. Autorise un duel entre deux Espagnols, 252. Refuse de séparer les combattants, 255. Chasse les Suisses du duché de Milan, 258. Rassemble son armée à Final, 259. Passe par Carpi, *ibid.* Un astrologue prédit sa victoire et sa mort, 260, 261. Va à Ferrare, 266. Va au secours de Brescia, 272. Bat Baglione, 273. Entre au château de Brescia, 275. Se décide à attaquer la ville, 276. Fait à Gritti des propositions qui sont repoussées, 278. Reprend la ville, 279. Sa conduite après la victoire, 287. Il visite Bayart, 288. Conduit l'armée à Bologne, 289; à Ravenne, 299. Tient un conseil de guerre, 301. Fait cesser l'assaut de Ravenne, 308. Tient un conseil de guerre, 311. Décide la bataille, 312. En règle l'ordre, 313. Signes qui annoncent sa mort, 315. Respects que lui rendent les Espagnols, 317. Il propose un combat singulier au chef de l'armée ennemie, 317. Charge les ennemis, 320. Croit la bataille perdue, 326. Est tué en poursuivant l'infanterie des ennemis, 327. Son éloge, 329. Il est enterré à Milan, 332.

Norfolk (Thomas Howard, duc de), bat le roi d'Écosse à la journée de Flodden, 365.

Novare. Le duc d'Orléans y est assiégé, 57. Ludovic le More s'y retire, 79, et y est fait prisonnier, 80.

Novi (Paul de), élu doge à Gênes, 130.

Noyon (traité de) entre François Ier et Charles-Quint, 387.

O

Orange (Philiberte d'), épouse Henri de Nassau, 370.

Orléans. Louis XII y va, 62. Fêtes pour la naissance du dauphin, 389.
Orose (François d'Urfé, s^r d'). Est témoin du combat de Bayart et Soto-Mayor, 105. Est défié par les Espagnols, 111. Prend part au combat de 13 contre 13, 113.
Orsini (Robert), tente d'introduire les Français à Rome, 331.
Ospitaletto di Bondeno. Le duc de Ferrare y dresse un pont de bateaux, 222.
Otrante, rendu au roi d'Espagne par les Français, 145.

P

Padoue, pris, 145 ; repris par les Vénitiens, 146. L'empereur y met le siège, 155. Ses fortifications, 163. Le siège est levé, 185.
Padule (marquis de), capitaine espagnol, 124 ; combat à Ravenne, 217.
Palisse (Jacques de Chabannes, s^r de la). Sa compagnie en garnison en Picardie, 47. Parrain de Bayart dans son duel contre Soto-Mayor, 103. Va au secours de l'empereur, 149. Sa querelle avec Constantin Paléologue, 163. Complimente Boutières, 178. Est averti par l'empereur de conduire les Français à l'assaut de Padoue, 179. Ses pourparlers avec les capitaines français, 180. Sa réponse à l'empereur, 183. Est envoyé au secours de l'empereur, 248. Son armée est détruite par les maladies, 250. Un astrologue lui prédit sa mort, 260. Opine pour la bataille à Ravenne, 303, 312. Est élu chef de l'armée à la mort de Nemours, 332. A Pavie, 334. Est envoyé en Navarre avec une armée, 342. Est fait prisonnier à la journée des éperons, 356. Entre en Italie, 372. Poursuit Prospero Colonna, 375.
Pandino. L'armée française y séjourne, 142.
Pas (Pedro de). Vaillant capitaine espagnol, quoique petit et contrefait, 119. Engage une escarmouche pour se saisir du pont du Garigliano, 120. Sa conversation avec Bayart, 316 ; avec le duc de Nemours, 317.
Pavie. Bataille qui s'y livre entre les Français et les Suisses, 334.
Pavie (François Aledosi, cardinal de), ministre du pape, 227 ; tué par le duc d'Urbin, 247.
Pempelune. Le siège y est mis par les Français, 342. Le siège est levé, 348.
Pepoli (Cornelio, comte), fait prisonnier à Ravenne, 331.
Peralte. Son duel avec Aldano, 256.
Pescaire (Ferdinand d'Avalos, marquis de), fait prisonnier à Ravenne, 331. Ses regrets de la mort de Bayart, 415.
Peschiera, pris, 14. Le roi y séjourne, 145.
Peschin (Louis de), gentilhomme de l'empereur, 169.
Petigliano (Nicolas Orsini, comte de). Commande la cavalerie de Venise, 141. Battu à Agnadel, 142. S'échappe, 143. Sa défense de Padoue, 163.
Petigliano (Chiapino Orsini de), est tué à Marignan, 385.
Philippe-le-Beau, archiduc d'Autriche. Sa mort, 127.
Piennes (Philippe de Hallwyn, s^r de). Reçoit le commandement de l'armée de Picardie, 352. Refuse de laisser charger les ennemis, 353. Ses préparatifs pour secourir Thé-

INDEX ALPHABÉTIQUE.

rouenne, 355. Il est battu à la journée des Eperons, 356.

Pierre-Forade (Arnauton de), combat contre Bellabre, 51.

Pierrepont (Pierre du Pont, dit). Lieutenant de Bayart, 140. Prend part au combat contre Jean-Paul Manfroni, 190, 196. A la bataille de la Bastide, 237. A Ravenne, 307, 309. A Pavie, 334. Avertit Bayart qu'un lansquenet veut le tuer, 347.

Pizou de Chenas, palefrenier. Prépare le cheval de Bayart pour le présenter à Charles VIII, 21. Reçoit un cadeau de Bayart, 70.

Plessis-lez-Tours. Frédéric, roi de Naples, y meurt, 127.

Plessis (Jean de la Barre, sr du), gouverneur de Vérone, 256.

Poitiers (bataille de), 4.

Polesine (la), attaquée par les Vénitiens, 157.

Policastro (Frédéric Caraffa, comte de), est pris par les Français, 377.

Pontdormy (Antoine de Créqui, sr de). On lui confie la défense de la ville de Thérouenne, 352.

Porte (André de la), à Agnadel, 141.

Primauguet (Hervé Portzmoguer, dit), amiral, commandant *la Cordelière*, attaque le vaisseau anglais *la Régente*; les deux navires brûlent, 350.

Q

Querdes (Philippe de Crèvecœur, sr de). Sa compagnie est en garnison en Picardie, 47.

Quiñones (Diego de), est témoin du combat de Bayart contre Soto-Mayor, 106. Tué à Ravenne, 330.

R

Ramassot, commandant de l'infanterie italienne, 290. A Ravenne, 319. S'enfuit, 328.

Ravenne. Remis au pape par les Français, 145. Assiégé par les Français, 304. Bataille qui s'y livre, 318-329. Est pris et pillé, 331.

Ravestein (Philippe de Clèves, sr de), nommé gouverneur de Gênes, 62.

Reggio nell' Emilia, occupé par les Français, 229.

Renée de France, sa naissance, 221. Projet de mariage entre elle et Charles-Quint, 370.

Revello, seule place qui reste aux Français dans le marquisat de Saluces, 371.

Richebourg (Louis de). Un astrologue lui prédit qu'il sera tué par la foudre, 260.

Richemont (Philippe de), à Agnadel, 139.

Rivail (Aymar du), cité 92, 119, 125, 281, 296, 379, 386, 397, 403, 413.

Rivolta, mise à sac, 142.

Robecco. Bonnivet y envoie Bayart, 406. Il y est surpris, 408.

Rocca d'Arrezo, mis à sac, 61.

Rochefort (Jean de), donné en otage aux Suisses par la Trémouille, 364.

Rochepot (René Pot, sr de la). Il est tué en Roussillon, 125.

Rockandorf (Christophe de), gentilhomme de l'empereur, 184.

Roddes (Guy Pot, sr de), au siège de Gênes, 132.

Rome. Les Français y sont reçus à leur retour de Naples, 125.

Roussillon. Expédition qu'y font les Français, 125.

Roussillon (Jacques de Bourbon, comte de), à Agnadel, 139.

Rovastre, porte-enseigne du duc Philibert-le-Beau, combat contre Bayart, 67.

Rovere di Velo. Le roi y envoie à la rencontre de l'empereur, 146.
Ru (le sr du). Va rejoindre les Français, 152. Occupe Vérone, 187. Fait prisonnier, 251.
Rubbiera. Un couvent d'Antonins y est respecté par la protection de Bayart, 338.

S

Sacz (baron de), amène les Suisses au duché de Milan, 258.
Sainte-Croix. Sa querelle, son duel avec Azevedo, dans lequel il est battu, 252, 256.
Saint-Denis. Charles VIII le visite, 57. Louis XII y est couronné, 59.
Saint-Paul. François Ier y passe, 379.
Saint-Pol (François de Bourbon, comte de), charge les Suisses à Marignan, 382.
Saint-Quentin (le sr de), nommé juge du tournoi de Bayart, 48; prononce sa sentence, 53.
San-Bonifacio, occupé par les Vénitiens, 188; par la Palisse, 250.
Sancerre (Charles du Bueil, comte de), tué à Marignan, 385.
Sandricourt (Louis de Hedouville de). Prend part au tournoi de Vauldray, 37.
San-Felice sul Panaro. Le pape s'y établit, 222.
San-Martino-Buonalbergo, occupé par Bayart, 189.
San-Severino (Galeas de), grand écuyer de France, opine pour la bataille de Ravenne, 312.
San-Severino (Jules de), va au secours de l'empereur, 149.
Savigliano, rendez-vous des armées françaises en Piémont, 373.

Savoie (duc de), voy. Charles I et Charles III.
Savoie (duchesse de), voyez Blanche Paléologue.
Savone. Entrevue qui y a lieu entre Louis XII et Ferdinand, 135.
Scanderbec. Capitaine albanais, 171. Est défait par Bayart et fait prisonnier, 174. Fait rendre Bassano, 176.
Schlabersdorf (Fabien de), son exploit à Ravenne, 325.
Scotti (Nicolas et François). Combattent à Ravenne, 314.
Sedan. Robert de la Marck s'y enferme, 391.
Sforce (Maximilien), s'empare de Milan, 386; en est chassé, 387.
Sickingen, voy. Francisque.
Soto-Mayor (Alonso de). Rencontre Bayart en campagne, 92. Combat où il est battu et fait prisonnier, 93. Reçoit le château de Minervino pour prison sur parole, 95. Corrompt un Albanais qui fuit avec lui, 96. Est repris et enfermé dans une tour, 98. Il paie sa rançon et retourne à Andria, 99. Il se plaint du traitement que lui a fait subir Bayart, 100. Est sommé par lui de rétracter ses paroles, 101. S'y refuse, 102. Est appelé au combat, 103. Annonce qu'il combattra à pied, 104. Il est tué, 107. Son corps est emporté par ses compagnons, 109.
Stin (Georges de), lieutenant de l'empereur, 249.
Stuart, voy. Aubigny.
Suffolk (Charles Brandon, duc de), reçoit le commandement de l'armée anglaise en Picardie, 352; épouse la veuve de Louis XII, 370.
Suffolk (Richard Poole, duc de), prend part à l'expédition de Navarre, 346; demande à dîner à Bayart, 349.

INDEX ALPHABÉTIQUE.

T

Talbot (Georges), commande l'armée anglaise en Picardie, 353.

Talmont (Charles de la Trémouille, prince de), tué à Marignan, 395.

Tardes, voy. Basque.

Tardieu (Jean). Reçoit Bayart à son arrivée à Aire, 44. L'engage à donner un tournoi, 45. Combat contre le bâtard de Chimay, 50 ; contre David de Fougas, 52. Concourt avec Bayart à la prise d'un trésorier ennemi, 115. Réclame sa part du butin, 116. Son droit est contesté par Bayart, approuvé de ses chefs, 117. Il reçoit en don de Bayart la moitié du butin. Il fait un riche mariage, 118.

Tartarin (Thierry d'Eurre, dit), combat contre Bayart dans un tournoi, 48.

Termini (duc de), envoyé au secours de l'empereur, 206.

Théode, Albanais, consent à faire évader Soto-Mayor, 97 ; parvient à gagner Andria, 98.

Thérouenne. Le siège y est mis par les Anglais, 352. Elle ne peut être secourue, 356. Elle se rend, 362.

Terrail (Aymon), père de Bayart. Est blessé à Guinegate, 4. Envoie chercher l'évêque de Grenoble, 6. Réunit ses amis et leur demande conseil pour faire instruire son fils au métier des armes, 7. Ses adieux à son fils, 10.

Terrail (Georges), frère aîné de Bayart. Demande à demeurer dans la maison paternelle, 4.

Terrail (Jacques), frère de Bayart, choisit l'état ecclésiastique. Est envoyé à son oncle l'évêque de Grenoble, 5. Devient évêque de Glandèves, 6.

Terrail (Philippe), frère de Bayart, choisit l'état ecclésiastique. Est envoyé à son cousin l'abbé d'Ainay ; devient abbé de Josaphat, 5.

Terrail (Théodore), abbé d'Ainay. Reçoit la visite de Bayart qui lui demande de l'argent, 27. Lui en accorde, 29. Craint que Bayart n'abuse de sa permission, 32. Envoie son maitre d'hôtel pour s'en assurer, 33. Reconnait que Bayart s'est joué de lui, 34.

Theligny (François de). Au siège de Brescia, 274. La défense de la ville de Thérouenne lui est confiée, 352.

Tortona, se révolte contre les Français, 71 ; appartient au sr de Ligny, 82 ; est menacée d'être mise à sac, 82 ; obtient sa grâce, 85.

Traietto (duc de), fait prisonnier à Ravenne, 331.

Treillina, occupé par les Suisses, 212.

Trémouille (Louis de la). Fait le siège de Novare, 79. Envoyé avec une armée en Italie ; est battu par les Suisses, 351 ; est assiégé par eux dans Dijon, 363. Fait avec eux un traité que le roi ne ratifie pas, 364.

Trente (Georges de Neideck, évêque de), lieutenant de l'empereur à Vérone, 151.

Trevise. Sa garnison inquiète le camp de l'empereur, 165.

Trivulce (Alexandre), défend la Mirandole, 222.

Trivulce (Françoise), refuse de livrer la Mirandole au pape, 222.

Trivulce (Jean-Jacques). Entre en Italie avec l'armée française, 60. Nommé gouverneur de Milan, 62. Est envoyé pour reconquérir Milan, 72. Se renseigne sur l'état des forces de Ludovic le

More, 78. Donne un banquet au roi de France. Arrête l'armée de l'empereur, 136. Parrain de Renée de France, 221. Reprend la Mirandole, 251. Bat l'armée pontificale, *ibid*. Loue Bayard, *ibid*. Annonce à Nemours une descente de Suisses, 311, 332.

Trivulce (Théode). Va au secours de l'empereur. 149. A Ravenne, 313.

U

Urbin (François-Marie de la Rovère, duc d'). Attaque la Mirandole, 223. S'entremet pour sa capitulation, 229. Tue le cardinal de Pavie, 247.

V

Valeggio, assiégé par Baglione, 273.
Valentine de Milan, apporte aux ducs d'Orléans ses droits sur le duché de Milan, 60.
Vallès, cité 410, 412, 414, 420.
Vaudemont (Louis de Lorraine, comte de). Accompagne Bayart en Italie, 405. Sa belle conduite, 412.
Vauldray (Claude de). Fait un tournoi à Lyon, 24. Combat contre Bayart, 38.
Vendenesse ou Vandenesse (Jean de Chabannes, sr de), combat à Agnadel, 139; tué à Biagrasso, 412.
Venosa, fief du sr de Ligny, 87.
Vergi (Guillaume de), fait une descente en Bourgogne, 363.
Vergne (Petit Jean de la). Prend part à l'expédition contre la garnison de Bassano, 173.

Bayart l'envoie entrer par une surprise dans une ville de Navarre tandis qu'il l'attaque de front, 345.
Vérone, prise, 145; occupée par Bayart, 187.
Verpillère (la). Le duc de Savoie y passe, 16.
Vertot, cité 29.
Vicence, pris, 145; attaqué par les Vénitiens; sauvé par la Palisse, 151; occupé par les Français, 186.
Villafranca-Piemonte. Colonna s'y arrête, 374. Combat qui s'y livre, 376. Butin qu'y font les Français, 377.
Villafranca di Verona. La Palisse y campe, 151.
Villars (Bernard de), déjoue les embûches d'André Gritti, 220.
Viverols (Jacques d'Alègre, sr de); à Carpi, 262; est tué à Ravenne, 327, 330.
Voghera, se révolte contre les Français, 71; est un fief du sr de Ligny, 82; est menacée d'être mise à sac, 82; obtient sa grâce, 85.
Voltège (Baptiste), refuse de se déclarer contre les Français, 197.

Y

Ymbault de Rivoire, combat à Agnadel, 141.
Ymbercourt, voy. Humbercourt.
Ymbert, dauphin, cède le Dauphiné à la France, 3.

Z

Zemberc (Jacob), capitaine de Suisses; 234, combat à la Bastide, 236; est repoussé, 208.
Zwingli, cité, 329.

TABLE

	PAGES
Introduction.	j
Prologue de l'acteur.	1

CHAPITRES

I. Comment le seigneur de Bayart, père du bon chevalier sans paour et sans reprouche, eut vouloir de sçavoir de ses enfans de quel estat ilz vouloient estre. — 3

II. Comment le père du bon chevalier sans paour et sans reprouche envoya quérir son beau-frère l'évesque de Grenoble pour parler à luy, parce qu'il ne pouvoit plus partir de la maison. — 6

III. Comment l'évesque de Grenoble présenta son nepveu le bon chevalier sans paour et sans reprouche au duc Charles de Savoye, qui le reçut joyeusement. — 12

IV. Comment le duc de Savoye se partit de Chambéry pour aller veoir le roy de France Charles huytiesme, en sa ville de Lyon, et mena avec luy le bon chevalier sans paour et sans reprouche, lors son paige. — 15

V. Comment le duc de Savoye alla faire la révérence au roy de France à son logis, et du grant et honneste recueil qui luy fut faict. — 18

VI. Comment ung gentilhomme de Bourgongne, nommé messire Claude de Vauldray, vint à Lyon par le vouloir du roy de France faire faictz d'armes tant à cheval comme à pied, et pendit ses escuz pour par ceulx qui y toucheroient estre par lui receuz au combat; et comment le bon chevalier, trois jours après qu'il fut mis hors de page, toucha à tous les escus. — 24

VII. Comment l'abbé d'Esnay bailla cent escus au bon chevalier pour avoir deux chevaulx, et escrivit unes lettre à ung marchant de Lyon pour luy délivrer ce qui luy seroit nécessaire. — 29

VIII. Comment le bon chevalier sans paour et sans reprouche et son compaignon se montèrent de chevaulx et garnirent d'acoustremens; et comment ledit bon chevalier se porta gentement, selon sa puissance, contre messire Claude de Vaudray. 35

IX. Comment le seigneur de Ligny envoya le bon chevalier en garnison en Picardie où estoit sa compaignie, et fut logé en une jolye petite ville appelée Ayre, et comment, à son arrivée, ses compaignons allèrent au devant de luy. 39

X. Comment le bon chevalier fist crier dedans Ayre ung tournoy pour l'amour des dames, où il y avoit pour le mieulx faisant ung bracelet d'or et ung bel dyament pour donner à sa dame. 46

XI. Comment le roy de France Charles huytiesme fist son appareil pour aller à la conqueste du royaulme de Naples, lequel il gaigna par sa prouesse et vaillance, sans grande effusion de sang. 55

XII. Comment Loys, duc d'Orléans, vint à la couronne comme le plus prochain hoir et fut appelé Loys douziesme. 59

XIII. Comment, après la conqueste de la duché de Milan, le bon chevalier demoura en Ytalie, et comment il dressa ung tournoy en la ville de Carignan en Pyémont, dont il emporta le pris. 63

XIV. Comment le seigneur Ludovic Sforce retourna d'Almaigne avecques bon nombre de lansquenetz, et reprint la ville de Milan sur les François. 71

XV. Comment le seigneur Ludovic voulut veoir le bon chevalier sans paour et sans reprouche, et comment, après avoir devisé avecques luy, le renvoya, et luy fist rendre son cheval et ses armes. 75

XVI. Comment le seigneur Ludovic se retira dedans Novarre, doubtant que les François entrassent dedans Milan par le chasteau, et comment il fut prins. 79

XVII. Comment le seigneur de Ligny alla visiter Vaugayre, Tortonne, et autres places en la duché de Milan, que le roy luy avoit données; et d'ung gentil tour que fist le bon chevalier. 82

XVIII. Comment le roy de France envoya grosse armée à Naples, où il fist son lieutenant général le seigneur d'Aubigny. 86
XIX. Comment le bon chevalier sans paour et sans reprouche sortit de sa garnison de Monervyne; comment il trouva Espaignolz sur les champs, et ce qu'il en advint. 90
XX. Comment domp Alonce de Soto-Maiore se voulut desrober par le moyen d'ung Albanoys qui le garnit d'ung cheval; mais il fut repris sur le chemin et reserré en plus forte prison. 96
XXI. Comment le seigneur domp Alonce de Soto-Maiore se plaignit à tort du traictement que luy avoit fait le bon chevalier, dont ilz vindrent au combat. 99
XXII. Comment le bon chevalier sans paour et sans reprouche combatit domp Alonce de Soto-Maiore et le vaincquit. 104
XXIII. D'ung combat qui fut au royaulme de Naples de treize Espaignolz contre treize François, où le bon chevalier fist tant d'armes qu'il emporta le pris sur tous. 110
XXIV. Comment le bon chevalier print ung trésorier et son homme, qui portoient quinze mille ducatz au grant cappitaine Gonssalles Ferrande, et ce qu'il en fist. 114
XXV. Comment le bon chevalier garda ung pont sur la rivière de Garillan, luy seul, l'espace de demye-heure, contre deux cens Espaignolz. 119
XXVI. De plusieurs choses qui advindrent en deux années, tant en France, Ytalie que Espagne. 126
XXVII. Comment les Genevoys se révoltèrent et comment le roy de France passa les monts et les remist à la raison. 129
XXVIII. Comment l'empereur Maximilian fist la guerre aux Vénitiens; où le roy de France envoya le seigneur Jehan-Jacques avecques grosse puissance pour les secourir. 135
XXIX. Comment le roy de France Loys XIIe fist marcher son armée en Ytalie contre les Véniciens, et de la victoire qu'il en obtint. 138
XXX. Comment le roy de France Loys XIIe gaigna toutes les villes et places des Véniciens jusques à Pesquere. 144
XXXI. Comment le roy de France envoya le seigneur de la Palisse au secours de l'empereur avecques cinq cens

hommes d'armes et plusieurs cappitaines, desquelz estoit
le bon chevalier sans paour et sans reprouche. 149

XXXII. Comment l'empereur Maximilian alla mettre le
siège devant Padoue, et ce qu'il advint durant icelluy. 153

XXXIII. Comment l'empereur Maximilian planta son siège
devant Padoue, et des gaillardes approuches faictes par
les gentilzhommes françois, et d'une grande hardiesse
que monstra le bon chevalier sans paour et sans reprouche. 156

XXXIV. De la grosse et lourde baterie qui fut devant Padoue, et de la grande berche qui y fut faicte. 162

XXXV. Comment le bon chevalier sans paour et sans reprouche, durant le siège de Padoue, fist une course avecques ses compaignons, où il acquist gros honneur. 165

XXXVI. D'une course que fist le bon chevalier sans paour et sans reprouche, où il fut pris soixante Albanoys et trente arbalestriers. 171

XXXVII. Comment l'empereur délibéra donner l'assaut à Padoue, et l'occasion pourquoy il demoura. 178

XXXVIII. Comment l'empereur se retira du camp de devant Padoue quant il congneut que ses Almans ne vouloient pas donner l'assault. 184

XXXIX. Comment le bon chevalier sans paour et sans reprouche, estant à Véronne, fist une course sur les Véniciens, où il fut prins et rescoux deux fois en ung jour, et quelle en fut la fin. 187

XL. Comment le bon chevalier cuyda estre trahy par un espie qui avoit promis au cappitaine Jehan Paule Moufron le mettre entre ses mains, et ce qu'il en advint. 194

XLI. Comment ceulx de la garnison de Lignago firent une course sur les Véniciens par l'advertissement de quelques espies qui les trahirent, parquoy ils furent desfaictz. 213

XLII. Comment le pape Julles vint en personne en la duché de Ferrare, et comment il mist le siège devant la Myrandolle. 221

XLIII. Comment le bon chevalier sans paour et sans reprouche cuyda prendre le pape entre Sainct-Félix et la Myrandolle, et à quoy il tint. 225

XLIV. Comment le pape envoya une bende de sept à huyt mille hommes devant une place du duc de Ferrare, nom-

mée la Bastide, et comment ilz furent deffaictz par l'advis
du bon chevalier sans paour et sans reprouche. 230

XLV. De la mort du seigneur de Montoison et de plusieurs
menées que firent le pape Julles et le duc de Ferrare l'ung
contre l'autre, où le bon chevalier se monstra vertueux. 239

XLVI. De plusieurs choses qui advindrent en Ytalie en deux
ans. 248

XLVII. Comment deux Espaignolz combatirent à oultrance
dans la ville de Ferrare. 252

XLVIII. Comment messire André Grit, providadour de la
seigneurie de Venise, par le moyen du conte Loys Advogadre, reprint la ville de Bresse. 267

XLIX. De la grande diligence que fist le gentil duc de Nemours pour reprendre Bresse, et comment il deffist le
cappitaine général des Véniciens en chemin et cinq ou
six mille hommes. 272

L. Comment le duc de Nemours reprist la ville de Bresse sur
les Véniciens, où le bon chevalier sans paour et sans
reprouche acquist grant honneur, et comment il fut blessé
quasi à mort. 276

LI. Comment le bon chevalier sans paour et sans reprouche
partit de Bresse pour aller après le duc de Nemours et
l'armée du roy de France; de la grande courtoysie qu'il
fist à son hostesse au partir, et comment il arriva devant
la ville de Ravenne. 291

LII. Comment le siège fut mis par le noble duc de Nemours
devant Ravenne, et comment plusieurs assaulx y furent
donnez le vendredy sainct, où les François furent repoussez. 299

LIII. D'une merveilleuse escarmouche qui fut entre les François et les Espaignolz le jour devant la bataille de Ravenne, où le bon chevalier fist merveilles d'armes. 307

LIV. De la cruelle et furieuse bataille de Ravenne, où les
Espaignolz et Neapolitains furent desconfitz, et de la
mort du gentil duc de Nemours. 311

LV. Des nobles hommes qui moururent à la cruelle bataille
de Ravenne, tant du costé des François que des Espaignolz, et des prisonniers. La prinse de la ville de Ravenne. Comment les François furent chassez deux moys

après d'Ytalie, en l'an mil cinq cens et douze. De la griefve maladie du bon chevalier. D'une fort grande courtoysie qu'il fist. Du voyage qui fut fait au royaulme de Navarre, et de tout ce qui advint en ladicte année. 329

LVI. Comment le bon chevalier prist ung chasteau d'assault ou royaulme de Navarre, cependant qu'on assist le siège devant la ville de Pampelune, où il fist ung tour de sage et appert chevalier. 342

LVII. Comment le roy Henry d'Angleterre descendit en France et comment il mist le siège devant Thérouenne. D'une bataille dicte la Journée des Esperons, où le bon chevalier fit merveilles d'armes et gros services en France. 351

LVIII. Du trespas de la magnanyme et vertueuse princesse Anne, royne de France et duchesse de Bretaigne. Du mariage du roy Loys XIIe avecques Marie d'Angleterre, et de la mort dudit roy Loys. 366

LIX. Comment le roy de France Françoys, premier de ce nom, passa les montz, et comment il envoya devant le bon chevalier sans paour et sans reprouche, et de la prinse du seigneur Prospre Coulonne par sa subtilité. 370

LX. De la bataille que le roy de France François, premier de ce nom, eut contre les Suysses à la conqueste de sa duché de Milan, où il demoura victorieux; et comment, après la bataille gaignée, voulut estre fait chevalier de la main du bon chevalier sans paour et sans reprouche. 380

LXI. De plusieurs incidences qui advindrent en France, Ytalie et Espaigne, en l'espace de trois ou quatre ans. 387

LXII. Comment messire Robert de la Marche fist quelques courses sur les pays de l'esleu empereur, qui dressa grosse armée, et ce qu'il en advint. 391

LXIII. Comment le bon chevalier sans paour et sans reprouche garda la ville de Maizières contre la puissance de l'empereur, où il acquist gros honneur. 394

LXIV. Comment le bon chevalier sans paour et sans reprouche, en une retraicte qu'il fist en Ytalie, fut tué d'ung coup d'artillerie. 405

LXV. Du grand dueil qui fut demené pour le trespas du bon chevalier sans paour et sans reprouche. 414

LXVI et dernier. Des vertus qui estoient au bon chevalier sans paour et sans reprouche. 423

APPENDICE.

N° I. Note sur la famille de Bayart. 429

II. Ordonnance du roi de France relative à la conduite des gens de pied et promesse des capitaines de l'observer (12 janvier 1508). 430

III. Lettre de Bayart relative à la bataille de Ravenne (14 avril 1512). 432

IV. Lettre de Laurent Alleman, évêque de Grenoble, à la reine Anne de Bretagne relative à la maladie de son neveu Bayart (6 septembre 1513). 435

V. Lettre du duc d'Alençon au roi relative au siège de Mouzon (31 juillet 1531). 437

Sommation de Frantz de Sickingen au s^r de Montmaur, gouverneur de Mouzon, d'avoir à lui rendre la ville (21 août). 438

Réponse négative du s^r de Montmaur (21 août). 439

Lettre de l'amiral de Châtillon au roi sur la conduite du s^r de Montmaur (3 septembre). 439

Lettre du duc d'Alençon au roi sur le même sujet (4 septembre). 440

VI. Lettre du duc d'Alençon au roi sur les préparatifs du siège de Mézières (4 août). 441

Lettres du s^r d'Orval au roi sur le même sujet (4 et 8 août). 443

Lettre de Châtillon au roi sur le même sujet (13 août). 444

Lettre de Bayart au roi par laquelle il accepte de défendre Mézières (13 août). 445

Lettre de Châtillon au roi sur le siège de Mézières (1er septembre). 447

Lettres de Montmorency et Bayart au roi sur le même sujet. 447

Lettre de Robert de la Marck au bailli de Caen lui donnant des nouvelles du siège (20 septembre). 448

Lettre du bâtard de Savoie à Montmorency le complimentant sur sa défense (26 septembre). 449

Lettre de François Ier à Montmorency et Bayart pour le même objet (26 septembre). 450

Lettres de Châtillon au roi lui annonçant la levée du siège de Mézières (26 et 27 septembre). 450

Lettre de François Ier annonçant aux parlements la levée de ce siège (28 septembre). 451

Lettre de Louise de Savoie à Robertet lui annonçant des récompenses pour Montmorency et Bayart (12 octobre). 453

VII. Lettre de Bayart au roi relative à la campagne de Picardie (9 novembre 1521). 454

VIII. Lettre de Bayart au roi lui annonçant qu'il part pour Gênes, suivant ses ordres (7 décembre 1521). 455

Lettre de Lautrec à Francisque, comte de Pontremoly, demandant de lui envoyer Bayart (6 janvier 1522). 457

Lettres de Bayart au roi sur sa mission à Gênes (22 et 31 janvier 1522). 458

IX. Lettres de Bayart à Montmorency écrites de Grenoble (3 et 23 février 1523). 460

Lettre du même à M. de Chastelart (3 mars). 461

Lettre du même à M. de Vantolet (24 août). 462

X. Lettre de François Ier à Bayart lui promettant de l'emmener en Italie (10 décembre 1523). 463

XI. Lettre d'Adrien de Croy à Charles-Quint sur la mort de Bayart (5 mai 1524). 463

XII. Quittances de Bayart du 12 décembre 1522 et des 19 juillet, 31 août, 28 octobre, 1er novembre 1523. 464

XIII. Montre de la compagnie de Bayart (24 octobre 1523). 468

XIV. Contrat de mariage de François de Bocsozel avec Jeanne Terrail, fille naturelle de Bayart (24 août 1525). 474

GLOSSAIRE. 481

INDEX ALPHABÉTIQUE. 485

CORRECTIONS.

Page 6, à la fin de la note 2. *Il n'existe de lui aucun autographe authentique.* Il est à remarquer toutefois que le *post-scriptum* de la lettre de Bayart à M. de Chastellart (voy. p. 461) est d'une autre main que le corps de cet écrit, ce qui donne à penser que ces quelques lignes sont de Bayart.

Page 62, note 3. *Jeanne de Ligny,* lisez : *Jeanne de Lierre.*

www.ingramcontent.com/pod-product-compliance
Lightning Source LLC
Chambersburg PA
CBHW051357230426
43669CB00011B/1674